U0690734

民事证据法研究

占善刚　著

WUHAN UNIVERSITY PRESS
武汉大学出版社

图书在版编目(CIP)数据

民事证据法研究/占善刚著.—武汉：武汉大学出版社,2009.11
ISBN 978-7-307-07389-0

Ⅰ.民… Ⅱ.占… Ⅲ.民事诉讼—证据—研究—中国
Ⅳ.D925.113.04

中国版本图书馆 CIP 数据核字(2009)第 187941 号

责任编辑:张 欣 责任校对:刘 欣 版式设计:王 晨

出版发行：**武汉大学出版社** （430072 武昌 珞珈山）
（电子邮件：cbs22@whu.edu.cn 网址：www.wdp.com.cn）
印刷：武汉中科兴业印务有限公司
开本：720×1000 1/16 印张:18.75 字数:332 千字 插页:1
版次:2009 年 11 月第 1 版 2009 年 11 月第 1 次印刷
ISBN 978-7-307-07389-0/D·951 定价:38.00 元

目　录

法律文件的缩略语

法律文件的全称	缩略语
《中华人民共和国宪法》(1982 年 12 月 4 日公布并施行，2004 年 3 月 14 日修正)	《宪法》
《中华人民共和国民事诉讼法》(1991 年 4 月 9 日公布，2007 年 10 月 28 日修改通过，2008 年 4 月 1 日施行)	《民事诉讼法》
《中华人民共和国民事诉讼法》(试行)(1982 年 3 月 8 日公布，1982 年 10 月 1 日施行。已废止)	《民事诉讼法》(试行)
《中华人民共和国刑事诉讼法》(1979 年 7 月 1 日公布，1996 年 3 月 17 日修改通过，1997 年 1 月 1 日施行)	《刑事诉讼法》
《中华人民共和国行政诉讼法》(1989 年 4 月 4 日公布，1990 年 10 月 1 日施行)	《行政诉讼法》
《中华人民共和国海事诉讼特别程序法》(1999 年 12 月 25 日公布，2000 年 7 月 1 日施行)	《海事诉讼法》
《中华人民共和国民法通则》(1986 年 4 月 12 日公布，1987 年 1 月 1 日施行)	《民法通则》
《中华人民共和国合同法》(1999 年 3 月 15 日公布，1999 年 10 月 1 日施行)	《合同法》
《中华人民共和国继承法》(1985 年 4 月 10 日公布，1985 年 10 月 1 日施行)	《继承法》
《中华人民共和国公司法》(1993 年 12 月 29 日公布，2005 年 10 月 27 日修改通过，2006 年 1 月 1 日施行)	《公司法》
《中华人民共和国商标法》(1982 年 8 月 23 日公	《商标法》

布，2001年10月27日修改通过，2001年12月1日施行）	
《中华人民共和国专利法》(1984年3月12日公布，2000年8月25日修改通过，2001年7月1日施行）	《专利法》
《中华人民共和国著作权法》(1990年9月7日公布，2001年10月27日修改通过，2001年10月27日施行）	《著作权法》
《中华人民共和国刑法》(1979年7月1日公布，1997年3月1日修改通过，1997年10月1日施行）	《刑法》
《中华人民共和国道路交通安全法》(2003年10月28日公布，2007年12月29日修改通过，2008年5月1日施行）	《道路交通安全法》
《国务院诉讼费交纳办法》(2006年12月8日公布，2007年4月1日施行）	《诉讼费交纳办法》
《最高人民法院关于适用〈中华人民共和国民事诉讼法〉若干问题的意见》(1992年7月14日公布并施行）	《民诉适用意见》
《最高人民法院关于民事经济审判方式改革问题的若干规定》(1998年7月6日公布，1998年7月11日施行)	《民事审改规定》
《最高人民法院关于民事诉讼证据的若干规定》(2001年12月21日公布，2002年4月1日施行）	《民事证据规定》
《最高人民法院关于未经对方当事人同意私自录制其谈话取得的资料不能作为证据使用的批复》(1995年3月6日公布）	《关于未经对方当事人同意私自录制其谈话取得的资料不能作为证据使用的批复》
《最高人民法院关于对诉前停止侵犯专利权行为适用法律问题的若干规定》(2001年6月7日公布，2001年7月1日施行）	《专利诉前禁令》
《最高人民法院关于诉前停止侵犯注册商标专用权行为和保全证据适用法律问题的解释》(2001	《商标诉前禁令》

年12月25日公布，2002年1月22日施行）	
《最高人民法院关于审理著作权民事纠纷案件适用法律若干问题的解释》(2002年10月12日公布，2002年10月15日施行）	《著作权解释》
《最高人民法院关于审理涉及计算机网络著作权纠纷案件适用法律若干问题的解释》(2006年11月20日公布，2006年12月8日施行）	《计算机网络著作权解释》

第一章 民事证据法上之事实

作为案件真实发现的基础和法院裁判的依据，证据在整个民事诉讼程序中通常处于最为核心的地位，相应地，以规范法官的证据调查为主要内容的证据法在民事诉讼法律体系中亦占据着十分重要的甚至关键的位置。因而系统、全面地学习和研究民事证据法的基本理论及其运用规则无疑能助益于对整个民事诉讼程序法的理解和把握。①

在为当今各国和地区普遍采取的辩论主义民事诉讼运作模式下，民事诉讼程序的适用过程通常即为处于中立地位的法官对双方当事人之间争执的法律关系从事实认定与法律适用两个方面进行裁判的过程。双方当事人争执之所在，或为事实问题，或为法律问题，或两者兼而有之。而法官对民事纷争事实的正确认定乃其对法律正确适用的前提与基础，因此，学习和研究民事证据法，必须先对民事证据法中的事实之内涵、构成及形态等基本问题有一个正确的理解。

第一节 民事证据法上之事实的构成

通常意义上的事实，乃是指某一主体对事物的特定属性或其与他事物的特定关系所作的判断。若循此逻辑推衍，可以认为，民事证据上的事实乃是指某一主体依自己之五官感知呈现于自己面前的与案件有关之现象，并运用一定的概念对之加以陈述或描述以及在此基础上所作的相应判断。当人们对呈现于自己面前的与案件有关之现象依自己之五官进行感知，并且作出了一个相应的判断时，即可认为其发现了案件事实；反之，如果人们基于自己五官之感知及心

① 通常认为，证据法有两个基本理念：第一，以发现真实为目标，尽可能地帮助法官查明事实真相，而且要做到低成本高效率；第二，确保事实认定过程的公正性。参见［日］高桥宏志：《重点讲义民事诉讼法》，张卫平、许可译，法律出版社2007年版，第25页。

理之认知所作出的陈述或描述不符合案件发生时的实际情况，或者说其对案件发生的真实状况作出了错误的判断时，则应认为其没有发现案件事实。①

事实和证据虽然不能等同，但两者之间却存在着内在的联系。证据是证明案件事实的根据，其蕴含着诉讼中需要查明的案件事实的各种信息。证据中的这些信息能够揭示案件事实，并由此查明案件事实。证据实质上就是蕴含有案件事实信息的以人的或物的形态存在的事实信息载体。通常来讲，认定案件事实必须审查、判断其所依据的或者说其能得以推断存在的证据，审查、判断证据的诉讼程序和相关制度不同，其所蕴含的价值也就各异。

概而言之，诉讼中的事实并非事件经过本身，而是当事人对事件经过的陈述②，或主张。从事实陈述的主体这一角度作考察，当事人对事实的主张③实际上乃由两类陈述所构成：

① 在哲学意义上，事实包含两层含义，即事实存在和事实判断。事实存在是指作为认识对象的事物的真实情况，其处于人的认识之外，是一种“自在”。当这种“自在”进入人的认识领域，就形成了事实判断，即人对事物真实情况的陈述或认定。例如，桌子上放了一杯水，这是一种事实存在，而甲对乙说“桌子上放了一杯水”，则是在作事实陈述。尽管人们所说的事实经常指的是事实判断，但从认识的过程或规律来看，任何一个业已发生的事实，均乃由事实存在和事实判断构成。因此对事实内涵的界定应从本体论和认识论两方面入手，事实存在是本体论意义上的事实，而事实判断则是认识论意义上的事实。同时，这一界定实际上也描述了事实的两种表现形式，即作为存在的事实和作为命题表述的事实。而民事证据法上对事实的界定，主要是从认识论的角度入手的，因为诉讼程序中所有的事实都是通过当事人的陈述或描述而呈现的，并且都是以当事人的认识为立足基点的。

② 此处的“陈述”与我国《民事诉讼法》第63条第1款第（5）项中“当事人的陈述”并非同一概念：民诉法中所称“当事人的陈述”实际上相当于证人证言，乃指当事人以非诉讼主体身份在法官的询问或讯问之下所作的陈述，它属于证据资料；而诉讼法理上所指称的“陈述”特指当事人以诉讼主体身份就案件事实向法官所作的陈述，它属于诉讼资料。证据资料的功能在于证明诉讼资料。

③ 在民事诉讼中，当事人的主张除对事实的主张外，还包括对法律的主张。法律上的主张有广义和狭义之分：广义的法律上的主张除狭义的法律上的主张外，还包含当事人就法律规范的存在与否、解释及适用意见所作的陈述，不过这些陈述对法官并无直接的拘束力，仅具有敦促或引起法院对其注意的意义；狭义的法律上的主张则是指当事人就作为法律适用结果的具体权利关系存在与否所作的陈述。此种陈述构成权利自认的对象。当这种陈述直接针对作为诉讼标的的权利关系而作出时，则为诉讼请求本身或构成诉讼请求的放弃或认诺。参见［日］新堂幸司：《新民事诉讼法》，林剑锋译，法律出版社2008年版，第299页。

一、一方当事人向法院提出的使自己所提诉讼请求得以成立之事实

当事人为使自己的诉讼请求能得到法院的支持而向法院所作的事实上的陈述乃狭义上的主张，其对法官的事实认定具有直接的拘束力。① 表现为，在采取辩论主义的民事诉讼中②，如果当事人在诉讼中未向法院提出某一事实，纵然法官通过证据调查知晓该事实存在，也不能将其作为裁判之基础。这在诉讼理论上被称为"主张责任"。

(一) 主张责任的概念

在将"三段论"推理作为法律适用法官应遵循的逻辑法则的现代法治国家，法官对案件作出裁判的过程事实上即为法官立足于法律规范所确定的抽象事实之大前提，寻找案件中的具体事实这一小前提，最后得出判决的结论之过程。在法学方法论上进行分析，可以将一个法律规范分为要件事实规范和法律后果规范两个部分，因此，只要案件中的具体事实能满足某一法律规范所规定的所有事实构成要件，则法官即可运用逻辑推理得出相应的法律效果之结论。当事人在民事诉讼中提出具体事实主张的目的，即在于让该事实经由法院通过逻辑推理来确定相应法律规范的适用效果，从而获得其所期望的法律上的利益。

主张责任又称陈述责任，其存在的意义或作用在于"回答每一方当事人必须提出那些主张的问题，如果他想避免诉讼上的不利、万不得已时的败诉"。③ 在主张责任之规制下，当事人必须提出确切、具体的事实主张，以此

---

① 在民事诉讼中，当事人对事实的主张有两项主要规则须予以遵守：第一，当事人撤回主张原则上是自由的；第二，允许当事人在提出主张时进行假定性的主张，例如，原告提出的"自己对于某物所有权的取得原因是买卖，假定不是通过买卖而取得所有权（此处就是假定部分），那么自己就依据时效而取得该物的所有权"之主张和被告作出的"自己没有向原告借钱（否认），假定该否认不成立，那么自己也已经清偿了债务"之陈述均属于假定性的主张。参见［日］高桥宏志：《民事诉讼法制度与理论的深层分析》，林剑锋译，法律出版社 2003 年版，第 374～376 页。

② 从世界范围来看，尤其是在大陆法系国家和地区，作为民事诉讼中规范当事人与法官在事实认定或诉讼资料形成方面职责的最基本原则，辩论主义是指"对于裁判所必要之事实及证据，当事人对该诉讼资料负有提出之责任。法院原则上仅得基于提出之诉讼资料为判决"。参见陈计男：《民事诉讼法论》（上），台湾三民书局股份有限公司 2002 年版，第 252 页。

③ ［德］奥特马·尧厄尼希：《民事诉讼法》（第 27 版），周翠译，法律出版社 2003 年版，第 267 页。

来说服法院承认当事人所期望的法律后果的小前提即要件事实。① 详言之，在法的适用过程中，当事人向法院请求作出其所期待的法律效果的判决时，如果不就一定的事实进行主张，法院即不能将相应的法律规范适用于对具体的案件事实之判断，也即不能将抽象的法律规范效果具体化为特定要件事实的法律效果。如在借贷纠纷诉讼中，法院向证人询问当事人之间是否存在借贷关系时，证人除回答借贷关系存在外，还提到被告已清偿该借款，法院如果认为证人所陈述的证言可信，则关于被告已清偿借款的事实即不必要求被告举证。然则须注意的是，法院纵然已就被告清偿的事实形成心证，但在当事人主张被告清偿事实之前（由哪一方当事人提出该主张在所不问），其不得直接依据该心证驳回原告的诉讼请求。

可见，主张责任是对当事人一种规制，其强调当事人如果没有向法院提出对自己有利的事实将可能承担相应的不利益。

（二）主张责任的分类

主张责任可分为主观的主张责任和客观的主张责任。

主观的主张责任，是指在诉讼的初始阶段或法官逐步确定审理的对象以形成争点之时，应当由哪一方当事人提出何种事实主张的责任，或者由哪一方当事人负担因未能提出或未能及时提出事实主张所产生的不利益。主观的主张责任的意义在于，法院能够根据主观的主张责任合理地确定案件审理的范围并据此作出裁判。

客观的主张责任，是指在言词辩论终结时法院对主张进行整理之际，因某主张被遗漏而将由此产生的不利益裁判让一方当事人承受的责任。客观的主张责任的意义在于，在当事人未对特定事实予以主张的情形下，法官可据此作出不利于一方当事人的最终裁判。

关于主观的主张责任和客观的主张责任之间的关系，即两者在主张责任体系中孰轻孰重，历来存在两种观点。一种观点认为，客观的主张责任为主张责任之基本。不仅负有主张责任的当事人所主张的事实可为法院援用，即便对方当事人所主张的事实，法院也可援用，因此，法院认定事实之前提是，该事实为当事人一方所主张，至于主张该事实的当事人对其是否负有主张责任则在所不问。不过，若双方当事人对某一法律要件事实均未主张时，负有主张责任的

---

① 参见［德］汉斯·普维庭：《现代证明责任问题》，吴越译，法律出版社 2000 年版，第 68 页。

当事人即可能遭受败诉的不利益，故客观的主张责任乃为基本。① 另一种观点则认为，在原告对于自己应当主张的请求原因事实存有遗漏的时候，如果法院就此作出原告败诉的判决，那么多会形成法院违反阐明义务②之结果。因此，司法实践发生的客观主张责任之问题往往仅发生在法院已经就请求原因事实作出阐明而当事人仍然不响应法院阐明（而遗漏主张）的情形中。即在现实中，主张责任更能体现其机能的场合在于主观的主张责任领域。③ 笔者认为，第一种观点强调了主张责任与诉讼的后果之关系，固然具有一定的合理性，但其却忽视了法院阐明义务在民事诉讼中所赖以确立的基本意旨——“武器平等原则”④——在诉讼中的贯彻，其结果必然会导致双方当事人在诉讼手段上的实质失衡。因为在法院履行了阐明义务后，当事人明知请求原因事实疏漏却拒不补救的可能性微乎其微，若法院不履行阐明义务则显然会对该方当事人不公平，故强调主张责任的重心在主观主张责任的第二种观点较为符合现代诉讼之发展趋势。

当然，如前所述，主观的主张责任与客观的主张责任均有其特定的价值和意义，对二者均应予以重视，以最大限度地发挥二者应有之功用。

（三）当事人主张应遵循的原则——真实义务

辩论主义民事诉讼运作样式下，当事人在事实认定或诉讼资料的形成上虽然具有主导权，但并不允许当事人在故意违反自己认知的前提下提出事实主张，进而导致法院作出错误的裁判。诚如日本学者新堂幸司所言：“辩论也是当事人追求实体性利益的一个过程，进而被视为裁判外交易行为的延伸，因此

① 参见骆永家：《民事举证责任论》，台湾“商务印书馆”1987年版，第55页。

② 阐明义务，是指在辩论主义诉讼运作样式下，若法官对于当事人言词主张或书状记载产生疑问时，应通过向当事人发问或晓谕予以明确，即“审判长应向当事人发问或晓谕，令其为事实上及法律上陈述、声明证据或为其他必要之声明及陈述。其所声明或陈述有不明了或不完足者，应令其叙明或补充之”。王甲乙、杨建华、郑健才：《民事诉讼法新论》，台湾三民书局2002年版，第185页。

③ 参见［日］高桥宏志：《民事诉讼法制度与理论的深层分析》，林剑锋译，法律出版社2003年版，第433页。

④ 所谓武器平等原则，是指“当事人无论其在诉讼中为原告或被告，或诉讼外系高低阶层之关系，于诉讼中之地位一律平等”（姜世明：《论民事程序之武器平等原则》，载《辅仁法学》第23期）。易言之，武器平等原则指诉讼当事人“应有平等地适用诉讼制度之权利与机会，且平等原则之贯彻，不仅系为形式上之保障，亦应设法为有意主张权利而有障碍之人排除该等障碍，而为平等原则之实质保护”（邱联恭、许士宦：《口述民事诉讼法讲义》，1999年笔记版，第8页）。

在交易行为中所要求的诚实信用原则，也应当然地被作为辩论的前提。"① 为求法院裁判之真实，各国和地区民事诉讼法殆皆明定当事人负有真实地主张之义务（也可被称为真实与完全义务）。所谓真实义务乃指当事人在民事诉讼中负有真实陈述的义务，不得主张已知的不真实事实或自己认为不真实的事实，并且不得在明知对方提出的主张与事实相符或认为与事实相符时，仍然进行争执。

真实义务之观念渊源于罗马法。罗马法上不仅对当事人主张之真实义务予以明确规范，且设有对故意违反者施以"虚言罚"之规范。② 但现代意义上大陆法系的民事诉讼制度是以辩论主义和处分权主义为两大基石的，因而在构建伊始，即强调除法律明确禁止外，任何攻防手段均可为当事人双方使用。其结果，一方当事人可以任意地毁灭或隐匿对其不利的证据和凭证，从而使对方当事人陷于举证不能之境地，这显然有违当事人攻防手段平衡之原则。③ 为避免此类情况的屡次出现，罗马法上的真实义务逐渐被重拾，并在部分大陆法系国家和地区的民事诉讼立法中予以确立。1895 年的《奥地利民事诉讼法》第 178 条首次明文规定了当事人于主张时应负真实义务，其内容是："当事人据以声明所必要之一切情事，须完全真实且正确陈述之。" 1910 年的《匈牙利民事诉讼法》第 222 条第 1 款更是明确规定："当事人或代理人显系故意陈述虚伪之事实，对（他造）事实之陈述明显的为毫无理由之争执或其所提出的证据毫无必要者，法院得处以六百克鲁念以下之罚锾。"④ 1922 年旧中国的《民事诉讼条例》借鉴了上述立法体例，规定："当事人故意陈述虚伪之事实，或对他造提出之事实或证据故意妄为争执者，法院得科以三百元以下之罚锾。" 1926 年的《日本民事诉讼法》也有关于真实义务的规范，但其适用范围比较狭窄，仅规定当事人及其代理人因故意或重大过失违反真实义务，对相关文书

---

① ［日］新堂幸司：《新民事诉讼法》，林剑锋译，法律出版社 2008 年版，第 312 页。

② 蔡章麟：《民事诉讼法上的诚实信用原则》，载杨建华主编：《民事诉讼法论文选辑》(上)，台湾五南图书出版公司 1984 年版，第 17 页。

③ 相关例证不胜枚举，极端的例子如处于被告地位的生产商明知其产品存有瑕疵，且给作为原告的消费者造成了损害，但仍可在诉讼中恣意地主张其无责任。

④ 参见蔡章麟：《民事诉讼法上的诚实信用原则》，载杨建华主编：《民事诉讼法论文选辑》(上)，台湾五南图书出版公司 1984 年版，第 21 页。

的真伪加以争执的，可以科以一定数额的罚款。① 1933 年的《德国民事诉讼法》第 138 条也确立了真实义务，其内容是“当事人关于事实上之状况，应完全真实陈述之”②。此后，真实义务便一直为大陆法系国家和地区的民事诉讼理论和立法所承继，并在内容和形式上得到不断的完善和发展。现行《德国民事诉讼法》第 138 条第 1 款即规定：“当事人应就事实状况为完全而真实的陈述。”③《日本民事诉讼法》第 2 条也规定，当事人进行民事诉讼，应以诚实信用为之。④ 我国台湾地区“民事诉讼法”第 195 条第 1 款亦规定：“当事人就其提出之事实，应为真实及完全之陈述。”

须注意的是，真实义务并不以让当事人积极地陈述案件真实事实为其内容，仅具有禁止当事人在不知道的情形下提出主张或作出否认的消极性内容，即真实义务仅强调当事人不能违反自己的主观性事实认知提出主张或作出否认。⑤ 同时，从程度上来看，真实义务也并非要求当事人将自己对于事实的认知全部于言词辩论中提出而不能作任何隐瞒，因为这显然与辩论主义中当事人对事实主张的处分权相抵牾，其仅要求“在当事人基于隐瞒部分事实而作出的不完全陈述从整体上看违反其主观真实时，才禁止其进行这种陈述”。⑥

一般来讲，在大陆法系国家和地区，其民诉法并不将不利于己之事实的提出作为义务或责任强加给该事实的主张者，否则辩论主义便有被完全抽空之虞，同时，要求当事人对于己不利之事实作出完全真实的陈述也实在强人所难、不近人情，因为真实义务虽说是当事人对国家所负之义务，但其更主要是为双方当事人之利益而设以谋求双方当事人攻防手段的平等。因此，真实义务

---

① 参见石志泉：《诚实信用原则在诉讼法上之适用》，载杨建华主编：《民事诉讼法论文选辑》(上)，台湾五南图书出版公司 1984 年版，第 3～4 页。

② 蔡章麟：《民事诉讼法上的诚实信用原则》，载杨建华主编：《民事诉讼法论文选辑》(上)，台湾五南图书出版公司 1984 年版，第 22 页。

③ 参见谢怀栻译：《德意志联邦共和国民事诉讼法》，中国法制出版社 2002 年版。以下对德国民事诉讼法条文的引用，如无特别说明，均以此版本为准。

④ 参见白绿铉编译：《日本新民事诉讼法》，中国法制出版社 2000 年版。以下对日本民事诉讼法条文的引用，如无特别说明，均以此版本为准。

⑤ 因此，高桥宏志教授认为，就作为术语而言，使用“率直义务”或“诚实义务”较之真实义务之表述可能更为正确。参见 [日] 高桥宏志：《民事诉讼法制度与理论的深层分析》，林剑锋译，法律出版社 2003 年版，第 378 页。

⑥ [日] 中野贞一郎：《过失的推认》，弘文堂，昭和 53 年版，第 156 页。转引自 [日] 高桥宏志：《民事诉讼法制度与理论的深层分析》，林剑锋译，法律出版社 2003 年版，第 379 页。

并不要求当事人积极主动地陈述所有客观真实，而是仅限于消极地禁止其陈述其明知是虚伪的事实，即当事人不得故意作违背主观真实的主张及陈述。① 此外，为了探究当事人是否违背真实义务，往往需要对其主张是否背离主观真实予以证明，而此种证明通常难以得到确切的结果，从而极易招致诉讼的迟延。事实上，进行此种证明远不如对案件的真实加以证明来得直接和迅速，故在大陆法系国家和地区，无论是立法例还是司法实践，对于当事人违背真实义务的行为，均无直接加以制裁的规范或做法。② 由此观之，真实义务作为一项义务规范在当事人违背真实义务所受之制裁方面是不太充分的，也正因为如此，真实义务规范作为一项评价规范，其适用之效果似乎不太理想。不过，这并不影响真实义务的存在价值。因为当事人不真实陈述的行为事实上影响着法官的心证，法官一般不会采信当事人违背真实义务所作的陈述或争执。同时，此种违背真实义务的行为也成为法官对该方当事人施以负面评价的基础，进而对审判的结果产生一定影响。

二、一方当事人为使对方当事人的主张得不到法院的支持所作之陈述

在民事诉讼中，一方当事人针对对方当事人所提之事实主张，大抵有四种态度：否认、抗辩、自认及为不知情或不记得之陈述，这四种态度即构成了此方当事人的陈述。

（一）否认

否认是指一方当事人对对方当事人的主张进行争执的行为，具体来讲，其是指一方当事人针对对方当事人提出的事实主张，所作出的认为其不存在或不真实之陈述。③ 根据内容的不同，可以将否认分为以下两种：

1. 单纯的否认。单纯的否认又可称为直接否认或积极否认，是指一方当事人针对对方当事人所提的主张向法院作出的直接否认其存在或真实性的陈述。

2. 附理由的否认。附理由的否认又可称为间接否认或消极否认，是指一

① 此即客观真实和主观真实的区别，客观真实与主观真实乃哲学意义上的范畴。当事人因各方面条件所限，不可能对客观发生的事实作完全准确和真实的陈述，只可能就其主观上所认识到的事实负有真实陈述的义务。

② 参见陈荣宗、林庆苗：《民事诉讼法》，台湾三民书局 1996 年版，第 691 页。

③ 在民事诉讼中，根据否认对象的不同，可以将否认分为对诉讼请求的否认、对证据的否认和对事实的否认，本章所谓之否认仅指对事实的否认。

方当事人为否认对方当事人所提主张之真实性而向法院提出相关事实，该事实与对方当事人主张的事实不能并存。

在有些国家的民诉立法中，强调当事人对其所作之主张负有“具体陈述之义务”。依此义务之要求，一般而言，当事人对对方主张的事实之存在并不能进行单纯的否认。仅在特定情形下，也即在该对方当事人不能具体、充分地知道事实发生的原因和经过或处在事案经过以外时，始可作单纯的否认。单纯的否认虽不以具体事实的提出为依托，但其在诉讼中仍有存在的价值。表现为：在否认存在之场合，即意味着事实处于纷争或争执状态，故而，主张此事实的当事人应提出充分的证据让法官确信其之存在。

（二）抗辩

从本质上讲，抗辩与否认一样，也是一方当事人对对方当事人所提的主张进行争执的行为，其具体是指一方当事人为了使对方当事人提出的事实主张在法律上的效果不能发生或使其消灭而提出的与对方当事人主张的事实能够两立的并且能够引起独立法律效果的要件事实。易言之，抗辩是指“被告根据与基本规定（权利发生规定、权利根据规定、原则规定，据此发生法律效果的权利或法律效果）相对立之反对规定（例外规定，据此发生反对效果，即权利障碍规定、权利消灭规定、权利排除规定）以要求驳回原告的请求之被告的主张”。①

1. 抗辩的类型

若将抗辩与实体法上的抗辩权联系起来进行考察，可以认为抗辩具有两种类型：

（1）当事人将诉讼外行使抗辩权的事实于诉讼中向法院提出。其为单纯的抗辩，仅引起诉讼法上的效果。

（2）当事人在诉讼外未行使抗辩权，而在诉讼中于法官面前针对对方当事人行使抗辩权。此类抗辩实际上乃当事人将实体法上的抗辩权于诉讼中行使，故具有双重意义，其既产生实体法上的效果，又引起诉讼法上的效果。

通说认为，抗辩虽不排斥对方当事人所主张的事实上之权利及诉讼上的权利（求有一定内容判决之权利），却能一时或永久使其行使为无效；或虽与限制之反对权之主张以及与对方所主张之真实为一致，却与其效力相反。② 所

① 骆永家：《民事法研究》(二)，台湾三民书局 1988 年版，第 7 页。

② ［日］松冈义正：《民事证据论》，张知本译，中国政法大学出版社 2004 年版，第 56 页。

以，一般而言，诉讼上的本案抗辩可分为权利障碍抗辩、权利消灭抗辩与权利阻止抗辩三种形态：

A. 权利障碍抗辩。权利障碍抗辩是指当事人提出的妨碍对方当事人所主张的事实所引起的法律效果成立的事实。通常情形下，权利障碍抗辩乃由被告提出，并自始妨碍原告主张的权利成立，而不论原告所主张的请求原因事实是否存在。与单纯否认请求原因事实不同，被告提出权利障碍抗辩并未否认原告主张的权利成立事实，而仅主张了妨碍原告所主张的权利成立的例外事实。例如，原告要求被告履行合同义务，主张合同有效成立，被告主张合同违反强行性法律规定或公序良俗，并未生效，被告的主张即为权利障碍抗辩。

B. 权利消灭抗辩。权利消灭抗辩是指一方当事人向法院所提的认为对方当事人所主张的权利虽曾存在但现在已消灭的事实。① 权利消灭的事实或权利消灭抗辩通常与债的消灭原因事实相一致。②

C. 权利阻止抗辩。权利阻止抗辩是指一方当事人向法院主张对于对方当事人享有实体法上的拒绝履行权的事实。权利阻止抗辩之意义在于，一方当事人在诉讼中提出相应事实援用该抗辩权时，虽不能使对方当事人的请求权归于消灭，但却使其一时或永久无法有效行使。如当事人主张留置权、同时履行抗辩权存在的事实即为权利阻止抗辩。值得注意的是，当事人在行使留置权以及同时履行抗辩权的情形下，其必须援用该抗辩，也即当事人若想法官斟酌上述抗辩的法律效果，其首先必须具有行使权利的意思表示。此乃权利障碍抗辩和权利消灭抗辩所不具备的特殊性。当然，当事人不仅在诉讼上可以援引该抗辩权存在的事实，在诉讼外也可以行使此抗辩权。只要有一方当事人在诉讼中提出该抗辩权曾被行使的事实，法官就可以斟酌其之法律效果。

权利阻止抗辩与权利障碍抗辩、权利消灭抗辩的不同之处在于：主张权利

---

① 有学者把权利消灭抗辩视为一种否认，进而认为其是一种否认权。参见魏振瀛主编：《民法》，北京大学出版社、高等教育出版社 2000 年版，第 39 页。笔者认为，这种观点混淆了否认与权利消灭抗辩之区别，是不妥当的。因为否认是当事人所实施的诉讼行为之一种，不是当事人对其所享有的实体法上的权利之行使。

② 债的消灭相关原因主要有两种：（1）基于目的而消灭。其具体分为基于目的之达成而使债消灭以及目的之不能达成而使债消灭。前者即指债之给付，如清偿、代物清偿、提存、抵消等；后者则指债之目的因不能达成而使债消灭，如因不可归责于双方当事人事由致使给付不能。（2）基于其他理由而消灭，如免除、混同、解除条件成就或终期届满等。参见林城二：《民法债编总论——体系化解说》，中国人民大学出版社 2003 年版，第 520～521 页。

障碍抗辩和权利消灭抗辩的当事人在诉讼中只需主张其要件事实，法院即得斟酌（此等抗辩称为事实抗辩），而权利阻止抗辩则除应主张其权利发生之基础事实外尚须主张行使该私法上的权利的事实（此等抗辩称为权利抗辩）。①

另外，对于一方当事人所提之抗辩，主张原因事实的对方当事人可以再主张妨碍、消灭或排除该抗辩效果发生之事实，此被称为再抗辩；② 而对于再抗辩，另一方当事人又可主张妨碍、消灭或排除再抗辩效果发生之事实，此被称为再再抗辩。③ 可见，抗辩可以根据民事实体法律之规范由双方当事人一再主张。

2. 抗辩与抗辩权

从语义上看，与抗辩最为接近的概念莫过于“抗辩权”。作为民事权利的一种，抗辩权是指“妨碍相对人行使其权利之对抗权”。④ 抗辩权源自罗马法上的抗辩（exceptio）制度，⑤ 在罗马法发展的各个阶段均有体现。⑥ 而抗辩权概念的产生却始于19世纪，当时德国潘德克顿学派按照“法律上的力”将权利区分为四种类型，即请求权、支配权、形成权和抗辩权。其中，为了区别于程序法上的诉权，人们从罗马法和普通法中的“诉”的概念中发展出了

---

① 参见骆永家：《民事法研究》(二)，台湾三民书局1988年版，第11页。

② 一方当事人可在对方提出抗辩之前，先主张再抗辩，从而使得对方的抗辩难以发生法律效果，此即所谓预先的再抗辩。

③ 再再抗辩又可称为“第二抗辩（Duplich）”，对再再抗辩的抗辩可称为“第三抗辩（Triplick）”。参见［日］松冈义正：《民事证据论》，张知本译，中国政法大学出版社2004年版，第57页。

④ 史尚宽：《民法总论》，台湾正大印书馆1980年版，第22页。

⑤ 参见黄风：《罗马法词典》，法律出版社2002年版，第106页。

⑥ 罗马法上的抗辩（exceptio）在法定诉讼程序、程式诉讼程序和非程式诉讼程序三个阶段均有不同程度的表现。在法定诉讼时期，公共权力的功能颇为有限，当事人在执法官面前陈述争议的事由，即相互的要求，但不陈述这些要求所依据的具体事实，另外，执法官不仅不审判，而且也不对应当以何种方式进行审判作出任何规定或发布任何指示。执法官仅限于设法调和双方，使他们达成公平的和解协议以实现和平。但是如果当事人不能达成协议，执法官则只能命令他们接受审判，而审判员的选择也主要不是由执法官定夺。当时并没有一个双方当事人之间的争诉程序，所以，exceptio在这个阶段还不多见。在程式诉讼时期，开始出现程序意义上的抗辩，而且，抗辩的提出主要乃当事人之职责，当然在某些特殊情况下，裁判官亦可主动提出抗辩。在非程式诉讼时期，抗辩只能由当事人提出，法官不能主动提出抗辩。参见刘宗胜、曲峰：《抗辩权概念的历史发展》，载《云南大学学报（法学版）》2004年第4期。

“请求权”的概念。① 相应地，为了区别于诉讼上的抗辩，人们从“抗辩”概念中发展出“抗辩权”，从而使实体法与程序法进一步分离。② 因渊源相同、语义近似，抗辩与抗辩权两者在使用时被混同的情形时有发生。换言之，针对同一法律现象，人们有时使用“抗辩”来表述，有时又通过“抗辩权”来指称。不过应明确指出，抗辩与抗辩权绝非同一，二者之间存在显著的差异，表现为：

(1) 基础不同。作为一种权利，抗辩权之行使须以对方请求权的有效存在为前提，表现为一种对抗权；而抗辩则为一方当事人用以防御之主张，这种主张表现为否认对方请求权形成或存续的合理性，并不以对方权利之存在及有效为前提。

(2) 表现形式不同。依权利法定原则之要求，抗辩权必须在法律条文中有明文规定；而抗辩仅为当事人防御手段之行使，只要有可以排斥对方当事人主张的事实所引起的法律效果之事实存在，当事人即可将其以抗辩的形式向法院主张。

(3) 行使方式不同。作为一种权利，抗辩权的行使与否应完全交由当事人决定，即“当事人如不为抗辩权之主张，法院不得主动斟酌”；③ 而抗辩则仅为一种事实，这种事实的存在与否直接决定着一方请求权的有效存在与否，足以使请求权归于消灭，故另一方当事人在诉讼中即便未提出抗辩，法院有时也应查明案件事实，如果认为有抗辩事由的存在，则须依职权作出相应裁判。④

(4) 效果不同。因抗辩总是涉及合法性问题、权利争议整体问题或法律救济问题等，故法院原则上不受双方当事人行为的拘束，特别是不受自认的拘束，应主动审查相关事实；而在当事人一方提出抗辩权的情况下，法院要受到

---

① 参见［德］迪特尔·梅迪库斯：《德国民法总论》，邵建东译，法律出版社 2001 年版，第 67 页。

② 参见汪渊智：《抗辩权略论》，载《福建政法管理干部学院学报》2003 年第 3 期；柳经纬、尹腊梅：《民法上的抗辩与抗辩权》，载《厦门大学学报》（哲学社会科学版）2007 年第 2 期。

③ 黄立：《民法总则》，中国政法大学出版社 2002 年版，第 67 页。

④ 正因如此，德国学界才用“Einrede（需要主张的抗辩）”和“Einwendung（无须主张的抗辩）”两个术语来指称抗辩权和事实抗辩，从而将二者很好地区分开来。参见［德］迪特尔·梅迪库斯：《德国民法总论》，邵建东译，法律出版社 2001 年版，第 82～84 页。

双方当事人行为，特别是自认的拘束。①

以诉讼时效为例，若法院在案件审理时，将原告之债权已过诉讼时效这一事实作为被告的抗辩权事由对待，则被告自己如未主张该事实，法院即不能主动援引；反之，如果将该事实作为抗辩事由对待，则被告即便未主张该事实法官也可主动援引，并作为判决的事实基础。关于诉讼时效的性质，立法上也因此有两种不同体例：一是规定法官可以主动援引诉讼时效是否经过的事实。如《适用意见》第153条即规定："当事人超过诉讼时效期间起诉的，人民法院应予受理。受理后查明无中止、中断、延长事由的，判决驳回其诉讼请求。"二是规定法官不能主动审酌诉讼时效是否经过的事实。如《法国民法典》第2223条规定："审判员不得自行援用时效的方法。"②《日本民法典》第145条规定："除非当事人援用时效，法院不得根据时效进行裁判。"③ 近年来，随着认识的逐渐深化，我国相关司法解释亦开始将诉讼时效作为一种抗辩权事项予以规范，从而与上述大陆法系诸国之规定相一致。如《诉讼时效规定》第3条规定："当事人未提出诉讼时效抗辩，人民法院不应对诉讼时效问题进行释明及主动适用诉讼时效的规定进行裁判。"第4条规定："（第5款）当事人在一审期间未提出诉讼时效抗辩，在二审期间提出的，人民法院不予支持，但其基于新的证据能够证明对方当事人的请求权已过诉讼时效期间的情形除外。（第2款）当事人未按照前款规定提出诉讼时效抗辩，以诉讼时效期间届满为由申请再审或者提出再审抗辩的，人民法院不予支持。"

3. 抗辩与附理由的否认

抗辩与附理由的否认虽有一共同特征，即当事人无论是提出抗辩还是附理由的否认，都涉及与对方主张的要件事实不同的事实之提出，但两者之间存在显著的差异，表现为：无论何种类型的抗辩，其主要目的均是为了阻止对方当事人所主张的权利的发生与行使，也即是为了消灭对方当事人所提出的请求原因事实所应产生的法律效果。同时，提出抗辩的当事人对于抗辩之事实要承担主张责任及证明责任。易言之，当事人提出抗辩乃以其承认对方当事人所主张的请求原因事实之存在为前提，故抗辩事实与请求原因事实在诉讼中是能够同

---

① 参见杨立新、刘宗胜：《论抗辩与抗辩权》，载《河北法学》2004年第10期。

② 参见李浩培、吴传颐、孙鸣岗译：《拿破仑法典（法国民法典）》，商务印书馆1979年版。以下对法国民法典条文的引用，如无特别说明，均以此版本为准。

③ 参见王书江译：《日本民法典》，中国人民公安大学出版社1999年版。以下对日本民法典条文的引用，如无特别说明，均以此版本为准。

时成立的，只是因为抗辩事由的存在，使得对方所主张的要件事实所应产生的法律后果不能发生或者虽曾经发生但现在已经消灭。① 如果当事人所提出的某事实不能与对方当事人所主张的请求原因事实同时成立的话，则该事实并非抗辩事实，仅为附理由的否认。而在附理由的否认中，当事人所主张的事实在性质上与对方主张的要件事实不能两立，彼此处于相对立之状态，故附理由的否认从根本上讲乃是一方当事人不承认其与对方当事人之间存过某一民事法律关系，故而也就不承认对方当事人所陈述事实的真实性。

值得注意的是，虽然从形式上看，权利障碍抗辩与附理由的否认均乃当事人先行承认了对方所主张事实的成立，但两者之间亦存在根本的不同。权利障碍抗辩的特点在于，一方当事人在承认其与对方当事人之间存在某一民事法律关系的前提下，通过主张其他要件事实的存在而排除对方当事人所主张的法律效果之发生；而附理由的否认之特点在于，一方当事人主张其与对方当事人之间存在另一种民事法律关系从而否认对方当事人所主张的法律效果之发生，因此，一方当事人提出附理由的否认之目的在于使对方当事人所主张的法律要件事实因欠缺其中某项要件而不能成立。

以下用一个实践中常见的案件对抗辩与否认作进一步的实证分析。例如，在一起民事诉讼中，原告甲向法院起诉要求被告乙还钱，言词辩论中，主张乙借钱尚未归还，乙针对甲的主张向法院所作之陈述可能有如下几种：A. 根本没有向甲借钱；B. 拿了甲的钱，但不是借的，是甲送的；C. 虽然借了甲的钱，但是已经还了。这里我们可以看出，被告乙所作的三种陈述中，A 和 B 为否认，分别为单纯的否认和附理由的否认。在单纯的否认，被告没有针对原告的主张提出新的事实，依证明责任分配之基本原理，原告就其借钱给被告的事实主张应负证明责任；在附理由的否认，原告主张的主要事实是存在借贷合同和金钱的授受这两方面的事实，被告主张的事实是存在赠与关系和金钱的授受。此种情形下，被告对金钱的授受予以承认，但是否认有借贷关系的存在，而认为是赠与关系，由于赠与与借贷两种事实不能并存、两立，故被告所提赠与存在之事实主张仍为否认，正因如此，借贷合同的存在仍然应由原告负证明责任，其之证明责任并没有转移给被告。C 则为抗辩。因为清偿（还了）之事实与原告主张的借贷事实为两立之事实，在该种情形下，由于被告实际上承认了原告所主张的主要事实，因此原告对于该事实不负证明责任，被告则应对

① 须注意的是，此处所说的抗辩事实与请求原因事实同时成立是从事实层面，而非从法律效果层面进行考察所得之结论。

清偿（还了）之抗辩事实负证明责任。

4. 诉讼抗辩

上面所阐析的抗辩，无论哪一类型，其之存在均乃以民事实体法为基础，目的亦在于引起民事实体法上效果的发生变更或消失，故其在学理上被统称为实体法上的抗辩、真正意义上的抗辩或本案抗辩。除本案抗辩外，在民事诉讼中当事人还可以主张与民事实体法上的事项没有关系的事实或事项来排斥对方所提的诉讼请求，此种主张即为学理上所称之诉讼抗辩（或称诉讼法的抗辩）。

诉讼抗辩因不能产生民事实体法上的效果，故严格意义上讲，其并不属于当事人主张层面上的抗辩，不过由于诉讼抗辩与本案抗辩一样也是以一个与对方当事人主张的要件事实两立的事实之提出来达到排斥对方当事人所提诉讼请求成立之目的，故而具有抗辩之外观。总之，诉讼抗辩仅是一方当事人为了阻止对方当事人所提诉讼请求的成立所作的关于非本案事项之陈述，并非真正意义上的抗辩。

诉讼抗辩有妨诉抗辩和证据抗辩两种形态。

（1）妨诉抗辩。妨诉抗辩，亦称本案前之抗辩或诉讼要件欠缺之抗辩，是指被告向受诉法院所作的认为原告所提之诉欠缺诉讼要件故而不合法（即不符合《民事诉讼法》第108条之规定①）的陈述。被告所提之妨诉抗辩若能成立，其可以拒绝对原告的请求进行本案辩论。除管辖错误抗辩或法院欠缺管辖权的抗辩成立时应由受诉法院裁定将案件移送给有管辖权的法院外，其余的妨诉抗辩若成立，法院将以原告所提之诉不合法为由驳回原告之起诉。妨诉抗辩“皆为共通之形式，须于同时提出之，并须于被告就本案之辩论前提出之。而其共通之效力，亦不过妨碍本案之裁判而已”。② 由于诉讼要件之存在与否原则上应属于法院依职权主动调查的事项，而不以被告的主张为必要，故“此时被告之主张，不过具有促使法院发动职权之意义，不适于给予抗辩之名”。③

（2）证据抗辩。证据抗辩，是指一方当事人所作的认为对方当事人提供的证据不具证据能力或缺乏证据力，要求法院不予采纳之陈述。详言之，证据

---

① 《民事诉讼法》第108条规定：“起诉必须符合下列条件：（1）原告是与本案有直接利害关系的公民、法人和其他组织；（2）有明确的被告；（3）有具体的诉讼请求和事实、理由；（4）属于人民法院受理民事诉讼的范围和受诉人民法院管辖。”

② ［日］松冈义正：《民事证据论》，张知本译，中国政法大学出版社2004年版，第57页。

③ 参见［日］岩松三郎、兼子一编：《法律实务讲座民事诉讼编》，有斐阁，昭和44年，第3卷，第45页。转引自骆永家：《民事法研究》（二），台湾三民书局1988年版，第4页。

抗辩是指声明某证据的一方当事人的对方当事人主张该证据方法不合法或无证据能力，或由证据方法所得的证据资料无证据力，在法院调查该证据前要求法院不采纳其为证据方法；在调查证据后要求法院不采用调查该证据之结果作为裁判的依据。由于对特定证据方法是否进行证据调查属于法院依职权决定的事项，同时证据力之大小也应由法官依自由心证予以审酌，故证据抗辩也“仅为当事人陈述证据上的意见之一种法律上的陈述而已，并未真正之抗辩（成为证据抗辩的材料之事实为辅助事实）”。①

（三）自认

自认，乃一方当事人对对方当事人主张的法律要件事实未作争执而予以承认的行为，具体是指在言词辩论中，一方当事人向受诉法院所作的对于对方当事人提出的于己不利的事实主张予以承认之陈述。当然，作为当事人陈述的自认，必须是明示的自认，默示的自认为法律上的拟制效果（故亦称拟制自认），不属于当事人陈述的范畴。

某一法律要件事实若为一方当事人所自认，主张该事实的当事人对其即免除了证明责任。此外，一方当事人若主动地向受诉法院陈述对自己不利的事实，此种事实上的陈述乃称为“自发的自认”，② 对方当事人即可因此而完成其主张责任，法院可以直接将该事实作为判决的基础。

在民事诉讼中，当事人在作出自认之陈述同时往往另外附带主张某一抗辩事实，此种自认在学理上称为附限制的自认（又可称为附加文句之自认）。附限制的自认与附理由的否认有所不同：对于附理由的否认，因使否认得有信任起见，乃附加反对事实的说明，故其陈述中，仅具有自认的外观，不能包含自认的内容；而附限制的自认因乃结合他种事实上之争执或反对事实之主张所为之自认，故其陈述中包含有自认的内容。③

（四）不知情或不记得之陈述

不知情或不记得的陈述是指当事人向受诉法院所作的“不知道这样的事实”的陈述，也即一方当事人对于对方当事人关于某一特定事实的主张，在诉讼中向法官表示不知道、不清楚或不记得等。当事人所作的不知情或不记得

① ［日］村上博己：《证明责任之研究》，有斐阁，昭和50年，第84页。转引自骆永家：《民事法研究》(二)，台湾三民书局1988年版，第6页。

② 骆永家：《民事举证责任论》，台湾“商务印书馆”1987年版，第54页。

③ 参见［日］松冈义正：《民事证据论》，张知本译，中国政法大学出版社2004年版，第51页。

之陈述中，当事人虽未主张一定事实、亦未对对方当事人主张的事实予以否认或承认，但实质上仍对对方当事人提出的事实作出了一定评价，进而会对法官的心证产生一定影响，故也应将其纳入当事人陈述的范畴。①

一方当事人对于对方当事人主张的事实陈述不知情或不记得可能有两种情形：一是其由于各种原因确实不知情或不记得；二是其虽然记得或知情，但因相关事实于己不利而不愿承认，也不愿意在庭上作虚假陈述，出于规避之目的而作不知情或不记得之陈述。对于不知情或不记得之陈述所具有的法律效果，不同的国家和地区在立法上有不同的规制：如德国和日本乃是将其视为否认。《德国民事诉讼法》第138条（对于事实的说明义务）第4款规定："对于某种事实，只有在它既非当事人自己的行为，又非当事人自己所亲自感知的对象时，才准许说不知。"《日本民事诉讼法》第159条（拟制自认）第2款规定："对于对方当事人所主张的事实，已作出不知的陈述的，则推定为争执了该事实。"② 我国台湾地区"民事诉讼法"并未明确规定当事人所作不知情或不记得之陈述之法律效果，其究竟具有何种法律效果乃是委诸法官根据案件的不同情况审酌定之，其第280条（举证责任之例外——视同自认）第2款规定："当事人对于他造主张之事实，为不知或不记忆之陈述者，应否视同自认，由法院审酌情形断定之。"现行《民事诉讼法》并未规定当事人为不知情或不记得之陈述所具有的法律效果，《民事证据规定》第8条第2款"对一方当事人陈述的事实，另一方当事人既未表示承认也未否认，经审判人员充分说明并询问后，其仍不明确表示肯定或者否定的，视为对该项事实的承认"之规定似乎在一定程度上对不知情或不记得之陈述之效力作了间接的规范。揆诸该项司法解释所蕴含之意旨，其似乃将当事人所作不知情或不记得之陈述视为一种默示的自认，不过，根据该项司法解释的规定，法官作此种认定，必须以作出陈述的当事人在经过审判人员的阐明后仍为此陈述为前提条件。③

---

① 有学者将不知情或不记得之陈述称为"推定否认"，即以一方当事人不知或不清楚相对方的主张事实为前提，推定对相对方的主张事实予以否定。参见陈刚：《证明责任法研究》，中国人民大学出版社2000年版，第237页。

② 即日本民诉法乃是将"不知"的陈述推定为争执，而将"沉默"推定为不争执（《日本民事诉讼法》第159条第1款），也即将其视为自认。参见［日］新堂幸司：《新民事诉讼法》，林剑锋译，法律出版社2008年版，第299页；［日］高桥宏志：《民事诉讼法制度与理论的深层分析》，林剑锋译，法律出版社2003年版，第374页。

③ 参见李国光主编：《最高人民法院〈关于民事诉讼证据的若干规定〉的理解与适用》，中国法制出版社2002年版，第123页。

第二节 民事证据法上之事实的形态

一、主要事实、间接事实和辅助事实的内涵

依其在民事诉讼中之功能和地位，民事证据法中事实表现为以下三种主要形态：

(一) 主要事实

主要事实，又被称为直接事实，是指对于法官直接判断某一民事法律关系发生、变更或消灭的法律效果所必要的事实，也即主要事实乃是与作为法律构成要件被列举的规范事实（要件事实）相对应的具体事实。

1. 要件事实

作为联系民事实体法和民事诉讼法的纽带，要件事实是指产生法律效果所必要的实体法（作为裁判规范的民法）要件事实，易言之，是指民事实体权利变动原因的事实。根据所引起的民事实体法上权利变动效果的不同，可以把要件事实分为权利发生事实、权利障碍事实、权利阻止事实和权利消灭事实，就某一具体民事案件而言，此四种事实若为真实，将分别引起权利发生、障碍权利发生、阻止权利行使及权利消灭等法律效果。

要件事实理论勃兴于日本①，其关注的问题是民事诉讼中双方当事人就某种事实是否负有证明责任。由于要件事实对于当事人提起诉讼以前的收集证据

① 在德语中，有一个兼具法律规范和案件事实双重含义的词语“Tatbestand”，但其主要适用于刑法领域，具体指称抽象的犯罪构成要件。该词作为一般法学词语传入日本后，被译为构成要件以及法律要件、要件、事实构成等类似表达，并被逐渐引入民事领域。参见章恒筑、夏瑛：《日本要件事实论纲——一种民事诉讼思维的展开》，载《法学家》2005年第3期；龙云辉、段文波：《略论证明责任与主张责任的相互关系》，载《法学评论》2008年第3期。日本从昭和30年代以来，要件事实论的基础以及分论不断地得到精致的解说。民法上，对于产生某法律效果来说，必要、充分的法律要件如何构成、对于要件事实的证明责任由哪一方当事人负担会更妥帖等问题得到了深入系统的研究，昭和60年代初日本法学研修所教官室出版了“民事诉讼中的要件事实”的体系书，形成了较为系统的“要件事实论”。要件事实论广泛应用于司法实践，不仅使得律师的诉讼活动以及法官的诉讼指挥有条不紊，对于改善整个日本的诉讼运营来说都大有裨益。其间，虽然不乏批评要件事实论忽视间接事实的重要性、起诉状和判决书有骨没肉、遗失了纠纷的真正要点等学说，但日本在推进审判实务的改革中却重新确认了要件事实论的基础地位。参见[日]松本博之:《要件事论と法学教育:要件事论批判を中心に》,载《自由と正义》,Vol. 54, no. 12。转引自罗筱琦、段文波:《要件事实理论视角下的民法》,载《学术论坛》2006年第6期。

活动，诉讼中对争点、证据的整理，以及对于法院的诉讼指挥、决定审理的基本方向等都起着十分重要的甚至关键的作用，故而要件事实乃是民事诉讼实务的基础。① 具体而言，一方面，要件事实为当事人的主张指明了方向。当事人若想取得理想的诉讼结果，使攻击防御方法发挥实效，必须根据民事实体法的规定并结合具体案件向法院提出相应的要件事实。在案情较为简单的案件中，因要件事实主张的模糊所导致的攻防手段的不足可能对当事人影响不是太大，但在较繁杂的案件中，因要件事实主张的具体化所带来的攻击防御方法的明晰会大大减少当事人的负担，进而增加胜诉之几率。因此，从主张责任的角度而言，要件事实在民事诉讼中至关重要。另一方面，要件事实为法院的裁判提供了标准。在辩论主义民事诉讼运作样式下，法官必须将自己的裁判建立在当事人所主张的要件事实基础之上，不得将当事人没有主张的要件事实作为裁判的基础。如果当事人没有按照其所诉请的权利主张相应的要件事实，或虽主张但不明确时，法官即要行使阐明权，在当事人主张的框架内对其主张和要件事实之间的关系进行阐明，若当事人于法院阐明后仍不予以改进，则法院不得主动对当事人未主张的要件事实予以认定。此外，法院还须时时把握当事人对其所主张的要件事实的证明状况，以决定是否需要当事人进行必要的进一步的证明活动，从而保证证据调查能得以顺利、充分地进行。

2. 要件事实与主要事实

作为法律规范构成要件的要件事实和主要事实在本质上虽然一致，但也存在一定的区别。表现为：法律构成要件事实是抽象意义上的脱离具体案件存在的规范事实，作为法律构成要件被列举的事实（要件事实），有的是被抽象化的事实，有的则不是事实，仅是一种评价或描述。② 主要事实则为具体意义上

① 参见［日］奥田隆艾：《司法研修所教育及对法学教育的期望》，丁相顺译，载《法律适用》2002 年第 6 期。

② 此为通说。参见［日］高桥宏志：《民事诉讼法制度与理论的深层分析》，林剑锋译，法律出版社 2003 年版，第 340 页。当然，对此也有不同观点，如伊藤滋夫教授即认为要件事实应为具体事实。参见［日］伊藤滋夫：《要件事实的基础》，有斐阁 2000 年版，第 14 页。转引自段文波：《裁判逻辑与实定法秩序之维护——要件事实论纲》，载《西南政法大学学报》2005 年第 3 期。日本司法研修所也持这种观点。参见日本司法研修所民事裁判官室：《民事诉讼中的要件事实》（第一卷），司法研修所发行所、财团法人法曹会 1985 年版，第 3 页。转引自章恒筑、夏瑛：《日本要件事实论纲——一种民事诉讼思维的展开》，载《法学家》2005 年第 3 期。另参见［日］松本博之：《要件事论と法学教育：要件事论批判を中心に》，载《自由と正义》，Vol. 54，No. 12。转引自龙云辉：《日本民事要件事实及其机能》，载《学海》2007 年第 1 期。

的事实，是指能够被作为裁判对象的事实，而且必须是能够成为证明及证据调查对象的事实。

在辩论主义民事诉讼运作方式下，前面已提到，依主张责任之原理，某项主要事实若未经当事人主张，即不能成为法院审判的对象，也即法院不能将其作证据调查之对象。某一主要事实只有经由一方当事人主张，且当事人双方对其之真实性存在争执时，法院才有必要依法定的证据调查程序对其予以证明。

值得注意的是，在辩论主义民事诉讼运作样式下，基于程序安定性的考量并且为了避免当事人遭受突袭裁判，主张责任的对象事实应仅限于主要事实，而不及于其他事实。① 显而易见的是，若将主张责任适用的对象扩张至包含主要事实在内的所有事实，不仅使得当事人难以根据民事实体法准确把握提出主张的时机，并且也使得法院难以预测和把握裁判的范围及方向。

此外，在民事诉讼中，双方当事人所负之证明责任也是以主要事实为对象进行分配的，当言词辩论终结时，案件的主要事实是否存在若仍处于真伪不明的状态时，法院即可按照证明责任的分配规则对其进行裁判。

（二）间接事实

间接事实，是指能够借助于经验法则及逻辑法则推论主要事实存在的事实。当法律要件事实或主要事实涉及一些不确定的概念（如不可抗力、过错等）时，由于其不具备一般的法律要件事实那样的可直接为人们所感知之要素，故对于这些主要事实，当事人并不易直接用证据证明其之存在，在此情形下，当事人往往只能先提出若干间接事实并证明其之真实性，然后由法官依据经验法则，运用论理法则从中推导出该主要事实的存在。

就某一间接事实而言，若双方当事人对其之真实性存在争议时，其即成为证明的对象，这一点与主要事实并无不同，不过由于主张责任的适用对象仅限于主要事实而不及于间接事实，故法院可以当事人所未主张的间接事实作为认定主要事实的基础。此外，依主张责任之原理，如果从间接事实推论出的主要事实未为当事人所主张或未出现在双方当事人的言词辩论中，则该间接事实纵然为真实，其亦不能作为法院裁判的基础。

---

① 此一直为通说。参见［日］兼子一：《民事诉讼法体系》，酒井书店。昭和 29 年，第 193 页，转引自［日］高桥宏志：《民事诉讼法制度与理论的深层分析》，林剑锋译，法律出版社 2003 年版，第 340 页；［日］新堂幸司：《新民事诉讼法》，林剑锋译，法律出版社 2008 年版，第 309 页。

（三）辅助事实

无论是主要事实还是间接事实，本身也需要由一定证据予以证明，证据能力之有无与证据力之大小直接关系到法官心证之形成。所谓辅助事实，即是指关涉证明主要事实和间接事实的证据的证据能力或证据力的事实。如文书证据上的签名是否为真实的事实、证人与当事人是否存在家属关系的事实等皆属于辅助事实。

二、主要事实、间接事实和辅助事实之区别

（一）主要事实、间接事实和辅助事实区分之意义

主要事实、间接事实和辅助事实区分的意义主要有两点：

其一，主要事实构成法院审判的对象，法院在对其进行认定时要受主张责任的规制，而间接事实、辅助事实则基本上与证据处于同一层面，并不受主张责任的规制①，也即当事人即使未在诉讼中提出间接事实与辅助事实，法院也应依职权主动调查并将其作为裁判的基础。学者通常认为间接事实、辅助事实若也要求必须经过当事人的主张法院始能进行认定，则在当事人未主张的情形下，法院就不能利用通过其他证据可以认定的间接事实或辅助事实，这样势必使法官在事实认定上陷于一种不自由及不自然的窘境，进而违反赋予法官自由心证主义的法律趣旨。②

其二，诉讼上的自认在适用对象上仅限于主要事实，而不及于间接事实与辅助事实。也即对于当事人主张的间接事实与辅助事实，即便对方当事人承认其存在，法院亦不能直接将其作为裁判的基础，而须调查其是否真实存在。可见，主要事实、间接事实和辅助事实的区别，“不仅是当事人辩论活动的指向

---

① 亦有观点试图将辩论主义的范围从主要事实扩大到间接事实。参见［日］竹下守夫：《辩论主义》，载小山昇、松浦馨、中野贞一郎、竹下守夫：《演习民事诉讼法（上）》，青林书院，昭和62年，第377页。转引自［日］新堂幸司：《新民事诉讼法》，林剑锋译，法律出版社2008年版，第309页。另参见［日］萩原金美：《主张证明的法理》，信山社2002年版，第21页。转引自任文松：《要件事实与主张责任》，载《学海》2006年第5期。如前所述，笔者仍然认为主张责任的对象应限于主要事实，至于诉讼中重要的间接事实，法官可以通过行使释明权使相关事实在言词辩论中有所体现，从而保证当事人对裁判结果的预知。

② 参见［日］中野贞一郎、松浦馨、铃木正裕：《新民事诉讼法讲义》，有斐阁，平成10年，第200页。转引自［日］高桥宏志：《民事诉讼法制度与理论的深层分析》，林剑锋译，法律出版社2003年版，第341页。

标，同时也是法院审理活动的指针，进而成为整理争点、举证活动及心证形成中的向导”。①

由于传统意义上，辩论主义乃以主要事实为其适用或规制对象，在面对日益涌现的复杂的环境污染纠纷、产品质量纠纷等现代型诉讼时，有时会出现法律适用上的窘境。因为在这些现代型诉讼中，诸如过错、不可抗力等具有不确定内涵的主要事实会频频涉及，其在构成要素上具有一般的法律要件事实所不具备之特质，难以为当事人具体化描叙，当事人为使法官相信这些要件事实之存在，通常只能主张可推论其之存在的间接事实以求目的之达成。不过，由于间接事实不受主张责任的规制，故法院在认定这些主要事实时易生尴尬。②

（二）主要事实与间接事实区分之标准

关于主要事实和间接事实的区分标准，目前主要有三种观点：第一种观点认为，在考虑当事人应当对哪些事实进行主张时，与其基于传统的主要事实与间接事实的区别作出判断，还不如从该事实与诉讼的关系出发，从“该事实是否对诉讼胜败产生影响”的角度来作出判断，也即应以“该事实是否成为诉讼真正的争点”来作为区分标准。③ 第二种观点认为，不论是主要事实还是间接事实，所有事实都必须经由当事人主张才能作为判决的基础，不过，当双方当事人对于主要事实的存在与否发生争议时，该主要事实就成为证明的主题，在法院直接针对此证明主题（主要事实）所进行的证据调查过程中，偶尔有可能在证据资料中出现能推定该事实存在与否的间接事实，在这种情形下，该间接事实即便未被当事人主张，也可以成为主要事实的判断资料。④ 第

---

① ［日］新堂幸司：《新民事诉讼法》，林剑锋译，法律出版社2008年版，第309页。

② 如在认定饮酒与过失之关系时便会出现此种情形：在传统的理解上，饮酒为间接事实，过失乃主要事实，故或者承认要么只要当事人在言词辩论中提出了“存在过失”时，法院就可以直接作出“因为饮酒而存在过失”之认定；或者承认只要当事人没有提出“饮酒”之主张，法院就不能认定“饮酒”之事实。参见［日］新堂幸司：《新民事诉讼法》，林剑锋译，法律出版社2008年版，第309页。

③ 参见［日］田尾桃二：《对于主要事实与间接事实的二三点疑问》，载《兼子一博士还历纪念论文集——裁判法的诸问题》（中），有斐阁，昭和44年，第269页。转引自［日］高桥宏志：《民事诉讼法制度与理论的深层分析》，林剑锋译，法律出版社2003年版，第345～346页。

④ 参见［日］竹下守夫：《辩论主义》，载小山昇、松浦馨、中野贞一郎、竹下守夫：《演习民事诉讼法（上）》，青林书院，昭和62年，第377页。转引自［日］高桥宏志：《民事诉讼法制度与理论的深层分析》，林剑锋译，法律出版社2003年版，第346页。

三种观点认为，主要事实和间接事实的区分应当在考量“作为该法条的立法目的以及当事人攻击防御目标是否明确”、“从应认定事实范围使审理获得整理及促进等视角来看是否明确”等因素的基础上，根据具体的案件类型归纳性地予以确定，即除了通过个案判例及学说的累积来逐步确立明确的基准外别无他法。① 笔者认为，第一种观点虽然强调了事实主张和裁判结果的关系而有其一定的合理性，但以结果反推前提的处置办法显然有违逻辑推理之规律故不可采；第二种观点虽可以避免因法院对主要事实之外事实的主动认定给当事人带来的窘迫，但范围也未免失之宽泛故亦不足取；② 第三种观点虽有利于法官根据案件的具体情况作弹性的处理，但标准的过度抽象以至于实质缺失易滋法官裁量权滥用之流弊。就此而言，也不甚妥当。因此，对主要事实、间接事实区分之具体标准仍需作进一步的探究。不过，笔者同时认为，从总体上讲，主要事实与间接事实的区别应相对化，主要事实与间接事实只是在诉讼中所发挥的功能及作用的界阈不同而已，间接事实尤其一些重要的间接事实置于与主要事实同等的位置应是将来的发展趋向。

下面试举一例来说明主要事实、间接事实与辅助事实之区分。如在借贷关系中，金钱的交付与否，是决定借贷法律关系是否成立的主要事实。但在民间借贷中，这一事实往往很难直接得到证明，此时便有必要从侧面入手，通过调查出借人与借款人的交易情况、出借人自银行提款的时间和数额与借款人向银行存款的时间和数额的关联性以及借贷人存款的资金来源等事实间接推导出主要事实，这些事实即为间接事实。而关于借据是否由借贷人亲自所写、一方提供的证人与借贷双方之间的关系及当事人陈述时意识是否清楚等则为明确主要事实和间接事实据以成立的证据的证据能力或证据力的辅助事实。

---

①　参见［日］新堂幸司：《新民事诉讼法》，林剑锋译，法律出版社 2008 年版，第 311 页。

②　对于第二种观点，高桥宏志教授也认为如果原则上所有的事实都需要当事人的主张，那么在范围上不免有过于宽泛之嫌，因为作如此处理，就法院来说，对于每个事实是否被当事人主张原则上都必须逐一予以确认，一旦某事实未被主张，从逻辑上讲，法院就应当让当事人重新展开辩论，如此一来不可避免地造成程序的烦琐与冗长。参见［日］高桥宏志：《民事诉讼法制度与理论的深层分析》，林剑锋译，法律出版社 2003 年版，第 347 页。

第二章　民事证据的内涵与基本属性

第一节　民事证据的内涵

“证据”一词在汉语中的准确起源已很难考证。在古汉语中，“证”、“据”二字往往分开使用。其中，“证”字在内涵上一如现代的证据，但多指人证；“据”字则意为依据或根据。如《唐律》中就有“据众证定罪”的表述。到了清代，刑律中也有“众证明白，即同狱成”等规定。辛亥革命以后，随着白话文的推广，“证”、“据”二字才逐渐合并为一个词使用，并多出现在与法律有关的文献中。例如，1912 年南京国民政府颁布的《大总统令内务、司法两部通饬所属禁止刑讯文》中规定：“不论行政司法官署，及何种案件，一律不准刑讯。鞫狱当视证据之充实与否，不当偏重口供。其从前不法刑具，悉令焚毁。”

现在，“证据”一词在日常生活中使用得非常广泛。但不能否认的是，由于其在法律领域中所具有的重要地位和相当高的使用频率，在很大程度上，证据仍然是法律领域的专门术语。《辞海》对证据的解释是“法律用语，据以认定案情的材料”。可见，在非法律领域对证据一词的理解通常也是以法律领域的证据概念为基础的，即其实质上乃是在借用法律术语，两者之间没有也不应该存在差异。在讨论民事证据法上的证据概念问题时，我们不应片面强调法律用语和日常用语的差异，更不应偏离长期形成的语言习惯，在对证据的理解上再去使用诸如“法律证据”、“法定证据”或“司法证据”等无中生有的概念。

一、关于证据概念的学说

关于证据概念的理解，理论界认识不一，存在不小的分歧。主要有以下几种代表性的观点：

（一）材料说

该说把证据界定为证明案件事实的材料。如有学者认为，证据是一切用来证明案件事实情况的材料。①

（二）事实说

该说把证据界定为一种用来证明案件情况的事实。如英国法学家边沁认为，在最广泛意义上，可以把证据假定为一种真实的事实，即成为相信另一种事实存在或不存在的理由的当然事实。美国证据法学家威格莫尔也提出，证据是任何一件或一组可知的事实，而不是法律或伦理的原理。② 这一学说在我国当代诉讼法学界最具影响，不少学者都是在这一框架内对证据加以界定的。如最具代表性的表述即为，证据就是证明案件真实情况的事实。③

（三）根据说

该说把证据界定为证明案件事实的根据。如我国台湾地区有学者认为，证据是足以使法院认定当事人之主张为真实之凭据。④ 我国大陆也有一些学者持此种观点，认为证据是指用来证明案件真实情况、正确处理案件的根据。⑤ 这种观点在司法实践中也得到了一些部门的认可。如最高人民法院1984年8月30日颁布的《关于贯彻执行〈民事诉讼法（试行）〉若干问题的意见》第四部分“证据问题”开篇即明确指出：“证据是查明和确定案件真实情况的根据。”

（四）统一说

作为一种折中的说法，该学说强调证据乃内容与形式的统一。如有观点认为，证据是证据的内容与证据的形式的统一，是以法律规定的形式表现处理的能够证明案件真实情况的一切事实。⑥ 还有学者认为，从证据所反映的内容看，证据是客观存在的事实；从证明关系看，证据是证明案件事实的凭据，是用来认定案情的手段；从表现形式看，证据必须符合法律规定的表现形式，诉讼证据是客观事实内容与表现形式的统一。⑦

---

① 参见应松年主编：《行政诉讼法学》，中国政法大学出版社2007年版，第136页。

② 参见王以真主编：《外国刑事诉讼法学》，北京大学出版社1994年版，第215页。

③ 参见江伟主编：《证据法学》，法律出版社1999年版，第206页。

④ 参见陈世雄等：《民刑事诉讼法大意》，五南图书出版公司1986年版，第96页。

⑤ 参见杨荣新主编：《民事诉讼法教程》，中国政法大学出版社1991年版，第210页。

⑥ 参见卞建林主编：《证据法学》，中国政法大学出版社2000年版，第70页。

⑦ 参见樊崇义主编：《证据法学》，法律出版社2001年版，第45页。

二、民事证据内涵的科学界定

上述关于证据内涵的代表性观点从某种程度上来说，都有其合理性，但都存在一定的缺陷，即均仅停留在一般证据概念的层面去理解法律证据，未能触及法律意义上证据的实质。总的来说，证据应是指“为使裁判官认识当事人主张事实之真否，以及认识法则并实验规则之内容而存在之制度”①。易言之，证据乃是指形成法院确定判决基础的一切资料的总称。

在民事诉讼中，对于绝大多数事实而言②，欲使法官形成对其存在之内心确信，就必须要有坚实的能使其得到法官认定的依据。易言之，在民事诉讼中，法官作出判决所必需的事实认定并不是偶然的，而必须在客观上保障其之公正性，这就要求必须使法官认定事实的依据也即证据出现在民事诉讼证据调查程序中，并赋予当事人对该证据的证据价值予以评价的机会。③ 质言之，当事人应该尽可能地寻找并收集能使法官作出于己有利之事实认定的证据，并使这种证据进入诉讼，以此说服法官认定该事实的存在，进而获得胜诉之判决。

故笔者认为，对民事证据的内涵应从三方面予以把握：在外观载体方面，民事证据乃是指作为法官据以认定案件事实基础的作为证据调查对象之有形物，此称之为证据方法；在内容信息面，民事证据乃是指法官对证据方法进行证据调查所得的结果，也即法官依其五官感知证据方法所获知的内容，此称之为证据资料；在裁判根据方面，民事证据则是指特定事实能使法官在内心形成确信并据以作为裁判基础的原因，此称之为证据原因。④

（一）证据方法

1. 证据方法的概念

所谓证据方法，是指能够被法官基于五官作用而感知，并能够进行证据调

---

① ［日］松冈义正：《民事证据论》，张知本译，中国政法大学出版社2004年版，第2页。

② 确切地讲，是指免证事实之外的所有其他事实。

③ ［日］新堂幸司：《新民事诉讼法》，林剑锋译，法律出版社2008年版，第369页。

④ 在德国法上，证据也常被称为证据方法（Beweismittel）、证据调查（Beweisaufnahme）和证据结果（Beweiserfolg）。参见［德］奥特马·尧厄尼希：《民事诉讼法》（第27版），周翠译，法律出版社2003年版，第258页。

查的有形物（人或物）。① 某一有形物符合法律的规定，进入民事诉讼领域成为法官证据调查对象的证据方法，其即具备了证据能力。法官为使待证事实获得内心确信所进行的从证据方法中获知证据资料的行为或程序，即为证据调查。针对不同的证据方法，民事诉讼法规定了不同的证据调查程序。证据方法经由法官证据调查后，具有了足以影响法官认定事实的效果的，即为证据力，或称为证据价值。

在采取辩论主义运作样式的民事诉讼领域，使用何种证据方法认定事实应由当事人依自己的意思决定，法院不得为了认定事实而置当事人的意思于不顾或者依职权调取其可以利用的证据方法；在采取职权探知主义运作样式的民事诉讼领域，法院可以不受当事人关于使用何种证据方法的意思之约束，可以且应当依职权调取能助益于事实认定的各种证据方法。

当事人对证据方法的提供和法院对证据的调查既可以在本案审理程序中进行，也可以依特别程序进行，前者称为即时调查的证据方法，后者称为依特别程序进行调查的证据方法。当事人仅利用一个证据方法时，称为单纯的举证；同时利用数种证据方法时，称为综合的举证。当事人对于同一主张，同时提出数种证据方法时，称为内部之综合的举证；对于数种主张，同时提出数种证据方法时，称为外部之综合的举证。②

2. 证据方法的分类

根据外观载体的表现形式之不同，证据方法可分为人的证据方法和物的证据方法。在民事诉讼中，人的证据方法一般包括证人和鉴定人；物的证据方法包括文书和勘验标的物。不少国家和地区的证据法上还有“当事人讯问制度”，即在依证人证言、书证、勘验结果和鉴定结论等不能得到充分的心证时，法官可以要求当事人自己作为证人，并在当事人宣誓后，对其讯问，并以当事人经由讯问后所作之陈述作为证据资料使用。在当事人讯问制度下，当事人本人与人证和物证同为证据方法之一，但通常仅为一种补充的证据方法，不

---

① 从另一个角度而言，证据方法是指发现心证原因的手段，如讯问证人、鉴定人、查阅证书、勘验物、讯问当事人等。参见王甲乙、杨建华、郑健才：《民事诉讼法新论》，台湾三民书局 2002 年版，第 341 页。

② 参见［日］松冈义正：《民事证据论》，张知本译，中国政法大学出版社 2004 年版，第 8 页。

具有独立性。① 如《德国民事诉讼法》第 445 条第 1 款规定："一方当事人，对于应该由他证明的事项，不能通过其他的证据方法得到完全的证明，或者未提出其他证据方法时，可以申请就该证据的事实讯问对方当事人。"但在日本和我国台湾地区民事诉讼中，基于自由心证主义，各种证据方法的证据力并无优劣之分，当事人可以自由选择证据方法。证据力的判断则完全交由法官依自由心证进行判断。故其民诉法不将讯问当事人作为一种补充性的证据方法对待。法官何时讯问当事人，由其根据案情酌定之。如《日本民事诉讼法》第 207 条第 1 款规定，法院根据申请或依职权，可以讯问当事人本人。我国台湾地区"民事诉讼法"第 367-1 条第 1 款也规定："法院认为必要时，得依职权讯问当事人。"②

例如，甲开车时将乙撞伤，事后甲将该侵权行为告诉给朋友丙，甲的邻居丁第二天早晨看见甲从外面开车回来且车头上有血迹，后来在车祸现场发现碎的车窗玻璃和乙的一只鞋。在这个案例中，人的证据方法包括当事人甲、证人丙和证人丁，物的证据方法包括血迹、碎玻璃和鞋。

3. 证据方法的取得

将证据方法区分为人的证据方法和物的证据方法之实益在于此两类证据方法取得的途径和手段不同。对于物的证据方法，在持有人无正当理由不予提供的情形下，可以通过一定的措施强制取得，当然，在民事证据法领域，这种措施通常是间接性的；对于人的证据方法，在特定人无正当理由不到庭陈述的情况下，则可以通过传唤甚至拘传强制其到庭陈述。

基于权利保障之需要，对证据方法的收集，应遵循一定的原则：

（1）法律保留原则。该原则要求法院收集证据的手段只能在法律（狭义上的法律，由国家立法机关制定）规定的情形下才能实施，法律未明文规定的不得实施。该项原则确立的根本目的在于确保证据调取权的行使严格受法律的约束。法律保留原则在某种意义上讲既体现了立法权对司法权的制约，也体

① 此外，从形式上讲，德国民事诉讼法上曾将当事人一方要求他方所为之宣誓亦作为一种独立的证据方法(《德国民事诉讼法》第 463 条)。参见［日］松冈义正：《民事证据论》，张知本译，中国政法大学出版社 2004 年版，第 7 页。

② 我国台湾地区 2000 年修正前的"民诉法"由于过分强调当事人之诉讼主体地位以及基于"无谎不成讼"之顾虑，在民事诉讼中，原则上不承认当事人讯问，仅在小额诉讼中，为减轻法院及当事人之劳费，在法院认为必要时可以依职权讯问当事人，并以其陈述为证据。参见陈计男：《民事诉讼法论》(上)，台湾三民书局股份有限公司 2002 年版，第 427 页。

现了司法权的民意基础。

（2）比例原则。其具体包括两方面的要求：①适当性原则。即法院所采行的证据调取措施必须能够实现调取证据的目的或至少有助于该目的达成并且是正确的手段。也就是说，在目的和手段的关系上，法院的取证行为必须是适当的。当然，在适当性原则是否得到遵守的判断上并非以客观结果为标准，而是以取证措施实施时法院是否考虑到相关目的之达成为标准。②必要性原则。必要性原则强调法官在遵守了适当性原则的前提下，在能达成取证目的的诸方式中，选择对相关主体权利侵害最小的方式。换言之，法院所采取的取证措施必须是在没有比其更为合适的能达成取证目的的措施存在的情形下方可使用。

4. 我国现行《民事诉讼法》上的证据方法

我国现行《民事诉讼法》对证据的基本形式作了明确规定。其第 63 条第 1 款规定："证据有下列几种：（1）书证；（2）物证；（3）视听资料；（4）证人证言；（5）当事人的陈述；（6）鉴定结论；（7）勘验笔录。"若将该条文所列的证据形式亦以证据方法之名予以分析，可以看出，现行法上所规定的证据方法分别是：（1）书证——文书；（2）物证、勘验、检查笔录——勘验标的物；（3）证人证言——证人；（4）当事人的陈述——当事人；（5）鉴定结论——鉴定人。就视听资料而言，域外民诉立法中殆皆未将其作为独立的证据形式予以规范，典型的如日本民诉法将视听资料视为书证，德国民诉法则将视听资料视为物证。我国《民事诉讼法》将视听资料作为独立证据形式之一，是否合理，有待进一步探究。

（二）证据资料

所谓证据资料，是指法官经由对证据方法的证据调查所得出的结果。证人、鉴定人、当事人、文书及勘验标的物仅是承载案件信息的方法，只有相对应的证人证言、鉴定意见、当事人陈述、文书的内容及物的性质或外观等资料之获取才是法官调查证据的目的，也才能作为法官认定案件事实的依据。① 总体上讲证据方法和证据资料二者之间是外在和内在、形式和内容的关系。证据

---

① 在我国台湾地区，依其"民事诉讼法"第 289 条"（第 1 款）法院得嘱托机关、学校、商会、交易所或其他团体为必要之调查；受托者有为调查之义务。（第 2 款）法院认为适当时，亦得商请外国机关、团体为必要之调查"之规定法院所获得的复函或调查报告也属于证据资料。参见王甲乙、杨建华、郑健才：《民事诉讼法新论》，台湾三民书局 2002 年版，第 341 页；陈计男：《民事诉讼法论》（上），台湾三民书局股份有限公司 1999 年版，第 428 页。

资料以证据方法为基础和来源，证据资料则是法官所调查的证据方法的内容和结果。

应当明确指出的是，作为证据资料，其必须是有助于法官获取心证并据以认定案件事实的证据调查结果。因此，在具体的民事案件中，并非所有的证据方法都能为法官提供证据资料，如不知待证事实的证人、无内容的文书或所提供的信息不足的鉴定等，法官均不能从中获知证据资料。

（三）证据原因

所谓证据原因，是指法官形成内心确信的原因，即法官对于当事人所主张的事实是否属实形成心证的原因。① 证据原因必须是能使法官对于当事人所主张的事实形成内心确信的无争议的理由，故无证据价值的证言、伪造的文书及不合格的鉴定人出具的鉴定意见等均不得成为证据原因。证据原因既可基于法官本人的经验直接获得，也可经由听取他人陈述自己的经验而获得。对于前者，“凡由审判官单独所为之实验，或依他人（尤其是鉴定人）辅助所为之实验，如重要之检证属之”；② 后者，即“由当事人或审判以外之第三者向审判官所为之报告”。③ 在民事诉讼中，证据原因乃由证据资料与言词辩论的全部意旨构成。

所谓言词辩论的全部意旨，乃指除了证据资料外，法院于调查证据方法过程中所获得的全部印象（有些国家和地区的证据法理论中将其称为“全辩论意旨”或“辩论的全趣旨”），如双方当事人言词辩论的内容、当事人陈述时的语气和神态及攻击防御方法提出的时间和情形等。易言之，所谓言词辩论的全部意旨，是指“在口头辩论中出现的、除证据资料之外的其他所有资料”。④“除证据资料以外的在口头辩论过程中出现的一切资料和信息”。⑤ 与证据调查的结果一样，法庭辩论也是法官认定事实的一个重要的材料来源，庭

① 参见陈计男：《民事诉讼法论》(上)，台湾三民书局股份有限公司 1999 年版，第 428 页。

② ［日］松冈义正：《民事证据论》，张知本译，中国政法大学出版社 2004 年版，第 7 页。

③ ［日］松冈义正：《民事证据论》，张知本译，中国政法大学出版社 2004 年版，第 7 页。

④ ［日］新堂幸司：《新民事诉讼法》，林剑锋译，法律出版社 2008 年版，第 388 页。

⑤ ［日］高桥宏志：《重点讲义民事诉讼法》，张卫平、许可译，法律出版社 2007 年版，第 45 页。

审中经由当事人双方的言词辩论，不仅会使法院证据调查的结果变得更为明晰，并且会使得证据之间形成一个有机的连接，从而有助于法官自由心证的形成，此即言词辩论的全部意旨构成证据原因的缘由所在。

关于言词辩论的全部意旨在法官认定实施过程中所起的作用，主要有三种观点：第一种观点认为，言词辩论的全部意旨对案件事实只能起辅助认定作用；① 第二种观点认为，证据调查是为了补充言词辩论的全部意旨，即证据调查仅在法院依辩论内容不能确信其真否时始有必要；② 第三种观点认为，言词辩论的全部意旨可以独立认定案件事实，但限于非主要事实，且必须是非重要的间接事实，不过该观点对于哪些间接事实是"重要的"，哪些间接事实是"非重要的"并没有一个明晰的判断标准。③ 笔者赞同第三种观点，即言词辩论的全部意旨不仅可以作为法官证据调查结果的补充，而且可以作为法官形成心证的独立的证据原因，在对某些案件事实的认定中，甚至可以认为，言词辩论的全部意旨可能比作为证据调查结果的证据资料更为重要。

法官依言词辩论的全部意旨认定案件事实须以民事审判中遵循了直接、言词原则为前提。直接、言词原则源于德国 19 世纪的立法改革，是为了去除书面审理程序所带来的弊端而建立起来的一项制度。④ 其具体是指双方当事人在法庭上提出任何证据材料均应以言词陈述的方式进行，法院对证据的调查也应以口头方式进行，如以口头方式询问证人、鉴定人、当事人等，当事人对证据的证据能力或证据力的质疑同样须以口头的方式进行，如当事人对证人、鉴定人必须以口头方式进行发问等。任何未经在法庭上以言词方式提出和调查的证据均不得作为法院裁判的根据。大陆法系国家或地区民事诉讼法殆皆明定了直接、言词原则。如《德国民事诉讼法》第 128 条第 1 款规定："当事人应在为判决的法院就诉讼案件进行言词辩论。"《日本民事诉讼法》第 87 条第 1 款规定，当事人应当在法院对于诉讼进行口头辩论。我国台湾地区"民事诉讼法"

① 参见王甲乙、杨建华、郑健才：《民事诉讼法新论》，台湾三民书局 2002 年版，第 342 页。

② 参见［日］松冈义正：《民事证据论》，张知本译，中国政法大学出版社 2004 年版，第 64 页。

③ 参见［日］新堂幸司：《新民事诉讼法》，林剑锋译，法律出版社 2008 年版，第 388 页。

④ 参见［德］克劳思·罗科信：《刑事诉讼法学》(第 24 版)，吴丽琪译，法律出版社 2003 年版，第 430 页。

第 221 条规定："（第 1 款）判决，除别有规定外，应本于当事人之言词辩论为之。（第 2 款）法官非参与为判决基础之辩论者，不得参与判决。"

直接、言词原则具体又包括直接原则和言词原则两项基本原则。

1. 直接原则

所谓直接原则，是指"对于案件辩论之听取及证据调查，原则上由作出判决之受诉法院亲自而为"。① 即在案件审理时，只有在法庭上为法官直接调查过的证据方法才能作为裁判的基础。该原则又有形式上的直接原则和实质上的直接原则两层要义。形式上的直接原则是指作出判决的法官需要亲自审理案件，不得将证据调查工作委托他人进行；② 实质上的直接原则是指法官应通过对证据方法本身进行调查去认定事实，不得以对证据方法的替代品或衍生物的调查代替对证据方法的调查。由此可见，直接原则之贯彻可以使法官充分理解当事人双方言词辩论的内容并确切把握案件的真相，从而作出正确的裁判。

当然，直接原则的适用并非绝对，在大陆法系民事诉讼中以下三种情形即构成直接原则适用的例外：A. 受命法官或受托法官等进行的证据调查；B. 当主审法官在庭审中途发生变更时，当事人只需在新法官面前报告此前的辩论结果，而毋须重新开始已进行过的辩论；C. 当事人在辩论准备程序提出的攻击防御方法，只需在口头辩论中对其结果作出陈述即可。

2. 言词原则

所谓言词原则，是指法院审理民事案件必须以口头的方式进行。③ 根据言词原则的要求，所有发生在诉讼程序中的事项，在法庭审理中，均需要以言词陈述的方式予以呈现。言词原则确立的目的在于法官可以根据当事人于庭审中陈述的情况及状态，更好地对案件事实加以判断。同时，言词原则之贯彻可以使法官制止当事人作与案件无关的陈述，灵活运用阐明制度以迅速地发现及整

---

① ［日］新堂幸司：《新民事诉讼法》，林剑锋译，法律出版社 2008 年版，第 343 页。

② 在大陆法系国家或地区的民事诉讼中，若由未参与言词辩论的法官参与判决之形成，法院之组织即为不合法，所作判决当然违背法令，并构成当事人上诉于第三审法院的理由。参见陈计男：《民事诉讼法论》（上），台湾三民书局股份有限公司 2002 年版，第 256 页。

③ 参见［德］奥特马·尧厄尼希：《民事诉讼法》（第 27 版），周翠译，法律出版社 2003 年版，第 144 页。

理争点，最终使得民事案件的审理紧凑、高效地进行。①

一如直接原则，言词原则在适用上亦并非绝对，大陆法系各国和地区民诉立法同样允许在特定情形下当事人可以进行书面陈述，以日本民事诉讼为例，其主要包括：A. 对于诉或裁判等重要诉讼行为，要求以更为确实性的书面之方式进行；B. 当事人可以提出口头辩论的准备书面；C. 对于无须进行口头辩论的案件可以在未经口头辩论的情形下作出判决，在上诉的法律审中原则上也采用书面形式；D. 在获得审判长许可时，证人经由阅读书面材料作出陈述。此外，当证人居住在较远的地方或住院，且不经对方反对询问也可以期待其作出真实陈述时，若审判长认为妥当且对方当事人无异议，证人可以提出书面替代询问。②

3. 直接原则和言词原则的关系

不难看出，直接原则乃是与间接原则相对应，强调的是法官证据调查的亲历性和证据的原始性，言词原则乃是与书面原则相对应，强调的则是证据资料提供形式的口头性，贯彻直接原则审理案件必然要求当事人及法官采取口头辩论的方式调查证据，而采取口头辩论的方式调查证据的目的则需要通过法官贯彻直接原则审理案件来实现。③

综上分析可以得知，证据原因和证据资料在范围上并不完全一致，证据资料虽然是证据原因最主要的构成部分，但并非全部，证据原因除证据资料外，

① 当然，在较复杂案件的审理中，案件事实也可能因言词陈述的内容过多、过杂使法官难以完全接受，进而被遗忘，从而影响认定的效果；且在上诉时，上诉审法院也难以知晓下级法院作出心证的全部依据，故言词原则并非尽善尽美。

② 在德国，从20世纪初开始就在相当程度上推进了以下这个方面的立法化进程，即"当与对方当事人存在合意或一方当事人缺席时，可以省略口头辩论"。在日本，1926年《民事诉讼法》修改时也删除了1890年《民事诉讼法》中贯彻极为严格的口头主义的相关规定。一方面因为法律存在着要求对重要诉讼行为予以书面化之规定，另一方面也出于缩短期日中案件的审理时间，进而可以在开庭时间内处理更多的案件之目的，在当今日本的司法实践中确立了一种习惯，即法院在当事人简单地作出"原告的主张如其提出之诉状及准备书面中所记载的那样"之陈述，就将该记载内容拟制为口头陈述。参见［日］新堂幸司：《新民事诉讼法》，林剑锋译，法律出版社2008年版，第343页。

③ 故即便是口头陈述，如果是在受诉法院以外之人面前作出的，也属于陈述人间接地提出资料，即便是书面陈述，但如果是在受诉法院亲自读取的，也属于直接听取。参见［日］新堂幸司：《新民事诉讼法》，林剑锋译，法律出版社2008年版，第343页。

在民事诉讼中，其尚包括言词辩论的全部意旨。①

第二节 民事证据的基本属性

证据的属性，即证据的基本特征。关于证据属性的理解，长期以来，在我国证据法学界占据统治地位的观点是证据的“三性说”，即认为证据具有客观性、合法性和关联性三项属性。其中，客观性是指证据所反映的内容必须是客观存在的事实；合法性是指证据必须按照法律的要求和法定程序取得；② 关联性是指证据与案件的特证事实之间有客观的联系。

应明确指出的是，证据的属性是证据内涵的具体化表现或分解，其不仅是证据内涵赖以构成的诸要素，同时也是判断某物是否为证据的标准，是证据区别于其他非证据事物的标志。所以，我们应该认识到，脱离证据的内涵对证据属性加以界定无疑会使得出的结论缺乏坚实的基础而难以令人信服。而一直在我国证据法理论中占据主导地位的“三性说”则正是忽视了这样的认识基础，尤其认为客观性作为证据最基础的属性，从某种意义上讲更是严重地阻碍了证据理论研究的发展和司法实践的进步。③

笔者认为，应从民事证据所具有的不同层面内涵入手界定民事证据的属

① 在实行证据裁判主义的刑事诉讼中，法官作出裁判必须以证据所能证明的事实为基础，所有的事实都必须有证据证明，故言词辩论的全部意旨在刑事诉讼领域不能作为法官心证形成的原因。例如，在刑事诉讼中，被告的肢体状态、面部表情等原则上均不允许作为不利于被告的证据。

② 还有一部分学者始终坚持认为，合法性不是证据的本质属性之一，证据不需要具备合法性就能发挥证明作用，此即“二性说”。参见陈一云主编：《证据法学》，法律出版社 2004 年版，第 135 ~ 136 页。

③ 认定案件事实的证据客观与否是法官进行证据评价或证据判断所要解决的问题，而绝不是证据本身固有的属性。任何人皆无法在诉讼程序伊始就可以检验作为过去案件事实的片断的证据是否客观和真实。法官是也只能是通过对证据（过往事实的片断）的认识来把握发生在过去的作为一个整体事实的案件事实；但是，在整体的案件事实被发现之前，其必须把握证据在整体事实中的确切背景。只有在全部意义被认识后，证据才能被确切地判定为真实或虚假。要解决这一问题，必须凭借法官审查判断证据的适当性也即法官只有对作为案件事实片段的证据与整体案件事实的内在关系反复进行斟酌后，才能认识客观的案件事实。在整体案件事实被认识之前，法官无法确切地把握证据和案件事实整体之间的关系，无法对证据的真实与否得出一明确的结论。所以，将客观性纳入证据基本属性的范畴显然是违背了认识论的一般规律和解释学的基本原理。

性，循此而言，可以认为证据能力和证据力乃民事证据的两个最为基本的属性。

一、证据能力

（一）证据能力的概念

证据能力是与证据方法相联系的一个概念，又被称为证明能力或证据资格，是指“某一有形物能够作为证据方法来使用的资质”①，即证据方法符合法律的规定可被允许进入诉讼，进而能够作为证明案件事实之用的资格。证据能力是大陆法系证据理论中的基本概念，相当于英美法系证据理论的“可采性（admissibility）”，即凡属可受容许、可被法院接受的证据皆属于适格的证据。

法律对证据能力的强调或者说证据能力作为民事证据的基本属性即意味着并非所有与案件事实有关联的证据材料都能进入诉讼作为证据方法使用。欠缺证据能力的证据方法不能作为法官的证据调查的对象，法官即使对其错误地进行了证据调查，也不得将从中获知的证据资料作为认定事实的根据。因此，某些证据材料即便对案件事实具有显而易见的证明作用，但由于其不符合法律规定的证据能力之基本要求，故不能被法官采纳作为证据使用。法律对于某些证据方法在证据能力上所作的限制既可能是基于政策性考虑的结果，也可能是基于防止某些具有难以克服的弱点的证据给案件事实造成错误的认定所作之考量。

（二）两大法系关于证据能力的立法例及其评价

由于两大法系诉讼架构和证据体系的不同，主要国家和地区在证据能力的相关规定上也不尽一致。

1. 英美法系

在英美法中，对证据能力是通过证据的可采性这一形式予以规范的，不过立法上极少有关于证据能力的正面的铺陈规范，而多是从某一证据材料无证据能力或证据能力受到限制这一层面对证据能力予以规范。所以，哪些证据属于不可采纳的证据即成为英美法中关于证据可采性规范的重点。总体上讲，英美法较为重视证据能力问题，通常强调仅具有可采性的证据材料，才能合理推断

① ［日］高桥宏志：《重点讲义民事诉讼法》，张卫平、许可译，法律出版社 2007 年版，第 27 页。

待证事实的真伪，故对于证据材料的证据能力，多半通过法律对其进行限制性规范。

英美法系国家和地区证据法上关于证据能力的规定之所以较为完备，乃是由陪审团在诉讼中的重要地位所决定的。在英美法系传统诉讼程序中，法律的适用是由作为专业人士的法官来完成的，但作为法律适用前提的事实认定，则是由业余人士组成的陪审团进行。在陪审团制度中，陪审员乃是从普通民众中挑选而来而且是一次性地参与案件的审理，由于专业知识的匮乏和审判经验的缺失，他们往往缺少审案所应有的鉴别能力和沉着冷静。因此，有些情形下，他们可能将那些有碍于查明案件真相的材料采纳作为证据，或误用作为推理基础的经验法则，或迷于被告的地位和经历，或惑于被告的巧辩，或泥于偏见或囿于情感等，这些因素皆可能使得陪审团难以理智地对证据的价值作出公允的判断。“鉴于陪审员对于证据之评价，不甚熟悉，自应由经验丰富的裁判官加以说示，而其说示，又不能无一定之标准，乃设有排除规则以限制无关联性之证据、偏颇之证言、虚伪之证言或足致陪审员因本身之感情与同情之偏见、易于发生错误之证据，提出于法庭，使陪审员，仅得凭其合理性且富有安全性证据力之证据而为合理之判断”。① 因此，确立可采性规则（从消极的角度来讲即为排除规则），可使得法官对拟进入庭审程序的证据进行筛选，将不具备可采性的证据予以排除，然后将适格的证据材料交由陪审团作为认定案件事实的证据方法，再由陪审团进一步来认定其证据价值。作如此处理不仅有利于节省庭审中证据调查的时间，而且可以大大降低不适格证据对陪审员心证的干扰，一定程度上弥补了非专业人士在事实认定能力上的不足。

2. 大陆法系

英美法系国家的证据规则从总体上讲主要是为规范当事人及其诉讼代理人的举证行为而设定的，因而有较为完备的证据规则。与此不同的是，大陆法系国家和地区则是从法院证据调查这一层面作证据制度之设计。其民事诉讼立法殆皆明确宣示了自由心证主义之基本原则，要求法官在对证据的证据力作自由评价、判断的基础上形成内心确信。因此，大陆法系民事诉讼立法对证据能力的规范没有像英美法国家那样严格、完备，一般而言，凡为证据材料，均具

① 陈朴生：《刑事证据法》，台湾三民书局 1979 年版，第 7 页。

有理论上的证据能力。① 即便对于传闻证据和当事人起诉以后对系争事实所作的文书证据立法上亦不否认其有证据能力，而是在诉讼程序中由法官将之作为证据力的问题来予以处理（当然此类证据的证据力一般而言较低）。②

在承认证据材料一般均具有证据能力的前提下，为追求案件真实的发现、程序正当性的保障以及对被调查者利益的保护（如保护其隐私及其他秘密），大陆法系国家和地区的民事诉讼法也规定在例外情形下某些事实材料和方法不能作为证据使用，也即不具有证据能力。③ 如《德国民事诉讼法》第391条规定，法院考虑证言的重要性，并且为了使证人作出真实的证言，认为有必要命令证人宣誓时，在双方当事人都未舍弃宣誓的情形下，证人应当宣誓。《日本民事诉讼法》第201条第1款规定，证人，除另有规定外，应当使其宣誓。同法第203条规定，证人不得用文书为陈述。依此规定，如果证人在陈述证言之前没有进行宣誓，其所陈述之证言就不能作为法院认定案件事实之依据，或者

① 这一点与刑事诉讼有所不同，大陆法系刑事证据法上普遍确立有证据禁止规则。证据禁止规则主要是指如果调查取证程序损害了犯罪嫌疑人的基本权利，那么这些证据就不能在庭审中被法官作为证据方法使用。证据禁止规则与英美法系中的证据排除规则在确立的基础上是一致的，即其也是为了在发现案件真实和保障公民基本人权之间寻求一个最佳的平衡点所作之制度设计。证据禁止包括证据取得禁止和证据使用禁止两方面：如果某个证据是通过非法的手段或方法取得的，或是从某个没有授权的人手中获取的，即属于证据取得禁止规则所调整的对象；如果禁止法官在庭审中采纳某些特定的证明手段证明案件事实则关涉证据使用禁止。证据禁止规则作为否认侦查机关违法收集的证据的证据能力的一项规则，其确立之目的在于抑制侦查机关的违法取证行为，保证司法的纯洁性及保障人权。因而，在当事人双方地位平等、攻防手段和能力基本相当的民事诉讼中，证据禁止规则显然并无适用的余地。

② 参见［日］高桥宏志：《重点讲义民事诉讼法》，张卫平、许可译，法律出版社2007年版，第41页。

③ 日本学界对于民事诉讼中违法收集的证据是否具有证据能力这一问题在认识上不尽一致，主要观点有四种：第一种观点认为，民事诉讼仅关乎私人间利益保护问题，应肯定违法收集的证据之证据能力（这种无限制的肯定现只为极少数人主张）。第二种观点认为，侵害人格权是违反宪法的，因此只要不存在正当防卫等情形，就应否定通过侵害他人人格权这一手段所取得的证据之证据能力。第三种观点认为，应以诚实信用原则为根据，有条件地承认违法收集的证据具有证据能力。第四种观点认为，从发现真实、程序公正、法律秩序的统一性以及防止诱发违法收集证据的行为等理念出发，并综合考量该证据在诉讼中的重要性和必要性、法庭审理中待证事实的性质、收集行为的形态以及被侵害的利益等诸多要素决定违法收集的证据是否具有证据能力（目前为通说）。参见［日］高桥宏志：《重点讲义民事诉讼法》，张卫平、许可译，法律出版社2007年版，第43页。

证人违反规定以朗读文书的方式代替口头陈述，所陈述之证言也不能被法院采纳为证据。我国台湾地区“民事诉讼法”第312条也有类似的规定，即审判长于询问前，应命证人个别具结。我国澳门特别行政区《民事诉讼法》第435条从原则上对证据的适格作了总的规范，规定不得于审判中采用透通侵犯人之身体或精神之完整性，或通过侵入私人生活、住所、函件及其他通讯方法而获得之证据。同法第438条进一步明确，如证据所针对之当事人未获辩论及听证，则该证据不得接纳或调查，但另有规定者除外。此皆为关于证据能力限制之适例。

3. 证据能力规范的发展趋势

通过两大法系关于证据能力的主要立法例可以看出，证据能力规范存在的价值在很大程度上是由陪审制决定的，故其之发展不可避免地维系于陪审制的兴衰。从整体上看，在陪审制发源地的英美法系国家和地区，陪审团参与审判民事案件已呈日益减少之趋势。作为陪审制鼻祖的英国，陪审制的衰落首先发生在民事诉讼领域。自19世纪中期以来，随着案件数量的不断增加和案情的日益复杂，普通人作为陪审员参审的做法已越来越难以胜任审判任务急剧加重的需要，故陪审团审判案件的范围不可避免日趋缩小。进入20世纪以后，英国的陪审制已基本名存实亡。同样的原因也使得英美法系的代表国家美国在进入20世纪后审判中适用陪审制的案件数量不断减少。时至今日，美国采用陪审制审理案件的数量无论是刑事案件还是民事案件均不足总数的10%。其他英美法系国家的情况也大同小异。① 虽然有的大陆法系国家引入了英美法系陪审制的做法，并加以“本土化”改造，形成了所谓的参审制，但应当明确指出的是，在该模式下，事实上乃是由法官与陪审员在法庭上共同负责案件事实的认定，从而能在一定程度上有效地避免英美法上由陪审团单独认定案件事实所存在的弊病。可见，随着普通人作为陪审员参与案件事实认定之做法的日趋式微，证据能力规则不仅日益从严格走向松弛，其存在的依据亦大为削弱，功能也从提升作为业余人士的陪审员认证的专业技能转化为纯化搜集证据的手段和限制法官对证据的恣意妄断。

（三）我国现行民事诉讼法及司法解释关于证据能力的规定及评析

在我国，长期以来，对诉讼中的证据能力问题都采取“虚无主义”的态度，强调所有的证据资料只要有助于案件真相的查明均可作为证据使用。其结

① 参见何家弘：《司法证明方式和证据规则的历史沿革——对西方证据法的再认识》，载《外国法译评》1999年第4期。

果是，民事审判实践中，法院查证范围过宽、期限过长且效率低下已成为普遍现象。同时，在“实事求是”原则的指导下，法官为追求事实真相的查明甚至可以使用违法收集而得的证据而无任何限制。此种极度漠视证据能力之做法，在刑事诉讼领域表现得尤为明显。总体来看，我国既未像英美法系证据法上那样设有较为严密、细致的证据能力规则以及相应的例外规范；亦不像大陆法系证据法那样，针对法官的自由心证设计详细、缜密的防止法官恣意评价证据的制约性规范。

1.《民事诉讼法》的相关规定

现行《民事诉讼法》对于证据能力有较零散的规定。其第 68 条对书证和物证的证据能力从证据的提交方面作了间接的规范，其内容是，书证或物证应当提交原件或原物，确有困难的，可以提交复制品、照片、副本、节录本。提交外文书证，必须附有中文译本。《民事诉讼法》第 70 条规定了证人的适格性，其内容是，不能正确表达意志的人，不能作证。《民事诉讼法》第 73 条对勘验标的物之证据能力从勘验所应遵守的程序这一层面作了间接规范，其内容是，勘验物证或者现场，勘验人必须出示人民法院的证件，并邀请当地基层组织或者当事人所在单位派人参加。当事人或者当事人的成年家属应当到场，拒不到场的，不影响勘验的进行。勘验人应当将勘验情况和结果制作笔录，由勘验人、当事人和被邀参加人签名或者盖章。

2.《民事证据规定》的相关规定

相比于现行《民事诉讼法》，《民事证据规定》对证据能力的规范则较为详实。如该项司法解释第 10、11、12 条从当事人提供证据方法的行为这一层面对证据能力作了间接规范，其内容分别是，“当事人向人民法院提供证据，应当提供原件或者原物。如需自己保存证据原件、原物或者提供原件、原物确有困难的，可以提供经人民法院核对无异的复制件或者复制品”；“当事人向人民法院提供的证据系在中华人民共和国领域外形成的，该证据应当经所在国公证机关予以证明，并经中华人民共和国驻该国使领馆予以认证，或者履行中华人民共和国与该所在国订立的有关条约中规定的证明手续。当事人向人民法院提供的证据是在香港、澳门、台湾地区形成的，应当履行相关的证明手续”及“当事人向人民法院提供外文书证或者外文说明资料，应当附有中文译本”。

《民事证据规定》第 20、21、22 条从书证、物证和视听资料的调取这一层面对相关证据的证据能力作了限定，即“调查人员调查收集的书证，可以是原件，也可以是经核对无误的副本或者复制件。是副本或者复制件的，应当在调查笔录中说明来源和取证情况”；“调查人员调查收集的物证应当是原物。被调查人提供原物确有困难的，可以提供复制品或者照片。提供复制品或者照片的，应当在调查笔录中说明取证情况”和“调查人员调查收集计算机数据或者录音、录像等视听资料的，应当要求被调查人提供有关资料的原始载体。提供原始载体确有困难的，可以提供复制件。提供复制件的，调查人员应当在调查笔录中说明其来源和制作经过”。《民事证据规定》第49条进一步对三种证据方法进入质证程序作了限制性规范，其内容是“对书证、物证、视听资料进行质证时，当事人有权要求出示证据的原件或者原物。但有下列情况之一的除外：（1）出示原件或者原物确有困难并经人民法院准许出示复制件或者复制品的；（2）原件或者原物已不存在，但有证据证明复制件、复制品与原件或原物一致的”。

《民事证据规定》第43条第1款规定了举证期限届满后当事人所提证据不具有适格性，其内容是“当事人在举证期限届满后提供的证据不是新的证据的，人民法院不予采纳”。

《民事证据规定》第53条对证人的资格作了限制，其内容是，“不能正确表达意志的人，不能作为证人”，但“待证事实与其年龄、智力状况或者精神健康状况相适应的无民事行为能力人和限制民事行为能力人”除外。

3. 关于非法取得的证据之证据能力

1995年最高人民法院在《关于未经对方当事人同意私自录制其谈话取得的资料不能作为证据使用的批复》中规定，证据的取得必须合法，只有经过合法途径取得的证据才能作为定案的依据。未经当事人同意私自录制其谈话，系不合法行为，以这种手段取得的资料，不能作为证据使用。该批复乃第一项对非法取得的证据在民事诉讼中不具备证据能力作出正面规定的“规范”，尽管其仅适用于视听资料这种证据形式。在该项批复中，最高人民法院首先从正面强调了证据的取得必须合法，只有以法定程序取得的证据才能为法院采纳，也即具有证据能力，然后对私自录音所取得的证据资料欠缺证据能力作了宣示性规范。应当认为，该项批复所体现的精神是值得肯定的，它起码告诫了司法实践者，民事诉讼乃以私权纠纷之解决为目的，对事实真相的追求并非总是居于第一位的，它应让步于对人格利益的保护，人们通常认为，在民事诉讼领域，所有的证据都具有证据能力，这种观念是错误的。尽管如此，我们也要承认，该批复在制度设计层面亦有明显的失当之处：一者，视听资料的制作方与对方当事人之间乃居于对立之关系，要求对方同意制作在今后可能发生的诉讼中对其不利的证据，无疑有悖常理，根本不具备实践可能性。这就使得其在规制对象上欠缺针对性。另者，该批复仅针对“偷录谈话”所取得的录音资料之证据能力进行规制，不能适用于司法实践中大量存在的诸如偷摄、偷拍等类似的私自制作视听资料的行为，范围上未免失之过狭。

最高人民法院2001年公布的《民事证据规定》对非法证据的证据能力作了进一步的规范，其第68条规定：“以侵害他人合法权益或者违反法律禁止性规定的方法取得的证据，不得作为认定案件事实的依据。”不难看出相比于最高人民法院1995年的批复，《民事证据规定》第68条关于非法取得的证据欠缺证据能力的适用范围明显宽泛，几乎适用于所有的证据方法。对“非法手段”之内涵亦做了进一步的限定，此皆为值得肯定之处。不过我们应同时看到，这一规定仍存在明显的不足。其一，由于所用语义的高度概括性而使得该项规则在适用上缺乏可操作性。从内容上看，其仅对非法取得证据排除规则进行了概念式的阐释。对何为“侵犯他人合法权益的手段”既缺乏相对精确的内涵解释，又无范围上的例示规定，从而容易导致侵犯他人合法权益的行为与合法收集证据行为不易区分，造成法院在适用上的困难。其二，由于未设有利益衡量的规范而使得该项规定不能针对不同个案作适当的规制，从而缺乏适用上的实效性。对该项规定的内容若从字面上去理解即可得出凡是通过“侵犯他人合法权益”或“违反法律禁止性规定的方法”所取得的证据都应一律排除的结论，若此种解释成立，则其显然与非法证据排除规则设立的应有宗旨相悖。① 这是因为，非法证据排除规则从某种意义上讲，乃是立法者对不同利益予以平衡考量的产物，只要证据取得不合法其即欠缺证据能力这种绝对、划一的处置手段无疑会对该项证据规则的适用造成不应有的损害。鉴此，笔者认为，建立民事诉讼领域的非法证据排除规则不应该经由立法来完成，而应一如先进法治国家通过判例的积累构建出能针对不同个案作出灵活应对、调整的规则，易言之，关于非法取得的证据是否具有证据能力应由法官根据具体案件的

---

① 按照司法解释制定者的意思，该规定并非绝对排除相关证据的证据能力。以录音资料为例，在《民事证据规定》第68条下，未经对方当事人同意私自录制其谈话取得的资料可以作为证据使用，除非是以侵害他人合法权益（如侵害隐私）或者违反法律禁止性规定的方法（如窃听）取得的录音谈话资料（参见李国光主编：《最高人民法院〈关于民事诉讼证据的若干规定〉的理解与适用》，中国法制出版社2002年版，第443页）。但对于何为既不侵害他人合法权益或违反法律禁止性规定、亦不需经对方当事人同意私自录制其谈话取得的资料，该项司法解释却语焉不详，在适用上显然令法官难以适从。

实际情况来作出个别性的判断。①

二、证据力

（一）证据力的概念

证据力是与证据资料相联系的一个概念，又被称为证明力或证据价值，其具体是指“证据资料对待证事实所起的认定作用的大小”。② 由此可知，证据力事实上关涉的是法官通过自由心证判断某一证据资料在多大程度上可以证明案件事实。证据力是大陆法系证据理论中的基本概念，相当于英美法系证据理论的“关联性（relevance）”。

（二）两大法系关于证据力的立法例

1. 英美法系

在英美法系国家和地区中，对证据力规则设置的集大成者应推《美国联邦证据规则》（Federal Rules of Evidence）第四章“相关性及其限制（Relevancy and Its Limits）”。该规则第401条和第402条对证据力，也即证据的关联性作了总括性的界定，认为“相关证据”是指“证据具有某种倾向，使决定某项在诉讼中待确认的争议事实的存在比没有该项证据时更有可能或更无可能”。③有相关性的证据一般可以为法院采纳；无相关性的证据则原则上不能为法院采

① 仍以录音资料为例，在日本，东京高等裁判所在昭和52年7月15日的判决中即认可了偷录录音带的证据能力。判决所持之理由是，当使用明显有违社会性的手段并通过限制人的精神及肉体自由等侵犯人格权的方法来收集证据时，该证据本身是违法的，其证据能力也不得不被否定，但在本案中，未经说话人同意录下的录音带，显然没有侵害说话人一般的人格权，因此关于该磁带证据能力有无的判断应当取决于，其之取得有无显著反社会性。本案的录音只是对一些诉外人（当然也未经取得这些人的同意）在酒席中谈话作出的录音，故而没有采用反社会性的手段，也未明显侵害这些谈话人的人格权，因此，应当认为该录音有证据能力。大分地方裁判所昭和46年11月8日的判决则明示了另外一种做法，其认为因偷录造成的人格权受到侵害只要在另行的侵权损害赔偿中予以解决即可，不应当对偷录录音带的证据能力产生影响。日本学者认为，究竟在什么样的条件下才需否认偷录录音带的证据能力，有必要通过具体分析案件中的收集证据行为违法的程度、方式及本案的内容等各方面的因素进行综合判断。就此而言，判例的积累就显得极为必要。参见［日］新堂幸司：《新民事诉讼法》，林剑锋译，法律出版社2008年版，第387页。

② ［日］高桥宏志：《重点讲义民事诉讼法》，张卫平、许可译，法律出版社2007年版，第27页。

③ 卞建林译：《美国联邦刑事诉讼规则和证据规则》，中国政法大学出版社1998年版。以下对美国联邦证据规则条文的引用，如无特别说明，均以此版本为准。

纳。在该原则指导之下，《美国联邦证据规则》确立了关于证据力判断的具体规则，主要有：

第403条规定，因偏见、混淆或浪费时间而排除相关证据。

第404条规定，有关某人品格或品格特征的证据，不能用以证明该人在某特定场合的行为与其品格或品格特征相一致，但被告人的品格、被害人的品格和证人的品格除外。

第406条规定，关于某人的习惯或某组织日常工作的证据，不管是否业经证实，也不管是否有目击证人在场，对于证明该人或该组织在特定场合或时刻的行为与其习惯或日常工作一致，是相关的。

第407条规定，当一起事件发生后采取了那些如果事先采取很可能会避免该事件发生的措施时，关于这些事后补救措施的证据不能采纳来证明与该事件相联系的过失或应受处罚的行为。

第408条规定，和解中提出或者接受的数额、行为、陈述等不能作为对该诉讼主张无效或其数额附有责任的证据采纳。

第409条规定，关于支付、表示或允诺支付因伤害而引起的医疗、住院或类似费用的证据，不能作为证明对伤害负有责任的证据采纳。

第410条规定，答辩、答辩讨论和有关陈述不可采纳。

第411条规定，关于某人曾经或者未曾进行责任保险的证据，不能采纳来证明该人是否行为有疏忽或其他过失的争议。

2. 大陆法系

相对于英美法系证据立法来说，大陆法系国家和地区的立法较少限制法官对证据力的判断，而是给予法官更大的自由裁量权，这是由于其民诉立法明确宣示采自由心证主义之故。

（三）我国现行民事诉讼法及相关司法解释关于证据力的规定及评析

现行《民事诉讼法》对证据力的规定也很少，仅在第65条第2款、第69条和第71条标语式地对某些证据资料之审查判断作了一些要求，其内容分别是，“人民法院对有关单位和个人提出的证明文书，应当辨别真伪，审查确定其效力”；“人民法院对视听资料，应当辨别真伪，并结合本案的其他证据，审查确定能否作为认定事实的根据”和“人民法院对当事人的陈述，应当结合本案的其他证据，审查确定能否作为认定事实的根据”。

与《民事诉讼法》不同的是，《民事证据规定》用了相当多的条款对法官如何判断证据力作了规范。第66条“审判人员对案件的全部证据，应当从各证据与案件事实的关联程度、各证据之间的联系等方面进行综合审查判断”

之规定确立了法官判断证据力所遵循的基本原则，在此基础上，《民事证据规定》在具体规则层面对法官关于证据力之判断作了进一步的规范，主要有：

1. 免证事实。第9条规定："（第1款）下列事实，当事人无须举证证明：（1）众所周知的事实；（2）自然规律及定理；（3）根据法律规定或者已知事实和日常生活经验法则能推定出的另一事实；（4）已为人民法院发生法律效力的裁判所确认的事实；（5）已为仲裁机构的生效裁决所确认的事实；（6）已为有效公证文书所证明的事实。（第2款）前款（1）、（3）、（4）、（5）、（6）项，当事人有相反证据足以推翻的除外。"

2. 补强规则。第69条规定："下列证据不能单独作为认定案件事实的依据：（1）未成年人所作的与其年龄和智力状况不相当的证言；（2）与一方当事人或者其代理人有利害关系的证人出具的证言；（3）存有疑点的视听资料；（4）无法与原件、原物核对的复印件、复制品；（5）无正当理由未出庭作证的证人证言。"

3. 完全证据规则。第70条规定："一方当事人提出的下列证据，对方当事人提出异议但没有足以反驳的相反证据的，人民法院应当确认其证明力：（1）书证原件或者与书证原件核对无误的复印件、照片、副本、节录本；（2）物证原物或者与物证原物核对无误的复制件、照片、录像资料等；（3）有其他证据佐证并以合法手段取得的、无疑点的视听资料或者与视听资料核对无误的复制件；（4）一方当事人申请人民法院依照法定程序制作的对物证或者现场的勘验笔录。"

4. 鉴定结论的证据力。第71条规定："人民法院委托鉴定部门作出的鉴定结论，当事人没有足以反驳的相反证据和理由的，可以认定其证明力。"

5. 相反证据和反驳证据的证据力。第72条规定："（第1款）一方当事人提出的证据，另一方当事人认可或者提出的相反证据不足以反驳的，人民法院可以确认其证明力。（第2款）一方当事人提出的证据，另一方当事人有异议并提出反驳证据，对方当事人对反驳证据认可的，可以确认反驳证据的证明力。"

6. 证明标准。第73条第1款规定："双方当事人对同一事实分别举出相反的证据但都没有足够的依据否定对方证据的，人民法院应当结合案件情况，判断一方提供证据的证明力是否明显大于另一方提供证据的证明力，并对证明力较大的证据予以确认。"

7. 当事人陈述的证据力。第74条规定："诉讼过程中，当事人在起诉状、答辩状、陈述及其委托代理人的代理词中承认的对己方不利的事实和认可的证据，人民法院应当予以确认，但当事人反悔并有相反证据足以推翻的除外。”第 76 条规定：“当事人对自己的主张，只有本人陈述而不能提出其他相关证据的，其主张不予支持。但对方当事人认可的除外。”

8. 举证妨碍的推定。第 75 条规定：“有证据证明一方当事人持有证据无正当理由拒不提供，如果对方当事人主张该证据的内容不利于证据持有人，可以推定该主张成立。”

9. 最佳证据规则。第 77 条规定：“人民法院就数个证据对同一事实的证明力，可以依照下列原则认定：（1）国家机关、社会团体依职权制作的公文书证的证明力一般大于其他书证；（2）物证、档案、鉴定结论、勘验笔录或者经过公证、登记的书证，其证明力一般大于其他书证、视听资料和证人证言；（3）原始证据的证明力一般大于传来证据；（4）直接证据的证明力一般大于间接证据；（5）证人提供的对与其有亲属或者其他密切关系的当事人有利的证言，其证明力一般小于其他证人证言。”

10. 心证公开。第 79 条第 1 款规定：“人民法院应当在裁判文书中阐明证据是否采纳的理由。”

从上述司法解释关于法官判断证据力大小所应遵循的原则之规范可以看出，最高人民法院乃是对法官判断证据力的能力持非常不信任的态度的。因为无论是所谓的“补强证据规则”之设计还是最佳证据规则的设立，所依据的均乃为包含法官在内的常人皆应知晓、理解的经验法则。从常识上进行判断，法官作为社会一般成员理应知晓这些经验法则并在具体的案件中据以作为推论证据与待证事实是否及在多大程度上具有关联性的基础。也就是说，即便司法解释不作上述规范，法官于具体案件中对证据证据力的判断也是不会偏离更不会相悖于司法解释所持关于证据力判断的一般性结论的。现行《民事诉讼法》虽未明确宣示采自由心证主义，但自由心证主义这一现代法治文明成果理应为我们尊重。上述司法解释基于对法官智识的不信任所作的关于证据力判断的规范显然有违自由心证主义之本旨而带有浓厚的法定证据主义色彩，是不妥当的甚至是幼稚的。

三、证据能力和证据力的关系

（一）证据能力和证据力的联系

证据能力与证据力是民事证据的两个最基本的属性：证据能力是法律关于证据的价值判断，其决定何种证据材料能为法官采纳作为认定事实的资格；证据力是属于事实判断的范畴，其不应亦不能由法律预先作出规定，在自由心证主义之背景下，某种证据材料是否以及在多大程度上具有证据力只能由法官根据具体案情作出判断。

通常来讲，只有具备证据能力的证据材料才具有证据力，证据能力是证据力的前提和基础，反之，不具备证据能力的证据材料，即使法官认为其内容有可能是真实的，也不得据以作为判决的依据。此即为证据能力对证据力的限制，这种限制有积极限制与消极限制两种表现方式。积极限制是指法律对证据的来源、证据取得的方式和证据调查的程序予以规定，只有符合这些规范性要求的证据才能成为法官证据调查的对象。消极限制是指法律从否定的角度禁止某些证据材料作为法官证据调查的对象。因此，从总体上讲，证据能力规则设置的目的是为了使法官对证据的证据力的判断更富有实效性。

当然，证据能力和证据力在某些场合也可能发生转化。比如，某些证据材料由于本身的特点导致其虚假的可能性非常之高，依经验法则进行判断，其对案件事实所能起到的证明作用要远远小于不采用之所可能带来的弊病，此种情形下，法律便绝对性地否定了其作为证据的能力。这种做法实际上是将证据力方面的问题更易为证据能力方面的问题予以处置。易言之，此种场合乃是经由法律的明示性规范解决证据力的认定这样一个事实判断问题。这方面最为典型的例证即为英美证据法中的传闻证据排除法则之设置。

（二）证据能力和证据力的区别

虽然关于证据能力和证据力的判断有着极为密切甚至不可分割的联系，但由于证据能力总体上讲乃关乎某项证据材料是否具有证据资格，而证据力一般而言则是关涉某项证据材料证明效果的大小，故两者具有根本性的不同。

1. 性质不同

证据能力是一个法律问题，属于可采性的范畴，其所要解决的是证据能否允许在法庭上为法官进行证据调查的问题。某一事实材料能否具有作为证据的资格通常乃由法律予以规定，只有具备证据能力的事实材料才能为法官进行证据调查，也才有可能作为定案的依据；证据力则是一个事实问题，属于关联性的范畴，其解决的是证据能够在多大程度上对案件事实起证明作用的问题。

2. 要求不同

对于证据能力，法律上多从消极层面对其作限制性规范，法官对证据能力的判断必须依据法定的证据规则进行，不能作自由裁量。证据能力规范设定的目的有的乃是基于证据价值判断本身的需要，如传闻证据排除法则；有的则出于诉讼外的基本政策的目的性考量，如证人证言特免权规则等；而对于证据力，法律通常不预设判断准则，基本上乃是由法官根据个案的具体情况自由判断，也即证据力的判断属于法官自由心证的范畴。

3. 表现形式不同

不同国家基于不同的政策考量，针对证据能力设有不同形式的限制性规范，与诉讼的运作样式亦有极大关联。由于证据力之评价乃事实判断范畴，与价值判断无涉，故对于证据力的判断法律通常不设统一标准，原则上乃委诸法官自由心证，与诉讼运作样式也并无关联。

4. 规则不同

证据能力的有无，主要从证据的收集主体、收集程序及形式的完备性等方面是否合法进行判断；而证据力的强弱之判断则是在考虑具有证据能力的证据同案件事实的客观、内在联系及其联系的紧密程度的基础上进行。

（三）我国现行司法解释关于证据能力和证据力关系的规定及评析

我国目前的法律和司法解释中均没有采用证据能力这一概念。在司法实践中，当论及这一问题时一般将其表述为“不得作为定案的根据”、“不能作为证据使用”或“不具有证据效力”等。以《民事证据规定》为例，整个规定中“证明力”出现了18次，而“证据能力”或“证明能力”则从未出现过。“证明力”主要集中在第五部分关于证据的审核认定中，涉及的条文有第64、70、71、72、73、77条。另外，第50条中也有两处使用了“证明力”。考察这些条款，可以发现，《民事证据规定》在证据能力和证据力关系的认识上是相当混乱的。

首先，《民事证据规定》第50条“当事人应当围绕证据的真实性、关联性、合法性，针对证据证明力有无以及证明力大小，进行质疑、说明与辩驳”之规定和第64条“审判人员应当依照法定程序，全面、客观地审核证据，依据法律的规定，遵循法官职业道德，运用逻辑推理和日常生活经验，对证据有无证明力和证明力大小独立进行判断，并公开判断的理由和结果”之规定中的第一个“证明力”实际上关涉的是证据能力的问题。因为作为证据的事实属性的证据力只有程度强弱、大小之分，绝不存在有无之别，只有作为证据的法律属性的证据能力才存在有无之别。

其次，《民事证据规定》第73条第1款规定：“双方当事人对同一事实分别举出相反的证据，但都没有足够的依据否定对方证据的，人民法院应当结合案件情况，判断一方提供证据的证据力是否明显大于另一方提供的证据力，并对证据力较大的证据予以确认。”循此规定可以推知，如果一方当事人所提供的证据之证明力明显大于另一方当事人所提供的证据之证据力，证据力较大的证据便可作为法院认定待证事实的依据。不过，显而易见的是，对证据方法的确认实质上属于证据能力的判断问题，其与证据力的大小并无关系。绝不能认为证据力小的证据即不能作为证据方法进入诉讼程序为法官所调查并作为认定事实的依据，仅可认为相对于证据力大的证据其对法官心证形成所起的作用要小一些。一言以蔽之，证据力不会涉及确认问题，仅证据能力才涉及确认问题。

最后，《民事证据规定》第79条规定，人民法院应当在裁判文书中阐明证据是否采纳的理由。通常认为，这一规定强调了法官须于裁判文书中公开其心证形成的理由，具有积极的意义，至少其能提高裁判的可信服度。尽管如此，我们仍需指出，某项证据是否为法院采纳，事实上属于证据能力之判断的问题。虽然不能否认心证理由的公开包含了法官关于证据能力的判断之公开，但显而易见的是，心证公开的主体内容仍是某项证据为什么能（或不能）证明待证事实的存在。由此可见，该项规定无论是主旨还是规则设计均混淆了证据能力与证据力的实质差异。

第三章　自由心证主义与证明标准

在现代法治国家的民事诉讼，法官认定案件事实殆皆在依经验法则与论理法则对证据之证明力作自由判断之基础上进行，此即谓自由心证主义。在自由心证主义框架下，法官认定案件事实亦绝非恣意为之，须达内心确信状态始能认定事实。就当事人而言，其所提证据在何种情形下始能让法官对案件事实达到内心确信状态，此即证明标准问题。由此观之，证明标准之达到对法官而言意味着心证的形成，对当事人而言，则意味着证明任务的完成。

第一节　自由心证主义

一、认证制度的历史发展

在民事诉讼中，法官审理案件的最终目的是对原告所主张的实体权利是否存在作出裁判，这一目的之达成须仰赖法院对当事人双方所提供的证据所欲证明的案件事实作出真伪与否的判断，此一过程即为法院的认证过程。从历史发展来看，法院的认证制度大体经历了神示证据、法定证据和自由心证三个阶段。

神示证据是盛行于古代奴隶制国家和欧洲中世纪前期封建国家的认证制度，与之相应的诉讼模式被称为弹劾式诉讼。在神示证据主义下，证明对象的真实与否不是依靠人类理性的认知和探求，而是通过对诉讼当事人肉体和精神的考验，以考验结果所昭示的神意作为案件事实真实与否的判断标准。法定证据主义，又称形式证据制度，是指法律根据各种证据的不同形式，对其证据能力的有无及证据力的大小预先作出规定，法官审理案件必须据此作出判决，而不得自由评判和取舍的认证制度。自由心证主义，是指法律对一切证据的证据能力的有无及证据力的大小不做预先规定，而是由法官根据自己的良知和理性自由判断，并根据由此形成的内心确信认定案件事实的认证制度。

无论是哪一种认证制度，其目的都在于发现案件真实，只不过由于不同的历史阶段人们对证据价值的认识不同及对真实标准的设置不同而导致不同的认证制度存在；此外，由于人类在诉讼中关于认证制度的设置不断地进步，后一种认证制度总是可以在某种程度上克服前一种认证制度的缺点，这就使得人类对案件事实真实的认证能力和规则呈不断进步和发展之趋势。

（一）神示证据主义阶段

1. 神示证据主义的概念和特征

出现于人类奴隶社会的神示证据主义，即神证，是认证发展史上最原始的制度。在此种认证制度下，法庭并非为查明案件事实而设立的司法机构，而是为获得神明旨意、请求神灵揭示案件事实的带有强烈宗教色彩的场所；法官也非查明案件事实并在此基础上适用法律的司法人员，而是举行一个招请神意裁断案情仪式的主持人。① 易言之，神示证据主义乃是用一定形式邀请神灵帮助裁判案情，并且用一定方式把神灵的旨意表现出来，根据神意的启示来判断诉讼中的是非曲直的一种认证制度。

神示证据主义有以下几点主要特征：（1）从证据的获取方式上来看，乃是借助于与神明进行假想性的沟通。如宣誓即乃宣誓者与上帝或神进行心灵或灵魂上的沟通；火审、水审等则是世人将当事人的身体送交神的一种托付。（2）从证明效力上来看，其乃源于神明的意思表示。神示证据主义之所以在当时被世人所采信，即在于人们对神的追崇，进而认为神的意思表示具有与法律相当，甚至高于法律的效力。（3）从诉讼模式上来看，神示证据主义与弹劾式诉讼模式相适应。法官在审判过程中只起着主持审理过程的作用，法庭也只是请求神灵揭示案件事实的场所和工具。

2. 神示证据主义认证制度的构成

一般来讲，神示证据主义由宣誓和神明裁判两部分组成。

（1）宣誓。

宣誓，是指在双方当事人所作之陈述相冲突时，裁判者要求双方当事人分别对神灵发誓，以证明其陈述的真实性。其中，宣誓者在宣誓过程中的表现被审判者看做是神灵意志的间接表现。如果宣誓者不敢发誓或发誓时神态慌乱，则被认为是因心怀鬼胎怕神灵报应的迹象。究其实质，宣誓是对宣誓者的一种心理强制，是由于信仰的强大压力或是恐惧以及道德的制约而形成内心矛盾的外化。除了直接宣誓，即当事人自己宣誓外，一些国家还规定了辅助宣誓制度。在涉及严重罪行的案件中，若双方当事人均进行了宣誓，则需要有他人进

① 参见何家弘、刘品新：《证据法学》，法律出版社2004年版，第14页。

行辅助宣誓，这些人被称为旁证人或助誓人。他们要宣誓证明当事人的誓言是真实的。关于辅助宣誓的规则在各国的具体设置不尽相同，但总体上来讲，其是否被采用乃是由争议案件事实性质的严重程度来决定的。此外，旁证人或助誓人无需了解案件争议事实，他们唯一需要了解的是当事人的品行，并通过宣誓的方法予以证明。

（2）神明裁判。

神明裁判，是指通过某种冠以神的名义的自然力量的方式，让当事人接受身体上的考验来证明案件事实的方法。神明裁判的证明方式有很多，并且与不同国家和地区的宗教信仰有密切关系，如火审、水审或决斗等。与宣誓对当事人施加精神上的强制不同，神明裁判是对当事人施以身体上的强制，出于将案件托付于神作最终处断的信念，在某种程度上神明裁判成为宣誓过后的下一审判环节，且有着终局性的效力。当然，当事人在神明裁判的考验下很难不受伤害，而倘若受到伤害则要承担相应的法律责任，这对接受考验的一方明显不公。因而，神明裁判一般是在案情严重或复杂的情况下才适用，并仅适用于嫌疑极大的当事人。

3. 神示证据主义的历史评价

以现代的观点视之，神示证据主义显然是非常荒唐的，对探求案件真实不仅毫无助益，甚至会起反作用。但作为人类社会最初的证据制度，跨越数个世纪沿用至封建社会末期，以至于现代某些信教的西方国家证人出庭仍须手按《圣经》对上帝宣誓。这说明，神示证据主义对人类社会的影响是巨大的。

第一，在当时的语境下，神示证据主义认证制度显然有其合理性，甚至可以说是法官认定案件事实最好的选择。我们知道，所有诉讼机制的设置都是各种价值考量、权衡的结果，而最终都是为了更好地解决纠纷。人类永远无法断定某个事物的绝对存在，而只能从某个标准出发证明某个事物存在的可能性。只不过古代社会判断一个事物是否存在是仰赖于神，现代则是借助于严格的证据制度。现代的证据制度之所以被人们信服，是因为其符合了现代人理性主义和唯物主义的价值观，与之相对应的是，神示证据主义之所以能被古代人接受是因为它根植于古代的宗教传统。在当事人皆信神的环境下，神的权威是最不容质疑的，借助于神示证据主义认证制度解决纠纷，是双方当事人最为信赖且最易接受的，任何人都不会抵抗以神的名义作出的判决，就此而言，神示证据主义无疑最有利于纠纷的解决。

第二，神示证据主义在公信力和效率上可能比现代证据制度更胜一筹。在人人皆信神的时代，将纠纷交付给神来决定无疑是最公平、最有效及最不易引起争议的纠纷解决方式。而在崇尚理性的现代社会中，人们解决问题的标准是实证的，必须找出大家皆认可的客观存在的证据来说服其他人相信真理站在自己这一方，不再把纠纷的解决交给存在性十分值得怀疑的神。人们绝对地相信事物的客观性，却不能接受真理的无限性这个道理。在现代司法程序中，人们更容易产生对判决的不满，输掉官司的人往往感慨时运不济，甚至偏激地认为法官不公，而坚信自己是对的。同时，比起现代社会疑难案件一拖数年法官因找不到事实与法律的依据而久久不敢结案的现象来说，神示证据主义对于纠纷的解决似乎更有效率。

（二）法定证据主义阶段

1. 法定证据主义的概念

进入中世纪，欧洲各国逐渐废除了审判中采用的神判法，开始重视审判者在证据认定和真相发现中的作用。① 由于人毕竟不是神，难免犯错误，为保证结果像神明审判那样不生谬误，立法者认为唯一而又彻底的办法就是完全剥夺审判者确定案件事实时的自由裁量权。这样，一种完全由人而不是神进行审判的证据制度即法定证据主义即告诞生。所谓法定证据主义，是指“法律预先规定一定之采证方法，对于某种事实之认定，必须依据某一定之证据始可，法官仅能依法定具体方法采证认定事实，不得由法官依其良心经验自由形成心证之方法”。② 易言之，即法律根据证据的不同形式，预先规定了各种证据的证据能力取舍和证据力判断的规则，法官必须据此作出认定。

2. 法定证据主义的特征

在法定证据制度中，法官无权按照自己的意思自由地判断证据之价值，而只能机械地适用法律预定的有关证据能力和证据力的规则。其最显著的特征是法律对各种不同证据的证据力都作了具体的规定，甚至达到了量化的程度。易言之，在法定证据制度中，证据的证据力并非由审理具体案件的法官结合案情予以判断，而是由立法者通过法律来评价，其判断标准不是根据具体的个案而定，而是通过抽象的规则统一规范。

由此观之，法定证据主义事实上已将证据的内容与形式割裂开来，将审理个案中运用证据的局部经验当作适用于一切案件的普遍规律，把某些证据形式上的一些特征上升为评价这类证据效力的绝对标准，操作中要求法官根据这些

---

① 参见［日］松冈义正：《民事证据论》，张知本译，中国政法大学出版社 2004 年版，第 62 页。

② 陈荣宗、林庆苗：《民事诉讼法》，台湾三民书局 1996 年版，第 513 页。

绝对化的标准机械地计算和评价各证据，使得法官无法主动从实际情况出发具体地运用证据查明案件事实真相。随着社会关系的日益复杂，一些事实的确定方式根本无法为抽象的证据规则所涵盖，法定证据制度在探求个案真实方面也显得越来越无能为力。尽管法定证据制度对证据力的抽象规定旨在减少法官枉法裁判的可能性，但其之立论基础仿若刻舟求剑，与事物发展的客观规律明显相悖。

3. 法定证据主义的历史评价

法定证据主义在欧洲大陆国家的出现，是与其当时中央集权的君主专制国家为打破地方封建割据、限制地方司法权力而创设全国统一的司法体系相呼应的①，对消除各地在诉讼中运用证据的混乱状况具有积极意义。

同时，我们应当看到，法定证据主义中的一些认证规则在一定程度上总结和反映了当时运用证据的某些经验，与神示证据主义相比，是证据制度发展史上的一大进步，有着合理的内核。从法定证据的具体设置来看，虽然其无法保证每一案件的真实发现，但其对于相当比例的案件之真实发现所起之作用是毋庸置疑的，至少法定证据的普遍认知性可以强化认定结果的可接受性。不可否认，社会现象千差万别，对证据的证据能力有无及证明力大小的判断不可能设计出具有普适性的万能公式，经验法则的无限性和盖然性决定了我们不可能将所有的经验上升为规则，往往要结合具体情况依凭人们的经验和常识等进行灵活判断。但是，经验或逻辑本身多少还是蕴含着一些基本的规则，随着人们经验的积累和对事物认识的不断深化，立法者仍然可以将这种经验或逻辑背后所蕴含的规则进行归纳和整理，使之成为看得见的规范，证据立法即是一个将从经验法则提升为法定规则的过程，对认证制度的规范尤为如此。

（三）自由心证主义阶段

自由心证主义建立在对人类认识规律正确把握的基础之上。因为证据力的判断是一个认知过程，每一个智识正常的成年人之间的认识能力事实上相差无几。因此，在对某一具体问题的判断上，如果作为判断根据的基础事实一致，不同的人依凭其认识能力往往能够得出大体一致的结论。故相对于立法者而言，法官由于直接面对个案，在正确判断证据的证据力方面具有天然的优势，其所作之判断结果显然更具合理性。

① 参见何勤华：《法国法律发达史》，法律出版社 2001 年版，第 428 页。

二、自由心证主义

(一) 自由心证主义的概念及历史发展

1. 自由心证主义的概念

所谓自由心证主义，是指“法院斟酌辩论全部旨趣及证据调查之结果，认定事实上之主张是否真实，一任自由之心证以为判断”①，即一切诉讼证据的证据力的大小及其取舍均由法官根据自己的理性自由判断，且在判断的过程中一般不受任何规则的约束。易言之，法律不预先设定机械的规则来指示或约束法官，而是由法官根据具体案情，依经验法则、论理法则或逻辑法则和自己的理性、良心等来自由判断证据和认定事实。

自由心证的“自由”即法官独立；“心”即良心、良知和理性。法官通过对案件证据的审查、判断、认可以及对案件事实的最终评定，完全按照内心信念形成“心证”，当这种“心证”达到深信不疑或者排除任何合理怀疑的程度，便成为“确信”，从这一意义上讲，自由心证又称“内心确信”，法官审理案件只根据自己的心证对案件事实进行认定。

自由心证反映了一个问题的两个方面：一是证据证据力的大小、强弱及其真伪的判断和取舍，均由法官凭借自我理性的启迪和良心的感受，独立地形成自己的意见；二是法官对案件事实的评定必须建立在内心深处对自己的主观判断确信无疑的基础之上。

2. 自由心证主义的历史发展

自由心证主义为现代先进法治国家证据法上所共有的一项基本原则。纵观整个西方证据制度的发展史，自由心证主义在欧洲大陆证据评价领域大体经历了古典自由心证主义和近现代自由心证主义两个发展阶段。

法官自由心证早在古罗马时代就有了规定和实践，此即为古典自由心证主义时期。其产生的背景是古罗马时期商品经济的高度发展，平等主体之间的民事交往纷繁复杂，这给古罗马社会注入了平等和自由的观念。而法官运用自由心证原则处理民事案件便成为与之相配套的最有效的审判手段之一。古典自由心证主义时期，粗陋的立法技术无法对复杂、精细的证据法体系进行完整、系统的规制，也未能对法官的自由心证进行合理、有效的制约。其片面强调保证法官内心思想（即心证）的绝对自由，法官除了审判结果，有权不公开其关

---

① ［日］松冈义正：《民事证据论》，张知本译，中国政法大学出版社 2004 年版，第 63 页。

于案情的任何看法，故具有浓厚的隐秘性和神秘感，极易导致法官自由心证的滥用。

近现代意义上的自由心证产生于资产阶级革命时期。整个中世纪，为维护专制统治秩序的需要，在证据制度上，教会法和世俗法均推行法定证据主义。随着人类社会的不断发展和认知水平的日益提高，这种制度的弊端越来越明显，将不同证据的不同价值加以绝对化，充满了专制主义的专横、武断和僵化的意味，使法官在判断证据方面不具任何主动性。从17世纪以后，欧洲大陆的启蒙运动和资产阶级革命分别从思想和政治上推动了司法制度的改革。崇尚自由、平等的资产阶级对以刑讯逼供为特征的纠问式诉讼制度发起猛烈攻击①，许多国家相继摒弃了纠问式诉讼模式转采辩论式诉讼模式。辩论式诉讼模式下，纠纷双方均是诉讼的主体，法官居中进行裁判；证据一般由当事人向法庭提供，双方当事人到庭进行辩论。在此背景之下，法定证据主义被废除，取而代之以自由心证主义。②

与传统自由心证主义相比，近现代的自由心证主义“废除了认定事实的形式化的作法，取而代之的是完全信任法官的智慧，以法官的自由心证来判断。也就是说只期望于有良心、有鉴别能力和经验的法官的具体确信”。③易言之，自由心证主义打破了心证的封闭性，构建起一种开放和公开的心证，以此来否定法官单方面的心证自由，使当事人对法官所作的判决产生信赖。最早提出在立法中以自由心证取代法定证据主义的是法国资产阶级代表人物杜波尔。他认为，由法律预先规定何种证据可用来确认事实真相，不管法官内心是否确信，强迫其根据法律预先作出判决，这对被告人以及社会都是危险的，是一种荒诞的做法。应该用自由心证主义取代法定证据主义，由双方当事人周密地提供认识真实情况的一切材料，并在法庭上加以阐明，由法官进行分析判断，作出决定。1791年法国宪法会议经过辩论最后采纳了杜波尔的建议，并向全国发布训令正式确立了自由心证主义，而后颁布的《法国刑事诉讼法典》

---

① 参见［英］乔纳森·科恩：《证明的自由》，何家弘译，载《外国法译评》1997年第3期。

② 参见［日］谷口安平：《程序的正义与诉讼》，王亚新、刘荣军译，中国政法大学出版社1996年版，第231页。

③ ［日］兼子一、竹下守夫：《民事诉讼法》，白绿铉译，法律出版社1995年版，第106页。

又对其作了进一步明确规定。①

后来，欧洲各资产阶级国家的立法也相继规定了自由心证主义，并进而发展成为现代法治国家和地区通行的证据判断的重要原则。如《德国民事诉讼法》第286条规定："（第1款）法院应该考虑言词辩论的全部内容以及已有的调查证据的结果，经过自由心证，以判断事实上的主张是否可以认为真实。作为法官心证根据的理由，应在判决中记明。（第2款）法院只有在本法规定的情形，才受关于证据的法律规定的约束。"《日本民事诉讼法》第247条规定："法院作出判决时，应当斟酌口头辩论的全部旨意和调查证据的结果，依据自由心证判断对于事实的主张是否应认定为真实。"我国台湾地区"民事诉讼法"第222条规定："（第1款）法院为判决时，应斟酌全辩论意旨及调查证据之结果，依自由心证判断事实之真伪。但别有规定者，不在此限。（第2款）当事人已证明受有损害而不能证明其数额或证明显有重大困难者，法院应审酌一切情况，依所得心证定其数额。（第3款）法院依自由心证判断事实之真伪，不得违背伦理及经验法则。（第4款）得心证之理由，应记明于判断。"

（二）自由心证主义的内容

考察世界各国和地区有关自由心证主义的理论和立法例，可以发现，自由心证主义主要有以下三方面的内容：

1. 作为法官认定案件事实基础的证据方法无限制

与法定证据主义相比，在自由心证主义下，法官对证据方法的调查一般不受任何限制。如在法定证据主义下，不少国家的立法均规定书证的证据力强于人证的证据力，在两者兼有的情形下，法官必须舍人证，而依书证来认定案件事实。而在自由心证主义下则不然。法官如果认为人证的证据力强于书证，则应该舍书证，而采法定证据主义下所谓证据力较弱的人证来作为判断事实真伪的依据。②

2. 法官依经验法则对证据力进行自由评价

自由心证主义下，证据的证据力依靠法官自由的评价（自由心证）。也就是说，从证据到间接事实、主要事实的认定，或者从间接事实到其他间接事实、主要事实的认定，均应依法官的自由评价。在此过程中，法官可以依据经

① 参见毕玉谦：《民事证据法及其程序功能》，法律出版社1997年版，第93页；何勤华：《法国法律发达史》，法律出版社2001年版，第515页。

② 参见陈荣宗、林庆苗：《民事诉讼法》，台湾三民书局1996年版，第514页。

验法则自由地进行选择和取舍。

比如，对于侵权损害赔偿案件，若原告已证明其受有损害，但不能证明损害的具体数额，法院应该斟酌造成损害的原因及其他有关情况，通过自由心证认定其受损数额，而不得以数额未能证明为由驳回原告所提之诉讼请求。又如，法官为发现特定案件事实的真相，要求当事人到庭接受讯问。若当事人接到命令后拒不到庭，法官在依自由心证判断相关事实的真伪时，即可将其不到庭接受讯问的情形作为考量的原因之一，从而作出对该当事人不利的事实认定。

3. 法官对事实真伪的判断应以证据调查结果和调查中出现的特定情况为依据

证据调查的结果，即法官从证据方法中获取的证据资料无疑是法官自由心证最为倚重的内容和对象，是案件事实认定的主要依据。除证据调查的结果之外，证据调查过程中出现的特定情形（即言词辩论的全部意旨）也可能成为法官自由心证时斟酌的对象，比如当事人或其诉讼代理人在诉讼中的态度、当事人对主张的变更、当事人的自认及撤回、当事人提出特定攻击防御方法的时机、证人的状况及勘验或鉴定所遇到的情况等。这些情形虽并非证据调查的结果本身，但可能对证据调查的结果产生某种程度上的影响，进而影响法官心证的形成，故也将其列入心证的内容之列。可见，自由心证“乃系判断事实真否之法则，并非判断证据之原则”。①

（三）自由心证主义的制约

现代自由心证主义在确立之初，以克服法定证据主义之弊端为己任，赋予法官充分的自由裁量权，法官在办案过程中可以按照自己的良心、理性自由地判断证据，从而摆脱了法定条框的束缚，有利于发挥法官的主观能动性，使之有可能从案件实际情况出发运用证据发现事实真相，较之法定证据主义无疑具有很大的进步性。然而，也恰恰在这一点上，自由心证主义不断遭受来自各方的非议、质难和批判，认为有矫枉过正之嫌。因为自由心证主义将对证据的审查、案件事实的认定乃至案件最终结果的确定维系于办案法官身上，法官素质的高低优劣就成为决定诉讼质量的关键因素。然而，如果一种制度的贯彻与实施，最终要完全依赖于制度执行者的素质好坏，此种制度设置显然有很大的弊端。在没有相应的措施规制的情形下，自由心证主义无疑会为某些背德法官上

---

① ［日］松冈义正：《民事证据论》，张知本译，中国政法大学出版社 2004 年版，第 65 页。

下其手、颠倒黑白提供合法的外衣，成为滋生司法腐败的温床。自由心证主义的灵活性，从反面看，倒凸显出其所固有的随意性和主观臆断性等缺陷。

从本质上讲，自由心证“非谓悉听审判官之任意，乃在不受证据法之拘束。审判官当调查事实时，须依一般之法则（理论并实验之法则），以作真实之确定；凡依暧昧之感觉，或漠然之推测者，皆为法律所不许”。① 易言之，“所谓自由评估或自由评价，须斟酌各种情况为合理之判断，并非得依漫无限制之自由裁量为之”。② 可见，自由心证的“自由”是相对的，自由心证的结果应是比较公正的，绝非容许法官为恣意的判断。③ 为了保障自由心证能够正常、合理地发挥作用，人们为探寻建立限制自由心证恣意性的客观标准不断努力。在当今采取自由心证主义的国家和地区，为求得合理的心证，在尽量保障法官心证形成的自由之同时，也通过相关规则的设置对此加以合理的制约。

1. 外部机制对自由心证主义的制约

（1）司法独立。此处的司法独立不仅指法院的独立，更强调审理具体案件的法官之个人独立，这是形成正当自由心证的根本前提。审案法官既独立于非审判人员又独立于其他审案法官，排除来自外部的非法干预，个体自由的意志方能才能产生自由的心证。④

（2）合议制。法院对一般民事案件的审理采用复数判断主体制度，即合议制，通过复数审判人员相互之间的监督和制约，可以在一定程度上达到防止单一法官恣意形成不当的自由心证的目的。详言之，“多个法官一起能够比一个法官更全面和更可靠地对案情作出评价。独任法官缺少共同讨论和监督的合作同事。合议庭的讨论、监督和团体合作为裁判的正确性提供了更高的保障”。⑤

---

① ［日］松冈义正：《民事证据论》，张知本译，中国政法大学出版社 2004 年版，第 63 页。

② 李学灯：《证据法比较研究》，台湾五南图书出版公司 1992 年版，第 705 页。

③ 有学者甚至认为，沿用日文翻译的自由心证（或自由判断）一词，滋生诸多误会，应当废除“自由”二字，使自由心证的结果最大限度地接近客观真实，即自由心证应当客观化，法官依据当事人提出的证据，以及参酌一切诉讼资料，须达到一定的心证程度（证明度）方能对事实的真伪作出判断，判断证明度的标准有两个，即主观的确信和客观的盖然性。参见雷万来：《民事证据法论》，台湾瑞兴图书股份有限公司 1997 年版，第87～88 页。

④ 当然，在自由心证主义下，司法独立也发挥着体现法院威信、以正当程序吸收对实质结果不满的作用。

⑤ ［德］奥特马·尧厄尼希：《民事诉讼法》（第 27 版），周翠译，法律出版社 2003 年版，第 39 页。

（3）回避制度。回避制度的设置可以保证审理案件法官居于与案件本身、当事人双方及诉讼代理人无关联且中立的诉讼地位，也即能保证法官与双方当事人保持同等的诉讼距离。此种情形下自然能保证法官的心证公正、客观、不偏不倚，不因与案件或当事人存在特定的关系而影响中立地裁判案件。

2. 内部机制对自由心证主义的制约

自由心证虽然失去了法定证据的优点——规则的明示性、外在性和量化性，但这绝不意味着自由心证主义下的证据评价就没有根据可循。恰恰相反，这种证据评价根据的却是最为广泛的、最接近人们生活的经验法则。从经验法则在数量和盖然性程度的无限性来讲，从具体的事实出发来选择和运用更符合人类认识事物的一般规律显然更有利于发现真实。法官在认定案件事实时，必须运用一定的论理法则和经验法则进行合理的推衍即构成对自由心证进行制约的内在机制。①

所谓论理法则，又称逻辑法则，是指人们能够进行正确的思考所依据的规则，其主要包括同一律、排他律及矛盾律等。论理法则的主要作用是为人们提供以经验法则为根据，从已知事实推导出未知事实的逻辑分析方法。

所谓经验法则，是指人们在长期生产生活以及科学实验中，对客观事物的普遍现象与通常规律形成的一种理性认识。经验法则具有一般性，是不证自明的显然性命题，是法官评价证据的主要依据。司法实践中经验法则的特殊性，表现为法官将那些不证自明的经验作为运用法律逻辑进行推理的基础，经验法则并非由法律加以具体规定，而是一种客观上的普遍知识，无须借助任何证据便能确认，其作为基本常识而为一般常人所认同。经验法则对于法官认定事实有积极作用，对于法官适用法律甚至有决定性的影响。易言之，若就某特定事实之存在否，要使他人或多数人与自己有共同的认识时，势必要受以他人或多数人共同认知的社会文化基础之上的知识、经验或价值观念的约束。②

3. 心证公开对自由心证主义的制约

公开审判是诉讼制度文明和民主的重要标志之一，是现代法治国家的一项

---

① 自由心证与主观上之识别不同，后者乃基于先天之性格、后天之感受对于某一事物所持之看法。前者尚需客观性之机会、条件及具体资料始可。自由心证系支配证据之基本法则，法院仅得依法定程序所获得之证据，辅以本身之经验法则构成所谓自由心证。而经验法则之产生，系事理之常情与累积之智慧所加工者。故“自由心证”与“经验法则”及“证据”乃三位一体之关系，既不可割裂独立使用，尤不宜凭空而来。参见陈玮直：《民事证据法研究》，台湾新生印刷厂1970年版，第6页。

② 雷万来：《民事证据法论》，台湾瑞兴图书股份有限公司1997年版，第11页。

基本诉讼原则。将诉讼这种密切关系当事人利益的特殊社会活动置于当事人和公众的监督之下，既有利于法官严格依法认证，保证案件事实认定的正确性；又能使当事人充分了解认证的过程和理由，提升司法判决的权威性。为此，采取自由心证主义的国家在辩论主义运作样式框架下，大多还规定了心证的公开借以实现对法官自由心证的制约。

所谓心证公开，是指在庭审时及庭审后的裁判中，法官就自己形成的内心确信，包括对案件事实的认定和法律适用的过程、结论和理由，向当事人或利害关系人乃至社会公众公开，使其有所知悉、认识或理解。一般来说，心证公开主要包括五项内容：

（1）前提公开。形成正确心证的前提包括人的前提和制度前提。人的前提是指优秀的法官。要实行心证过程公开，必须首先实行法官的职业化和专业化，实行严格的法官遴选制度。法官只有熟练地掌握法律知识，娴熟地进行法律推理和逻辑推理，熟悉各种认定事实的法律规则，才能根据实际情况作出正确的事实认定。制度前提则是指国家所颁布的法律和法规的内容应当严谨和翔实，尽量减少明显的疏漏。

（2）过程公开。所谓过程公开是指法官办案的具体过程，如如何对待当事人所提供的证据、对相关法律的适用情况、对证据规则的运用及对当事人所享有的诉讼权利的告知等，均应该为当事人所知晓。

（3）结果公开。结果公开即法官将最后的判决结果向当事人及社会公众公开。

（4）理由公开。理由公开具体是指法官在心证过程中采用某一证据或者认定某一事实的理由应该在裁判文书中公开，为当事人和社会公众所知晓。判决理由中应详尽展示法官心证的内容、心证形成过程以及形成心证的依据来保证裁判的客观性。①

（5）救济公开。所谓救济公开是指法官形成错误的心证结果时，当事人应能够得到及时、合理的救济。尽管各国和地区的上诉审制度在具体设置上存在不同之处，但作为上诉审法院，其在复查一审的事实认定时，一般都会对第

① 有学者认为，民事诉讼中，法官若依据言词辩论的全部意旨进行裁判，法院可以不在判决理由中说明言词辩论的全部意旨的具体内容。这在一定程度上是不得已而为之，也即乃因言词辩论的全部意旨的性质使然，但从事实认定的透明化和防止法院恣意裁判的角度出发，应该将其内容概要予以明示。参见［日］高桥宏志：《重点讲义民事诉讼法》，张卫平、许可译，法律出版社2007年版，第46页。

一审法院法官形成心证的过程及其根据进行检查和核实，如此一来自然有助于增强当事人对法官自由心证结果的信赖。

（四）我国对自由心证主义的认识及相关规则

1. 我国对自由心证主义的认识

1949 年以后的相当长一段时间，我国证据法理论对自由心证主义是持否定、甚至批判态度的。传统观点认为，一方面，我国没有经历过欧洲国家那样的法定证据主义时代，所以不存在自由心证产生的历史条件；另一方面，自由心证主义仅凭法官的“良心”来判断证据，自然是不受客观实际的限制和检验的，其有悖于唯物主义的认识观。① 因此，改革开放后颁布的三大诉讼法典的证据部分均未提到法官自由心证的只言片语，司法实践中对其也是讳忌莫深。

随着对这一问题认识上的不断深入和发展，我国理论界和实务界逐渐意识到传统看法的不正确。一者，我国不存在法定证据主义的历史不能构成排斥自由心证主义的理由。自由心证原则虽肇始于对法定证据主义的批判，但其民主、公平和理性的精神却为现代社会所共通。不少现代法治国家，特别是英美法系国家，虽也没有经历法定证据主义阶段，但审判实践中基本上都贯彻了自由心证主义的精神。我们不能仅以是否在法律中明确提出自由心证的概念作为判断一国是否确立该原则的唯一标准。许多国家仅是因为历史原因才未把自由心证形成文字，但历史的作用仅此而已，它只能造成这种表面上的差别，而对于已融入审判实践精髓之中的自由心证主义的精神则无能为力。另者，自由心证主义虽然赋予法官较大的自由裁量权，但绝不意味着法官可以毫无限制地自由专断。心证的形成，必须以人类的共同认识能力和方式为基础，必须符合论理法则与经验法则，必须受到诸多外部机制的制约。

2. 我国关于自由心证主义的规定

理论界及实务界对自由心证主义认识的转变反映到规则层面，最突出的表现便是最高人民法院在《民事证据规定》中对自由心证主义进行了突破性的规范。

(1) 自由心证主义的确立。

《民事证据规定》第 64 条规定：“审判人员应当依照法定程序，全面、客观地审核证据，依据法律的规定，遵循法官职业道德，运用逻辑推理和日常生

① 参见杨建华主编：《海峡两岸民事程序法论》，台湾月旦出版社股份有限公司 1997 年版，第 299 页。

活经验，对证据有无证明力和证明力大小独立进行判断，并公开判断的理由和结果。”同项司法解释第66条进一步规定：“审判人员对案件的全部证据，应当从各证据与案件事实的关联程度、各证据之间的联系等方面进行综合审查判断。”

而《民事证据规定》第63条“人民法院应当以证据能够证明的案件事实为依据依法作出裁判”的规定则明确了自由心证主义的重要内容之一，即法官对事实真伪的判断应以证据调查结果为依据。

《民事证据规定》第73条第1款“双方当事人对同一事实分别举出相反的证据，但都没有足够的依据否定对方证据的，人民法院应当结合案件情况，判断一方提供证据的证明力是否明显大于另一方提供证据的证明力，并对证明力较大的证据予以确认”的规定则确立了我国民事诉讼中法官形成内心确信的标准——高度盖然性。根据该规定，在我国的民事诉讼中，裁判者若依据日常经验对某一案件事实之确信达到排除较大的合理怀疑的程度，疑问即告排除，事实即可认定。

（2）对自由心证主义的限制。

《民事证据规定》不仅宣示了自由心证主义，且对法官的自由心证作了一些限制，主要有：

A. 补强规则。所谓补强规则，是指在特定的情形下，某种证据不得作为法官认定案件事实的唯一依据。《民事证据规定》第69条规定：“下列证据不能单独作为认定案件事实的依据：（1）未成年人所作的与其年龄和智力状况不相当的证言；（2）与一方当事人或者其代理人有利害关系的证人出具的证言；（3）存有疑点的视听资料；（4）无法与原件、原物核对的复印件、复制品；（5）无正当理由未出庭作证的证人证言。”

B. 完全证据规则。所谓完全证据规则，是指具备法定条件的证据，经过质证环节后，法律直接肯定它的证据力，而不允许法官对其作自由评价。《民事证据规定》第70条规定：“一方当事人提出的下列证据，对方当事人提出异议但没有足以反驳的相反证据的，人民法院应当确认其证明力：（1）书证原件或者与书证原件核对无误的复印件、照片、副本、节录本；（2）物证原物或者与物证原物核对无误的复制件、照片、录像资料等；（3）有其他证据佐证并以合法手段取得的、无疑点的视听资料或者与视听资料核对无误的复制件；（4）一方当事人申请人民法院依照法定程序制作的对物证或者现场的勘验笔录。”

C. 最佳证据规则。所谓最佳证据规则，是指在数个证据对同一事实都有证据力，不同的证据证明了相反的事实主张的情况下，法官关于各个证据证据力的大小的判断应遵循法定的判断原则进行。《民事证据规定》第 77 条规定："人民法院就数个证据对同一事实的证明力，可以依照下列原则认定：（1）国家机关、社会团体依职权制作的公文书证的证明力一般大于其他书证；（2）物证、档案、鉴定结论、勘验笔录或者经过公证、登记的书证，其证明力一般大于其他书证、视听资料和证人证言；（3）原始证据的证明力一般大于传来证据；（4）直接证据的证明力一般大于间接证据；（5）证人提供的对与其有亲属或者其他密切关系的当事人有利的证言，其证明力一般小于其他证人证言。"

D. 心证理由公开。《民事证据规定》第 79 条第 1 款规定："人民法院应当在裁判文书中阐明证据是否采纳的理由。"

就自由心证主义这一现代通行的证据评价原则而言，其内容以及合理运作的基础必须包含着制约机制这一重要组成部分，否则其会沦为法官主观恣意认证的"合法外衣"。① 我们对自由心证主义的态度是一方面肯定其能充分发挥人类理性及主观能动性进行证据评价的长处并立基于此作相关的制度设计，另一方面也要认识到自由心证主义亦有其内在之不足，故须建立相应的制约机制，通过一定程度的标准化和外观化的措施克服其固有的主观随意的缺陷。

第二节　证明标准

一、证明标准的概念及意义

（一）证明标准的概念

法院对案件事实的认定，应根据证据调查的结果以及言词辩论的全部意旨，在自由心证的框架内进行。自由心证主义下，法官若依据本案证据能确信案件事实存在或者不存在，自然可以对其作出认定。但是，如果法官对案件事实的确信不能达到百分之百，在不能获得更多的证据来证明待证事实的情形

① 有学者还专门分析了滥用自由心证的几种情况：（1）推测，没有证据或证据不足，证据欠充分，或未经言词辩论对案件事实进行推测、不符合客观经验法则的个人主观意见等；（2）欠缺理性衡量，如不相信具有亲友关系的人的证言、过于相信专家鉴定意见等；（3）不合逻辑的推理等。参见周叔厚：《证据法论》，台湾三民书局 1995 年版，第 355～360 页。

下，其能否认定该待证事实成立并据此作出判决，这就是证明标准所要回答的问题。

证明标准，亦称证明度①，是指法院可以作出事实认定的心证程度。② 详言之，证明标准是指“法院对待证事实，经审酌诉讼资料后所形成认为该待证事实为真实之心证度，是否已达到可认为该待证事实为真之确信标准，此一标准乃某最低程度之心证度要求，唯有达到该最低要求，法院乃能形成确信”。③ 可见，证明标准是一把尺子，其衡量当事人所为之证明何时成功；同时证明标准也决定对某个具体内容的法官心证，它决定法官必须凭什么才算得到心证。④

证明标准还可以从当事人及事实认定者这两个角度去理解：从当事人角度来看，证明标准是一种证明要求或证明任务，即承担证明责任的人提供证据对案件事实加以证明所要达到的程度；从事实认定者角度来看，证明标准是一种证明程度，即法官在诉讼中通过对特定证据证明力的判断来认定案件事实所要达到的程度，如果当事人对待证事实的证明没有达到证明标准，该待证事实就处于真伪不明的状态，法院须依证明责任规范对其作出裁判，若其已达到证明标准时，法院就应当以该事实的存在或不存在作为裁判的依据。因此，证明标准不仅和当事人的证明活动紧密相关，也与事实认定者的认证活动有内在的联系。

（二）证明标准的意义

证明标准在诉讼过程中具有重要的意义，从总体上讲，其维系着诉讼证明活动的方向并成为诉讼证明活动是否完成的标识或准绳。其一，证明标准是当事人履行证明责任的依据。在民事证据法上，证明标准乃衡量当事人是否已完成证明任务之标识。易言之，证明标准乃确定当事人之证明目标是否已达到之界标。经由证明标准之规制，负举证责任的当事人可以知道其所为之举证是否充分从而决定是否有必要进一步收集证据。对方当事人也可以知道是否需要提供相反的证据以阻止法官对案件事实的确信。其二，证明标准是法官认定案件

① 参见［日］新堂幸司：《新民事诉讼法》，林剑锋译，法律出版社 2008 年版，第 372 页。

② 参见［日］高桥宏志：《重点讲义民事诉讼法》，张卫平、许可译，法律出版社 2007 年版，第 35 页。

③ 姜世明：《证明度之研究》，载《政大法学评论》第 98 期。

④ 参见［德］汉斯·普维庭：《现代证明责任问题》，吴越译，法律出版社 2000 年版，第 110 页。

事实的准则。根据当事人提供的证据，如果法官认为这些证据对待证事实的证明达到了证明标准，则可以据此认定该事实为真；反之，如果负举证责任的当事人所提供的证据对案件事实的证明未能达到证明标准，则法官应认定该事实为假或真假不明并据此作出裁判。

总之，在民事诉讼过程中，无论是当事人提供证据证明自己所主张的事实，还是法院经由证据调查认定案件事实，皆须以证明标准为归依。因此，证明标准不仅决定着证明活动的方向和效果，也确保证明责任之分配具有可操作性。

二、域外立法中的证明标准

（一）英美法系

在英美法系证据法上，证明标准依案件性质不同而不同，大体有三项，即优势证据标准、明确而有说服力的标准和排除合理怀疑标准。①

优势证据标准适用于绝大多数的民事案件。该标准要求诉讼中的一方当事人所提供的证据比另一方当事人所提供的证据更具有说服力或更令人相信，即证据能使事实的认定者（法官或陪审团）相信一方当事人的主张比另一方当事人的主张更具有优势。易言之，“凡于特定事实之存在有说服负担之当事人，必须以证据之优势确立其存在。法官通常解释说所谓证据之优势与证人多寡和证据的数量无关，证据的优势须于使人信服的力量。有时并建议陪审团，其心如秤，以双方当事人之证据置于其左右之秤盘，并权衡何者具有较大之重量”。② 可见，优势证据不是一项数量标准，而是一项质量标准，反映了证据的可信度和说服力③，优势证据标准意味着并非哪一方当事人所提供的证据在数量上占优势即可胜诉，而是要看哪一方当事人所提供的证据在总体上对案件事实的证明程度更高。在优势证据标准下，如果负证明责任的当事人所提供的证据在总体的分量上高出对方当事人或者更为可信，其便完成了证明责任之履行；相反，如果双方当事人所提供的证据分量相等或者不负证明当事人所提供

---

① 参见［美］Edmund M. Morgan：《证据法之基本问题》，李学灯译，台湾世界书局1982年版，第48～50页。

② ［美］Edmund M. Morgan：《证据法之基本问题》，李学灯译，台湾世界书局1982年版，第48页。

③ 参见［美］彼得·G. 伦斯特洛姆：《美国法律辞典》，贺卫方等译，中国政法大学出版社1998年版，第260页。

的证据分量更重，负证明责任的当事人即未完成证明任务并因此承受相应的不利益甚至败诉的结果。优势证据标准的确立，是一种经济化的设计，其社会目标在于，促使错误成本以及避免错误的成本金额最小化。① 而且，民事案件也可能产生道德损害，如果一方当事人有被错误判决侵犯的可能，而另一方当事人却没有这种可能，那么程序应偏重于禁止这种可能的发生并避免造成道德损害。在民事案件中，针对原告与针对被告的错误的道德损害往往相等，因此当事人承担较为可靠的说服责任即可。②

明确而有说服力的证明标准是使法院所认定事实更为真实、更可能接近案件真相所要达到的证明标准。在英美法系的民事诉讼中，明确而有说服力的证明标准不像优势证据标准那样运用广泛，其仅适用于与特殊争议有关的民事案件，该案件通常与公共政策有关。在法庭上依明确而有说服力的证明标准审理的案件往往比其他普通民事案件更重要。③ 易言之，在少数民事案件中，因某一民事争议的存在而可能产生更多错误，其中一种错误可能比另一种错误的道德成本更大，因此当事人要承担确凿可信的说服责任。④

排除合理怀疑证明标准，基本上适用于刑事案件的审理。依学者之解释，所谓排除合理怀疑，“系适于良知和道义上的确信，是以排除一切合理之怀疑。如自其反面言之，本于道义或良知，对于追诉之事实不能信以为真。所谓合理，亦即其怀疑须有理由，而非纯出于想象或幻想之怀疑”。⑤ 易言之，排除合理怀疑与清楚、准确及无可置疑等含义相当，蕴含有全面证实和完全确信的意思，具体是指被告人的罪行必须被证明到排除每一个合理的假设的程度方能成立，即作为理性之人的陪审团成员在根据有关指控犯罪是由被告人实施的证据进行事实推认时，是如此确信，以至于不可能作出其他合理的推论。

---

① 参见［美］理查德·A. 波斯纳：《证据法的经济分析》，徐昕、徐昀译，中国法制出版社 2001 年版，第 44 页。

② 参见［美］迈克尔·D. 贝勒斯：《法律的原则——一个规范的分析》，张文显、宋金娜、朱卫国、黄文艺译，中国大百科全书出版社 1996 年版，第 27 页。

③ 例如，当事人因错误或欺诈请求更正文件，或将证书无条件转换为抵押，或确立口头信托等。参见［美］Edmund M. Morgan：《证据法之基本问题》，李学灯译，台湾世界书局 1982 年版，第 49 页。

④ 参见［美］迈克尔·D. 贝勒斯：《法律的原则——一个规范的分析》，张文显、宋金娜、朱卫国、黄文艺译，中国大百科全书出版社 1996 年版，第 28 页。

⑤ 李学灯：《证据学比较研究》，台湾五南图书出版公司 1992 年版，第 393 页。

（二）大陆法系

大陆法系的证据法关于刑事、民事证据标准原则上没有区分，两者都要求达到高度的盖然性。盖然性是一种可能性，是在集体中对于特定现象发生频率的确认。① 高度盖然性，是指当事人所为之证明虽然没有达到使法官对待证事实确信为绝对真实的程度，但已经达到使法官相信其极有可能存在或非常可能真实的程度。在大陆法系，无论是民事诉讼还是刑事诉讼，证明标准均与法官的自由心证紧密联系在一起，法官经由证据调查不断地形成心证，当心证达到对某一事实的存在或者不存在深信不疑的程度时，便谓形成了内心确信②，尽管在大陆法系的刑、民诉讼中，高度盖然性均强调要达到接近必然发生的程度。但事实上，刑事诉讼的证明标准仍然要高于民事诉讼。③ 这是因为，刑事诉讼的目的在于确保刑罚的适用，这一过程的实现涉及公民基本权利的保障和对社会公共利益的维护，而民事诉讼的目的在于解决当事人之间的私权争执，通常不关涉社会公共利益，对案件事实作正确认定的要求相比于刑事诉讼要低，因此，刑事诉讼中高度盖然性证明标准在法官的心证程度上要高于民事诉讼中的高度盖然性证明标准。此外，在民事诉讼中，证据通常乃由双方当事人提供，法院一般不会亦不能依职权收集证据，当事人相对较弱的证据收集能力使得民事诉讼中的证明标准不能过高，以免当事人攻防手段失衡而置负举证责任的当事人于不利的境地。此亦乃民事诉讼中的证明标准低于刑事诉讼中的证明标准的重要原因。

在德国的民事诉讼中，高度盖然性是指一项事实主张的真实性具有非常可能的盖然性，一个理性的人不再怀疑或者看起来其他的可能性都被排除了，这

① 盖然性可分为主观盖然性、客观盖然性和逻辑盖然性。主观盖然性是连接主体的主观评价（期待、相信即信任）与客观现象（事件）的关系，其并非是对客观现象的描述，而是对主体认识与期待的表示，即对待证事实（假设）的个人相信程度。客观盖然性为统计上的比率，是实证性之对整体为统计之发生几率（或然率）的问题。逻辑盖然性是指从某一已存在的经验法则及某一假设之间的关系出发进行逻辑推断。参见姜世明：《证明度之研究》，载《政大法学评论》第98期。

② 内心确信，是指法律不要求法官说明他们是如何获得心证的，也不要求法官必须遵守关于证据的规则，只是命令他们以真挚的良心问自己，为了证明原告诉讼请求而提出的证据和被告方面的防御是否已经给了他们充分的印象。

③ 参见姜世明：《证明度之研究》，载《政大法学评论》第98期。

种情况下足够形成法官的心证。① 此外，德国还通过立法对一些特殊案件规定了不同的证明标准，这些证明标准有的比高度盖然性高（称为显而易见②或显然③），有的则比高度盖然性低（称为相对占优的盖然性④或优越盖然性⑤）。⑥

高度盖然性也是日本关于民事诉讼证明标准的通说，即“比严格的科学（多重意义上的）证明低；但高于证据优越的程度”。⑦ 学者一般认为，法官认定作为判决基础的事实须取得确信，这是一项原则，而达到这种确信所必要的程度不同于丝毫无疑义的自然科学的证明，而是只要达到人们在日常生活上不怀疑作为其基础的程度就可以了。⑧ 易言之，法官对提供的一切资料依自由心证作出评判，直到确信当事人的事实主张才认定该事实。所谓的“确信”乃指社会上普通人的不夹杂任何疑念的相信。如果法官不能确信便不能认定该事实，而是遵循立证责任（即证明责任）分配原则，将不利结果归于当事人一方。⑨ 日本相关判例中也对高度盖然性进行了说明：诉讼中因果关系的证明并不是一点疑义都不允许的自然科学式的证明，而是特定事实产生特定结果的

---

① 例如，驾驶者认为其车的发动机开着，而且所有证人都证实他们听到了事故的发生过程，勘验结果也表明，车子滑行了数十米之后才到达事故地点并被刹住。尽管对证人证言的真实性在理论上值得怀疑，而且鉴定又不能完全排除车子在未发动的情况下被第三人移动过的疑点，但这些疑点都值得认真考虑。参见［德］汉斯·普维庭：《现代证明责任问题》，吴越译，法律出版社 2000 年版，第 112 页。

② 参见［德］汉斯·普维庭：《现代证明责任问题》，吴越译，法律出版社 2000 年版，第 126 页。

③ 参见姜世明：《证明度之研究》，载《政大法学评论》第 98 期。

④ 参见［德］汉斯·普维庭：《现代证明责任问题》，吴越译，法律出版社 2000 年版，第 117 页。

⑤ 参见姜世明：《证明度之研究》，载《政大法学评论》第 98 期。

⑥ 前者如盗窃现行犯当场被捕，且其自认犯行，并从其身上搜出钱包；后者如以两证人作为证据方法，分别对正反事实作证，其中一证人之证言基于不同理由似较可信。参见姜世明：《证明度之研究》，载《政大法学评论》第 98 期。

⑦ ［日］高桥宏志：《重点讲义民事诉讼法》，张卫平、许可译，法律出版社 2007 年版，第 36 页。

⑧ 参见［日］兼子一、竹下守夫：《民事诉讼法》，白绿铉译，法律出版社 1995 年版，第 101 页。

⑨ 参见［日］中村英郎：《新民事诉讼法讲义》，陈刚、林剑锋、郭美松译，法律出版社 2001 年版，第 199 页。

高度盖然性的证明，够能作出认定的必要条件是普通人毫无疑义地确信其真实性，这也是充分条件。① 在证明标准的确定上，应以普通人而非法官为基准。这是因为法官就某一事项具有丰富的专业知识，往往会比普通人作出更为慎重的判断。因此即使法官自身对待证事实的证明没有达到确信的程度，但如果法官认为普通人对此已经可以形成确信的话，就已经达到了证明度的要求。②

三、我国民事诉讼中的证明标准

（一）《民事诉讼法》的相关规定

现行《民事诉讼法》虽然未对证明标准作出直接的规定，但其第 153 条第 1 款间接蕴含了关于民事诉讼证明标准之要义，该项规定的内容是："第二审人民法院对上诉案件，经过审理，按照下列情形，分别处理：（1）原判决认定事实清楚，适用法律正确的，判决驳回上诉，维持原判决；（2）原判决适用法律错误的，依法改判；（3）原判决认定事实错误，或者原判决认定事实不清，证据不足，裁定撤销原判决，发回原审人民法院重审，或者查清事实后改判；（4）原判决违反法定程序，可能影响案件正确判决的，裁定撤销原判决，发回原审人民法院重审。"从该条所蕴含的二审法院撤销一审法院判决须以后者"事实不清、证据不足"为前提条件之判断中可以从反面推论在现行民诉法，其所要求的证明标准是"案件事实清楚、证据确实充分"。

一般认为，案件事实清楚，证据确实充分包含四个方面的内容：（1）案件事实均有必要的证据予以证明；（2）证据之间、证据与案件事实之间的矛盾得到合理的排除；（3）据以定案的证据均已查证属实；（4）对案件事实的证明结论是唯一的，排除了其他的可能性。③ 一言以蔽之，案件事实清楚，证据确实充分就是要求法官的主观认识必须完全符合实际。

不难看出，现行《民事诉讼法》所承认的证明标准最为显著的特点是，强调对客观真实的不懈追求。从理论上讲，该标准如果能够实现，人民法院即可做到以案件的客观真实情况为基础进行裁判，这诚然是最为理想的事实认定状态。然而，这仅为理想，在民事审判实践中是根本做不到的，这是因为，从

① 参见曾华松等：《经验法则在经界诉讼上之运用》，载民事诉讼法研究基金会编：《民事诉讼法之研讨》，台湾三民书局有限公司 1997 年版，第 183 页。

② 参见［日］高桥宏志：《重点讲义民事诉讼法》，张卫平、许可译，法律出版社 2007 年版，第 38 页。

③ 参见陈一云主编：《证据学》，中国人民大学出版社 1991 年版，第 117 页。

本质上讲，民事案件的审理过程即为法官依据证据调查的结果形成心证的过程。在此过程中，法官首先须通过证据探寻能对特定事实确信的原因，也即须确定证据与待证事实之间的因果关系；在此基础上，法官须对全部事实原因进行归纳，以确定待证事实是否真实存在。由此观之，在民事诉讼中，法官对案件事实的认定实质上乃是运用从个别到一般的归纳证明的逻辑法则对案件事实所作之推论。由于事物之间因果关系的复杂性与人们认识能力的有限性，法官所作的关于待证事实是否存在的推论仅为或然性而非必然性的存在。因此，在民事诉讼中，当事人与法官无论怎样努力，诉讼证明所能达到的仅为或然性真实。“纯粹依据客观事实的法官评价是不能实现的。”① 如果无视这一认识规律或证明法则，一味追求所谓客观真实，势必会造成法官在案件审理过程中，即便已对待证事实形成了确信也不敢以之为判决基础并作出裁判。其结果，将会导致案件不必要的积压，不仅浪费司法资源，也迟延实现对当事人的权利救济。因此，现行民诉法上的“客观真实”之民事诉讼证明标准应当予以摒弃。

（二）《民事证据规定》的相关规定

《民事证据规定》第63条规定：“人民法院应当以证据能够证明的案件事实为依据依法作出裁判。”通说认为，该项司法解释确定了“法律真实”的民事诉讼证明标准，即“裁判人员运用证据认定的案件事实达到了法律规定的视为真实的标准”。② 第73条规定：“（第1款）双方当事人对同一事实分别举出相反的证据，但都没有足够的依据否定对方证据的，人民法院应当结合案件情况，判断一方提供证据的证明力是否明显大于另一方提供证据的证明力，并对证明力较大的证据予以确认。（第2款）因证据的证明力无法判断，导致争议事实难以认定的，人民法院应当依据举证责任分配的规则作出裁判。”一般认为，该项司法解释正式承认了我国民事诉讼亦采“高度盖然性”证明标准。③ 应当指出的是，尽管该项司法解释关于民事诉讼证明标准的设定相比于现行民诉法有其合理与进步之处，但其关于民事诉讼证明标准的规范仍存在两方面的不足：

---

① ［德］汉斯·普维庭：《现代证明责任问题》，吴越译，法律出版社2000年版，第113页。

② 李国光主编：《最高人民法院〈关于民事诉讼证据的若干规定〉的理解与适用》，中国法制出版社2002年版，第409页。

③ 李国光主编：《最高人民法院〈关于民事诉讼证据的若干规定〉的理解与适用》，中国法制出版社2002年版，第462页。

其一，其关于证明标准的规范忽视了证明标准的实质。尽管两大法系在民事诉讼中所采取的证明标准不尽相同，但有一点是共同的，即均强调证明标准仅乃针对负证明责任的当事人而设，其所关涉的皆为负证明责任的当事人在何种情形下方为完成证明任务。因此，证明责任与证明标准实乃事物的一体两面，前者确定了证据提供的主体，后者明确了证据提供的必要程度。而《民事证据规定》第73条第1款并未从这一层面去界定证明标准，失之允当自不待多言。虽然司法解释制定者将高度盖然性的内容表述为“当事人应当对自己的主张举证，如果原告举证证明了自己主张的事实，举证责任就转移给对方当事人”① 及“凡证明待证事实发生的盖然性高的，主张该事实发生的当事人不负举证责任，相对人应就该事实不发生负举证责任”。② 但这样的解释显然未注意到证明标准和证明责任之间的内在逻辑联系，对证明责任承担者和证明责任的非承担者在证明要求上应有的重大区别也疏未认识，故而是不妥当的。

其二，该项证明标准之设定也有悖于我国的现实国情。从上述规定可以看出，司法解释所承认的民事诉讼中的所谓高度盖然性标准实际上比大陆法系的高度盖然性标准要低，大致相当于其特殊情况下降低证明标准所形成的相对占优的盖然性或优越盖然性标准，而与英美法系的优势证据标准较为接近。虽然不能否认采取较低的证明标准有助于提高诉讼效率，但在我国目前尚未建立类似英美法系为促进真实发现而设的证据开示程序以及法官整体素质亟待提高的现实国情下，其显然不具备适用上的现实基础。另外，我国素承大陆法系的立法例，而单在证明标准问题上采取英美法系的作法，从制度的衔接性和融合性来看，亦是存在难以圆满解释之处的。

---

① 李国光主编：《最高人民法院〈关于民事诉讼证据的若干规定〉的理解与适用》，中国法制出版社2002年版，第463页。

② 李国光主编：《最高人民法院〈关于民事诉讼证据的若干规定〉的理解与适用》，中国法制出版社2002年版，第463页。

第四章　民事证明的重要学理分类

从一般意义上讲，作为把握事物共性、辨识事物特性的逻辑手段，分类之目的是为了将无规律的事物按一定的规律加以细分，使之更加有条理。分类不仅能使人对事物的认识清晰化，还能实现处置上的目的性与有效性。正是基于分类的这些功能，对民事证明进行学理分类向来便是民事证据法理论中的一个非常重要的问题。

民事证明的分类，是从理论上对用于民事诉讼的各种证明方式所作的一种体系化概括和界定。研究民事证明分类问题，就是要研究对民事证明进行分类的理由与依据是否合乎逻辑，是否具有包容性或囊括性；对民事证明体系进行类别划分是否准确，是否有利于法官运用证据认定案件事实。

由于用来证明案件事实的证据材料具有不同的形态、不同的特征并可能适用不同的证据规则，加之各国理论和实践的具体情况不同，各国证据法上对民事证明的分类方法自然有所不同。本章拟对证明与释明、本证与反证以及严格证明与自由证明三种可比性和研究价值较大的民事证明分类予以阐释。

第一节　证明与释明

一、证明和释明的概念

在采自由心证主义的现代民事诉讼中，作为法官对事实作出确定判断的准则，心证居于法官认定案件事实过程的核心地位。法官通过证据调查认定某一案件事实进而形成心证的过程即为证明（以下称为“广义的证明”）。在大陆法系民事证据法上，根据法官心证程度的不同，广义的证明可以分为狭义的证明（以下称为“证明”）和释明。①

① 还有观点认为证明和释明的区别不在于心证程度的不同，而在于审理结果的确实性（解明度）不同。证明是指法官此前所为的证据调查结果被新证据推翻的可能性很小。故证明的解明度很高（被推翻的危险小）；释明的解明度则较低（被推翻的危险大）。参见［日］高桥宏志：《重点讲义民事诉讼法》，张卫平、许可译，法律出版社2007年版，第32页。

证明，具体来讲是指“审判官对于某种事实之真否具有完全确信之作用”，① 即“当事人通过五官可感知的证据等来对应作为裁判基础予以认定的事项加以印证，从而使法官达到确信其为真实程度的状态”。② 释明，在日本法上又称疏明③，是指“即使审判官依据即时能行之证据调查，对于某事实之真否，具有低度确信之证据”④，也即“通过证据等予以印证，虽未达到证明之程度，但可以使法官作出大致确定之推则的状态，或者是指为了使法官达到这种状态而提出证据的当事人行为”。⑤ 若借用比喻性的数字来说明证明与释明则为，证明必须获得 80% 以上的心证；释明只须达到 50% 左右即可。⑥ 须注意的是，证明与释明的此种区分虽然着眼于人的主观的心理状态，但其并非以个别法官的确信为基准，而是以普通人的共同确信为基准。

证明和释明的区分来源于德国普通法时期完全证据和不完全证据的区别，即证明源于完全证据，而释明则来自不完全证据。⑦ 完全证据和不完全证据的区分是法定证据主义对一切证据的证据力进行机械划分的产物。所谓完全证据，是指能够确定案件事实的充分证据，又可具体分为一半完全证据、四分之一完全证据及八分之一完全证据等。所谓不完全证据，则是指有一定的可信性但不足以定案的证据，又有多半完全证据和少半完全证据之分。一般来讲，只要有一个完全证据，就达到了证明的标准，而几个不完全证据相加则可合成一个完全证据。

---

① ［日］松冈义正：《民事证据论》，张知本译，中国政法大学出版社 2004 年版，第 13 页。

② ［日］新堂幸司：《新民事诉讼法》，林剑锋译，法律出版社 2008 年版，第 371 页。

③ 对于释明在汉语中的使用，旧中国《民事诉讼条例》第 335 条立法理由曾作如下解释：释明原案，谓之声叙，此语系对于证明而言。证明者，提出证据方法，使法院得生强固心证之行为，即使信其系如此也。释明者，提出证据方法，使法院得生薄弱心证之行为，即使其可信为大概如此也。我国苦无相关文字足以表达此意义，故始用释明二字（日本谓之疏明），若用声叙则与原义相去太远矣。参见姜世明：《释明之研究——以其证明度为中心》，载《东吴法律学报》第 20 卷第 1 期。

④ ［日］松冈义正：《民事证据论》，张知本译，中国政法大学出版社 2004 年版，第 14 页。

⑤ ［日］新堂幸司：《新民事诉讼法》，林剑锋译，法律出版社 2008 年版，第 373 页。

⑥ 参见［日］高桥宏志：《重点讲义民事诉讼法》，张卫平、许可译，法律出版社 2007 年版，第 31 页。

⑦ 参见［日］松冈义正：《民事证据论》，张知本译，中国政法大学出版社 2004 年版，第 13 页。

二、证明

证明有行为意义上的证明与结果意义上的证明两层意思。就当事人而言，证明乃是指其提出证据，使法官对待证事实的真伪存否产生牢固确信的行为；就法官而言，证明则为基于外部原因，对待证事实的真伪存否产生内心确信的结果。易言之，当事人就自己所主张的事实，有责任提供证据对其予以证明，证明乃当事人举证活动所要达到的目的；法官根据当事人所提供的证据之证据力强弱，对当事人所主张的事实（即待证事实）生成其为真实或虚伪、存在或不存在的不同确信状态。一言以蔽之，此种由当事人提供证据，法官审酌当事人所提供的证据之证明力而生成对待证事实不同的确信结果的过程，即为证明过程。

证明这一概念与证明标准和证明责任紧密相关。如果法官对于待证事实存在的心证达到证明标准的程度，就意味着该事实已获得证明；反之，如果法官对于待证事实存在的心证尚未达到证明标准的程度，即意味着该待证事实仍处于真伪不明的状态，在此种情形下，法官须依证明责任规范对该待证事实作出裁判，其结果，该待证事实将被拟制为不存在，也即其未得到证明。

对诉讼上的事实关系进行证明的根本目的在于，使法官所为之事实认定建立在当事人及社会上的普通人均可以接受程度的真实之基础上。法院审理民事案件若以这种事实认定为基础作出裁判，既可以提高裁判对当事人的说服力，亦可以进一步确立并维持社会大众对司法的信赖。因此，法官在审理民事案件时，关于当事人诉讼上事实关系的证明不是绝对的、自然科学意义上的证明，仅是“历史的证明”①，也只能是“历史的证明”。② 此外，若采合议制审理民事案件，对于合议庭评议对象的事实，只要过半数合议庭法官对其达到内心确信状态即可作出认定。③

---

① 雷万来：《民事证据法论》，台湾瑞兴图书股份有限公司1997年版，第90页。

② 盖民事诉讼关系于事实之认定，虽以实质的真实（自然事实）为理想，但民事诉讼之证据，并非如数理上之求证，使得信为与客观事实完全一致，仅得依普通之经验法则，主观上信其真实即可。参见陈计男：《民事诉讼法论》（上），台湾三民书局股份有限公司2002年版，第430页。

③ 当举证程度达到多数人确信之程度时，纵使一部分人在主观上尚未达到确信，但也以“应当和大家一起形成确信”之形式不得不或应当受到“已经获得证明”之判断的拘束。在现实的合议制认定事实的结构中，作为实际问题而言，必须进行这种所谓的确信之拟制（设立“共通于合议庭各个法官证明点”之客观标准）。参见［日］新堂幸司：《新民事诉讼法》，林剑锋译，法律出版社2008年版，第372页。

三、释明

就民事诉讼而言，并非每一项事实都必须由当事人一方提出强有力的确实证据使对方当事人毫无辩驳之余地，并使法官对其之存在产生高度的确信。证明，通常仅限于当事人所主张的本案事实及重要的程序性事实。当事人所主张的本案事实及重要的程序性事实以外的其他事实，尤其是关于需要法官作紧急处理的事项之事实，则不需要当事人证明之，并使法官产生高度的内心确信，不过对于这些事实，仍然要求当事人提供证据使法官对其之存在产生大致的相信，此种情形下当事人的说服责任，便为所谓的释明。通说认为，释明只需达到优越盖然性即可①，详言之，某事实存在的盖然性若大于其不存在的盖然性，或者说法官对特定事实为真实的相信程度若超过不相信的程度即认为释明任务已完成。②

释明是相对于证明的概念③，与证明相比，当事人在释明一项事实

---

① 参见姜世明：《释明之研究——以其证明度为中心》，载《东吴法律学报》第20卷第1期。

② 德国学者莱依波尔特则认为将释明理解为就主张事实的真实性设定为优势盖然性是不正确的，因为在释明的情况下法官也必须具备完全和充分的心证，即释明时对证据的证明力的要求并不低于通常证明程序的判断程度。参见吴杰：《民事诉讼证明标准理论研究》，法律出版社2007年版，第5页。

③ 须注意的是，此处作为与证明相对应概念的释明与阐明绝非同一概念。所谓阐明，是指在民事诉讼中，于当事人的主张或陈述的意见不明确、不充分、不恰当、或提供的证据不够充分而误认为自己证据足够充分时，由法官对当事人进行发问、提醒或启发，引导当事人澄清问题、补充完整、排除与法律意义上的争议无关的事实或证据的诉讼行为。法官行使阐明权的基础是法院对民事诉讼的程序控制权和指挥权，目的在于使“因机械化适用辩论主义带来的不合理性获得修正”（[日]新堂幸司：《新民事诉讼法》，林剑锋译，法律出版社2008年版，第313页）。当然，此处的辩论主义并不是指诉讼法技术性的或者机能性的辩论主义（当事人未主张的事实不能作为判决的基础），而是指“法官不能积极介入，而只能消极地听取当事人的主张”这一层面的辩论主义（参见［日］高桥宏志：《民事诉讼法》，林剑锋译，法律出版社2003年版，第358页）。我国现行《民事诉讼法》中多次出现的“法院告知”较接近于阐明之内涵，如其第111条所规定的法官应告知原告提起行政诉讼、告知原告向仲裁机构申请仲裁、告知原告向有关机关申请解决等、第114条所规定的法官应向当事人告知有关的诉讼权利义务或者口头告知、第115条所规定的法官应告知当事人合议庭组成人员、第123条所规定的法官应告知当事人有关的诉讼权利义务、第133条所规定的法官应告知当事人和其他诉讼参与人当庭或者在五日内阅读和第134条所规定的法官应告知当事人上诉权利、上诉期限和上诉的法院、宣告离婚判决，必须告知当事人在判决发生法律效力前不得另行结婚等，基本上与大陆法系中的阐明制度相当。

时①，不仅要提供证据并且要求所提供的证据能为法官即时进行调查；对于法官而言，只要有相当的证据可以使法官大体相信当事人的主张为真实即可对其作出认定，也即对于释明，不以高度的内心确信为标准，只须让法官达到大致盖然性或大体推测程度的心证即为已足。

须行释明的事实，一般不涉及当事人关于实体法上的权利义务之事实主张，通常为程序法上的事实，并且该事实在诉讼上有迅速确定的必要。例如，关于法官回避的原因事实、诉讼费用的确定事实、证据保全的原因事实、先予执行的原因事实及因故不能按时出席庭审的原因事实等。② 从大陆法系民诉立法来看，释明权仅在法律有明文规定的情况下才允许适用。如《德国民事诉讼法》第44条第2款、第104条第2款第(1)项、第118条第2款第(1)项、第224条第2款、第227条第2款、第236条第2款第(2)项、第296条第4款、第530条、第531条第2款第(2)项、第532条、第920条、《德国民法典》第1994条第2款第(1)项；《日本民事诉讼法》第35条第1款、第44条第1款、第91条第2款和第3款、第198条、《日本民事诉讼规则》第10条第3款、第24条第2款、第25条、第30条、第130条第2款、第153条第3款、《日本民事保全法》第13条第2款；我国台湾地区“民事诉讼法”第34条第2款、第92条第1款、第165条第2款、第242条第2款、第276条、第309条第1款、第332条第2款、第346条第3款、第370条第2款、第390条第1款、第391条、第526条第1款、第559条等均为释明的依据规范。

在释明中，为了保证法院对案件事实进行及时、迅速的处理，不但在证明

① 有少数观点认为释明的对象除事实外，还包括权利状态。如德国学者莱依波尔特即认为在保全程序中，释明的对象及于权利（法）状态，依据乃《德国民事诉讼法》第920条第2款“对请求权与假扣押理由，应予释明”之规定。参见姜世明：《释明之研究——以其证明度为中心》，载《东吴法律学报》第20卷第1期。

② 有学者详细探讨了释明的功能：第一，对于部分类型程序，要求迅速作成裁决，若利用一般证据调查程序，旷日费时，难合于目的性，因此乃利用释明制度者，例如假扣押及假处分程序。第二，对于部分程序事项之决定，若久悬未决，易造成本案程序延滞，因而利用释明制度以避免之，例如声请法官回避原因之释明及失权制度之例外原因释明。第三，对应负证明责任之当事人的证明责任予以减轻，例如对诉讼救助之无资力要件事实的释明。第四，对于不涉实体权利义务关系之事项，基于其事后仍有得受本案判决之机会，因而在前阶段采用释明制度，符合诉讼经济之要求，保全程序中之释明即可认为据此意义而设。第五，对于非本案程序当事人，对于其他程序参与者，关于程序事项，为避免程序争点扩大化，造成程序浪费，因而利用释明制度，例如证人拒绝证言原因之释明。参见姜世明：《释明之研究——以其证明度为中心》，载《东吴法律学报》第20卷第1期。

标准上相比于证明而言有所降低，在证据方法上也有其特殊的要求，表现为，在释明的场合，仅可为法官即时进行调查证据方法始能采用。如《德国民事诉讼法》第 294 条第 2 款规定："不能即时进行的证据调查，不得采用。"《日本民事诉讼法》第 188 条规定："释明，应以能即时调查的证据进行。"我国台湾地区"民事诉讼法"第 284 条规定："释明事实上之主张者，得用可使法院信其主张为真实之一切证据。但依证据之性质不能即时调查者，不在此限。"① 所谓"即时调查"，是指"在言词辩论时，不须延期不须继续而能为之；在未为言词辩论前而声明主张时，即能为证据调查"。② 至于当事人所提出的证据是否可以即时调查，由法院斟酌证据的性质自由判断。法院在释明的场合进行证据调查时，"毋庸遵守形式上之证据程序，仅一造在场，或两造均不在场，亦得为之"。③ 而且，法院可以在进行证明的过程中，仅就释明事项单独作出裁判。

此外，为因应行释明之事项需要作迅速处理之要求，在证据方法灭失场合，依大陆法系民诉立法，法院可以自由裁量让当事人或法定代理人以宣誓(《德国民事诉讼法》第 294 条第 1 款、旧《日本民事诉讼法》第 267 条第 2 款、我国台湾地区"民事诉讼法"第 309 条)、提供担保（旧《日本民事诉讼法》第 267 条第 2 款、我国台湾地区"民事诉讼法"第 390 条第 2 款）或提供保证（我国台湾地区"民事诉讼法"第 109 条第 3 款）的方法代替释明。

第二节　本证与反证

一、本证与反证的内涵和特点

（一）本证与反证的内涵

本证和反证是民事诉讼证据非常重要的一种分类。其分类的依据是证据的

---

① 我国台湾地区在 2000 年对"民事诉讼法"修订之前，原第 284 条的规定为："释明事实上之主张者，得用可使法院信其主张为真实之一切证据。但不能即时调查者，不在此限。"现行规定与该规定相比，在对可即时调查证据的判断上多了"依证据之性质"的表述。作此修正的立法理由是：为放宽证据调查之即时性，以减少释明之困难，爰修正但书规定，于认定证据调查之即时性时，应斟酌证据之性质，而为妥适判断。

② ［日］松冈义正：《民事证据论》，张知本译，中国政法大学出版社 2004 年版，第 15 页。

③ 王甲乙、杨建华、郑健才：《民事诉讼法新论》，台湾三民书局 2002 年版，第 346 页。

提供与证明责任分配之间的关系。当对某一要件事实的证明责任仅存在于一方当事人这一原则得到确认之后，本证与反证的区分就变得重要起来。因此，为很好地理解本证与反证的区分，首先需对证明责任作一个粗略的了解。

作为规范当事人的证据提供与法院的事实认定之一项准则，证明责任之机能在于若当事人所提供的证据于言词辩论终结时仍然不能使法官对待证事实之存在或不存在产生确信即其仍处于真伪不明的状态时，法官可以借助证明责任规范假定该事实存在或者不存在并以此为基础作出裁判，因而，证明责任与民事诉讼乃采用辩论主义还是采用职权探知主义没有关联，此外，证明责任仅是在自由心证主义穷尽之时，即当某一事实通过法官自由心证仍然真伪不明时，才得以发挥作用的。故理解证明责任须注意两点：第一，关于某一事实的证明责任，必须且只能由一方当事人来承担，不能从“存在、不存在”正反两个方面分割该事实并分配证明责任；第二，证明责任的负担仅适用于主要事实，对于间接事实、辅助事实则无需适用证明责任规范。

我国传统教科书通常将本证和反证定义为：本证是指对待证事实负有证明责任的一方当事人提出的、用于证明待证事实的证据；反证则是指对待证事实不负证明责任的一方当事人，为证明该事实不存在或不真实而提供的证据。①由此界定可知，本证和反证所需证明的事实是当事人完成证明责任所需证明的对象。而在证据法理论中，证明责任的对象并不等同于诉讼中所有的证明对象，其仅指具体的实体法要件事实，即案件的主要事实，并不包括主要事实之外的间接事实和辅助事实。② 循此可进一步推知，只有在对主要事实的证明中才会涉及本证和反证的划分，证明间接事实、辅助事实的证据中不会存在本证和反证之区分。显而易见，本证与反证所指涉的证据范畴仅限于证明案件主要事实的直接证据之立论存在明显的逻辑推理缺陷。可以说，对本证和反证内涵的传统界定违背了二分法非此即彼的分类原则，其结果使得证明案件间接事实和辅助事实的间接证据和辅助证据游离于该分类之外，因而是不合理的。

笔者认为，在对本证和反证的内涵进行界定时，应从证明的过程着手，尤其应关注该分类对影响法官心证形成所具有的功用，并且借助于本证与反证之区分能够比较清晰地判断出对某一争执事实负有证明责任的一方当事人对事实的证明须至何种程度，才能解除其证明责任；对方当事人对此又该如何作出回

① 参见江伟主编：《民事诉讼法》(第三版)，高等教育出版社2007年版，第150页。

② 主要事实、间接事实和辅助事实的划分及内容参见本书第一章中的证据法上的事实的形态部分。

应，才能避免对方证明责任的解除。在履行证明责任的过程中，当事人向法官提出的绝不仅仅是直接证据，而可能是包括间接证据、辅助证据在内的一切对自己有利的证据资料，法官进行证据评价时，也不可能仅考虑直接证据，而应综合、全面地考虑各种证据资料所反映的案件事实信息。所以，本证应当是指当事人对自己应负证明责任的事实提出证据让法官确信该事实存在的证明过程或该证据本身；反证则应当是指当事人对自己不负证明责任的事实提出证据让法官动摇对该事实的内心确信的证明过程或该证据本身。如原告就支撑所提诉讼请求的原因事实（如买卖合同成立的事实）或被告就反驳原告所提诉讼请求而提出的抗辩事实（如债务已因交付货物而消灭的事实）所提出的证据即为本证；被告针对原告买卖合同成立的事实提出该合同未成立的事实，为此所提供的相应证据即为反证。

（二）本证与反证的特点

通常情形下，反证的提出乃在本证之后，因为只有当负有证明责任的一方当事人提出本证，并使事实认定朝着不利于对方当事人的方向发展，法官即将或已经形成认定事实的临时心证时，对方当事人才有提出反证的必要。当然，在诉讼中不排除不负举证责任的当事人先行提出反证的可能，尤其在关于某一事实的证明责任分配不甚明确，不负举证责任的当事人提前出示反证可能为自己赢得主动时更是如此。在民事诉讼中，被告所提出的证据未必均属反证，原告所提出的证据亦未必均属于本证。在本证和反证均已提出的情况下，法官应先对本证进行调查，如果本证的证据力明显薄弱，达不到证明标准，法官就没有必要再对反证进行调查。易言之，“反证于本证能达其目的时，始发生其效果。如本证不能达其目的，则毋庸以反证推翻”。①

负有证明责任的一方当事人，必须以本证使法院对待证事实的存在形成确信，至此其证明责任始算完成；由于不负举证责任的一方当事人提出反证，目的在于推翻或者削弱本证的证据力，使法院对待证事实的确信发生动摇。因此，只要当事人所提之反证使得待证事实陷于真伪不明之状态，即可达到其目的。因为，如果案件事实最终仍然处于真伪不明的状态时，法院将根据证明责任分配的原理，判定提供本证的一方当事人承受相应的不利益。可见，本证必须达到使法院确信当事人所主张的待证事实为真实之程度，而反证则无须达到使法官确信待证事实为不真实的程度，只须使法官对待证事实存在的确信发生

① 王甲乙、杨建华、郑健才：《民事诉讼法新论》，台湾三民书局 2002 年版，第 344 页。

动摇即可。当然，无论是本证还是反证均既可以是直接证据，亦可以是间接证据。①

反证一词，有时蕴含当事人提出证据推翻法律所推定的事实之意。在法律推定中，主张法律推定事实的一方当事人，对该推定事实不负证明责任，否定该项推定事实存在的一方当事人，则对其之不存在负证明责任，故此种情形下当事人所提出的反证，其实应当是本证。如我国台湾地区“民事诉讼法”第281条规定，法律上推定之事实，无反证者，毋庸举证。这里的“反证”一词，即是指对方当事人所提出的相反的证据，其本质上应当属于本证，而非证据法理论上的反证。因为“负有举证责任之当事人所主张之事项，已有法律上之推定者，即免除其举证责任，而他造当事人对于该事实之不存在，则负举证之责。其所提出之证据，须使法院完全确信该法律上推定之事项不存在，始能达到举证之目的”。② 详言之，对于法律上的推定事实，对方当事人欲反驳或否认其存在，必须提出足以推翻其之存在的证据，否则，法院仍将认定推定事实存在，并将其作为裁判的基础。这是因为，在法律推定中，推定事实的不存在是独立的证明主题，对方当事人所提之证据仅使推定事实陷于真伪不明的状态尚属不足，必须使法院对相反事实形成内心确信。因此，受不利推定一方当事人就推定事实的不存在，必须负担证明责任。如果在言词辩论终结时，法官斟酌各种证据的效力及言词辩论的全部意旨，仍就对推定事实存在或不存在，无法形成心证而作出判断，即推定事实处于真伪不明的

① 直接证据，是指可以直接证明案件主要事实的证据。间接证据，又被称为情况证据，是指通过证据证明案件的间接事实或辅助事实，通过推论间接地证明案件主要事实的证据。所谓“间接”，是指任何一个间接证据，都只能证明案件的某一局部事实或个别情节，而不能直接证明案件主要事实。直接证据的主要特点：（1）对案件主要事实的证明方法简单，无须经过推理过程。（2）肯定性直接证据在一般情况下是供述证据；否定性直接证据则可以是法定证据方法中的任何一种。（3）在只有一个直接证据的情况下一般不能认定实体法律关系的存在。间接证据的特点：（1）与案件主要事实的关联方式是间接的，间接证据只能证明案件的间接事实或辅助事实。任何一个间接证据都必须与其他证据结合才能证明案件主要事实。（2）间接证据与案件主要事实关联方式的间接性决定了以间接证据证明案件主要事实时必须经过逻辑推理。（3）每个间接证据的证明作用都有赖于其他证据，相互之间必须协调一致，形成一个完整的证据体系，从中足以得出肯定的结论，并且这一结论具有排他性才能达到证明目的。（4）间接证据的表现形式具有多样化的特征，可以为任何一种证据方法。

② 陈计男：《民事诉讼法论》(上)，台湾三民书局股份有限公司2002年版，第429页。

状态，应确认推定事实的存在。①

二、本证与反证的适用

《民事证据规定》第72条规定：“（第1款）一方当事人提出的证据，另一方当事人认可或者提出的相反证据不足以反驳的，人民法院可以确认其证明力。（第2款）一方当事人提出的证据，另一方当事人有异议并提出反驳证据，对方当事人对反驳证据认可的，可以确认反驳证据的证明力。”其中，第1款中“一方当事人提出的证据”即为本证。而第1款的“另一方当事人认可或者提出的相反证据”和第2款所提到的“反驳证据”则并非是反证，而是证据抗辩，其乃一方当事人向法院所作的认为对方当事人所提出的证据在证据能力或证据力存在瑕疵之陈述，证据抗辩之目的在于到阻却某一证据成为法院证据调查的对象。虽然反证与证据抗辩之根本目的均在于阻止法官对负举证责任的当事人所主张的事实形成内心确信状态，性质上皆属于当事人的防御方法。但反证与证据抗辩发挥效用的方式存在本质上的差异，不可不辨。就反证而言，其乃经由对不负证明责任的当事人所提出的否认性陈述进行证明而达到阻止法官认定法律要件事实的存在之目的，而就证据抗辩而言，其乃当事人通过直接针对证据本身提出否认性主张而达到阻止法官认定法律要件事实之目的。当然，提出证据抗辩的不限于不负证明责任的当事人，即负证明责任的当事人亦可针对对方当事人所提之反证提出证据抗辩。就此而言，反证与证据抗辩在提出主体上并非完全一致。

例如，在原告要求被告偿还借款的诉讼中，原告为证明其向法院主张的被告欠其借款的事实而提交的欠条即为本证，若被告向法官表示根本未向原告借钱，因其属于单纯的否认，为此提供的证据是反证；若被告向法官表示虽然拿了原告的钱，但钱是原告送的，也即其与被告之间成立的是赠与关系而不是借贷关系，并提出赠与协议作为证据，因被告的主张是附理由的否认，故所提交的赠与协议仍属反证。若被告否认原告提供的欠条为本人所写，因其乃是为了证明欠条这一证据本身存在瑕疵，故应为证据抗辩，而非反证。如果被告主张借款已清偿完毕，对方的权利已经消灭，并出示原告出具的收据，则该收据属于本证，因为对借贷的事实被告已经予以承认，从而免除了原告对该事实的证

① 也有观点坚持认为法律推定下对方所提出的相反的证据为反证，因为其原为辩驳此种事实所使用之证据。参见［日］松冈义正：《民事证据论》，张知本译，中国政法大学出版社2004年版，第12页。

明责任，在此基础上，被告提出了一个新的主张，即债务已清偿完毕，由于对于债务已消灭的事实应该由否认权利者，也即被告负担证明责任，故被告所出具之收条也为本证。

三、间接反证

（一）间接反证的概念

根据证据与证明责任及待证事实之间的关系之不同，可把证据分为间接本证与间接反证。在民事诉讼中，有些案件的主要事实往往难以用直接证据进行证明，负举证责任的当事人为了让法官确信其主张的主要事实之存在，只能提出若干间接事实来推论其主张，此种场合，其为证明这些间接事实存在而提供的证据即为间接本证；在上述情形下，不负举证责任的当事人为否认对方所主张的间接事实之存在而提供的证据仍属于直接反证。若不负举证责任的当事人并未直接否认对方所主张的间接事实之存在，而是另行提出与其不能并存的事实以阻止法官的推论并提出证据证明这些间接事实的存在，则所提之证据即为间接反证。间接反证的特点在于，其相对于案件的证明主题而言，属于反证，但相对于不负举证责任的当事人所提之间接事实而言则属于本证。因此，间接反证并非不负举证责任的当事人直接针对对方当事人应负举证责任事实所作之反驳，而是在负有证明责任的当事人从经验法则出发，对作为推定该主要事实存在的间接事实作出充分证明的情形下，为了阻止这种推定的成立，通过对其他能与之两立的间接事实的证明而使该主要事实陷于真伪不明状态的证明活动。

例如，对某主要事实 A 负举证责任的原告，为证明 A 之存在，提出了能推定 A 存在的 a、b、c 三个间接事实并提供证据进行了证明，若被告提供证据直接证明 a、b、c 不存在，以达到阻碍法官推定 A 存在之目的，在此种情形下其所提供的证据就称为直接反证；若被告通过提供证据证明 a、b、c 三个间接事实之外的其他三个间接事实 d、e、f 的存在以阻却法官认定 A 的存在，此种情形下，当事人所提供的证据就称为间接反证，之所以称为间接反证，是因为从证明方式上来看，被告并非直接而是间接地争执原告所证明的主题。在直接反证的情况下，原告欲使法官认定要件事实 A 的存在，需证明 a、b、c 三个间接事实，而被告提供的反证只要能够使 a、b、c 陷于真伪不明状态即可；而在间接反证的情况下，被告则需提供证据让法官对 d、e、f 三项间接事实存在的存在形成内心确信后，才能实现阻却要件事实 A 被认定的效果。

（二）间接反证的功能

在法官对事实作出判断并形成心证的过程中，当法官的心证朝着有利于一方当事人的方向形成，也即一方当事人的证明活动行将成功时，如果另一方当事人不提出阻止法官形成确信的其他证据，那么负举证责任的当事人的证明任务即告完成。故对方当事人为期诉讼朝有利于自己之方向发展有提供证据阻止这一目的实现之必要。在整个诉讼中，提供证据的必要随着法官心证的变化在当事人之间相互转移，而证明责任则在整个诉讼过程中自始至终固定地由一方当事人承担。间接反证即是基于民事审判实践之需要而创制的一个概念，目的是为了实现提供证据的必要之负担在双方当事人之间合理转移，进而公平地分配证明责任。因此，间接反证乃是一个在事实认定领域发挥机能的概念。①

（三）间接反证的本质

关于间接反证的本质，学界主要有两种观点：

一种观点认为，间接反证改变了证明责任的分配，② 间接反证理论是一个对法律要件分类说所主张的在主要事实中进行证明责任分配之法则予以部分修正的理论。③ 易言之，间接反证下，关于间接事实的证明责任因具体的诉讼状态，已由一方当事人转移至对方当事人。④ 依据间接反证理论，提出间接反证的当事人应对作为间接反证证明主题的间接事实承担证明责任，在这一点上，间接反证部分改变了原本在主要事实上所进行的证明责任分配。

另一种观点则认为，不负证明责任的当事人所提之反证无效果时，法官是根据本证进行判决的，并不产生事实真伪不明时的证明责任承担问题，因此，无论是直接反证还是间接反证，均不涉及证明责任分配之改变。⑤ 易言之，基于“间接事实与经验法则之组合”的推认，以及与此相并存的个别的基于间

---

① 在日本民事诉讼中，法院所作之判决书中经常出现“在没有特别情事之前提下，应当作出这样的认定”这样的语义表达，其中的“特别情事”往往就是间接反证所要证明的事项。参见［日］高桥宏志：《民事诉讼法》，林剑锋译，法律出版社 2003 年版，第 449 页。

② 参见［德］罗森贝克：《证明责任论》，庄敬华译，中国法制出版社 2002 年版，第 201 页。

③ 参见［日］新堂幸司：《新民事诉讼法》，林剑锋译，法律出版社 2008 年版，第 403 页。

④ 当然仅限于间接事实，至于主要事实的证明责任则完全不变更或转换，即为间接反证之人仅使主要事实限于真伪不明之状态，令法官已形成之肯定心证发生动摇即达其目的，不必令法院形成否定心证。参见骆永家：《民事举证责任论》，台湾“商务印书馆”1987 年版，第 118 页。

⑤ 参见［德］汉斯·普维庭：《现代证明责任问题》，吴越译，法律出版社 2000 年版，第 25 页。

接事实的推认都是作为通常进行的事实认定过程之形式而存在的，如果意识到这一点。那么主张“对方当事人必须对间接反证事实进行本证，并对此负有证明责任”的观点是没有实际意义的。①

笔者赞同第一种观点。因为作为间接反证证明主题的间接事实在实际举证活动中已实质地构成了当事人攻击防御方法的核心，故其应被视为主要事实，这自然会导致对证明责任的重新分配。易言之，对相应间接事实的举证，以该事实本身为标准而言，其应属本证，若以主要事实为基准而言，则仍属于反证。②

（四）间接反证的适用

在一般侵权损害赔偿案件中，作为原告的被害人须对作为被告的加害人的过错负有证明责任。但由于过错乃人的主观心理状态，通常不易通过证据直接予以证明。为此原告可以经由证明足以推论被告有过错的间接事实来达到证明被告有过错之目的。此种场合下，被告所主张的用以推论其无过错的间接事实即构成了间接反证的事实基础，应由被告承担证明责任，由被告就作为主要事实的过错③的不存在并承担证明责任。④

又如，在请求返还不当得利的案件中，原告对于被告无法律上的原因受有利益这一事实的存在负证明责任。法律上原因的欠缺有时经由原告对某些间接

① 参见［日］高桥宏志：《民事诉讼法制度与理论的深层分析》，林剑锋译，法律出版社 2003 年版，第 456 页。

② 当然，否定间接反证可以导致证明责任发生转换的观点不都是完全否定间接反证的作用，只是多认为将间接反证予以概念化的做法存在“概念无用化”的问题，但作为一种事实认定的方式，其在从间接事实到主要事实推认过程中的作用是不容否定的。参见［日］高桥宏志：《民事诉讼法制度与理论的深层分析》，林剑锋译，法律出版社 2003 年版，第 451～455 页。

③ 仔细分析可以发现，过错固然是一个法条明文规定的规范性构成要件要素，因而是直接作为主要事实予以理解的，但“存在过错”则是一种法的评价，因而不能作为证明的对象，而其主要事实应当是被评价为“存在过错”的具体性事实。参见［日］高桥宏志：《民事诉讼法制度与理论的深层分析》，林剑锋译，法律出版社 2003 年版，第 450 页。

④ 假设原告到医院打针后皮肤溃烂，诉医院侵权。为证明医院行为与损害后果之间的因果关系，原告提出一系列间接事实：消毒不充分、注射器不卫生及护士怠于检查等，使法官对注射与皮肤溃烂之间的因果关系产生内心确信。被告则提出另外的间接事实：原告皮肤对该药物过敏、原告接受注射前食用了刺激性食物等并证明其存在，从而动摇了法官对注射与皮肤溃烂之间的因果关系的内心确信。这一过程中，被告为证明其主张的间接事实而提出的证据动摇了法官对原告提出的主要事实的内心确信，故属于间接反证。

事实的证明即可推知。此时，被告所主张的足以成为被告得利根据的法律上的原因即构成了间接反证的事实基础，被告应对之承担证明责任。①

第三节 严格证明与自由证明

一、严格证明与自由证明的概念

严格证明和自由证明是大陆法系证据理论中的一对重要概念，其是依证据方法及证据调查程序的不同对证明方式所做的区分。这一组概念源自刑事诉讼法领域。②

严格证明，是指运用法律规定的证据方法，按照法律规定的证据调查程序进行的证明。严格证明是为了对作为诉讼标的的民事实体法律关系存在与否的必要事实进行判断时所须采取的证明方式。易言之，“作为本案审理对象之事项，原则上须要求严格的证明”。③ 自由证明，是指当事人所使用的证据方法及证据调查程序可以不受诉讼法规范约束的证明。

严格证明与自由证明性质上皆属于证明，因此在法官形成心证（内心确信）的程度上并不存在差异。二者的区别仅在于是否按照法定程序来进行，而与证明标准无涉。④

二、严格证明

（一）严格证明的意义

为了保证事实认定的公正性，法院在依法定证据调查程序进行证据调查

① 如在请求返还擅由原告银行存款领取之款项的诉讼中，经原告证明后，足以使领取款项正当化的原因即应由被告承担证明责任。又如在请求返还无给付义务所为之清偿诉讼中，在原告就债务不存在予以证明后，被告提出其他法律上的原因来证明债务的存在即属于间接反证，相应的证明责任应归属于被告。参见骆永家：《民事举证责任论》，台湾“商务印书馆”1987年版，第119页。

② 参见［日］高桥宏志：《重点讲义民事诉讼法》，张卫平、许可译，法律出版社2007年版，第32页。

③ 陈计男：《民事诉讼法论》(上)，台湾三民书局股份有限公司2002年版，第429页。

④ 参见［日］高桥宏志：《重点讲义民事诉讼法》，张卫平、许可译，法律出版社2007年版，第32页。

时，一方面要在程序上保障证据的可信性，另一方面要保证双方当事人有机会参与证据调查，保障其对证据调查结果进行辩论的机会。因此，在对作为诉讼标的的民事实体法律关系的基础事实进行认定时，必须进行严格证明。①

（二）严格证明的要求

尽管受诉法院对于不同的证据方法采取不同的证据调查方式，如对证人的调查采取命令证人出庭接受法官讯问并陈述证言的方式，而对文书的调查采取命令执有文书的当事人或第三人将其提交于法院以供法官阅览的方式，但在严格证明要求下，无论何种证据方法的证据调查均须恪守以下两个方面的共通原则：

1. 直接原则。即证据调查应由作出本案判决的受诉法院进行，仅在特殊情况下才能交由受命法官与受托法官完成（如《德国民事诉讼法》第 355 条第 1 款、第 361 条和第 362 条；《日本民事诉讼法》第 249 条第 1 款、第 185 条第 1 款）。同时，为贯彻直接原则，促使法官心证的形成，证据调查采取证据结合主义，也即证据调查与言词辩论于同一期日进行（如《德国民事诉讼法》第 278 条第 2 款、第 370 条；《日本民事诉讼法》第 177 条、第 180 条第 2 款）。盖由参与判决作成的法官进行证据调查，因其于证据调查时在场，故能依直接体验获得最新的判决资料，对于证据的价值及证据调查的结果能作出最好的评价，进而对于事实真相可得明确的认识，从而有利于真实的发现。②

2. 当事人公开原则。即法官进行证据调查时当事人有在场的权利。当事人的在场权纯粹是为了保障当事人审理参与权而设，其不仅可以参与证据调查，如讯问到庭的证人，还能主张关于证据的利益。故立法规定法院进行证据调查时应以合法的方式传唤当事人到场（如《德国民事诉讼法》第 357 条；《日本民事诉讼法》第 94 条、第 240 条）。③

严格证明是从事实的正确认定以及当事人的程序保障等视点出发所作的设计，故事关公益，而非仅属于当事人异议事项。因此，违背严格证明所为的证

① 但是，对于其他诉讼上事实之确定，也是否要求其全部实施严格证明，则应当在确定该事实的趣旨及与诉讼经济原则之关系的基础上予以个别决定。参见［日］新堂幸司：《新民事诉讼法》，林剑锋译，法律出版社 2008 年版，第 374 页。

② 参见［德］Musielak，GrundkursZPO，5Aufl，Mohr，Tübingen，1997 年版，第 245 页；陈计男：《民事诉讼法》(上)，台湾三民书局股份有限公司 1999 年版，第 256 页。

③ 参见［日］新堂幸司：《新民事诉讼法》(第 3 版补正版)，弘文堂 2005 年版，第 488 页；王甲乙、杨建华、郑健才：《民事诉讼法新论》，台湾三民书局 2002 年版，第 367 页。

据调查不仅违反法定程序。而且不能由于当事人未提出异议而使违法性得以治愈。而作为证据调查结果的证据资料自然不能被允许作为事实认定的基础。

我国现行民事诉讼法不仅在第63条规定了允许法官进行证据调查的书证、物证、视听资料、证人证言、当事人陈述、鉴定结论和勘验笔录等七种证据方法，且在第64条至第73条分别就每种证据方法应有的调查方式与应行的程序作了明确规范。由此可见，严格证明在我国现行《民事诉讼法》中已然存在。不仅如此，《民事诉讼法》第122条"人民法院审理民事案件，应当在开庭3日前通知当事人和其他诉讼参与人。公开审理的，应当公告当事人姓名、案由和开庭时间、地点"、第124条"法庭调查按照下列顺序进行：（1）当事人陈述；（2）告知证人的权利义务，证人作证，宣读未到庭的证人证言；（3）出示书证、物证和视听资料；（4）宣读鉴定结论；（5）宣读勘验笔录"、第127条"法庭辩论按照下列顺序进行：（1）原告及其诉讼代理人发言；（2）被告及其诉讼代理人发言；（3）第三人及其诉讼代理人发言或者答辩；（4）互相辩论。法庭辩论终结，由审判长按照原告、被告、第三人的先后顺序征询各方最后意见"之规定亦可推知，现行民事诉讼法不仅规定了当事人有参与证据调查之在场权，且一如外国立法通例采证据结合主义，将证据调查与言词辩论作为庭审的两个环节予以规范，从而间接宣示了证据调查的直接原则。若据此作进一步推断，不难得出结论，现行《民事诉讼法》关于证据的规范实亦蕴含了严格证明之要义。

三、自由证明

（一）自由证明的理论基础

自由证明的概念最初发轫于德国的刑事诉讼法领域。早在19世纪，为填补德国刑事诉讼两种证明方式——严格证明与释明之间的空隙，相当于自由证明概念的证明方式即被承认。不过，自由证明这一术语直到1926年才为学者Ditzen在其论文《刑事诉讼中的三种证明》中首次使用。20世纪20年代以后，由于刑事法学者的努力倡导，自由证明理论在刑事法领域渐成通说并被采纳为判例。受刑诉法领域上述动向的影响，20世纪30年代以后，梅耶、休宾等一批民事法学者相继撰文认为在民事诉讼中引入自由证明的概念也不失之妥当。1933年，日本学者小野清一郎效仿德国刑诉法理论将自由证明的概念导入日本，其后，自由证明与严格证明这两种证明方式的区分逐渐成日本刑诉法上的通说。在日本民事诉讼法领域，严格证明、自由证明概念的采用相对较晚。1953年，岩松三郎在其论文《关于民事裁判判断的界限》中认为，诉讼要件及其他职权调查事项确认之方法，应委诸法官之自由裁量。民事诉讼法关于证据的规定，于此场合并不适用。法官不问用何种方法，均能确定事实，从而将德国民事诉讼中自由证明的概念与理论介绍至日本。时至今日，自由证明的概念在日本诉讼法领域已被普遍承认。①

由于诉讼中需要提供证据证明的事项涉及领域非常宽泛，倘若这些事项的证明全部需要践行严格证明程序，显然将会使得审理程序的简易及迅速推进难以进行，从而有违诉讼经济原则。另外，在某些特定场合下，如经验法则、外国法规的调查等，不遵循法定的证据调查程序而允许灵活柔软的证明方式反而能拓宽裁判资料收集的路径，有助于真实之发现。可见，自由证明是作为与严格证明相对立的概念相伴而生，目的在于缓和严格证明的非灵活性，以求诉讼程序推进的机动性与裁判的迅速作出，其存在不仅合理，而且必要。

（二）自由证明的特点

具体来讲，自由证明具有以下四方面的特点：

1. 从证明手段上来看，可用于自由证明的手段非常广泛，除立法规定的证人、文书、勘验、鉴定等证据方法外，有助于待证事实澄清的一切认知手段均可被法官所利用。法官在该方面享有很大的自由裁量权，且不必等待当事人的声明即可依职权主动利用。如官方情报即为德国诉讼实务中用于自由证明的最为常见的认知手段。②

2. 从调查程序上来看，即便采用法定的证据方法，法官进行证据调查时也不必遵循相应的法定程序。以对证人这种法定的证据方法的调查为例，若为严格证明，则证人必须亲自到庭，在宣誓或具结后接受法官讯问并陈述证言；③ 而在自由证明，证人不到庭而以书面陈述书代替证言同样可为法官斟酌作为证据资料以为认定事实的基础。法官即便以电话方式讯问知情人以获取情报也被允许。④

---

① 参见［日］门口正人：《民事证据法大系》(第2卷)，青林书院2004年版，第51~52页。

② 参见［德］Zeiss，Zivilp rozessrecht，9Aufl，Mohr，Tübingen，1997年版，第170页。

③ 此任一环节皆不可或缺，对证人而言，出庭陈述证言更为其应负之公法上义务，违背此义务将遭受公法上的制裁(《德国民事诉讼法》第198条至第223条、《日本民事诉讼法》第190条至第206条及我国《民事诉讼法》第70条、第124条)。

④ 参见［德］Gehrlein，Zivilp rozessrechtNach der ZPO-Reform 2002，Beck，München 2001年版，第135页；［日］高桥宏志：《重点讲义民事诉讼法》(下)，有斐阁2004年版，第34页。

3. 从调查要求上来看，直接原则及当事人公开原则均可不必遵守。受诉法院为查明案件真相，可以不通知当事人到场而任意嘱托其他机构进行调查。如为查明特殊的经验法则或外国法，受诉法院可以嘱托外国官厅、本国官厅、学校、研究所等机构进行调查。①

（三）自由证明的适用对象

民事诉讼立法既然就认定事实的手段设定有证据方法的限制并就每种证据方法设定了相应的证据调查程序，恪守这些规范而遵行严格证明即应为民事诉讼法原则上预设的证明方式。为担保事实设定的公正，并从程序上保障证据的可靠性，确保直接主义与当事人在场参与审理的权利，作为诉讼标的的实体权利关系的基础事实之认定自然需要遵循严格证明。而法院应依职权调查的诉讼要件事实及特殊的经验法则、外国法等事项，虽然于判决之形成同样不可或缺，但由于其自身固有的特质，基于法的目的性考量，自由证明即已足够。易言之，法院主要在确认应依职权予以注意的情形时可以适用自由证明。②

1. 诉讼要件事实

诉讼要件是当事人所提之诉合法成立从而得以进入本案审理程序的前提条件。作为本案判决之前提，诉讼要件事实的存否虽因关系到诉是否被驳回而对诉讼的结果有极其重大的影响，惟代理人同意的有无、诉讼费用担保的有无、当事人能力、诉讼行为能力的有无、管辖的原因等诉讼要件事实乃在诉讼程序内即可把握的事实，且为形式上容易把握的事实。无须双方当事人参与言词辩论，受诉法院依原告或申请人的主张即可对其形成完全的判断。故不经过与言词辩论相结合的法定证据调查程序，仅经由自由证明认定诉讼要件事实之存否并无不妥。实际上，即便采取严格证明程序，让当事人参与证据调查，因法官对前述诉讼要件事实的判断之公正性少有被怀疑的余地，当事人值得保障的权利亦很少，作如此处置反而有碍审理的简易、迅速进行，而与诉讼经济原则有违。故在诉讼要件事实之认定上，不如信赖法官的判断，针对个别事项依适切的方法临机处理。也即相对于严格证明，自由证明似乎为更值得期待之举。③

2. 特殊的经验法则

---

① 参见［日］松本博之：《民事诉讼法》（第4版），弘文堂2005年版，第350页。

② 参见［德］奥特马·尧厄尼希：《民事诉讼法》（第27版），周翠译，法律出版社2003年版，第271页。

③ 参见［日］新堂幸司：《新民事诉讼法》（第3版补正版），弘文堂2005年版，第488页。

所谓经验法则，乃指由经验归纳而得的关于事物的性质、状态及因果关系的知识、法则。除属于日常生活常识的一般经验法则外，关于自然科学、商业交易、文学艺术等专门知识的特殊的经验法则亦包含在内。由于富有学识经验，法官对于一般的经验法则自无须经由证据即能直接利用，不产生证明的问题。但通常情形下仅专业人士才能掌握的特殊的经验法则并不能苛求法官也知晓，故应为证明的对象。依日本学者的通说，法官获知特殊的经验法则的方法与材料并无限制。法官利用鉴定固不待言，借诉讼之机自己调查相关文献而得专门知识亦可资利用，法院嘱托有关机构、学校、研究所、交易所及其他团体进行调查也即行自由证明也未尝不可。① 盖伴随社会现象的复杂化，运用特殊专门知识成为必要的所谓现代型诉讼也随之增加。这些诉讼中，基于真实发现之需要，拓宽法院的认知渠道，由法院灵活、机动地知晓关于专门知识之特殊经验法则而允许自由证明似乎比严格证明更易发挥机能。②

3. 外国法

法官知法，法律之适用乃法官固有之职责。在民事诉讼中，当事人仅须向法官为事实上之主张，而无须进一步就该项事实主张应适用何种法律规范向法官作陈述，即便当事人作此陈述，其亦仅能促使法官为必要之注意，于法官并无任何拘束力可言。故通常来讲，法律并非当事人证明之对象。惟法官知晓法律仅以国内成文法为限，于外国法则并不能苛求法官当然知晓，故其应为证明之对象。惟实际上，大多数情形下由于外国法的存在及其内容因为成文法的缘故而非常明确，基于程序保障之考量而允许当事人参与外国法的详细调查的利益几乎不必考虑。此外，法官不拘泥于法定的证据方法而依嘱托外交官或外国官厅提交报告等非法定的证据调查方式反而能适切地认知外国法的存在。此即于外国法允许自由证明之缘由所在。不过，与诉讼要件事实相比，特殊的经验法则允许自由证明仅为理论认同，实务采纳有别。外国法上允许自由证明更可于实定法上找到依据。譬如，《德国民事诉讼法》第293条规定，法官调查外国现行法时，不以当事人所声明的证据为限。法官有权使用其他调查方法，为达此目的，法官有权发出必要的命令。此即为外国法允许自由证明之适例。又依最高人民法院1988年发布的《关于贯彻执行民法通则若干问题的意见》第193条“对于应当适用的外国法律，可通过下列途径查明：（1）由当事人提

---

① 参见［日］松本博之：《民事诉讼法》（第4版），弘文堂2005年版，第352页。

② 参见［日］门口正人：《民事证据法大系》（第2卷），青林书院2004年版，第61～62页。

供；（2）由与我国订立司法协助协定的缔约对方的中央机关提供；（3）由我国驻该国使领馆提供；（4）由该国驻我国使馆提供；（5）由中外专家提供”之规定，可以发现，我国的相关司法解释实际上也承认外国法得为自由证明之对象。

值得注意的是，与严格证明相比，自由证明仅在证据方法的类型限制与证据调查程序的强制遵守上与前者存在差异。就性质而言，自由证明与严格证明并无不同，二者均为完全的证明。故受诉法院欲确认某一要证事实的存在或者不存在，无论经由严格证明或自由证明，均须到达完全确信或高度盖然性的证明要求。① 受诉法院对于应证明事项决不能借自由证明的名义减弱或降低心证程度从而影响案件事实真相的发现。② 另外，由于自由证明并无法定方式可循，且当事人未参与其中故不知晓证明的过程，法官徇私裁判的危险便会存在。③ 故即便采行自由证明，对于认定事实的资料及证据调查的结果应给当事人充分陈述意见的机会，裁判文书中亦应当明示自由证明所用的方法及其依据。④

（四）自由证明与释明

如前所述，在诉讼中，对于判决基础事实的终局确定无论采取严格证明还是自由证明均须使法官达到完全确信的状态。与其相对，某些事实是否真的存

---

① 参见［德］Baur/Grunsky，Zivilp rozessrecht，10Aufl，Luchterhand，2000年版，第146页。

② 在特定的场合，基于立法目的的达成（多数是为了使权利救济容易化），立法上有意降低证明要求则另当别论。譬如，依《德国民事诉讼法》第287条、《日本民事诉讼法》第248条，在损害赔偿诉讼，损害发生的事实虽被认定，但依损害的性质损害数额的证明却极其困难的场合，法院可基于证据调查结果以及言词辩论的全部意旨认定相当的损害数额。学者认为，该项立法的意义不仅在于自由心证的扩充，更重要的在于减轻损害数额的证明要求，也即受诉法院以较低程度的盖然性就能对损害数额的事实作出认定。其目的在于谋求当事人之间的实质公平，健全损害赔偿制度的机能。参见［日］伊藤真：《民事诉讼法》（第3版），有斐阁2004年版，第336页；［日］松本博之：《民事诉讼法》（第4版），弘文堂2005年版，第350页。

③ 如在自由证明中当事人的反对询问权得不到保障；再如法官以打电话的方式询问相关人员则当事人对这一证据调查可能会毫不知情。

④ 有观点甚至认为，与刑事诉讼不同，民事诉讼中的严格证明本身就较有弹性，在加上责问权的放弃和丧失制度的设置，可以在很大程度上治愈严格证明所带来的瑕疵，因此还很难说有必要承认自由证明这一方式。参见［日］高桥宏志：《重点讲义民事诉讼法》，张卫平、许可译，法律出版社2007年版，第33页。

在只须让法官信其大概如此即可作出认定，即某一事实真实存在的盖然性比不存在的盖然性高的话，法官即能够确认该项事实①，此种证明状态便是前述之释明。

1. 自由证明与释明的相同之处

一如自由证明，释明亦以迅速遂行诉讼程序为其目的，故相对于严格证明，无论是自由证明还是释明，既不以法定的证据方法为限，亦不以践行法定的证据调查程序为必要。如代替证人讯问之供述书、代替现场勘验的照片的提出也为合法。证人出庭受讯问也不必宣誓或具结。另外，在自由证明和释明，当事人公开原则皆不必遵守，当事人一方或双方不在场亦可进行。② 此为自由证明与释明二者之共同之处。

2. 自由证明与释明的不同之处

（1）性质不同。

自由证明究为完全证明之一种，其主要为缓和严格证明之非柔软性而存在，与严格证明相比，仅在证据方法及证据调查程序之要求上存在差异，真实发现这一目标并未退却。与此同时，自由证明之事项虽非诉讼的直接审理对象，却也为本案判决形成不可或缺之基础事项。为追求裁判真实，在运用自由证明的场合，完全确信或高度盖然性的心证程度并未随之减轻。而释明主要以迅速且简易之处理为目标，真实发现之目标则退居第二位，故释明仅适用于诉讼之先决问题及附随的程序事项，以薄弱心证，信其为真实即为已足。

（2）要求不同。

与自由证明不同，释明是大陆法系国家和地区成文法上的概念，释明的事项以法律明文规定为限。立法规定上述事项仅须释明，其目的在于促进审理的迅速推进。与实体权利关系最终确定的场合相比，诉讼上需要急速处理及诉讼程序派生事项的确定虽然也有实体上真实发现的要求，但程序迅速性的要求更不能忽视。在这些场合，如果与实体权利关系最终确定场合同样也要求证明，由于法官作出充足判断需要时间，很可能由此导致迟延确定实体权利关系，上

---

① 参见［日］松本博之：《民事诉讼法》（第 4 版），弘文堂 2005 年版，第 298 页。

② 参见［日］伊藤真：《民事诉讼法》（第 3 版），有斐阁 2004 年版，第 336 页；姚瑞光：《民事诉讼法论》，台湾大中国图书出版公司 1981 年版，第 332 页；王甲乙、杨建华、郑健才：《民事诉讼法新论》，台湾三民书局 2002 年版，第 346 页。

述制度本来的目的很可能会被违背。① 此外，需释明的事项并非诉讼的直接审理对象，与公正相比，效率才是其最重要的追求目标，且即便为如此处理也不至于给当事人造成不公，更不会损及裁判的公正，所以法官心证程度适当地减轻也并不为过。②

（3）证据方法不同。

如前所述，为因应释明事项需要迅速处理及心证程度减低之需要，对于释明之证据方法，以能即时调查者为限，此称之为释明方法的即时性。如偕同当事人到场的在庭证人、鉴定人之讯问、当事人呈交于法院的文书之阅览、勘验物之勘验即其适例。若需要法院传唤之证人讯问，需法院发布命令命执有文书、勘验物之人提交文书或勘验物，即非可即时调查之证据，不得作为释明之用。而自由证明则无此项限制。至于特定情形下释明所需提供的宣誓、保证或担保等，自由证明亦无适用之余地。

---

① 参见［日］门口正人：《民事证据法大系》（第 2 卷），青林书院 2004 年版，第 17 页。

② 参见［日］梅本吉彦：《民事诉讼法》（第 1 版），信山社 2002 年版，第 731 页。

第五章　免证事实

第一节　免证事实概述

一、免证事实的概念

在证据法上，免证事实又称不要证事实，是指在诉讼中，无须经由当事人提供证据予以证明，而可直接由受诉法院裁判确认的事实。如前所述，现代诉讼都采取证据裁判主义，受诉法院认定案件事实必须以证据为基础，所以免证事实乃证据裁判主义的例外；又因为在诉讼中，当事人负有举证的义务，所以免证事实同时构成证明责任的例外。由于免证事实攸关当事人证明责任的范围，对当事人的影响非常大，故各国和地区民诉立法上均对免证事实的范围予以明确界定，从而防止受诉法院滥用自由裁量权。当然，免证事实的意义仅仅在于免除了当事人对于该类事实的证明责任，并不能免除当事人的主张责任。

二、免证事实的范围

征诸域外各国和地区民诉立法，民事诉讼中的免证事实主要有以下几类。

（一）诉讼上自认的事实

诉讼上的自认，是指在民事诉讼中，一方当事人就对方当事人所主张的事实以明示或默示的方式表示承认。易言之，自认乃一方当事人对对方当事人所主张的于己不利之事实向法院作无争执之意思的陈述。① 其中，为当事人所承认的事实即为自认的事实。

大陆法系国家或地区民诉立法皆规定了自认，如《德国民事诉讼法》第288条规定："（第1款）当事人一方所主张的事实，在诉讼进行中经对方当事

① 参见［日］新堂幸司：《新民事诉讼法》，林剑锋译，法律出版社2008年版，第376页。

人于言词辩论中自认，或者在受命法官或受托法官前自认而作成记录的，无须再要证据。（第2款）审判上的自认的效力，不以（对方当事人）承认为必要。”第291条规定：“于法院已经显著的事实，不需要证据。”《日本民事诉讼法》第179条规定，当事人在法院自认的事实，无须进行证明。我国台湾地区“民事诉讼法”第279条规定：“（第1款）当事人主张之事实，经他造于准备书状内或言词辩论时或在受命法官、受托法官前自认者，无庸举证。（第2款）当事人于自认有所附加或限制者，应否视有自认，由法院审酌情形断定之。（第3款）自认之撤销，除别有规定外，以自认人能证明与事实不符或经他造同意者，始得为之。”第280条规定：“（第1款）当事人对于他造主张之事实，于言词辩论时不争执者，视同自认。但因他项陈述可认为争执者，不在此限。（第2款）当事人对于他造主张之事实，为不知或不记忆之陈述者，应否视同自认，由法院审酌情形断定之。（第3款）当事人对于他造主张之事实，已于相当时期受合法之通知，而于言词辩论期日不到场，亦未提出准备书状争执者，准用第一项之规定。但不到场之当事人系依公示送达通知者，不在此限。”

（二）公知的事实

公知的事实，又称众所周知的事实，是指具有一般知识与经验之不特定的普通人都相信，且在毫无怀疑的程度上予以相信的事实。法官以此作为裁判基础时，由于其具有公知的客观性，无须经由当事人举证证明，即会在内心达到对该事实确信的状态。

将公知的事实作为免证事实乃大陆法系民诉立法之通例，如《德国民事诉讼法》第291条规定：“于法院已经显著的事实，不需要证据。”《日本民事诉讼法》第179条规定，显著的事实，无须进行证明。我国台湾地区“民事诉讼法”第278条第1款规定，事实于法院已显著者，毋庸举证。

（三）司法认知的事实

司法认知的事实，也称审判上的认知或审判上的知悉，是指在审理案件的过程中，无须当事人举证，法官依当事人之申请或依职权直接确认其真实性而予以采信的事实。在大陆法系民诉立法中，司法认知的事实乃作为显著的事实之一（另一为公知的事实）予以规范。

在英美法系，司法认知的事实作为独立的免证事实类型予以规范，如《美国联邦证据规则》第201条规定：“（a）适用范围。本条规则仅适用于关于裁判事实的司法认知。（b）事实种类。适用司法认知的事实必须不属于合理争议的范畴，即：（1）在审判法院管辖范围内众所周知的事实；或（2）能够被准确地确认和随时可借助某种手段加以确认，该手段的准确性不容被合理质疑。(c) 任意采用。无论被请求与否，法庭可以采用司法认知。(d) 强制采用。如果当事人提出请求并辅之以必要的资料，法庭应当采用司法认知。(e) 被听证的机会。对于采用司法认知是否妥当和关于认知的要旨，当事人有权及时请求给予听证的机会。在未事先通知的情况下，可以在司法认知作出后提出这样的请求。(f) 采用司法认知的时间。在诉讼的任何阶段都可以采用司法认知。(g) 指示陪审团。在民事诉讼中，法庭应指示陪审团将业经认知的事实作为结论性事实采纳。在刑事诉讼中，法庭应指示陪审团可以（但不要求这样做）将业经司法认知的事实作为结论性事实采纳。”我国台湾地区“民事诉讼法”第278条第1款规定，事实于法院已为其职务上所已知者，毋庸举证。

（四）推定的事实

推定是指由法律规定或由法院按照经验法则，从已知的前提事实推断未知的结果事实存在，并允许当事人举证推翻的一种证据法则。其中据以作出推断的事实，即已知的前提事实，为基础事实；根据基础事实而推定存在的事实，即结果事实，为推定的事实。将推定的事实作为免证事实乃各国立法之通例，如《美国联邦证据规则》第302条规定：“在所有民事诉讼中，除国会制定法或本证据规则另有规定外，一项推定赋予其针对的当事人举证反驳或满足该推定的责任，但未向该当事人转移未履行说服责任即需承担风险意义上的证明责任。该证明责任仍由在审判过程中原先承担的当事人承担。”《德国民事诉讼法》第292条规定，对于一定事实的存在，法律准许推定时，如无其他规定，许可提出反证。我国台湾地区“民事诉讼法”第281条规定：“法律上推定之事实无反证者，无庸举证。”第282条规定：“法院得依已明了之事实，推定应证事实之真伪。”

三、我国相关司法解释关于免证事实的规定及评析

（一）相关司法解释关于免证事实的规定

我国民事诉讼法虽未明定免证事实及其范围，但相关司法解释对其均作了规定。

《民诉适用意见》第75条规定：“下列事实，当事人无需举证：(1) 一方当事人对另一方当事人陈述的案件事实和提出的诉讼请求，明确表示承认的；(2) 众所周知的事实和自然规律及定理；(3) 根据法律规定或已知事实，能推定出的另一事实；(4) 已为人民法院发生法律效力的裁判所确定的事实；

(5) 已为有效公证书所证明的事实。”

《民事证据规定》第8条第1、2款规定：“（第1款）诉讼过程中，一方当事人对另一方当事人陈述的案件事实明确表示承认的，另一方当事人无需举证。但涉及身份关系的案件除外。（第2款）对一方当事人陈述的事实，另一方当事人既未表示承认也未否认，经审判人员充分说明并询问后，其仍不明确表示肯定或者否定的，视为对该项事实的承认。”《民事证据规定》第9条规定：“（第1款）下列事实，当事人无需举证证明：(1) 众所周知的事实；(2) 自然规律及定理；(3) 根据法律规定或者已知事实和日常生活经验法则能推定出的另一事实；(4) 已为人民法院发生法律效力的裁判所确认的事实；(5) 已为仲裁机构的生效裁决所确认的事实；(6) 已为有效公证文书所证明的事实。（第2款）前款 (1)、(3)、(4)、(5)、(6) 项，当事人有相反证据足以推翻的除外。”

（二）评析

1. 相关规定的优点

尽管《民诉适用意见》第75条关于免证事实的规范依“新法优于旧法”的法律适用原则，不再具有指导民事审判的实践效力，但并不影响其在学理研究上的价值。这是因为，将最高人民法院于不同年代对同一制度所作的规范予以比较考察，不仅能发现司法解释制定者关于此项制度适用的价值取向上的更易，从而为将来立法的价值抉择提供参考，并且能够为将来的立法提供部分实证资料，从而有利于立法的完善。

首先，《民事证据规定》第8条第1、2款分别规范了明示的自认与默示的自认，并明定两者均为免证事实。与《民诉适用意见》第 (1) 项相比，《民事证据规定》不仅增加了拟制自认制度，从而将拟制自认的事实亦纳入免证事实的范围，并且注意到了《民诉适用意见》第1项“一方当事人对诉讼请求的承认”在效力上与自认并非同一，并将其排除在免证事实之外。

其次，《民事证据规定》第9条一改《民诉适用意见》第75条将“众所周知的事实”与“自然规律及定理”并列规范的样式，于第 (2) 项、第 (3) 项对二者予以分列。这是因为“众所周知的事实”与“自然规律及定理”从内涵上讲并非同一层面的事物，将其并列从逻辑上讲并非妥当。

再次，相对于《民诉适用意见》第75条，《民事证据规定》第9条增列“仲裁裁决所确认的事实”作为免证事实之一。这是因为在《民诉适用意见》公布时，仲裁尚未采取一裁终局制，仲裁裁决作出后，当事人不服仍可向法院起诉，故将仲裁裁决的事实作为免证事实尚存在制度上的障碍。

最后，依《民事证据规定》第9条第2款可知，受诉法院关于免证事实之适用并非绝对。表现为除“自然规律及定理”外，其他各项免证事实均允许对方当事人提供相反的证据予以推翻。

2. 相关规定的缺陷

《民事证据规定》与《民诉适用意见》在免证事实范围的界定上，从整体上看几乎同一，这充分表明法律适用者对于免证事实应有之义的认识并未有实质性的改变，《民诉适用意见》所存在的错误仍为《民事证据规定》所沿袭。本书认为，其根本缘由在于法律适用者对现行民事诉讼的运作样式及相关诉讼理论缺乏基本认识。在我国现今民事诉讼架构内，自认的事实并不能称为民事诉讼中的免证事实。而依据相关诉讼理论，自然规律及定理，生效裁判所确认的事实，仲裁裁决所确认的事实及有效公证文书所确认的事实亦不能当然地作为民事诉讼中的免证事实。在现行民事诉讼法的框架下，只有众所周知的事实与推定的事实方称得上民事诉讼中的免证事实。

（1）诉讼上自认的事实不能作为我国民事诉讼中的免证事实。

自认的事实之所以不能作为我国民事诉讼中的免证事实，其根本原因在于自认乃辩论主义的产物，在采职权探知主义的我国决无适用余地。现代各国民事诉讼，就当事人对证据资料的提供与受诉法院认定案件事实的关系而言，有两种运作样式：一是辩论主义，二是职权探知主义。辩论主义包括三层要义：其一，受诉法院不能将当事人双方未主张的事实作为判决的基础；其二，对于当事人双方之间无争执的事实（自认、拟制自认），受诉法院无须调查证据，可直接采纳作为判决的基础；其三，受诉法院对于当事人双方争执的事实，应依当事人所声明的证据予以调查。① 而职权探知主义在内涵上与辩论主义截然相反，表现为：其一，对于当事人双方未主张的事实，受诉法院仍可依证据予以调查；其二，对于当事人双方之间无争执的事实，受诉法院仍需调查其真伪，而不能直接采纳作为判决的基础；其三，受诉法院对事实的调查不受当事人所声明的证据范围的限制。比较辩论主义与职权探知主义内涵可得知，自认乃为充分尊重当事人双方意思表示的辩论主义所独有，而职权探知主义以发现案件事实真相为第一要义，对当事人双方意思表示的尊重则退居其次，故其无自认的适用基础。

纵观我国现行《民事诉讼法》，仍然采取的是职权探知主义，具体理由有

---

① 关于民事诉讼采纳辩论主义的根据，参见骆永家：《既判力之研究》，台湾三民书局1999年版，第207页。

三：其一，当事人主张的事实并无拘束受诉法院裁判基础资料范围的功能，《民事诉讼法》第 71 条第 2 款“当事人拒绝陈述的，不影响人民法院根据证据认定案件事实”之规定即为依据，其二，如前所述，现行立法将当事人看做一种独立的证据方法，而未明确赋予其诉讼资料提供主体的地位。① 所以当事人的陈述并不具有辩论主义民事诉讼当事人主张的应有功能，故即便在当事人陈述中，当事人之间不存在争执的事实，受诉法院也应调查其真伪而不能直接采用，《民事诉讼法》第 71 条第 1 款“人民法院对当事人陈述，应当结合本案的其他证据，审查确定能否作为认定事实的根据”的规定即表明了该意思。其三，依《民事诉讼法》第 64 条第 2 款“当事人及其诉讼代理人因客观原因不能自行收集的证据，或者人民法院认为审理案件需要的证据，人民法院应当调查收集”的规定可知，我国受诉法院认定案件事实不受当事人所声明的证据方法的限制，在当事人声明的证据以外，为审理案件的需要，受诉法院自可依职权主动调查证据。正是由于现行立法仍采职权探知主义，故自认制度并无立足之本。

或许有观点会认为，即便现行立法未采取辩论主义而无法适用自认，司法解释未尝不能对立法予以突破，规定自认制度，并将自认的事实作为免证事实之一种予以规范。对此，本书认为，即便承认司法解释能够突破现行立法，创制某一立法上未规定的制度，但就技术规范层面来看，司法解释实在难以单独创设自认制度。作为辩论主义核心要义之一的自认，其与辩论主义的其他要义相互呼应，不可能割裂出来单独予以规范。因此，只有在全方位承受辩论主义的前提下，自认才具有确立的合理性。

(2) 自然规律及定理是法院认定事实的前提，并非免证事实。

严格讲来，“自然规律”及“定理”并非纯粹法学术语。依《现代汉语词典》的解释，“自然规律”是指“存在于自然界的客观事物内部的规律”；“定理”指的是“已经证明具有正确性，可以作为原则或规律的命题或公式”。

---

① 与我国将当事人作为人的证据方法不同的是，在采辩论主义的德国、日本及我国台湾地区，当事人乃诉讼资料之主体，并非一独立之证据方法，受诉法院对当事人的询问仅为证据调查之辅助手段，也即受诉法院只有在对其他证据进行调查后仍不能获得对案件事实之心证始可为之。参见《德国民事诉讼法》第 445 条、《日本民事诉讼法》第 217 条及我国台湾地区“民事诉讼法”第 367 条。虽然近来德、日及我国台湾地区为促进案件审理之集中化，加大了法官讯问当事人之力度，惟依学者之解释，法官讯问当事人仍应在无法通过其他证据调查获得心证时始可适用，以免动摇辩论主义之根基。参见陈计男：《民事诉讼法论》(上)，台湾三民书局股份有限公司 2002 年版，第 427 页。

从内涵上讲，无论是自然规律还是定理，均是人们从生活行为经验中获得的关于事物间因果关系或性质状态的知识或法则。① 从外延上讲，自然规律及定理为经验法则的一部分，诚如学者所言："经验法则……就内容而言，包括一切以自然科学的方法检验或观察自然现象归纳之自然法则；支配人类思考作用之伦理法则、数学上之原理、社会生活之道义、伦理及惯例、交易上之习惯；以及有关学术、艺术、技术、商业及工业等一切生活活动之一切法则。"② 显而易见，自然规律和定理均为脱离具体事实的抽象知识法则，应属于法律三段论推论中的大前提，是受诉法院判断事实时所应遵循的基准。而免证事实就其本质而言，乃为某一具体事实，是法律三段论推论的小前提，因此，司法解释将自然规律和定理定位为免证事实，其不当之处甚为显然。

（三）生效裁判所确认的事实、生效仲裁裁决所确认的事实及有效公证文书所证明的事实属于特殊公文书所载明的事实，并非免证事实

《民诉适用意见》与《民诉证据规定》均将生效裁判所确认的事实作为免证事实予以规范，这是有悖免证事实本质属性的。一方面，从逻辑上讲，生效裁判所确认的事实实际上是生效裁判文书所载明的事实，也即该事实以生效裁判文书为其载体。故该事实就其本质而言仍为证据资料，并以生效裁判文书为其证据方法。而免证事实从本质上讲，乃无须通过证据调查即可由受诉法院确认的事实，该事实的认定与受诉法院的证据调查活动无关。因此，将生效裁判所确认的事实作为免证事实在逻辑上显然难以立足。另一方面，即便认为现行司法解释将生效裁判所确认的事实作为免证事实，蕴含直接赋予生效裁判文书具有实质证据力的考虑也不能成立，其不仅与现行立法的精神相违背，也与证据法理论不相契合。依《民事诉讼法》第65条第2款"人民法院对有关单位和个人提出的证明文书，应当辨别真伪，审查确定其效力"之规定可以得知，在我国，无论是公文书，还是私文书，均不当然具有实质的证据力。是否具有证据效力需要受诉法院在双方当事人言词辩论的基础上加以判断。而在证据法理论上，如前所述，公文书与私文书的区别主要表现在形式证据力的认定这一层面。如果为私文书，应由举证人证明其为真正；并且若私文书经本人或其代理人签名、盖章或按指印推定其为真正；若为公文书，法律直接推定其具有形

① 参见骆永家：《民事举证责任论》，台湾"商务印书馆"1987年版，第7页。

② 雷万来：《民事证据法论》，台湾瑞兴图书股份有限公司1997年版，第33页。

式证据力，法官无自由心证的余地。① 至于实质证据力，不论公文书还是私文书均需要法官依自由心证予以判断，公文书绝无当然具有实质证据力的道理。无论该公文书为法院的刑事裁判书还是民事裁判书均是如此。可见，“民事法院不可径以刑事判决为据即认有证明力，仍因就刑事判决认定事实之凭据辩论调查，以决定该判决书有无证明力，至若它案之民事判决亦同，并非当然有证明力”。②《民事证据规定》将生效裁判书所确认的事实确定为免证事实，也即直接赋予生效裁判文书以实质证据力，无异于剥夺了受诉法院对该特殊书证内容的自由判断（从某种意义上讲，该项规定显有法定证据主义的色彩），妨碍了法官对案件事实心证的形成，对当事人不甚公平。至于在制作程序的保障上远较裁判书为弱的仲裁裁决书以及公证文书更不应赋予其实质证据力，因此，《民事证据规定》将生效仲裁裁决所确认的事实及公证文书所证明的事实作为免证事实的不妥当之处更是明显。

第二节　诉讼上的自认事实

一、诉讼上的自认概述

（一）诉讼上的自认之概念

从最宽泛的意义上讲，自认，是指一方当事人对对方当事人所主张的事实以明示的或默示的方式表示承认。自认通常可分为诉讼上的自认和诉讼外的自认，前者是指一方当事人在诉讼中向法院所作的承认对方当事人主张的于己不利的事实为真实的陈述；后者是指一方当事人在诉讼外所作的承认对方当事人主张的于己不利的事实为真实的陈述。诉讼外的自认并非证据法意义上的自认，不具有自认的效果，从而诉讼外自认的事实并不能当然地成为免证事实。不过，当事人于诉讼外所作之自认行为可以作为法官认定该事实为真实的间接证据。从性质上讲，诉讼上的自认乃事实认定的一项证据法则，并非证据本身。③ 其最直接的价值是，为一方当事人所自认的事实毋庸举证证明之，也即

① 参见王甲乙、杨建华、郑健才：《民事诉讼法新论》，台湾三民书局 2002 年版，第 398 页。

② 吴光陆：《判决是否当然有证据力》，载《月旦法学杂志》第 32 期。

③ 有学者认为自认是一种证据，且因其产生于己不利的裁判结果，故证据力较其他证据为强。参见陈玮直：《民事证据法研究》，台湾新生印刷厂 1970 年版，第 107 页。

免除了举证人对其之证明责任。①

（二）诉讼上的自认的特点

诉讼上的自认制度植根于民事诉讼中的辩论主义，其强调当事人双方对事实资料形成的主导权，故在采职权探知主义的民事诉讼领域，如身份关系诉讼即无自认适用的余地。② 概括起来讲，诉讼上的自认具有以下五个方面的特点：

1. 诉讼上的自认之适用对象乃案件的法律要件事实，或主要事实，更准确地说是当事人对主要事实的主张。自认的对象仅限于具体的事实，经验法则和法律规范均不构成自认的对象。其次，自认亦不涉及当事人的法律主张，也即自认“并不宣告诉之申请有理由，而是通常情况下只涉及个别事实”。③ 最后，自认的对象仅为案件的主要事实，间接事实不能成为自认的对象。因此，在诉讼中，双方当事人纵然对能推论主要事实存在的间接事实无争执，亦不成立自认，在法院对该间接事实不能确信其存在的情形下，仍然需要负证明责任的当事人提供证据证明。并且双方当事人对间接事实的自认不影响法院依自由心证以其他间接事实为基础对主要事实的存在与否作出认定。④ 之所以不承认对间接事实自认的效力，乃是因为双方当事人之间存在的有实益的争执乃关于主要事实的争执，法院应依自由心证来对主要事实的存在与否作出认定，若肯定对间接事实自认的效果，则法院可能出现被迫以该被自认的间接事实为前提去推论主要事实是否存在，如此一来显然有违自由心证主义之本旨。关于辅助事实是否允许成立自认，目前尚不存在一般性的探讨，通常仅仅涉及对属于辅

① 应当明确指出，自认制度不能适用于刑事诉讼领域。在刑事诉讼中，为保障被告的人权，防止司法机关过分依赖被告人的口供定案，刑事诉讼法殆皆确立了被告人自白补强规则，强调在刑事诉讼中，被告人对罪行的供述不能作为定其有罪的唯一证据。而自认制度所蕴含之要义实与自白补强规则确立的本旨相悖，故自认在刑事诉讼中无适用之余地。

② 也有观点认为，自认的成立并非辩论主义的直接效果，而是诚实信用原则或禁反言的效果。参见［日］高桥宏志：《民事诉讼法制度与理论的深层分析》，林剑锋译，法律出版社 2003 年版，第 395 页；陈计男：《民事诉讼法论》(上)，台湾三民书局股份有限公司 2002 年版，第 446 页。

③ ［德］奥特马·尧厄尼希：《民事诉讼法》(第 27 版)，周翠译，法律出版社 2003 年版，第 236 页。

④ 少数人认为间接事实亦可成立自认，存在争议的仅为，对于间接事实成立自认时，当事人能否提出与自认内容相违背的主张。日本的判例对此持反对意见。参见［日］新堂幸司：《新民事诉讼法》，林剑锋译，法律出版社 2008 年版，第 380 页。

助事实范畴的“关于文书真伪与否”是否成立自认之讨论，通说认为当事人对文书成立与否之事实所作之自认具有拘束力。① 我国台湾地区“民事诉讼法”第357条即规定：“私文书应由举证人证其真正。但他造于其真正无争执者，不在此限。”

2. 诉讼上的自认所涉之事实在性质上属于对作出自认的当事人不利的事实。在一般意义上讲，所谓“不利”乃指该事实往往由自认当事人的对方当事人承担证明责任。② 另一种观点则认为对己不利是指法院若对该事实作出认定通常即意味着作出自认的当事人会遭受全部或部分败诉的不利后果。当然，由于自认制度乃基于辩论主义而生，故一方当事人对于辩论主义规制外的法院应依职权调查的事实（如诉讼成立要件事实）所作之承认，概不成立自认，无论该事实是对其有利还是不利皆是如此。

3. 诉讼上的自认必须由当事人在案件审理过程中向法官为之，具体来讲，当事人作出自认必须在审前准备阶段或言词辩论阶段向法官为之。当事人于审判外作出自认之事实，即令记之于准备书状，亦不得为无争执之事实。③ 当然，一方当事人先作出于己不利的陈述，在对方当事人援用该陈述的情形下也构成自认（即所谓“先行自认”）；不过，若当事人在对方援用之前撤销该先行陈述则不构成自认，④ 此外，当事人在某一案件审理中所作的诉讼上的自认于其他案件而言也仅仅为诉讼外的自认。

4. 诉讼上的自认从内容上看表现为双方当事人对某一事实为一致的陈述。

---

① 参见［日］高桥宏志：《民事诉讼法制度与理论的深层分析》，林剑锋译，法律出版社2003年版，第400页；吕太郎：《民事诉讼法之基本理论》(一)，中国政法大学出版社2003年版，第284～285页。

② 在对“于己不利”的认定上，存在两种不同的观点：第一种观点认为，若对某一事实之自认会导致作出自认的当事人败诉的可能，即可认为“于己不利”；第二种观点则认为，所谓“于己不利”的事实只涉及对方当事人负证明责任的事实。此外，最近的有力说认为，只要当事人双方就某一事实的内容陈述一致，即成立自认，从而否认了构成自认的不利益之要件。

③ 参见［日］松冈义正：《民事证据论》，张知本译，中国政法大学出版社2004年版，第19页。

④ 在对方当事人对自认所作的人于己不利之陈述之真实性存在争议时，由于这种陈述构成诉讼资料，因而法院在判断请求妥当与否之际可以对其予以斟酌。此外，在自认成立前当事人撤回关于自认的陈述时，为了判定对方当事人的主张妥当与否，法院可以将被撤回的陈述作为言词辩论的全部意旨之一部分予以斟酌。参见［日］新堂幸司：《新民事诉讼法》，林剑锋译，法律出版社2008年版，第378页。

双方当事人对于某一主要事实是否存在向法院所作之陈述一致时，即构成自认，至于作出自认的当事人在言词辩论中如何表达自认之意思则在所不问，也即无须强调当事人于作出自认时一定要使用诸如“自认”、“已经自认”等具有显明自认特征的话语。此外，由于自认乃当事人所实施的以法院为相对人的诉讼行为，故成立自认无须以对方当事人的同意为必要。如《德国民事诉讼法》第288条第2款即规定：“审判上的自认的效力，不以（对方当事人的）承认为必要。”

5. 诉讼上的自认具有免除自认人的对方当事人关于自认事实的证明责任的效果。① 具体而言，其一，自认的事实毋庸当事人举证证明之，从而不属于法院证据调查的对象；其二，当事人于作出自认后，不得主张与自认事实相反的事实，亦不得随意撤销或变更所作之自认。一般认为，当事人所作的违反普遍承认的经验法则或公知事实的自认不具有作为免证事实的效力。② 此外，由于自认的对象仅限于作为当事人主张的陈述，因此一方当事人于受法院讯问之际对对方当事人所陈述的事实之承认不构成自认。③

（三）诉讼上的自认之性质

诉讼上的自认之具有何种性质，主要有以下两种观点；

1. 意思表示说

意思表示说，亦称为效果意思说。该学说强调自认的成立须以当事人具有自认的意思为要素，进而认为作出自认的一方当事人，因欲发生法律上的效果，所以才为自认的意思表示。基于辩论主义之要求，某一法律要件事实只要为当事人自认，法院对其之认定即不能再依自由心证为之。法院不仅不必审查自认的事实是否真实，而且也不允许作出与此相反的事实认定。④ 效果意思说

① 也有不同观点认为不利事实未必限于由对方当事人承担证明责任的事实。参见［日］新堂幸司：《新民事诉讼法》，林剑锋译，法律出版社2008年版，第377页。

② 不过，日本学者兼子一教授却认为，从强调辩论主义及在当事人期待的范围内解决民事纠纷之基本立场出发，即便自认人作出的陈述违反公知事实，也成立自认。参见［日］高桥宏志：《民事诉讼法》，林剑锋译，法律出版社2003年版，第400～401页。

③ 参见［日］新堂幸司：《新民事诉讼法》，林剑锋译，法律出版社2008年版，第378页；［日］高桥宏志：《民事诉讼法制度与理论的深层分析》，林剑锋译，法律出版社2003年版，第386页。

④ 参见［日］兼子一、竹下守夫：《民事诉讼法》，白绿铉译，法律出版社1995年版，第103页；［日］新堂幸司：《新民事诉讼法》，林剑锋译，法律出版社2008年版，第376页。

从彻底贯彻辩论主义的立场出发，认为当事人所作的自认即使与一般人都知道的事实不相符合也应该予以承认。

意思表示说又有权利放弃说和确认意思说两种不同的观点。权利放弃说认为自认是一方当事人为免除对方的举证责任，放弃自己的防御之意思表示；①确认意思说则认为自认乃一方当事人向法院所作的承认表示对方当事人所为的不利于自己的事实的主张为真实，且要求以该事实作为裁判基础的意思表示。②

2. 观念表示说

观念表示说，又称为事实报告说。该学说认为自认乃一方当事人对对方当事人所主张的法律要件事实向法院表示为真实的陈述，自认作出时并不考虑当事人的意思要素为何。③ 观念表示说为日本和我国台湾地区的通说。④

意思表示说与观念表示说在观点上的分歧十分明显：其一，两者承认自认的依据不同。意思表示说认为自认具有免除对方当事人证明责任的效力乃当事人对事实主张享有处分权使然；观念表示说则认为自认成立的基础或依据为经验法则之作用，认为依据一般的经验法则，任何具有正常智识的人都不会于诉讼中向法院作对自己不利的陈述，除非其相信该事实是真实的，也即当事人之所以于诉讼中对不利于己的事实作出自认纯粹是因为其对自认事实的真实性抱有充分的确信。其二，两者关于自认的效力之认识不同。意思表示说认为只要自认是当事人根据自己的自由意思作出的，无论其内容如何，均当然地产生约束法院的效力；而观念表示说则排除当事人对非真实的事实所作自认之效力，认为如果当事人明知事实非属于真实而仍为自认，则并不产生免除对方当事人关于该事实之证明责任的法律效力。⑤

笔者赞同观念表示说。在民事诉讼中，当事人向法官作于己不利的陈述，

---

① 参见［日］兼子一、竹下守夫：《民事诉讼法》，白绿铉译，法律出版社1995年版，第107页。

② 参见［日］新堂幸司：《新民事诉讼法》，林剑锋译，法律出版社2008年版，第376页。

③ 参见李学灯：《证据法比较研究》，台湾五南图书出版社1992年版，第102页。

④ 参见［日］高桥宏志：《民事诉讼法制度与理论的深层分析》，林剑锋译，法律出版社2003年版，第384页；王甲乙、杨建华、郑健才：《民事诉讼法新论》，台湾三民书局2002年版，第357页。

⑤ 当然，也有学者认为两种观点之间的争论在实践中毫无意义。参见［德］奥特马·尧厄尼希：《民事诉讼法》(第27版)，周翠译，法律出版社2003年版，第257页。

通常情形下均经过了慎重斟酌，至少其认为承认对方当事人所主张的事实乃自己的理智选择，故法院以之作为裁判的基础，于当事人的利益保护并不失之周全，亦未背离诉讼公正和诉讼经济原则贯彻的内在要求。当然，不能绝对排除一方当事人之所以作出自认乃是因对方当事人恶意误导或欺诈所致。此种场合，作出自认的表示因存在严重的瑕疵，若仍肯定自认的效果显然有违诉讼公正。因此，只有以建立在真实义务基础之上的观念表示说为依据，才能使自认制度之构建真正有助于民事诉讼目的之达成。

（四）诉讼上的自认与认诺的区别

认诺，是指在民事诉讼中，被告向法院所作的承认原告诉讼请求有理由的意思表示。从字面含义看，无论是自认还是认诺都指涉一方当事人对另一方当事人所主张的某一事项的承认，但诉讼上的自认与认诺中的承认性质上存在根本的差异。诉讼上的自认与认诺之区别主要表现在以下几个方面：

1. 主体不同。诉讼上的自认的主体是双方当事人中的任何一方当事人，既可以是被告，也可以是原告；而认诺则只能由被告针对提出诉讼请求的原告作出。

2. 内容不同。诉讼上的自认是一方当事人对对方当事人提出的于己不利的事实的承认，不涉及对诉讼请求的承认；认诺则是被告对原告所提诉讼请求的承认。

3. 效果不同。诉讼上的自认的效果仅为免除对方当事人对自认事实的证明责任，并不必然导致自认人败诉结果的发生和诉讼程序的终结；而认诺则必然导致被告败诉结果的发生和诉讼程序的终结。

就历史沿革而言，在德国普通法时代，即已承认相当于现在的诉讼上的自认与认诺之间的区别。① 从各国或地区目前的立法例来看，其对认诺通常是在自认之外单独予以规范的。如《德国民事诉讼法》第307条规定：“（第1款）当事人一方在言词辩论中认诺对自己提出的请求的全部或一部，即应依申请按认诺的情况判决其败诉。（第2款）被告在收到第276条第1款第1句的催告后表示，他认诺原告的请求的全部或一部，即应依原告的申请，不经言词辩论按认诺的情况判决被告败诉。这种申请可以在诉状中就提出。”我国台湾地区“民事诉讼法”第384条规定：“当事人于言词辩论时为诉讼标的之舍弃或认诺者，应本于其舍弃或认诺为当事人败诉之判决。”

---

① 参见吕太郎等：《所谓权利自认》，载民事诉讼法研究基金会：《民事诉讼法之研讨》（六），台湾三民书局有限公司1997年版，第267页。

二、诉讼上的自认之种类

依不同的标准，可以对诉讼上的自认作不同种类的划分。

（一）明示自认和拟制自认

以作出自认的方式之不同，可将诉讼上的自认分为明示自认和拟制自认。

明示自认，又称为正式自认或狭义上的自认，是指一方当事人针对另一方当事人主张的不利于自己的事实以口头或书面的形式向法院明确表示该事实为真实的。明示的自认就其性质而言，乃是一方当事人所作的与对方当事人的主张在内容上相一致的积极陈述。

拟制自认又称为准自认或默示自认，是指一方当事人对对方当事人所主张的不利于己的事实，在言词辩论时不明确争执，且直至言词辩论结束时对其亦无争执之意思，法律据此推定该当事人有承认对方当事人所主张的事实为真实的意思。大陆法系国家或地区民诉立法殆皆规定了拟制自认，如《德国民事诉讼法》第138条第3款规定，没有明显争执的事实，如果从当事人的其他陈述中不能看出有争执时，即视为已经自认的事实，又如《日本民事诉讼法》第159条第1款规定，当事人在口头辩论之中，对于对方当事人所主张的事实不明确地进行争执时，视为对该事实已经自认。我国台湾地区“民事诉讼法”第280条第1款也规定，当事人对于他造主张之事实，于言词辩论时不争执者，视同自认。原告和被告均可成为拟制自认的主体，即对于原告所主张的权利发生规范事实，被告的不为陈述可能发生拟制自认的效果；对于原告所主张请求权利障碍要件、权利消灭要件或权利拒绝要件等规范事实，原告的不为陈述亦有可能成立拟制自认。从对象上来看，拟制自认同明示自认一样，也仅适用于主要事实，而不适用于间接事实和辅助事实①，并且要求该事实乃为于己不利的事实。从表现形式上看，所谓不加争执，是指一方当事人对于对方当事人所主张的于己不利的事实，不向法院作任何陈述或不作任何争执。②

必须明确指出的是，因缺乏当事人积极作成的表示行为，拟制自认并非真正的自认。可拟制自认的范围与明示的自认一样仅限于适用辩论主义所规制的

① 基于辩论主义之考量，拟制自认应只适用于主要事实。参见姜世明：《论拟制自认》，载《成大法学》第9期。

② 有学者认为不争执应包括：对于对方所为之事实主张不争执（明示不争执）、对此无意见、未具体化之争执及避而不谈或沉默以对等。参见姜世明：《论拟制自认》，载《成大法学》第9期。

事项，而且只能是有关事实的主张。由于拟制自认仅为根据当事人在言词辩论中的陈述态度间接地推认具有自认的法律效果，而欠缺当事人的确定意思，故成立拟制自认不能太过宽泛，否则会对自认人的权益之保护造成不利的影响，正因如此，各国和地区民诉立法对拟制的自认之成立均设有严格的限制条件。① 如《日本民事诉讼法》第159条第1、2款规定，当事人在法庭上因其他事项又争执该事实的，不能视同自认；对于对方当事人所主张的事实，已作出不知的陈述的，则推定为争执了该事实。我国台湾地区“民事诉讼法”第280条第1款也规定，因他项陈述可认为争执者，不能视同自认。

值得探讨的是，介于自认与争执的中间地带的当事人不知情或不记得的陈述在诉讼中究应具有何种效力，因为法院对于当事人不知情或不记得的陈述所作的评价常常决定诉讼的走向甚至结果，故对其应有明确之定位。易言之，法院若将当事人不知情或不记得的陈述视同自认，则负主张与证明责任的对方当事人就该事实无须举证证明之；与此相反，法院若将当事人不知情或不记得的陈述视为争执，则对该事实负举证责任的当事人即有提出证据进行证明之必要。关于当事人不知情或不记得的陈述之定位，我国台湾地区“民诉法”之做法是由法官根据案情依自由心证斟酌其是否成立自认。其“民事诉讼法”第280条第2款规定：“当事人对于他造主张之事实，为不知或不记忆之陈述者，应否视同自认，由法院审酌情形断定之。”② 依学者之解释，事实于情理上不能责当事人知悉或记忆者，皆不得因其为不知或不记忆之陈述而视同自认；反之，凡某事实于情理上当事人应能知悉或记忆而为不知或不记忆之陈述的，则应视同自认。③ 详言之，若当事人表明其因欠缺认识因而无法就事实经过为进一步说明，或无法确认对方的主张是否为真实时，则可认为属于不知情

① 一方当事人对对方所主张的事实不作明显的争执，不属于严格意义上拟制自认的形态。

② 我国台湾地区学者据此将其称为证据评价型拟制自认，以与其“民事诉讼法”同条第1款确定的狭义上的拟制自认（亦称原始型拟制自认）相区别。此外，同条第3款“当事人对于他造主张之事实，已于相当时期受合法之通知，而于言词辩论期日不到场，亦未提出准备书状争执者，准用第一项之规定。但不到场之当事人系依公示送达通知者，不在此限”之规定被学者称为准用型拟制自认。参见姜世明：《论拟制自认》，载《成大法学》第9期。

③ 参见王甲乙、杨建华、郑健才：《民事诉讼法新论》，台湾三民书局2002年版，第359页；陈计男：《民事诉讼法论》(上)，台湾三民书局股份有限公司2002年版，第451页。

或不记忆的陈述。若当事人明知却借口不记得而不为具体化陈述，则属于违反真实义务及具体化陈述义务①，此时应认为成立拟制自认以示制裁。② 此外，学者认为，"倘若当事人不知或不记忆而仍强为争执，则亦属违背真实义务"。③ 我国现行民诉法对不知情或不记得之陈述并未作出明确规范，《民事证据规定》第 8 条第 2 款"对一方当事人陈述的事实，另一方当事人既未表示承认也未否认，经审判人员充分说明并询问后，其仍不明确表示肯定或者否定的，视为对该项事实的承认"之规定从某种意义上对不知情或不记得之陈述之效力作了间接的规范。从司法解释制定者的态度来看，似乎乃是将当事人不知情或不记得的陈述视为一种默示的自认。④

同明示自认一样，拟制自认也产生免除对方当事人对于自认事实之证明责任的法律效果，不过与明示自认不同的是，在拟制自认之场合，当事人不享有对自认事实的撤销权，仅享有追复权，也即当事人"得随时追述其未经陈述之事实，消灭以前推定之效力"。⑤ 对于拟制自认的事实，之所以只赋予当事人之追复权，乃是因为既允许当事人在法庭言词辩论终结前对于成立拟制自认的事实随时提出异议，再赋予其撤销权已无必要。

（二）当事人的自认和诉讼代理人的自认

以作出自认的主体为标准，可将诉讼上的自认分为当事人的自认与诉讼代

---

① 具体化陈述义务是指当事人所作的陈述不能仅概而言之，必须尽可能地具体。具体化陈述义务之确立一方面可使法院顺利地确定争点之所在，进而决定证据调查的方向，提高诉讼效率；另一方面，在准备程序中的具体化陈述可避免当事人在言词辩论中受到来自对方的突袭，进而进行适当的攻击防御，有助于对当事人的诉讼权利之保障。参见曹鸿兰等：《不必要证据之处理程序问题》，载民事诉讼法研究基金会：《民事诉讼法之研讨》（三），台湾三民书局有限公司 1990 年版，第 239 页；沈冠伶：《论民事诉讼程序中当事人之不知陈述——兼评析民事诉讼法中当事人之陈述义务与诉讼促进义务》，载《政大法学评论》第 63 期。

② 在具体化陈述义务之规制下，若负证明责任的当事人已为具体化陈述，不负证明责任的对方当事人即应为具体化之争执，未作具体化争执的，应认为是无效的争执，与不争执相同，应发生拟制自认的效果。

③ 沈冠伶：《论民事诉讼程序中当事人之不知陈述——兼评析民事诉讼法中当事人之陈述义务与诉讼促进义务》，载《政大法学评论》第 63 期。

④ 参见李国光主编：《最高人民法院〈关于民事诉讼证据的若干规定〉的理解与适用》，中国法制出版社 2002 年版，第 123 页。

⑤ ［日］松冈义正：《民事证据论》，张知本译，中国政法大学出版社 2004 年版，第 19 页。

理人的自认。

所谓当事人自认，是指当事人本人在言词辩论时对对方当事人所主张于己不利的事实向法院承认其为真实。当事人一旦在法庭上或诉讼中对对方主张的不利于己之事实作出自认，基于诚实信用原则之规制，没有例外情况，即不允许再主张与该事实内容相反或矛盾的事实，亦不允许撤销其先前所作之自认，以避免案件审理的混乱和迟延。

如果对对方当事人主张不利于己方的事实向法院承认其为真实的表示并非由当事人本人作出，而是由其诉讼代理人作出的，即为诉讼代理人的自认。诉讼代理人在诉讼中并非当事人的代言人，其虽在代理权限内能独立为意思表示，并且由当事人承担其所为诉讼行为的法律后果。但相比于诉讼代理人，当事人无疑更了解事实真相，故当事人理应享有事实资料形成的最终决定权，因此，当诉讼代理人于言词辩论时对对方当事人所主张的事实为自认时，当事人有权在法庭辩论终结前撤销代理人所作的自认，使之归于无效。如《日本民事诉讼法》第 57 条规定：“诉讼代理人所做的事实上的陈述，如果当事人立即撤销或更正时，则不产生效力。”我国台湾地区“民事诉讼法”第 72 条规定：“诉讼代理人事实上之陈述，经到场之当事人本人，即时撤销或更正者，不生效力。”《民事证据规定》第 8 条第 3 款亦有类似的规定：“当事人委托代理人参加诉讼的，代理人的承认视为当事人的承认。但未经特别授权的代理人对事实的承认直接导致承认对方诉讼请求的除外；当事人在场但对其代理人的承认不作否认表示的，视为当事人的承认。”

（三）完全自认和限制自认

以自认之作出是否附加条件为标准，可将诉讼上的自认分为完全自认和限制自认。

于诉讼中，一方当事人对对方当事人所主张的于己不利的事实，完全无条件地向法院表示其为真实，即为完全自认。如我国台湾地区“民事诉讼法”第 279 条第 1 款“当事人主张之事实，经他造于准备书状内或言词辩论时或在受命法官、受托法官前自认者，无庸举证”的规定即蕴含了完全自认之意旨。

在有些场合，当事人所作的关于某事实的陈述有可能包含两部分，其中一部分与对方当事人的陈述相一致，另一部分则与当事人的陈述不一致。此种情形下，法院必须要探明当事人所作之陈述哪一部分内容具有对作为判决基础的事实予以认可之意思，进而确定其成立自认。一方当事人对于对方当事人所主张的不利于己之事实，在附加了条件或限制之情形下作出承认的表示，此虽亦成立自认，但此种自认在结果上仅为当事人双方主张的事实部分一致，故称为限制自认。如《德国民事诉讼法》第 289 条规定：“（第 1 款）对于审判上的自认，附加有包含独立的攻击或防御方法的陈述者，并不影响自认的效力。（第 2 款）在法院所作让步的陈述，即使有其他附加或者限制的主张，应该在何种程度上视为自认，（由法院）按照具体情况决定。”我国台湾地区“民事诉讼法”第 279 条第 2 款规定：“当事人于自认有所附加或限制者，应否视有自认，由法院审酌情形断定之。”限制自认可进一步细分为两种类型：附理由的自认与附限制的自认。一方当事人对对方当事人所主张的事实在整体上向法院表示有争议，但对其中一部分事实主张予以认可的称为附理由的自认；若一方当事人虽承认对方当事人所提之事实主张，但作为防御方法提出了与之相关联的事实便称为附限制的自认。因乃由对方当事人而非作出自认的当事人对所主张的法律要件事实承担证明责任，因此在附理由的自认中，关于双方当事人不一致的陈述仍然须由对方当事人承担证明责任；而在附限制的自认中，因作出自认的当事人提出了一具有独立法律效果的事实主张，故应由自认人对附加事实承担证明责任。

三、诉讼上的自认之效力

诉讼上的自认一经成立即会产生一定的法律效果，具体表现在以下三个方面：

其一，免除了对方当事人关于自认事实的证明责任。也即对方当事人对于自认的事实毋庸提出证据证明其为真实。如果是全部自认，则全部免除对方当事人关于该事实的证明责任；如果是部分自认，则证明责任的免除仅限于自认的部分，其余部分则仍应由对方当事人负证明责任。

其二，自认人于作出自认后，基于诚实信用原则或禁反言之规制，其不得于随后的诉讼阶段提出与自认的事实相矛盾的事实主张，也不得随意撤销先前所作之自认。

其三，当事人作出自认后，法院可以并且必须直接将当事人自认的法律要件事实作为裁判基础，无须也不能再另行调查其是否真实。法院即便在所为之证据调查过程中确信自认之事实不真实，也不得作出与自认事实内容相反的认定。这是因为自认对法院在事实判断上的拘束力并非来源于该事实的真实性，而是缘于辩论主义民事诉讼运作模式下双方当事人对法律要件事实所享有的自主形成权。当事人在第一审程序中对某一事实所作之自认，不仅拘束第一审法院，对上诉审法院也具有拘束力，第二审法院亦须以第一审中当事人自认的事实为基础作出裁判。

自认虽然对双方当事人及受诉法院均产生一定的法律效果或拘束力，但自认并非适用于民事诉讼中的所有领域。鉴于某些案件的特殊性和自认作为证明方式的局限性，各国和地区证据法上均对自认的适用范围进行了必要的限制。主要体现在以下几个方面：

第一，自认不适用于身份关系的诉讼。由于身份关系诉讼涉及身份关系之确定，与社会公益有关，故不允许当事人对身份关系予以处分，又由于身份关系诉讼之裁判结果攸关当事人以外的人之利益，故特别强调裁判结果之真实性。因此，在身份关系诉讼中，不允许当事人对事实资料作任意处分从而不承认自认之适用。一方当事人即便向法院表示对方当事人所主张的某一事实为真实，法院亦不受其约束，仍应根据调查结果作出事实认定，纵使最后认定之结果与当事人所作之承认相一致，也不能认为此乃自认之效果。所以在身份关系的案件中不能承认自认的效力。如《德国民事诉讼法》第617条规定，关于审判上自认的规定，不适用于家庭事件程序。《日本人事诉讼法》第19条规定，关于审判上自认的法则，不适用于婚姻案件。

第二，在必要的共同诉讼中，部分共同诉讼人所作之自认只有经全体共同诉讼人认可后，才能对未作出自认的其他共同诉讼人发生效力。在普通共同诉讼中，部分共同诉讼人所作的自认对其他的共同诉讼人不产生约束力。

第三，当事人所提之诉讼请求对自认的效力具有牵制性。在同一个诉讼程序中存在数个诉讼请求的情况下，作为共同基础事实的主张，若就某个请求而言是有利的主张，而对于其他请求而言是不利的主张时，对该事实提出主张的当事人不能仅在对其有利的请求中主张该事实，而在对其不利的请求中对该事实不予主张。如果一方当事人主张了某一事实，而对方当事人又认可了这种主张，那么在对其不利的请求中也成立自认。①

第四，调解过程中当事人为达成调解所作的让步不能视为自认。当事人以达成调解为目的作出的让步不能视为自认，不发生自认的法律效果，调解不成继续进行诉讼时，法院对案件事实的认定不能以当事人在调解过程中所作之让

① 例如，甲向法院起诉，要求乙归还土地，案件审理中，乙依据取得时效提起确认该土地所有权的反诉，在这种情况下，“甲将土地租赁给乙”之事实，就甲的请求而言无疑是不利于甲的，而在乙的请求中，由于其构成了妨碍取得时效成立的事实，因而是有利于甲的事实，如果双方当事人对此事实无争议，对于甲的请求而言成立甲的自认，对于乙的反诉请求而言则成立乙的自认。参见［日］新堂幸司：《新民事诉讼法》，林剑锋译，法律出版社2008年版，第379页。

步为基础；法院也不能将当事人的让步视为默示自认或诉讼外的自认。

第五，应由法院依职权调查的事项不适用自认。对于法律规定的法院应依职权调查的事项，即使当事人不表示异议，法院也应根据证据调查结果确信其是否真实并以此为基础进行认定，不能以当事人无异议为依据作出事实认定。如《民事证据规定》第15条即规定，当某一事实可能有损国家利益、社会公共利益或者他人合法权益或属于程序性事项时，法院应当依职权调查相关证据，在查明事实真相的基础上作出裁判，而不论当事人对该事实是否作出承认的表示。

第六，拟制自认对当事人无绝对的约束力。拟制自认的事实作为免证事实对法院具有约束力，这一点与明示的自认相同，但其对当事人却无绝对的约束力，因此，被暂时拟制对某一事实作出自认的当事人于言词辩论终结前，可以随时对于该不争执的事实进行争执而使拟制的自认之效力不复存在。并且，于第一审程序中成立的拟制自认，当事人于第二审程序中仍然可以对于拟制自认的事实进行争执从而解消第一审程序中拟制自认的效力。①

四、诉讼上的自认之撤销和追复

根据诉讼中的诚实信用原则，当事人在诉讼中实施一定的诉讼行为后，没有正当的理由不得再实施否定前一行为或与前一行为相矛盾的诉讼行为。诉讼上的自认一经作出，即具有免除当事人关于自认事实的证明责任和拘束法院的效力，如果允许当事人随意撤回自认，势必会给法院的审判造成混乱，对诉讼效果也会造成消极的影响。因此，只有在特殊的情况下，才能允许作出承认的当事人撤回自认。②

从各国或地区立法例及判例来看，一般仅在以下三种情形下才允许当事人撤回自认。

其一，对方当事人同意。自认具有免除对方当事人证明责任的效力，这对于对方当事人来讲无疑为一种法律上的利益，如对方当事人放弃这种利益，因这属于其对诉讼权利的处分，故应当允许。另外，对方当事人同意自认人撤回

① 参见骆永家：《民事举证责任论》，台湾“商务印书馆”1987年版，第24页；陈计男：《民事诉讼法论》(上)，台湾三民书局股份有限公司2002年版，第450页。

② 日本学者松本博之教授则认为，自认不能自由地撤回，否则会引起审理的混乱。参见［日］高桥宏志：《民事诉讼法制度与理论的深层分析》，林剑锋译，法律出版社2003年版，第389页。

自认，还可能是对方当事人认为自认人所为自认的事实确属不真实，为了还事实的本来面目，对自认的事实作否认的表示，此种情形可视为对方当事人对“自认的事实是不真实”的再承认。如果对方当事人对于自认人撤回自认未提出异议并对自认人在撤回自认后提出的主张进行应答的话，亦可视为对方当事人同意自认人撤回自认。但大陆法系民诉立法为避免因此而导致诉讼迟延，通常将自认撤回的期限限制在言词辩论终结之前。如我国台湾地区“民事诉讼法”第279条第3款规定，自认之撤销，除别有规定外，经他造同意者，始得为之。①

其二，当事人作出自认时存在意思瑕疵。追求客观真实，保障诉讼公正，保护当事人的合法权益乃民事诉讼之理想。当事人在诉讼上所作的自认虽通常符合案件的真实情况，但若当事人的自认是在违反了自认人的意思的情况下作出的，则该自认事实很可能并非真实，以之为裁判基础即有悖民事诉讼目的之达成，因此，如果当事人能够证明其自认行为是在受胁迫或非基于自身的重大误解②之情况下作出的，③并且能够证明其自认的事实不真实，与案情不符的，应当允许当事人撤回对于不真实事实的自认。易言之，“在审判上已为自认之当事人，证明其自认系出于错误而取消时，其效力，自当回复其自认之事实而认为有争执之事实”。④当然，如果当事人是在言词辩论终结之后才发现了证明自认与事实不符的新证据，其仍不能主张撤回自认，这是为了维护程序的安定性所作之考量。如《德国民事诉讼法》第290条规定：“当事人撤回其在审判上的自认，只限于他证明其自认与真实不符，而且其自认是由于错误而发生的时，其撤回才影响自认的效力。在这种情形，自认失其效力。”我国台湾地区“民事诉讼法”第279条第3款规定，自认之撤销，除别有规定外，以自认人能证明与事实不符者，始得为之。此外，明知不真实的自认是不可撤

---

① 在对方当事人同意的情形下，自认人可以撤回自认虽未为日本民诉法所规定，但乃为日本判例所确认。参见［日］高桥宏志：《民事诉讼法制度与理论的深层分析》，林剑锋译，法律出版社2003年版，第402页。

② 这种误解不仅限于对事实的误认，当事人对于法律的误解也可以视为错误的一种情形。参见［日］高桥宏志：《民事诉讼法制度与理论的深层分析》，林剑锋译，法律出版社2003年版，第405页。

③ 亦有观点认为不应将自认系出于错误作为自认可撤销的条件之一。参见陈计男：《民事诉讼法论》(上)，台湾三民书局股份有限公司2002年版，第449页。

④ ［日］松冈义正：《民事证据论》，张知本译，中国政法大学出版社2004年版，第19页。

回的。① 此外，须注意的是，撤回自认的初始要件是自认人主观上存在错误，因此不应当让其直接对作为派生要件的违反真实进行证明。正确的做法应当是，“让自认人在对错误提出主张（并达到疏明程度）的基础上（总而言之，应当对为何作出自认之事实予以明确），进入对违反真实的证明”。② 也有观点认为在自认的内容与事实相反得以证明后，自认即可视为出于错误，故对于该错误不需要单独证明。③

其三，自认如果是在第三人对当事人实施了应当受到刑法上惩罚的行为而作出的，不管自认的事实是否违反真实，基于正当程序的要求，都应当认为自认无效，只要还存在着自认的形式，都应当认为自认人有权撤回自认。④

当然，如前所述，自认的撤回仅适用于明示自认，对于拟制自认可经由自认的追复之途径使其归于无效。即对于拟制自认的事实，当事人可以在言词辩论终结前随时对其进行争执，从而使拟制自认的法律效力一开始就不发生。

自认被当事人撤回或追复后，其即失去了免除对方当事人证明责任的效力，该事实又回复为双方当事人有争执的事实，对方当事人应针对该争执事实继续履行证明责任。不过，自认被撤回之前当事人所作自认的表示并不影响法官对案件事实的认定。也即，法院可将该当事人先作出自认后又撤回之情形作为言词辩论全部意旨的一部分，进而作为心证形成的证据原因。

五、权利自认

所谓权利自认，是指当事人向法院所作的承认作为诉讼标的之前提的权利关系或法律效果（这些权利关系或法律效果是构成判断诉讼标的存在与否之小前提的命题）的陈述。⑤ 权利自认基本上可以分为两种类型：一种是当事人对作为诉讼标的之前提的权利关系作出自认，如在基于侵害所有权提起的赔偿请求中，被告作出的承认原告为所有权人的陈述即为此种权利自认；另一种是

① 参见［德］奥特马·尧厄尼希：《民事诉讼法》（第27版），周翠译，法律出版社2003年版，第257页。

② ［日］高桥宏志：《民事诉讼法制度与理论的深层分析》，林剑锋译，法律出版社2003年版，第406页。

③ 参见骆永家：《民事举证责任论》，台湾“商务印书馆”1987年版，第20页。

④ 这种情形为日本判例所确认。参见［日］新堂幸司：《新民事诉讼法》，林剑锋译，法律出版社2008年版，第377页。

⑤ 参见［日］新堂幸司：《新民事诉讼法》，林剑锋译，法律出版社2008年版，第382页。

当事人对对方当事人所主张的要件事实之法律效果予以承认，如在请求履行买卖合同的诉讼中，被告对于原告主张的买卖合同成立之要件事实向法院表示其与原告间所订立之合同为买卖合同即属于此种类型的权利自认。

权利自认与认诺虽均涉及当事人对权利或法律关系的承认，但二者并不相同，如前所述，认诺是被告对原告所提诉讼请求的直接承认，而权利自认的对象则是作为诉讼标的法律关系之前提的权利或法律关系，并非诉讼请求本身。另外，在被告作出认诺时，诉讼将因此而终结，而在成立权利自认的情形下诉讼仍继续进行，法官也必须对此作出判断。易言之，在权利自认，自认人对对方当事人所提诉讼请求仍有争议，仅对于作为诉讼请求前提的权利或法律效果无争议。

由于民事诉讼之目的在于解决私人纠纷，当双方当事人对于某事项表示不予争执时，该事项即可以作为法院裁判的基础。因此，不予争执的真实意思是权利自认作为诉讼行为应具备的意思因素，是权利自认成立的核心要件。如果当事人同时提出与权利自认内容相矛盾的事实主张，则不能认为当事人具有明显不予争执的意思，此时即应当否认成立权利自认。另外，由于权利自认在很大程度上直接关系到裁判结果，因此，权利自认人对法律关系不予争执的正当性基础应该是其对相关之法律效果有相当清楚的认识。易言之，只有当陈述人在充分理解自认法律关系内容的基础上明确具有对权利或法律关系无争议的意思时，才应当认为成立权利自认。①

关于权利自认是否应予以承认学者们存在极大的争议，否定权利自认的学者认为，尽管出于辩论主义的要求，当事人可以就诉讼标的予以承认或放弃，但这并不足以成为承认权利自认的根据，因为诉讼中承认对方当事人主张的权利关系或法律效果会产生与确定判决相同的法律效力，故而作为权利自认之一种情形的对先决性法律关系的自认会限制法官在诉讼中对法律关系的判断；即使在诉讼中发生权利自认，法院还是必须对争议的请求作出判断，因此承认权利自认可能会排除法官的自由裁量权。② 与之相反，肯定权利自认的学者则认为，权利自认的对象也是属于作为法律三段论中小前提的事项，因此该自认有

---

① 参见［日］新堂幸司：《新民事诉讼法》，林剑锋译，法律出版社 2008 年版，第 382～383 页。

② 参见［日］兼子一、竹下守夫：《民事诉讼法》，白绿铉译，法律出版社 1995 年版，第 103 页；吕太郎等：《所谓权利自认》，载民事诉讼法研究基金会：《民事诉讼法之研讨》(六)，台湾三民书局有限公司 1997 年版，第 258～259 页。

与事实自认相同的性质；而且在以辩论主义为基石的民事诉讼中，法院的审理对象如何乃取决于当事人的态度，而权利自认与事实自认均是排除法院的审判权，本质上并无不同，故只要无害于裁判整体的客观性，承认其也未尝不可；同时，这种先决性法律关系可以作为中间确认之诉①的诉讼标的，当事人并且能在中间确认之诉中就该法律关系进行认诺，故不能禁止当事人就诉讼标的的法律关系前提之法律关系作出自认；此外，权利自认还可以提高诉讼效率，就此而言，亦有成人权利自认之必要。② 从司法实务来看，各国和地区关于权利自认呈现肯定与否定交错的局面，尚无同一之标准。③ 笔者赞同肯定说。

尽管如此，笔者还是认为，为了维护司法的权威，并考虑到权利自认的对象与一般自认相比所具有的特殊性，应当认为权利自认只有在不明显违反实体法的基本要求④的前提下才能予以承认。

对于权利自认的撤回问题，原则上准用一般事实自认的规定。但自认人以作出自认时意思存在瑕疵为由撤回权利自认时，不应一如事实自认，由自认人

---

① 中间确认之诉是大陆法系国家和地区民事诉讼上普遍承认的一种诉的类型，是指在民事诉讼程序中，当事人所提的要求法院对作为诉讼请求前提问题的法律关系之存在与否作出确认判决之诉。例如，在基于所有权提起的请求交付物的诉讼中，原告向受诉法院提出确认所有权存在之诉即为中间确认之诉。大陆法系国家或地区民诉法对中间确认之诉均有明确的规范。如《德国民事诉讼法》第 256 条第 2 款规定："在诉讼进行过程中，原告和被告就法律关系的存在或不存在有争执，而该诉讼的裁判的全部或一部是以此法律关系为据时，原告可以在作为判决基础的言辞辩论终结前，提起原诉讼申请的扩张、被告可以提起反诉，申请以裁判确定该项权利关系。"《日本民事诉讼法》第 145 条第 1 款规定，在诉讼进行之中对法律关系成立与否的争执需要作出裁判时，当事人可以扩张请求，请求作出确认该法律关系的判决。我国台湾地区"民事诉讼法"第 255 条第 1 款第 6 项规定，诉讼进行中，于某法律关系之成立与否有争执，而其裁判应以该法律关系为据，原告可以求对于被告确定其法律关系之判决。

② 参见［德］奥特马·尧厄尼希：《民事诉讼法》(第 27 版)，周翠译，法律出版社 2003 年版，第 236 页；［日］新堂幸司：《新民事诉讼法》，林剑锋译，法律出版社 2008 年版，第 383 页。

③ 参见［日］高桥宏志：《民事诉讼法制度与理论的深层分析》，林剑锋译，法律出版社 2003 年版，第 413 页；吕太郎等：《所谓权利自认》，载民事诉讼法研究基金会：《民事诉讼法之研讨》(六)，台湾三民书局有限公司 1997 年版，第 259～260 页。

④ 有学者认为应当承认实体法上构成要件、法律效果内涵及其间之推论关系之解释权归属于法院，不允许当事人对其进行自由解释。参见吕太郎等：《所谓权利自认》，载民事诉讼法研究基金会：《民事诉讼法之研讨》(六)，台湾三民书局有限公司 1997 年版，第 278 页。

对“违反真实”和“错误”两个要件均为证明，以免权利自认人承担过重的证明责任失之严苛。具体而言，其一，权利自认人对“错误”的证明只需达到释明的程度即为已足；其二，权利自认人对于“违反真实”进行证明时只须对与该法律效果不相容的另一个事实予以证明即可认为达到目的。①

总之，在权利自认下，仅产生对方当事人就其权利主张不必主张及举证的效力，“并无排除法院之判断或限制当事人撤回自认之羁束力”。②

第三节 公知事实

一、公知事实的概念和特点

所谓公知事实，又称众所周知的事实或显著的事实，是指具有一般知识与经验的不特定的普通人都相信，且会在毫无怀疑的程度上予以相信的事实。法官以此作为裁判基础时，由于其具有公知的客观性，无须经由当事人举证证明，即会在内心达到对该事实确信的状态。③

公知事实之所以无须由当事人举证证明，是由于其本身固有的显著性与客观真实性使然，故将其明定为免证事实，乃各国和地区立法上的通例，无论其采取辩论主义还是职权探知主义。如《德国民事诉讼法》第 291 条规定：“于法院已经显著的事实，不需要证据。”《日本民事诉讼法》第 179 条规定，显著的事实，无须进行证明。我国台湾地区“民事诉讼法”第 278 条第 1 款规定，事实于法院已显著者，毋庸举证。而且，公知事实不但在通常诉讼上不用证明，即使“在证书诉讼及缺席手续上亦然，当事人虽尚有争执或自认相反之事实，皆属无效”。④

二、公知事实的条件

一般而言，某一项事实作为公知事实必须同时具备两个条件：

---

① 参见［日］高桥宏志：《民事诉讼法制度与理论的深层分析》，林剑锋译，法律出版社 2003 年版，第 415 页。

② 骆永家：《民事举证责任论》，台湾“商务印书馆”1987 年版，第 12 页。

③ 对于经验法则是否属于公知事实，学界认识不一。参见［日］松冈义正：《民事证据论》，张知本译，中国政法大学出版社 2004 年版，第 21 页。

④ ［日］松冈义正：《民事证据论》，张知本译，中国政法大学出版社 2004 年版，第 20 页。

其一，诉讼发生时，该事实为社会上一般成员所知晓。故某一事实若仅为具有特定职业、地位的人所知悉，而非一般人所知晓，即不属于公知事实的范围。全国范围内一般成员所知晓的事实固然是公知事实，受诉法院辖区内多数人所周知的事实也应被理解为公知事实。通说认为，法院判断某事实具有公知性的逻辑与理由，应当要达到能被普通人大致认可的程度，否则法院的上述判断不能说是适法的事实认定，就此而言，由于判决违反法律因而需要受到上诉审的审查。①

其二，该事实同时也为受诉法院的法官所知晓。在独任制审判方式下，因只有一名法官进行审判，该事实自然需该独任法官知晓；在合议制审判方式下，通说认为只需合议庭多数法官知悉即可，而不必要求合议庭所有成员均对该事实有所知晓。因为合议庭成员受教育程度及生活经验不尽相同，若某一事实因少数法官不知而认定其为非公知事实，则必然大大增加当事人的举证负担，同时也与合议庭多数决议的原则相违背。至于第二审法院对于第一审法院认定的公知事实的审查自然也应以其是否为第一审法院管辖区域内一般社会成员所周知为判断标准，而不得以第二审法院管辖区域内社会成员是否知悉为确认依据。可见，事实的公知性对所有法院来说是没有固定范围的，而是对每个法院都可能不同，时间上也会有所交叉。此外，法院虽然知悉某事实，但对其是否已达公知的程度存在疑问时，当事人有证明其属于公知的必要。

三、公知事实与主张责任

如果某事实并非显著，或当事人之间对其存有争执，自然不属于公知事实的范畴。在辩论主义民事诉讼运作样式下，对于公知事实是否也必须经由当事人主张，存在两种学说：

（一）积极说

积极说认为，某一事实即使为公知事实，也必须经由当事人主张，受诉法院方可以采纳。也即受诉法院对于公知事实的认定仍应受到主张责任的限制。该说为日本通说。② 详言之，公知事实只是在当事人有争执时，不须依证据加以证明而已，绝对不能排除辩论主义的适用。故在辩论主义范围内，即使是公

---

① 参见［日］新堂幸司：《新民事诉讼法》，林剑锋译，法律出版社2008年版，第384页；陈计男：《民事诉讼法论》（上），台湾三民书局股份有限公司2002年版，第451页。

② 参见骆永家：《民事举证责任论》，台湾“商务印书馆”1987年版，第35页。

知事实，如果为主要事实，则若无当事人陈述，法院即不得作为裁判的依据；而间接事实则不须当事人陈述，法院可以直接作为裁判的依据。当然，在职权探知主义诉讼模式中，不管是主要事实还是间接事实，法院均可主动采用。

（二）消极说

消极说则认为，对于公知事实，受诉法院可依职权直接予以认定而无须当事人主张。该说为我国台湾地区通说。① 详言之，关于事实之认定，虽在辩论主义之下，因为法官亦为社会之一分子，并且假定较常人为有合理之能力，对于在社会上既已成为常识，或众所周知，无可争执之事实，如谓法官不知，何至比诸常人而不如？如谓假装不知，更属有悖职务与常理。是以为求诉讼迅速并符合于正义起见，不能不认为法官对于事实亦有认知之范围。关于事实问题，在辩论主义之下，当事人有主张之责任。不主张者，法院不予斟酌。但如属于认知之范围，当事人虽未提出，法院亦得斟酌之。②

如我国台湾地区“民事诉讼法”第 278 条第 2 款规定，公知事实，虽非当事人提出者，亦得斟酌之。但裁判前应令当事人就其事实有辩论之机会。即法院可以主动考虑公知事实的适用，但应行使阐明权，在裁判前提示当事人有辩论的机会。这是为了维护当事人的利益，使当事人有机会提出反证来证明该公知事实与事实真相不相符。法院若违背此规定，未保障当事人辩论的机会即将该公知事实作为判决的基础时，当事人可据此提出上诉。

由于我国民事诉讼不采取辩论主义，受诉法院自然可依职权直接认定公知事实。当然，为维护当事人的程序利益，受诉法院认定该公知事实时，应赋予因该事实被认定而处于不利地位的一方当事人在法庭辩论时阐述不同意见、提出相反证据的机会。易言之，即便被认定为属于公知事实，当事人也可以就该事实违反真实提出相反的主张并举证。《民事证据规定》第 9 条第 2 款即表明了这一态度。

第四节　司法认知的事实

一、司法认知的概念和特点

司法认知，亦称审判上的知悉或审判上的认知，是指“法院依其职务上

① 参见骆永家：《民事举证责任论》，台湾“商务印书馆”1987 年版，第 35 页。
② 参见李学灯：《证据法比较研究》，台湾五南图书出版公司 1992 年版，第 11 页。

之实验所认识之事实”①，即在案件审理过程中，法官基于职业身份，对于某些特定的待证事实，无须当事人举证证明即应认可其真实性，并把它作为裁判的依据。司法认知本质上是法官的一种职务行为，是法官运用审判权直接对事实予以认知的行为。该类事实或为法官于职务上所为的行为或系由其职务上所观察或经历的事实故而为法官所知悉。至于法官知悉此事实的原因则在所不问。也即不管其是在本诉讼中所知悉，还是在其他诉讼以及非讼事件中所知悉均不影响司法认知之特质。② 总之，司法认知的事实乃由法官于直接审理或在法定程序保证之下行使职务中所产生的事实，或为其认识对象的事实，非如私知般为主观的、偶然的。③

司法认知事实与公知事实不同。主要表现在两个方面：其一，二者的认知主体不同。公知事实的认知主体是具有一般知识与经验的不特定的普通人；司法认知事实的认知主体则是审理案件的法官，④ 当事人是否知悉在所不问。当事人可以举证证明某事实为公知事实，但却不能证明某事实为司法认知的事实。其二，二者作为免证事实的基础不同。公知事实作为免证事实的基础是其对拥有一般知识与经验的不特定的普通人而言均具有显著性；司法认知事实作为免证事实的基础则是其属于审理案件的法官于职务上所为的行为或基于职务所观察的事实。如某法官在审理某一案件时，得悉甲事实，而在另一案件的审理中，涉及甲事实时，其即成为司法认知的事实，但其显然并非该法官之外的其他人所当然知晓的公知事实。⑤

---

① ［日］松冈义正：《民事证据论》，张知本译，中国政法大学出版社 2004 年版，第 21 页。

② 对于诉讼中已记载于笔录中的某种事实是否属于司法认知事实，学者认识不一（参见［日］松冈义正：《民事证据论》，张知本译，中国政法大学出版社 2004 年版，第 22 页）。对其性质所作的界定在法官更替的场合即显现其价值，因为其涉及对这一问题的回答，即对于更替后的法官，更替前已经记载于笔录中的事实是否应属于其司法认知的事实。

③ 参见骆永家：《民事举证责任论》，台湾“商务印书馆”1987 年版，第 32 页。

④ 有学者认为外国法在附加条件的情况下亦属于司法认知的对象。参见陈玮直：《民事证据法研究》，台湾新生印刷厂 1970 年版，第 35 页。

⑤ 最早对司法认知的事实与公知事实进行区分的乃德国学者修泰恩（Stein），在此之前，学界及司法实务部门对司法认知的事实与公知的事实并不作区分。参见骆永家：《民事举证责任论》，台湾“商务印书馆”1987 年版，第 26 页。

二、司法认知的效力

我国现行《民事诉讼法》及相关司法解释并未确立司法认知，从其他国家和地区的立法上看，司法认知的效力表现为对当事人的效力和对法院的效力两个方面：从当事人的角度看，司法认知将致使当事人之间证明责任的再分配，一方当事人证明责任的免除，必然导致另一方当事人证明责任的加重。由于司法认知在一般情况下具有作为免证事实上的绝对效力，法官针对某些事实一旦采取司法认知，当事人的反驳证据即不易被法官采纳。从法院的角度看，对符合法律所规定的司法认知范围和条件的事实，若由法官采取司法认知之方式对其真实性予以确信，则对该项事实即无须进一步查证。①

司法认知的事实在范围上是不确定的，需依个案定之。但不管怎样，某一事实欲构成司法认知的事实，必须是法官已经在记忆中记住了该事实，以至于不需要查阅案卷即可对其予以确认；因此不允许使用从另一个程序的案卷中获得的信息作为司法认知事实之凭证。②

此外须注意的是，某一事实如果属于法官于其职务外偶然知道的事实，则不能将其认定为司法认知的事实。因为法官对于这种事实若不经由证明就直接认定，不仅不能保证法院判断的正确性，而且违反了“证人身份优先”的原则，在上述情形下法官应当以证人的身份就其偶然知道的事实向法院陈述证言。易言之，法院不得利用自己偶然得知的事实进行裁判，“无论其如何恰当、如何确实可信，如果其未被当事人所了解、不符合可视化的要求，从公正的角度来看，是不能允许以之为裁判的”。③

三、司法认知的程序

不论哪一审法院，都应当直接确认司法认知事实的真实性，但若当事人提出足以推翻司法认知事实的证据时，法院应当对其重新审查认定。法官在进行司法认知以前，必须将要认知的事项告知当事人及其诉讼代理人，并给予当事

① 大陆法系国家和地区的刑事诉讼法就显著的事实均无任何规定，通说认为公知事实在刑事诉讼领域中也属于免证事实，但关于司法认知的事实则属于有证明必要的事实。参见陈朴生：《刑事证据法》，台湾三民书局1979年版，第44页。

② ［德］奥特马·尧厄尼希：《民事诉讼法》（第27版），周翠译，法律出版社2003年版，第266页。

③ ［日］高桥宏志：《重点讲义民事诉讼法》，张卫平、许可译，法律出版社2007年版，第29页。

人及其代理人提供资料进行反驳的机会，这样做既可以防止司法认知出现错误，又能增加当事人对司法认知的认可程度。法官在作出司法认知后，应当将认知的事项告知当事人，当事人对已作出的司法认知可以提出异议。对此异议，法院应当作出裁定。当事人不服法院作出的驳回异议的裁定的，可以此作为上诉的理由，请求上一级法院予以纠正。如我国台湾地区“民事诉讼法”第278条第2款即规定，法院依职务已知之事实，虽非当事人提出者，亦得斟酌之。但裁判前应令当事人就其事实有辩论之机会。

第五节　推定的事实

一、推定概述

（一）推定的概念

推定的字面含义为经推测而断定。推，指推算、推知、推断或推求；定，指断定、决定或确定。推、定二字，推是前提和基础；定是结果和目的。

在非法律专业领域使用推定一词时，其一般是指人们在没有十足把握的情况下对某项事实作出判断。这种判断蕴含了三层意思：一是对事实没有十足的把握予以确信；二是对事实作出了某种判断；三是有必要对此事实作出这种判断，即使人们知道对其尚无十足的把握。

推定作为法律概念，是指法官依照法律规定或者经验法则，从已知的某一事实推断未知的另一事实存在，并允许当事人提出相反的证据予以推翻的一种证据法则。① 推定属于法官对事实的认定，是一种寻求正当性证明的推理，是一种实践理性。前一事实称为前提事实，后一事实称为推定事实。在通常情况下，这两种事实之间必须有合理的关联，或互为因果，或互为主从，或相互排斥。② 推定以严密的逻辑推理和人们日常生活经验为基础，一旦前提事实得到证明，法院即径直根据前提事实认定推定的事实，而无须要求当事人对推定事实加以证明。

---

① 有学者认为，所谓推定，属于事实的一种，故表达该意思的适当的术语应为“推论”而非“推定”（参见［美］Edmund M. Morgan：《证据法之基本问题》，李学灯译，台湾世界书局1982年版，第57页）。笔者认为推论和推定两者有别，不应以推论指代推定。

② 参见连银山：《民事举证责任之研究》，载杨建华主编：《民事诉讼法论文选辑》（下），台湾五南图书出版公司1984年版，第621页。

推定在法律上的运用由来已久，罗马法理论上就有“一切主张在被证明前推定其不存在”的认知。而1804年《法国民法典》第1349条第一次在成文法中对推定下了定义：“推定为法律或审判员依已知的事实推论未知的事实所得的结果。”1877年《德国民事诉讼实施法》第16条第1款将推定定义为：民法的规定，根据该规定，在特定的前提条件下，一事实被视为确定无疑。《德国民法》第一部草案第198条对推定表述为：如果法律规定一个事实被推定，那么该事实视为已经被证明。① 推定可以被界定为一种证据规则，按照该规则，除非特定的具体的条件能够满足，否则基础事实一旦被证实就要求法官确认推定事实的存在。基础事实与推定事实之间的联系，大陆法系证据法上将其称为经验法则，英美法系证据法上则将其称为盖然率。正是因为因果关系的确定性，才要求法官根据基础事实推导出推定事实，免除主张推定事实存在的当事人提供证据的责任和证明责任。同时由于因果关系的不确定性，自然也应允许对方当事人提供相反的证据推翻推定。

推定在两大法系的适用上存在一定的差异。在英美法系传统诉讼体制下，法官与陪审团在案件的审理过程中各司其职，陪审团负责事实认定，法官负责法律的适用。为保证陪审团能够正确地认定事实，法官要就案件中的法律问题和证据规则，包括推定及其结果、证明责任、证明标准等向陪审团告知。而大陆法系不采陪审制，法官不仅负责法律的适用，同时负责事实的认定，因此不存在法官对推定的告知问题。

（二）推定的逻辑规则

推定是一种对事实的推理判断，具有逻辑学上推理的一般特征。其构成要件包括大前提、小前提和结论三要素：其中前提事实和推定事实之间的常态联系是大前提，前提事实真实为小前提，推定事实真实则为结论。

依逻辑学的一般规则，事物之间主要存在三种逻辑关系：(1) 等值关系。是指两事物必须同时存在或同时不存在。当A事物存在时，B事物也一定会存在；当A事物不存在时，B事物也一定不会存在；反之亦然。(2) 矛盾关系。是指当A事物存在时，B事物一定不存在；当B事物存在时，A事物一定不存在。(3) 或然关系。是指当A事物存在时，B事物可能存在，也可能不存在。

这三种逻辑关系中，前两种是必然关系，其中第一种属于肯定型必然关系，即当A事物存在时，B事物一定存在；第二种属于否定型必然关系，即当

① 参见［德］罗森贝克：《证明责任论》，庄敬华译，中国法制出版社2002年版，第226页。

A 事物存在时，B 事物一定不存在。而第三种则是或然关系，即当 A 事物存在时，B 事物可能存在，也可能不存在。根据 B 事物存在的概率，其具体又可以分为三种情况：(1) 常态关系。其有肯定型常态关系和否定型常态关系两种表现形式，前者是指当 A 事物存在时，B 事物极有可能存在；后者则是指当 A 事物存在时，B 事物极有可能不存在。(2) 例外关系。相对于常态关系而言，当常态关系是肯定型时，例外关系就是指当 A 事物存在时，B 事物有可能不存在；当常态关系是否定型时，例外关系就是指当 A 事物存在时，B 事物有可能存在。(3) 中立关系。即当 A 事物存在时 B 事物存在和不存在的可能性一样大。①

从逻辑的角度来看，或然关系中的常态关系不能被用来作为推理前提，因为 A 与 B 之间的关系并不是一种必然关系，是人为假定的，并不是对科学原理的客观反映，利用这种前提得出的结论并不必然为真。当前提 A 为真时，推理结论是否为真的概率就取决于 A 与 B 之间关系真实性的概率。如果其为真的概率越高，结论为真的概率也就越高。因此，在诉讼中能否利用推理来转换证明对象，减轻证明困难就取决于能否认定 A 与 B 之间的逻辑关系，即能否认定 A 是 B 的充分条件。由于逻辑学只解决推理形式问题，不解决具体内容问题，故 A 与 B 之间的具体逻辑关系只能由各学科领域自行解决。在诉讼证明中，哪些事实之间的逻辑关系可以固定下来需由法律或法官来确定。

由于纠纷事实之间的逻辑关系存在多种可能性，对其之确定往往需要在一般和个别、常规和例外之间进行选择。为了提高结论正确性的概率，根据择优原则，只能选择一般或常规，即只能视两个事物之间的常规关系为充分条件关系。因此，根据择优规则，将两个事实之间经常发生的某种关系作为二者的充分条件确定下来，就是推定。推定与选择是紧密相连的。当事物之间的关系不存在例外情况时，也就不存在选择，也就没有推定。当事物之间的关系既有常规情形，又有例外情形时，且常规情形的出现绝对较例外情形出现的概率大，此时就可以进行推定，将两事物之间的常规情形确定为充分条件关系。

（三）推定的特点

推定在诉讼中的适用，对立法者而言，是根据对事实之间逻辑关系的认识，将其规定于法律之中；对司法者而言，则是法官在诉讼中对法律规定的推定条款的适用，或是对客观存在的事物之间关系的分析判断和对经验法则的运

① 参见王学棉：《论推定的逻辑学基础——兼论推定与拟制的关系》，载《政法论坛》2004 年第 1 期。

用。一般来说，推定主要有以下几方面的特点：

1. 推定的目的是为了确定两个事实之间的逻辑关系。这两个事实中，一个为基础事实，另一个为推定事实，两者缺一不可。缺少基础事实的推定属于直接认定，缺少推定事实的推定则是法定证据法则，两者均非真正的推定。基础事实与推定事实之间的常态关系是进行逻辑推理过程的大前提，缺少其中之一，就无法进行推理，也就不存在推定。作为推定的起点和开始，基础事实决定了推定的最终结果。因此，为了保证推定事实的客观可靠，必须确保基础事实的真实性。作为推定根据的基础事实，除了当事人自认的事实、众所周知的事实和司法认知的事实可由法院直接进行认定外，均应由主张该事实的当事人对其之真实性举证证明。

2. 推定的基础是基础事实与推定事实之间通常存在或为一般和个别或为常规和例外之关系。即有时候基础事实是推定事实的充分条件，有时候又不是，当然，两者之间的必然联系是常态，或具有高度的盖然性，其发生符合日常生活中的通常概率。这样的常态联系是人们通过生活中长期、反复的实践所取得的一种因果关系的经验，即当某一现象存在，另一现象一般必然接着出现，除非受到个别例外条件或因素的制约。

3. 推定应当允许反驳推翻之，并应尽量给予因推定而遭受不利影响的当事人以反驳的机会。由于推定是人为地忽略了事物之间的例外、偶然联系，因此根据这种人为建立起来的事物之间的联系进行推理得出的结论有可能与客观实际不相吻合，不能保证证明结果必定正确。为了使诉讼证明的结论尽可能与客观实际相符，应赋予受到不利影响的一方当事人反驳该推定的机会。可见，“推定作为一条证据规则，当一方当事人证实了某一事实，而另一种事实则假定被证实，除非对方当事人提出反证来推翻这种推定，或者说，使推定事实出于前后矛盾状态”。① 也就是说，任何推定都是可以反驳的，不可反驳的推论并不是真正意义上的推定。当事人进行反驳，可以针对基础事实，也可以针对推定事实。基础事实得到完全证实以前，尚处于为适用推定创造条件的阶段，当事人只需提出基础事实不存在的证据，使其存在与否处于真伪不明的状态，就可以有效地阻碍推定的进行；当然，当事人也可用间接证据来证明推定事实本身的不成立。

（四）推定的功能

推定作为一项重要的证据法则，其主要有以下几方面的功能：

① 李学灯：《证据法比较研究》，台湾五南图书出版公司1992年版，第252页。

1. 缓解证明上的困难。在诉讼实践中，某些案件事实属于争论焦点，对案件审理结果有重大影响，但对其调查举证却十分困难。调查这类案件事实不仅花费巨大，而且往往也不易查清。在此种情形下，通过运用推定来认定案件事实，可避免诉讼陷入僵局，缓解当事人举证及法院调查证据的困难。当然，是否利用推定的决定权在于当事人，当事人也可以选择对难以证明的推定事实进行证明。①

2. 合理分配当事人的证明责任。查明案件事实离不开证据，但在特殊情况下，有关案件事实的直接证据难以获得，此时当事人可以利用的只有间接证据。允许当事人以推定方式从间接证据出发证明案件事实，可以避免当事人碍于客观原因举证不能而招致不公平的败诉结果。可见，“推定是一个证明责任规则”。② 当然，如上所述，适用推定法则时，应给予对方当事人提出反证推翻推定的机会；从而进一步平衡双方当事人关于证明责任之分配。

3. 推进案件审理的进程。发现或最大限度地接近案件的客观真实，无疑是案件审理最理想的境界，但达此目标有时会耗费大量的司法资源和诉讼成本。审判实践还证明，有些案件所依赖的证据由于各种主客观的原因，甚至可能处于永远都不能获取的状态。法官倘若因此而拒绝或延迟作出裁判，则既不符合创设诉讼制度的宗旨，又不能消解实体法律关系悬而不决的状态，难以达到息诉的目的。从诉讼的结果看，推定事实往往与事实真相相符，具有较高的盖然性。因此，从维护诉讼秩序和实体法律关系稳定的角度出发，以推定的方式确定某种实体法律关系的存在或不存在，为摆脱因证据难以获取而导致的裁判困境提供了较好的解决方式。

4. 达到一定的立法效果。推定常常被用来表达立法者所倡导的某种价值取向，或促进实施立法者提出的某项社会政策。如在大陆法系国家和地区的民事立法上，多有推定长期占有不动产的人享有所有权的规定，其目的即是为了维护社会经济秩序的稳定性和保持所有权关系的有序性。再如关于婚姻关系存续期间所出生的子女是婚生子女的推定，除符合婚姻关系存续时出生的子女依常理应为婚生子女这一优势盖然性标准外，还表达了立法者希望减少和消除非婚生子女的意图，体现了国家促进婚姻关系稳定、家庭协调发展的社会目标。

---

① 参见［日］高桥宏志：《民事诉讼法制度与理论的深层分析》，林剑锋译，法律出版社2003年版，第458页。

② ［德］罗森贝克：《证明责任论》，庄敬华译，中国法制出版社2002年版，第230页。

当然，推定并非没有任何的局限性。从上述推定的特点可知，通过推定而认定的事实和得出的结论与案件真实之间并非不存在任何的距离。推定尽管是根据事物间的常态联系或生活中的经验规则所作出的，但它仍然具有相对性和不确定性，在反映客观真实的程度上，只能达到盖然性标准，尚不能达到排除一切合理怀疑从而达到绝对确信的程度。同时，这种盖然性的大小还受到案情、法官素质、前提事实的真实程度以及特定事物之间包含在常态联系内部的必然性与偶然性之间的相互关系的稳定程度等诸多因素的影响。所以，在适用推定规则时一定要慎之又慎。这就要求关于推定的制度设计须更为周全：法官在适用推定规则认定事实时亦要遵循两项基本原则，其一，推定不应滥用，盖然性不高的推定规则尽量不予适用；其二，在适用推定时，应尽量赋予对方当事人较多的反驳的机会，在其无相反证据推翻的情况下始确认推定的事实存在。

（五）推定与相关概念的关系

1. 推定与法律拟制

所谓法律拟制，是指立法者根据实际需要，将某种事实看做另一种事实，使其与另一种事实发生同一的法律效果之立法现象或立法技术。因法律拟制的事实不能用反证来推翻，故而不涉及证明责任的转换问题。立法者往往用“视为”一语，来表达法律拟制。① 拟制是使立法技术简单化的一个方法。② 其是基于某一要件事实能够产生相应法律效果的需要，为避免法律条文重复，简化立法而直接以前提事实代替拟制事实所形成的一种权利规范。拟制通常具有贯彻特定立法意图的目的。如《民法通则》第 15 条规定，公民经常居住地与住所地不一致的，经常居住地视为住所。第 66 条规定，本人知道他人以本人名义实施民事行为而不作否认表示的，视为同意。《合同法》第 15 条规定，商业广告的内容符合要约规定的，视为要约。《继承法》第 25 条规定，受遗赠人应当在知道受遗赠后两个月内，作出接受或放弃的受遗赠的表示，到期没有表示的，视为放弃受遗赠。《民事诉讼法》第 155 条规定，第二审人民法院

① 有学者将法律上的推定分为确推定和假推定两类：确推定是指诉讼当事人所提出的事物，得法律上之确认，绝不容对方有反对的余地。即法律将甲事实视为乙事实，使其产生同一法律效果，与证明责任无关。假推定是指一方主张的事实为法律上推定的事实的，除对方提出相反的证据外，应认定该事实为真实。其效用在于将证明责任转换给对方（参见王甲乙、杨建华、郑健才：《民事诉讼法新论》，台湾三民书局 2002 年版，第 360 页）。此处的确推定即相当于法律拟制。

② 参见［德］罗森贝克：《证明责任论》，庄敬华译，中国法制出版社 2002 年版，第 220 页。

审理上诉案件，可以进行调解。调解达成协议，应当制作调解书，由审判人员、书记员署名，加盖人民法院印章。调解书送达后，原审人民法院的判决即视为撤销。上述规范均为法律拟制规范，正是经由拟制，使得拟制事实与要件事实这两个在本质上各自独立的事实发生了切换，从而不仅追求了立法技术的简洁，也贯彻了立法之目的。

法律拟制与推定在形式上有相似之处，表现为，二者均涉及两个事实，且只要一事实的存在得到证明，法律就使它产生与另一事实相同的法律效果。但推定与法律拟制实质上是两个不同的制度或规范，两者存在根本的区别。

（1）性质不同。推定包含着推论过程，乃依据一定规则从前提事实推论出推定事实，其之成立乃是以前提事实和推定事实之间存在常态的联系为基础。法律拟制将两个相异的事实规定为具有同样的效果，作如此处置并不是由于这两个事实存在之间稳定的必然的联系，而是基于社会政策和价值取向的考虑，有时则是一种纯粹的立法技术，是立法者为了避免法律条文用语重复而采用的一种表述方式，法律拟制不涉及由一事实的存在推论出与之相关的另一事实的存在。在法律拟制下，虽然两事实之间可能存在一定的联系，但这种联系并非是常态的，有时甚至是虚假的。如《民事诉讼法》第84条规定，对于下落不明的受送达人，自发出公告之日起，经过60日，即视为送达。此项法律拟制中，经过了60日公告期的事实与受送达人实际收到诉讼文书的事实之间并无实际联系。

（2）对证明责任的影响不同。在依法律规定适用的推定中（此时不包括法官依经验法则适用的推定），需要证明的事实主要是推定事实，主张推定事实存在的一方当事人证明前提事实后，法律便假定推定事实存在，这样，就把证明推定事实不存在的证明责任转移给了对方当事人，故推定有转移推定事实的证明责任的作用。而在法律拟制中，尽管一方当事人主张的是后一事实的法律后果，但双方发生争议且需要证明的始终是前一项事实，而不允许当事人对后一项事实进行争议，所以不存在将后一事实的证明责任转移于对方当事人的问题，因此，法律拟制不影响当事人关于某一法律要件事实证明责任的分担。

（3）反驳方式不同。推定作为一种建立在盖然性基础之上的证明规则，所推定出的事实并非绝对的真实，因此，法律允许对方当事人提出相反的证据推翻推定事实，对方当事人为否认推定之真实性，既可以反驳前提事实，也可以反驳推定事实。而法律拟制则是关于事实或某种关系的决断性虚构，这种虚构不仅不受事实检验，也不受逻辑的检验，故某一事实的存在得到证明后，即不允许对方当事人再提出证据来推翻另一事实，即在法律拟制中，当事人只能反驳前提事实，而不能反驳被拟制与前提事实具有相同法律效果的后一事实。

2. 推定与认定

从字面含义上看，认定是指确定地认为，而推定仅仅是估计，尽管这种估计有很高的准确性。不过，在法律领域，推定通常是帮助认定形成的手段，法官对案件事实的认定过程中，会经常使用到推定这一方法。认定的根据是证据，而推定的根据是经验法则或法律本身，在直接经由证据证明案件事实无法达到目的之情形下，推定便成为一种可供选择的途径：如果法律上承认证明的标准可以降低，则推定的结论可以作为最终认定的结论；如果法律上不允许降低证明标准，则须排除推定的结论，法官须从否定的角度，也即从反面对事实作出认定。

3. 推定和假定

所谓假定，是指对过去没有、现在也不存在的某种事实进行猜测的一种思维形式，有姑且认定、假设之意。假定是不需要任何前提条件的假设，因而不具有任何法律效力，法院应当绝对避免借助假定处理案件。而推定则是法律允许的认定案件事实的一种特殊规则，只要在法律规定的条件和范围内，就能产生一定的法律后果。推定只有经反证才能被推翻，而假定必须以证据证明才能被认为是真实的。

4. 推定和推论

推论与推定都属于逻辑推理的范畴，并且都须具备一定的前提事实作为推断的基础和依据。但与推定相比，推论是一个内涵更为广泛的概念，是一种从已有判断推出新判断的思维形式。推论所得出的结果并非唯一，依据某一已知事实，往往可以推论出多种不同的结果。虽然推论结果中的某一推断事实可能符合客观真实，但由于结果的不确定性和多样性，法官不能直接以推论所得的事实作为裁判依据，必须以其他证据对推论结果加以佐证，从而筛选出正确结论。而推定所得结果是唯一的，除非有反证加以推翻，否则即被认定为真实，可作为裁判依据。可见，就推论而言，尽管可由多个基础事实推论出一种结果事实，但如由一种基础事实可能推论出数种结果事实时，即不得适用。①

5. 推定与“暂定真实”

“暂定真实”乃欠缺基础事实之无条件推定，即将某规定之要件事实不存在的证明责任由对该规定的法律效果有争议的当事人承担，与依本文与但书之

① 参见连银山：《民事举证责任之研究》，载杨建华主编：《民事诉讼法论文选辑》（下），台湾五南图书出版公司 1984 年版，第 621 页。

方式转换证明责任的方法相对应，只是因简洁立法技术起见为避免本文加但书表达方式的繁杂而使用“推定”这一表述。①

如《日本民法典》第162条规定：“（第1款）以所有的意思，二十年间平稳而公然占有他人物者，取得该物所有权。（第2款）以所有的意思，十年间平稳而公然占有他人不动产者，如果其占有之始系善意且无过失，则取得该不动产的所有权。”第186条第1款规定：“对占有人，推定其以所有的意思，善意、平稳而公然实行占有。”我国台湾地区“民法”第768条规定：“以所有之意思，五年间和平公然占有他人之动产者，取得其所有权。”第769条规定：“以所有之意思，二十年间和平继续占有他人未登记之不动产者，得请求登记为所有人。”第770条规定：“以所有之意思，十年间和平继续占有他人未登记之不动产，而其占有之始为善意并无过失者，得请求登记为所有人。”第944条第1款规定：“占有人，推定期为以所有之意思，善意、和平及公然占有者。”第953条规定：“善意占有人，依推定其为适法所有之权利得为占有物之使用及收益。”此皆为关于“暂定事实”之适例。

6. 推定与作为意思表示法律评价基准的“解释规定”

作为意思表示法律评价基准的“解释规定”亦称“意思推定”，其并非关于事实内心意思的推定，而是指在意思表示不明了或不充分时，应认定为具有何等法律效果的规定。解释规定也欠缺基础事实，其唯一的前提要件乃意思表示。这种被承认的法律效果并非被推定，而是被明确规定。② 当事人如果能证明存在别的意思表示，则该规定即无从适用。

如《日本民法典》第136条第1款规定：“期限，推定为为债务人的利益而订定者。”第420条第3款规定：“违约金推定为赔偿额的预定。”第449条规定：“可以因无能力而撤销的债务的保证人，如果于保证契约订立当时知其撤销原因，则于主债务人不履行或其债务撤销情形，推定其负担有同一标的的独立债务。”第530条第3款规定：“广告人规定实施其指定行为的期间时，推定为抛弃其撤销权。”第569条规定：“（第1款）债权出卖人担保债务人资

---

① 参见［日］新堂幸司：《新民事诉讼法》，林剑锋译，法律出版社2008年版，第402页；［日］高桥宏志：《民事诉讼法》，林剑锋译，法律出版社2003年版，第459页；骆永家：《民事举证责任论》，台湾“商务印书馆”1987年版，第127页。

② 参见［日］新堂幸司：《新民事诉讼法》，林剑锋译，法律出版社2008年版，第402页；［日］高桥宏志：《民事诉讼法制度与理论的深层分析》，林剑锋译，法律出版社2003年版，第459页；骆永家：《民事举证责任论》，台湾“商务印书馆”1987年版，第128页。

力时，推定为担保契约订立当时的资力。（第 2 款）未届清偿期债权的出卖力，担保债务人将来的资力时，推定为担保清偿期日的资力。”第 999 条规定：“（第 1 款）遗嘱人因遗嘱标的物灭失、变造或占有丧失，而对第三人有请求偿金权利时，该权利推定为遗赠标的。（第 2 款）遗赠标的物与他物附合或混合，遗嘱人依第 243 条至第 245 条的规定成为合成物或混合物的单独所有人或共有人时，其全部所有权或共有权推定为遗赠标的。”我国台湾地区“民法”第 370 条规定：“标的物交付定有期限者，其期限，推定其为价金交付之期限。”第 1203 条规定：“遗嘱人因遗赠物灭失、毁损、变造、或丧失物之占有，而对于他人取得权利时，推定以其权利为遗赠；因遗赠物与他物附合或混合而对于所附合或混合之物取得权利时亦同。”此皆为关于“解释规定”之适例。

7. 推定与“法定证据法则”

“法定证据法则”是指相关规定涉及对证据方法或证据原因证据力的评价，在法院认定事实时对其自由心证加以拘束。① 在推定下，法院对于推定事实完全无须认定；而在“法定证据法则”下，法院仍要对事实加以认定。如《日本民事诉讼法》第 228 条第 2、4 款规定，文书，依制作的方式及目的应认为公务员在职务上作成的，推定为该文书制作是真实的公文书。私文书，有本人或其代理人的签名或盖章的时，推定为其制作是真实的。我国台湾地区“民事诉讼法”第 355 条第 1 款规定：“文书，依其程序及意旨得认作公文书者，推定为真实。”第 358 条规定：“私文书经本人或其代理人签名、盖章或按指印或有法院或公证人之认证者，推定为真正。”此皆为关于“法定证据法则”之适例。

二、推定的分类

依成立依据的不同，可将推定分为法律推定和事实推定。

（一）法律推定

1. 法律推定的概念

法律推定，是指立法者根据事实之间的常态联系，以法律形式规定若一事实存在，则推定另一事实存在。② 在法律推定中，原本需要当事人对难以证明

① 参见骆永家：《民事举证责任论》，台湾“商务印书馆”1987 年版，第 128 页。

② 法律推定究竟属于实体法还是诉讼法范畴，学说上存在争议，目前通说认为其应属于实体法领域，当然并不排除在诉讼法中出现推定适用之情形。参见骆永家：《民事举证责任论》，台湾“商务印书馆”1987 年版，第 139 ~ 140 页。

的推定事实或所推定的权利之发生原因事实进行证明，借助于法律推定，当事人对前者之证明就转化为当事人对易于证明的前提事实予以证明。具体来说，当法律规定的甲事实作为证明对象须由负证明责任的当事人对其证明，立法者为避免该当事人举证困难致使举证不能的现象发生，将其规定为推定事实，此时，该当事人只须就较易证明的作为推定事实甲事实的前提事实进行证明，若乙事实获得证明为法官所确信，对方当事人又无相反的证据充分证明甲事实不存在，则法官可据此认定甲事实已获得证明。易言之，"不是法官从推定的原始事实中得出被推定的事实的结论，而是法律这么做的；不是法官，而是法律推定这一事实。如果法官根据法律推定考虑被推定的事实，涉及的不是对事实的确认，而是法律的适用。法官将被推定的事实不是作为已经证明的事实，而是未加证明即作为其判决的根据：推定使得对被推定的事实进行证明和确认成为多余"。① 从某种意义上说，法律推定在一定程度上排除了法官的自由心证，"即使从客观上来看被推定的与生活事实相符合，在此所虚构的不是推定的事物与客观上事实的内容是否相符的问题，而仅仅是虚构了不需要通过法官获得心证的要件事实在某一诉讼中的存在"。② 可见，法律推定的本质在于，通过证明前提事实的存在，使得推定事实获得证明，从而缓和或减轻了当事人对推定事实的证明责任。如《民法通则》第 79 条规定："所有人不明的埋藏物、隐藏物，归国家所有。"《著作权法》第 11 条第 1 款规定："如无相反证明，在作品上署名的公民、法人或者非法人单位为作者。"此皆为法律推定之适例。

2. 法律推定的分类

(1) 推论推定和直接推定。

以是否需要前提事实为标准，可将法律推定分为直接推定和推论推定。推论推定，又称真正的法律上推定，是法律推定中最典型、最标准的推定③，乃指依据法律从已知事实推论未知事实、从前提事实推论推定事实。适用这种推定，可以减轻主张推定事实的一方当事人的证明责任，并且可以将举证责任从一方转移给另一方。直接推定在本质上并非根据一事实与另一事实之间的逻辑

---

① ［德］罗森贝克：《证明责任论》，庄敬华译，中国法制出版社 2002 年版，第 226~227 页。

② ［德］汉斯·普维庭：《现代证明责任问题》，吴越译，法律出版社 2000 年版，第 77 页。

③ 参见刁荣华主编：《比较刑事证据法各论》，台湾汉林出版社 1984 年版，第 309 页。

关系作出的结论，而是以推定形式表现出来的确定证明责任由谁负担的实体法规范。即法院在适用该推定时不要求因推定而处于有利地位的一方当事人证明任何事实，其作用仅在于确定推定事实不存在的证明责任由哪一方当事人来承担。因此，直接推定并非真正的推定。

（2）法律上的事实推定和法律上的权利推定。

如果法律上有“当存在甲事实（前提事实）时，推定乙事实（推定事实）”这样的规定，而且乙事实属于其他法律规范的要件事实时，此种推定即为法律上的事实推定。如《日本民法典》第186条第2款规定：“于前后两时均有实施占有的证据时，推定为于其间继续占有。”第619条第1款规定，租赁期间届满后，承租人继续进行承租物的使用及收益，出租人知之而不述异议时，推定为以与前租赁同样的条件，继为租赁。第629条第1款规定，雇佣期间届满后，受雇人继续服其劳务，雇用人知之而不述异议时，推定为以和前雇佣同样的条件，继为雇佣。第772条规定：“（第1款）妻于婚姻中怀胎的子女，推定为夫的子女。（第2款）自婚姻成立之日其二百日后或自婚姻解除之日起三百日以内所生子女，推定为于婚姻中怀胎的子女。”我国台湾地区“民法”第9条第1款规定：“受死亡宣告者，以判决内所确定死亡之时，推定其为死亡。”第11条规定：“二人以上同时遇难，不能证明其死亡之先后时，推定其为同时死亡。”第944条第2款规定：“经证明前后两时为占有者，推定前后两时之间，继续占有。”第1063条第1款规定：“妻之受胎，系在婚姻关系存续中者，推定其所生子女为婚生子女。”

如果法律上有“当存在甲事实时，推定存在某权利”这样的规定，而且甲事实是作为不同于某权利发生原因的其他事实存在时，此种推定即为法律上的权利推定。相对于法律上的事实推定，法律上的权利推定仅于例外场合存在。① 法律上的权利推定是借助于罗马法上事实推定之立法技术形式，在日耳曼法上的权利证明之证据制度的基础上而产生的。首先出现于占有之所有权推定，到不动产登记制度出现后，记载于登记簿上的权利状态乃被承认，进而出

① 法律之所以将权利推定作为一种例外予以规范，是因为一旦存在法律上的权利推定，对方当事人为了推翻这一推定就必须对可能造成目前状态的所有发生原因之事实的不存在或者某种消灭原因之事实的存在进行主张和举证，此显然会将对方当事人置于一种非常残酷的境地。参见［日］高桥宏志：《民事诉讼法制度与理论的深层分析》，林剑锋译，法律出版社2003年版，第458页。

现其他公簿记载等的推定力。[①] 如《日本民法典》第188条规定："占有人于占有物上行使的权利，推定为适法的权利。"第250条规定："各共有人的应有部分不明时，推定为均等。"我国台湾地区"民法"第799条规定："数人区分一建筑物，而各有其一部者，该建筑物及其附属物之共同部份，推定为各所有人之共有，其修缮费及其它负担，由各所有人，按其所有部分之价值分担之。"第817条第2款规定："各共有人之应有部分不明者，推定其为均等。"第943条规定："占有人于占有物上，行使之权利，推定期适法有此权利。"须注意的是，法律上的权利推定是以权利或法律关系的现实存在或不存在的状态为对象，而非推定这种权利以何种方式获得的或者这种法律关系以何种方式产生的。[②] 受有推定利益的当事人虽应就其期望法院裁判的权利或法律关系进行主张，但其证明推定权利存在的要件事实即为已足，对该权利或法律关系发生或消灭的要件事实则不必主张并举证。易言之，在权利推定中，要件事实非经证明则不得适用该推定。权利推定若被适用，则主张权利或法律关系的当事人就该权利或法律关系存在的基础事实不必主张及证明。与事实推定仅涉及证明责任之转换、不涉及法院对法律效果规范的适用相比，在权利推定中，法院不但不必认定该权利或法律关系存在的基础事实，亦无须适用判断该权利或法律关系存否所需的法律规范。[③] 易言之，法院仅须依据权利推定规范，以权利推定前提要件事实为基础，直接认定权利或法律关系存在与否。此外，对于事实推定，除法律上的事实推定外，当事人还可以采用契约的方式对推定加以约定，但权利推定则不允许当事人自行约定。[④]

事实推定的规范在整个推定规范中居于多数，因此，一般而言，法律上的推定通常是指法律上的事实推定。[⑤]

3. 法律推定的适用

大陆法系各国和地区的民事立法上普遍设有关于法律推定的明确规

---

① 参见骆永家：《民事举证责任论》，台湾"商务印书馆"1987年版，第142页。

② 参见［德］罗森贝克：《证明责任论》，庄敬华译，中国法制出版社2002年版，第234页。

③ 故有学者认为事实推定与权利推定之关系和诉讼上自认与诉讼标的认诺之关系相对应。参见骆永家：《民事举证责任论》，台湾"商务印书馆"1987年版，第142页。

④ 参见杨建华主编：《海峡两岸民事程序法论》，台湾月旦出版社股份有限公司1997年版，第343页。

⑤ 参见［日］新堂幸司：《新民事诉讼法》，林剑锋译，法律出版社2008年版，第401页。

范。[①] 如《法国民法典》第 1350 条规定，法律上的推定，为特别法所加于一定的行为或一定的事实的推定。《德国民事诉讼法》第 292 条规定，对于一定事实的存在，法律准许推定时，如无其他规定，许可提出反证。我国台湾地区"民事诉讼法"第 281 条规定："法律上推定之事实无反证者，无庸举证。"

在这些法律推定的规范中，尽管蕴含有"反证"一语，但应明确指出，为证明推定事实的不存在，当事人须提出足以让法官确信推定事实不存在的证据始可成功，故此处的"反证"就其性质而言并非真正意义上的反证，而属于本证，因为在法律推定之场合，推定事实乃法律规范预先创设，故前提事实一旦被予以证明，法官即必须按照该法律上的规范认定推定事实的存在。因此，对于法律上推定事实的认定，法官并无自由斟酌判断的余地。就此而言，法律上的推定改变了证明的主题，对方当事人欲反驳推定事实仅使法院对推定事实陷于真伪不明的状态，尚属不足，必须让法官对该推定事实的不存在达到内心确信的程度始为成功。因此，受不利推定一方当事人就推定事实的不存在，必须负担证明责任。如果在言词辩论终结时，法官仍就对推定事实存在或不存在无法形成心证而作出判断，即推定事实处于真伪不明的状态，则应确认推定事实的存在。总之，法律推定"一方面赋予主张其效果的当事人选择证明主题的权利，与此同时，对对方当事人课以反对事实之证明责任的负担(属于证明责任转换的一例)"。[②]

当然，作为推定根据的前提事实，除当事人自认的事实、众所周知的事实和司法认知的事实可由法院径行认定外，都应由主张存在该事实的当事人举证证明。如果负证明责任的当事人没有提供证据或提供的证据不足以证明前提事实，推定法则就无法适用。所以，法律推定仅免除了于其有利的一方当事人对推定事实的证明责任，并未免除对前提事实的证明责任。对于未履行证明责任的当事人，法院可责令其提供证据，否则，不能认定前提事实，进而也就不能确认推定事实存在。对法律推定的反驳也并不限于针对推定事实提出本证，为

① 法律推定实际上是强制法院认定推定事实的存在，与刑事诉讼领域所采纳的证据裁判主义的精神不相符合，所以，刑事诉讼领域很少有法律上推定的规定。当然，刑事诉讼领域并非绝对没有法律推定的存在。如最高人民法院《关于依法查处盗窃、抢劫机动车案件的规定》第 17 条之规定即乃法律上的推定规范，其内容是：有下列情形之一的，可以认定为"明知"：1. 在非法的机动车交易场所和销售单位购买的；2. 机动车证件手续不全或者明显违反规定的；3. 机动车发动机号或者车架号有更改痕迹，没有合法证明的；4. 以明显低于市场价格购买机动车的。

② [日]新堂幸司：《新民事诉讼法》，林剑锋译，法律出版社 2008 年版，第 402 页。

阻碍法院适用有利于对方当事人的推定，当事人还可争议前提事实之存在，并提供证据证明前提事实不存在。此时，只要当事人提出反证使前提事实的存否处于真伪不明状态，就能有效地排除法律推定的适用。

（二）事实推定

1. 事实推定的概念

事实推定，又称为诉讼上的推定、司法推定或逻辑推定，是指"法院依已明了之事实（如已被证明之事实、或无争执之事实、或显著之事实——间接事实），根据经验法则，依自由心证，而推认其他有争执之事实（应证事实），当事人即无须就应证事实直接举证"①，即法院根据经验法则，从已知事实出发，推定待证事实的真伪。

从历史沿革来看，事实推定乃先于法律推定而产生。法律推定是事实推定的法律化，事实推定往往是法律推定规范生成的基础，当然事实推定能否上升为法律推定规范，取决于立法者对某一类推在司法实践中适用频率的预见程度，以及对司法者的信任程度。易言之，各种所谓推定的起源，最初均是基于人类经验所作的推论。其中一部分，经常为同样的适用，即逐渐形成一种法则，最后成为法律上的推定。在司法判决中，也有承认此为便利认定事实的法则，基于经验或公共政策建立此种法则即所谓在便利审理中寻求事实。② 在性质上，凡法律推定，法院必须适用，而事实推定则由法院酌情决定是否适用。

2. 事实推定的基础

法律推定的依据是法律的明文规定，而事实推定的依据则是经验法则。如前所述，经验法则，是指人们在长期生产、生活中对客观现象与通常规律的一种理性认识，是人类对事物属性以及事物之间常态联系归纳抽象后获得的一般性知识或法则。经验法则不是具体的事实，但在法官针对个案作出判断时，可以成为三段论推论中的大前提。在这一点上，经验法则具有类似于法规的机能。经验法则作为诉讼证明过程中事实认定之逻辑推理的大前提在实质意义上决定了司法人员运用证据进行推理的逻辑结论，并且，经验法则作为证据发挥作用的背景性因素又进一步强化了推理结论的内在说服力，从而使之具有更加合理的可接受性。

作为事实推定基础的经验法则与司法者的自由裁量权有着内在的联系。法官在进行事实推定时，不以法律法规为依据而以经验法则为准则，但经验法则

① 骆永家：《民事举证责任论》，台湾"商务印书馆"1987年版，第113页。

② 参见李学灯：《证据法比较研究》，台湾五南图书出版公司1992年版，第409页。

的运用往往取决于法官主观上的思维模式和业务素质，有着某种随意性和偶然性。在缺乏具体指导原则的情况下，如果仅凭经验法则作出裁判，也即法官仅凭个人主观的经验法则而为裁判，就难免导致错误。因此，针对经验法则的运用应规定合理必要的指导原则。经验法则所必备的要素主要有三项：其一，所依据的生活经验必须是日常生活中反复发生的常态现象；其二，这种生活经验必须为社会中普遍常人所能体察和感受，其三，这种经验法则所依据的生活经验可随时以特定的具体方式还原为一般常人的亲身感受。

3. 事实推定的适用

从理论上讲，事实推定的适用，必须同时具备下列条件：（1）无法直接证明待证事实的存否，只能借助间接事实推断待证事实。（2）前提事实必须得到证明而为法院所确信。（3）前提事实与推定事实之间须有高度或然性的联系。（4）对方当事人有权提出反证推翻推定的事实。对方当事人既可以就前提事实提出反证，亦可就推定事实提出反证。

事实推定是否运用乃属于法院依职权裁量的事项，其并非当然免除当事人的证明责任，惟此时当事人虽未举证，亦可以认定相关事实为真实。① 法院运用事实推定来认定待证事实的真伪，在心证的形成上大体可分为两个阶段，首先法官对作为推定基础的前提事实形成确信，即对其真实性形成高度盖然性的心证，在此基础上，法官依据经验法则，推论出待证事实的真实性。当事人欲借助法院适用事实推定以证明其所主张的待证事实，必须证明推定的前提事实为真实。至于法院如何适用经验法则进行推定，是否妥当，则属于法官自由心证的范畴，不受当事人意思的约束。《法国民法典》第 1354 条规定，非法律上的推定由审判员根据学识与智虑定之，但审判员只得为真诚的、正确的而且前后一致的推定，并且只于法律许可用人证的情形始得为之，但在以诈欺为原因而提起取消证书之诉的情形，不在此限。我国台湾地区“民事诉讼法”第 282 条规定：“法院得依已明了之事实，推定应证事实之真伪。”事实推定尽管是根据事物之间的常态联系作出的，但是法官在进行事实推定的过程中，受个人素质，主客观条件的影响，容易导致认定事实上的错误，故事实推定在内容上具有相对性和不确定性，所形成结论的或然性和不周延性更大。因此，事实推定在证明效果上显然要弱于法律推定。对方当事人要推翻推定事实，只需提供反证，使推定事实再度处于真伪不明的状态即可。质言之，事实推定尽管使

① 参见陈计男：《民事诉讼法论》（上），台湾三民书局股份有限公司 2002 年版，第 453 页。

主张推定事实的当事人免除了提供证据的责任。但对推定事实存在的证明责任仍然属于该当事人。对方当事人为阻止法官认定推定事实，可采取以下三种方式：其一，提出反证否定推定的前提事实，即使前提事实陷于真伪不明的状态，推定的前提事实若不能为法官确信，法官自然不能依相关经验法则认定推定事实存在；其二，提出证据使推定事实陷入真伪不明的状态；其三，否认据以为事实推定的经验法则之真实性，即提出某一特殊事实并证明之，阻却法官根据相关的经验规则对该案件的待证事实进行事实推定。

我国《民事证据规定》第 9 条第 1 款第（3）项规定，根据法律规定或者已知事实和日常生活经验法则能推定出的另一事实，当事人无须举证证明。由此观之，该项司法解释一如域外立法例，亦将推定的事实纳入免证事实的范畴。但此规定不区分法律推定和事实推定，将两种性质完全不同的推定法则作统一规范，显然缺乏科学性和合理性。同时，从第 9 条第 2 款的规定来看，不管是对法律上推定的事实还是对事实上推定的事实的反驳，均要求当事人提出“足以推翻”的证据，根本未注意到反驳这两种推定事实在证明要求上并非同一，其结果，在受诉法院适用事实推定时必然会加重反驳推定事实存在的当事人的举证负担，殊失允当自无待多言。

4. 事实推定与表见证明

表见证明乃为德国判例所创设并为学者所承认的一种证明制度，是指法院根据一般生活经验法则，关于一再重复出现的典型的事项，从某一客观存在的事实，推断待证事实的证据规则。表见证明无论是在适用范围上还是在证明推定事实的方法上皆与一般事实推定不同。从某种意义上讲，表明证明乃事实推定的一种特殊类型。在法官进行事实推定时所适用的经验法则既有可能是具有高度盖然性的经验法则，也有可能是盖然性较低的经验法则。在所适用的经验法则具有高度盖然性之场合，一旦前提事实获得证明，法官有关推定事实的心证则几乎一举地接近证明①，此时即成立表见证明。就此而言，表见证明事实上亦未改变证明责任的分配，只是因为有表见证明的存在，对某法律要件事实负担证明责任的当事人不必先提供证据证明其之真实性，相反，对方当事人必须先提出反证反驳推定事实的存在，只有当反证达到致使案件事实真伪不明的程度时，负担证明责任的当事人才有必要提供证据。

---

① 参见［日］新堂幸司：《新民事诉讼法》，林剑锋译，法律出版社 2008 年版，第 402 页。

第六章　证明责任

证明责任是民事证据法中最核心的问题，向来被认为是民事诉讼程序的“脊梁”。证明责任横跨民事实体法和民事诉讼法两大领域，是民事诉讼立法和民事诉讼实践联系和衔接的桥梁，对当事人与法院的诉讼行为均有规范的作用，故对其进行深入、系统的研究于民事证据理论的发展和民事诉讼实践的操作均具有非常重要的意义。

第一节　证明责任的基本理论

一、证明责任的概念

民事诉讼之过程，实乃法院基于经验法则与论理法则，分别以法律和事实为大前提和小前提，通过推理作出裁判结果的过程。在采取证据裁判主义的现代法治国家，案件事实的认定一般必须以证据为基础。在民事审判实践中，经由法院的证据调查，当事人之间争执的事实于言词辩论结束后可能存在三种状态：第一种状态为法官确信争议事实存在；第二种状态为法官确信争议事实不存在；第三种状态则为法官既不能确信争议事实存在，也不能确信争议事实不存在，也即当事人之间争议的事实仍然处于真伪不明的状态。在第一种情形下，法官自然应该对争议事实予以认定，此时即认为“事实已经被证明”；①在第二种情形下，法官不能认定该事实存在即事实未能得到证明。在第三种情形下，因事实仍然真伪不明②，故按照事实认定的标准，法官不能当然地认定

① ［日］兼子一、竹下守夫：《民事诉讼法》，白绿铉译，法律出版社1995年版，第101页。

② 事实“真伪不明”包括五项构成要件：（1）原告方针对该事实提出了实质性的主张；（2）被告方则针对该事实提出了实质性的相反主张；（3）对争议事实真伪与否确有证明之必要；（4）双方用尽合法、可能之手段仍无法使法院获得足够心证；（5）口头辩论已经结束，而法官心证不足之情况仍无法改变。参见［德］汉斯·普维庭：《现代证明责任问题》，吴越译，法律出版社 2000 年版，第 26 页。

其为真实，但基于不得拒绝裁判之规制，法官亦不能拒绝对该事实进行认定。此种情形下，法官即须依据证明责任规范对该事实作出最后的认定。受当事人的举证能力、法官的认知能力及证据方法本身的特质等方面因素的影响，在民事诉讼中，当事人之间争议的事实于言词辩论结束后仍处于真伪不明的情形并不鲜见，因此可以说根据证明责任规范来认定事实是法官经常遇到的问题。

从历史上看，证明责任与其他许多诉讼制度一样最早萌芽于古罗马时期。作为法律制度中的重要组成部分，罗马法中的民事诉讼程序建立伊始即非常强调双方当事人在诉讼中的对抗以及对各自所主张事实的证明。罗马法上关于证明责任分配的界定有两大原则：一为“原告应负举证义务”①，另一为“举证义务存于主张之人，不存于否认之人”。② 罗马法学者在这两项原则的适用上存有两种观点：一种观点认为关于证明责任的分配应以第一项原则为主，第二项原则为辅，因为第二项原则所谓主张之人乃与原告同一意义，故应以第一项原则为主要运用原则；第二种观点则认为关于证明责任的分配应以第二项原则为主，以第一项原则为辅，因为第一项原则所谓原告应负举证义务仅为第二项原则所谓主张之人负举证责任之一种适用形态而已，故应以第二项原则为主要运用原则。③ 但是，直到德国普通法时代，证明责任在内涵上仍仅指当事人提出主张后必须向法院提供证据的义务，即提出证据的责任。④ 而当当事人间所

---

① 当然并非被告完全不负举证责任，但“原告不尽举证责任时，应为被告胜诉之判决”。惟若原告已尽举证责任时，被告即须以反证推翻原告之举证，即所谓“提出抗辩时，就该抗辩有举证之必要”。参见陈计男：《民事诉讼法论》(上)，台湾三民书局股份有限公司 2002 年版，第 437 页。

② 从罗马法的本初意义来看仅有第一项原则之存在，第二项原则乃由罗马著名法学家保罗斯(Paulus)根据第一项引申而来。参见[日]雉本朗造:《举证责任的分配》，载《民事诉讼法的诸问题》，有斐阁，昭和 30 年，第 200 页。转引自骆永家:《民事举证责任论》，台湾“商务印书馆”1987 年版，第 69 页。第二项原则又被称为“肯定者负举证责任，否定者不负举证责任”。参见王甲乙、杨建华、郑健才:《民事诉讼法新论》，台湾三民书局 2002 年版，第 349 页。

③ 参见 [日] 中岛弘道：《举证责任之研究》，有斐阁，昭和 36 年，第 34 页。转引自陈荣宗：《举证责任分配与民事程序法》(第二册)，台湾三民书局 1984 年版，第 6 页。另参见骆永家：《民事举证责任论》，台湾“商务印书馆”1987 年版，第 70 页。

④ 此时也存在如罗马法上的关于证明责任的分配是以第一项原则为主还是以第二项原则为主两种学说的对立。采取第一种观点的学者如韦伯（Weber）等逐渐致力于研究如何决定属于请求原因之事实、如何决定属于抗辩之事实，进而成为特别要件说发端的基础；采取第二种观点的学者则宣称，主张积极事实的当事人虽须证明，但主张消极事实的当事人则不必证明（参见骆永家：《民事举证责任论》，台湾“商务印书馆”1987 年版，第 70 页），进而成为消极事实说发端的基础（参见陈荣宗：《举证责任分配与民事程序法》(第二册)，台湾三民书局 1984 年版，第 6 页）。

争执之事实于最后仍真伪不明时，法官或通常乃依当事人的人格优劣作出判决，或直接作出对不提出证据的当事人不利之判决，极端情形下甚至拒绝作出裁判。

在证明责任理论发展的前期，学者们例皆从提供证据责任的角度来把握证明责任的内涵，一直将证明责任解释为证据提出责任（或称为主观证明责任、行为责任及形式上的证明责任）。对这种传统观念最先提出挑战的是德国法学家尤理乌斯·格拉查（Julius Glaser）。他在1883年率先提出了证明责任（Beweislast）概念的分层理论。他认为，真伪不明是案件审理过程中客观存在的一种状态，它与当事人提供证据的活动没有必然联系，而是由案件事实本身的客观情况决定的。在事实真伪不明的情况下，法官仍然需要作出裁判，此时必须确定由哪一方当事人负担事实真伪不明的不利后果。所以，在承认证据提出责任（Beweisführungslast），即当事人在具体的诉讼过程中，为避免承担败诉的危险而向法院提供证据的必要性的同时，证明责任还应包括在言词辩论结束之后，当事人因主要事实没有得到证明，法院不认可发生以该事实为要件的法律效力而承担的诉讼上的不利后果这层意思。① 由于证明责任的第二层含义与诉讼的结果有关，所以格拉查将其称之为结果责任、客观证明责任、实质上的证明责任或确定责任（Festsellungslast）。② 继格拉查提出证明责任的双层概念之后，罗森贝克和莱昂哈德两位德国学者相继著书立说，进一步发展和完善了这一理论，使之很快成为德国证据理论界的通说，并逐渐在大陆法系其他国家和地区的证据法上得以确立。③

英美法系证据法理论上对证明责任（the burden of proof）也是从两个层面去理解。④ 一为提供证据的责任或举证负担（the burden of producing evidence

---

① 早期日本学者也从提供证据责任层面理解证明责任的内涵。如松冈义正先生即认为，证明责任是指当事人为避免败诉之结果，而有证明特定事实的必要。参见［日］松冈义正：《民事证据论》，张知本译，中国政法大学出版社2004年版，第30页。

② 参见Rosenberg, Die Beweislast 5. Aufl. S. 18 ff. 转引自陈荣宗：《举证责任分配与民事程序法》（第二册），台湾三民书局1984年版，第6页。

③ 参见骆永家：《民事举证责任论》，台湾“商务印书馆”1987年版，第46页。

④ 摩根教授认为，从事审判之法官，对于每一系争之命题，必须决定：（1）若在证据之质与量的方面，如未充分提供使足以发见该命题为真实时，何造当事人将告败诉；（2）若于举证程序终结时，陪审团尤无法决定该命题是否真实，则何造当事人将告败诉。易言之，法官必须决定何造当事人应负担未提供充分证据，足使陪审团为特定发见之危险，以及何造当事人应负担未说服陪审团之危险。参见［美］Edmund M. Morgan：《证据法之基本问题》，李学灯译，台湾世界书局1982年版，第45页。

或 production burden），是指当事人所负的向法官提供足以使案件交予陪审团评议的证据的行为责任，未履行提供证据责任的案件不得交予陪审团评议，由法官通过指示评议进行判决。[①] 具体来说，不管是哪一方当事人对争执的事实负担证明责任，双方当事人在诉讼过程中均应当根据诉讼进行的状态，就其主张或者反驳的事实提供证据加以证明。如果事实主张提出后，主张者不提供证据加以证明，法官则拒绝将该事实提交陪审团审理，对方当事人也没有反驳的义务，此时法官便将该事实作为法律问题加以处理，决定主张者负担败诉后果；如果主张者就事实主张提供证据加以证明，对方当事人就产生了提供证据加以反驳的义务，若对方不提供证据，就表明他对所争执的事实没有争议，此时法官把这种没有争议的事实作为法律问题，可以对不提供证据一方当事人作出败诉的判决。另一为说服责任或说服负担（the burden of persuasion 或 persuasion burden），是指当事人所提供证据对主张的事实进行加以证明的结果，能够说服事实认定者（陪审团或没有陪审团审判时的法官），法官即应对该责任的负担者作出有利的认定；[②] 如果需加以证明的事实处于真伪不明的状态，对该事实负有说服负担的当事人即应承担由此而生的败诉后果。[③]

两大法系的证明责任理论虽存在形式上的差异，但本质上是一致的。两者都承认在证明责任的双层含义中，客观证明责任或说服负担为其本质，其存在意义在于防止法官拒绝裁判现象的发生，在具体的诉讼过程中不发生转换或转移；而提供证据责任则是证明责任的派生或非本质性方面，可以在诉讼过程中发生转换或转移。从实践来看，除美国《联邦证据规则》第 301 条“在所有民事诉讼中，除国会制定法或本证据规则另有规定外，一项推定赋予其针对的当事人举证反驳或满足该推定的责任，但未向该当事人转移未履行说服责任即需承担风险意义上的证明责任。该证明责任仍由在审判过程中原先承担的当事人承担”之规定以制定法的形式将上述两层含义作了概念上的区别外，其他

---

① 参见陈刚：《证明责任法研究》，中国人民大学出版社 2000 年版，第 20 页。

② 参见樊崇义主编：《证据法学》（第三版），法律出版社 2004 年版，第 279 页；毕玉谦：《民事证明责任研究》，法律出版社 2007 年版，第 6 页。

③ 美国学者迈克尔·D. 贝勒斯即认为，证明责任有两项原则：（1）举证责任应由提出争点的当事人承担，但因对方当事人有取得和控制证据的特殊条件而由其举证有失公平的情况除外；（2）说服责任应由举证的当事人承担，除为避免判决给对方当事人造成更大的道德错误成本而需更高的标准外，证明证据较为可靠即可。参见［美］迈克尔·D. 贝勒斯：《法律的原则——一个规范的分析》，张文显、宋金娜、朱卫国、黄文艺译，中国大百科全书出版社 1996 年版，第 68 页。

各国和地区均未从立法对此作出明确划分。大陆法系国家和地区通常是在法的解释和判例中阐释两者的区别。

总体上来说，在现代证据法理论上，从狭义上讲，证明责任仅指结果责任，即在案件言词辩论结束以后，当事人因要件事实没有得到证明，法院不认可相当于该事实的构成要件的法律效果的发生而承担的诉讼上的不利益；从广义上讲，除结果责任外，证明责任还包括提供证据的责任，即当事人在具体的诉讼过程中，为避免承担败诉的危险而向法院提供证据的必要性。本书在以下叙述时均在狭义上使用“证明责任”①，与之相对应的提供证据的必要性则使用“提供证据责任”。

二、证明责任的性质

民事诉讼中，事实认定与法律适用构成了法官裁判的两大基础。“法官知法”乃是一项基本的价值预设，职业法官通晓法律规范自无待多言，故法律适用问题一般与当事人无涉，但对于事实认定问题却无法作出这样的预设。事实认定作为法律适用的前提往往成为决定裁判结果的关键和争议的焦点之所在。② 前面已提到，司法裁判中的事实作为法官在裁判中的认知对象，根据被法官认知的最终结果，在逻辑上可分为“真”、“假”和“真伪不明”三种状

① 学者关于证明责任概念的界定虽然在表述上不尽一致，但内涵基本同一。如有学者认为证明责任是指当某个事实存在与否不明确时，某一方当事人将承担以该事实为要件的、于己有利之法律效果不获认可的危险或不利益。参见［日］新堂幸司：《新民事诉讼法》，林剑锋译，法律出版社 2008 年版，第 392 页。另有学者认为，证明责任是指当某一事实处于真伪不明时，通过假定（拟制）该事实存在或不存在来作出裁判，进而使一方当事人遭受的危险或不利益，即当某一事实真伪不明时，一方当事人所承受大的不利负担。参见［日］高桥宏志：《民事诉讼法制度与理论的深层分析》，林剑锋译，法律出版社 2003 年版，第 420 页。还有学者认为，证明责任是指不问当事人是否为举证活动，惟以当事人为得胜诉，何种法律规定之要件事实应被认定为问题。参见骆永家：《民事举证责任论》，台湾“商务印书馆”1987 年版，第 51 页。此外，尚有学者认为，证明责任是指特定法律效果之发生或不发生所必要之事实存否不明之场合，当事人之一造因此事实不明将受不利益之判断，乃必须就该事实提出有关证据，使法院信其主张为真实的责任。参见王甲乙、杨建华、郑健才：《民事诉讼法新论》，台湾三民书局 2002 年版，第 347 页；陈计男：《民事诉讼法论》(上)，台湾三民书局股份有限公司 2002 年版，第 435 页。

② 也就是说，真伪不明一般仅指案件的事实，而不是法律。如果法律的适用不明确，法官应当根据法律的精神和原则作出适合本案的解释，而不能以法律不明判决主张适用该法律的当事人败诉——此乃法官职责之所在。

态。如果作为推理小前提的要件事实真伪不明，推理就不能进行。但不能否认的是，受人类认识能力及诉讼制度的双重制约，要件事实真伪不明永远不可能被完全排除。① 事实真伪不明是对司法裁判的一个挑战，因为其意味着从理论上来讲由该事实引起的法律后果是否发生也处于真伪不明的状态。其结果，法官将陷入既不应该判决适用该条法律，也不应该判决不适用该条法律的窘境。

但基于自然公正的理念，纠纷的解决作为民事诉讼的主要甚至唯一目的是必须要达成的，有纠纷就必须予以解决，司法机关不得以任何理由拒绝作出裁判。为克服事实真伪不明状态对诉讼造成的消极影响，实践中曾出现过两种做法：（1）强制自由心证。这种方法要求法官依据自由心证强制性地认定事实，并辅之以当事人宣誓作为保障。显然，强制法官自由心证无疑忽视了自由心证的本质，对法官的认知能力提出了过高的要求，极大地损害了法官判决的可信度和说服力。（2）作出驳回起诉的判决。这种方法要求于事实真伪不明时，法官必须作出驳回原告起诉的判决。这种判决之作出从形式上看是解决了纷争，但由于驳回起诉的理由只是法官对原告事实主张不能形成心证，并不意味着原告所主张的的事实依据之反面是成立的，故不可能在双方当事人之间产生实质既判力，其不能阻止当事人以同样的理由另行起诉，进而难以使纠纷得到真正解决。②

可见，在事实真伪不明状态下，试图不借助辅助手段予以克服是不可能成功的。因此，学界逐渐提出应当借助于一定的工具来解决真伪不明时的裁判方法论问题，这种辅助手段就是证明责任规范。这种规范不是纯粹的证明责任分配规范，而是一种具有一般意义的基本规则，一种共同的克服真伪不明的法律适用规范。

法律适用不是一个真与假的事实判断问题，而是一个合理与否的价值判断问题。事实真假不明并不意味着对法律适用也真假不明。证明责任规范的本质

---

① 罗森贝克教授亦指出，鉴于认识手段的不足及认识能力的局限性，在每一个争讼中均可能发生当事人对案件事实过程的阐述不可能达到使法官获得心证的情况。因为不管将判决所依据的资料交由当事人提供，还是委托给法院调查，当事人或法院均必须对在诉讼中引用的事实情况的真实性进行认定，并对此负责，认定程序最终会受制于所谓的形式真实或所谓的实体真实的原则——常常会出现这样的情况，即作为争讼基础的事实不可能在每个细节上均能得到澄清，对于法官的裁决具有重要意义的事实，既不能被查明已经发生，也不能被查明尚未发生。参见［德］罗森贝克：《证明责任论》，庄敬华译，中国法制出版社 2002 年版，第 1 ~ 2 页。

② 参见李浩：《事实真伪不明处置办法之比较》，载《法商研究》2005 年第 3 期。

即在于，对于事实真伪不明进行一种法律上的普遍性的、理性的拟制。对于真相的无法查明，最合适的做法是依据能够被普遍接受或认可的规则进行判决（虽然并不能总是保证其实质正确），其乃人们在不断完善认知手段仍无法完全发现事实真相的情形下所采取的一种克服有限理性的制度性保障措施。证据责任规范意义在于为法官提供将不利益的诉讼后果判决给某一当事人承担的法律依据，从而在事实真伪不明情况下法官并不是任意地将由此而生之不利后果施加给一方当事人。

当然，依证明责任规范作出的裁判毕竟是建立在事实并未查清基础之上的，这与诉讼须查清事实的理想状态相去甚远，从而可能存在有理的当事人反而输掉诉讼的危险，但这无损于证明责任规范在事实认定中所起的积极作用。依证明责任裁判是对本身即存在错误风险的法官自由心证的补充，其可能存在的事实认定错误的风险乃为使裁判在事实真伪不明时仍为可能所必须付出的代价。同时，从证明责任分配的角度考虑，法律在对证明责任进行分配时决不是任意的，而是充分考虑了影响案件真实发现的诸多因素，因此依据证明责任作出的判决从大体上讲是与案件事实的真相相符的。证明责任规范非但没有因为其在适用上具有一定的或然性而降低判决的可预见性和确定性，相反，其经由形式理性克服了事实真伪不明这一不确定状态并帮助法官作出判决，从而尽可能地保证了裁判结果的可预见性。

总的来说，证明责任是一种诉讼负担，是当事人于未能提供充分证据证明要件事实的情形下将遭受不利后果之负担。① 证明责任之存在乃当事人实施证

---

① 有观点认为，证明责任的属性为一种特殊的法律责任，是当事人在民事诉讼中承担的败诉风险责任，是当事人未能举证或举证不充分时，以及案件事实客观上难以查明时引起的法律责任，即认为证明责任是一种败诉的风险，是“类似实体法上的请求权规范的独立的风险分配”（［德］汉斯·普维庭：《现代证明责任问题》，吴越译，法律出版社2000年版，第128页）。亦有观点认为负担说和败诉风险说是一回事（参见李学灯：《证据法比较研究》，台湾五南图书出版公司1992年版，第356页；连银山：《民事举证责任之研究》，载杨建华主编：《民事诉讼法论文选辑》（下），台湾五南图书出版公司1984年版，第621页）。笔者认为，败诉风险说虽已与证明责任的本质有所接近，但仍存在不妥之处。因为风险仅是一种可能性，避免败诉风险是当事人提供证据对案件事实进行证明的目的，而证明责任所涉及的则是败诉这一不利后果之负担，其绝非仅停留在风险这一层面上，而是一种实实在在的不利后果。由于证明责任规范设定的目的主要是为了解决当出现案件事实真伪不明状态时法院如何作出裁判这一问题，故证明责任从本质上讲乃当事人遭受不利裁判后果之负担。

据提出行为的动因，法官若可以依当事人提供的证据对法律要件事实作出认定，当事人即可以摆脱证明责任的负担；反之，法官若不能依据当事人提供的证据对法律要件事实形成心证，当事人就不能解除该负担。易言之，证明责任的意义在于，“不适用特定法律规范其诉讼请求就不可能得到支持的当事人，承担法律规范要素在实际发生的事件中被实现的证明责任，或者——简单地说——对拟使用的法律规范的条件承担证明责任。他之所以承担证明责任，是因为如果该要素的存在未予澄清，就不适用对其有利的法律规范，该事实上的不确定性成为他的负担”①。

三、证明责任的特点

在民事诉讼中，不论法院最后的裁判如何，必有一方当事人受到不利益而另一方当事人受有利益。循此而言，当案件的主要事实在言词辩论终结时仍真伪不明时，应将事实真伪不明的不利益交由何方当事人来承受便产生证明责任的问题。概言之，证明责任的特点主要有以下几个方面：

第一，证明责任并非当事人进行证明活动时所附带的或衍生的责任，而是在要件事实于言词辩论终结时仍真伪不明时当事人所应承担的责任。证明责任规则只有在法官自由心证用尽②的情况下才可以被适用。易言之，“当事人就其主张之事实，未申明证据或未充分举证时，不能立即以其未尽举证责任，不能认定其主张之事实为由，将其不利益归诸该当事人，而应向该当事人行使阐明权，令其举证”。③ 当然，事实真伪不明在两大法系的表现形态有所不同：在大陆法系，对当事人主张的事实处于真伪不明状态的界定较为宽泛，可用“面”喻之，只要在该范围内法官均可依据证明责任进行裁判；而在英美法系，对事实真伪不明状态的界定则相对较窄，可用“点”喻之，法官只能在

---

① ［德］罗森贝克：《证明责任论》，庄敬华译，中国法制出版社 2002 年版，第 12 页。

② 其亦可被称为“审理已尽”。与之相关的概念为“判决的成熟程度”，其强调法官必须在诉讼进行到一个适当的阶段依法作出裁判。对此，法官应充分考虑法院对诉讼案件投入的人力、物力和财力等多方面的成本支出，以及案件的性质和纷争利益的大小。二者之间必须达到一个平衡点或最佳结合点。参见陈荣宗、林庆苗：《民事诉讼法》，台湾三民书局 1996 年版，第 594 页；雷万来：《民事证据法论》，台湾瑞兴图书股份有限公司 1997 年版，第 113 页。

③ 王甲乙：《阐明权》，载杨建华主编：《民事诉讼法论文选辑》(上)，台湾五南图书出版公司 1984 年版，第 384 页。

该确定标准下适用证明责任规范进行裁判。①

第二，因事实是否真伪不明只有在审理完结时才能表现出来，故在诉讼开始或进行中，不会发生证明责任的适用问题。② 证明责任规范不是关于事实已获得证明时法院如何处置规范，而是关于事实未获得证明或事实处于真伪不明的状态下如何裁判的规范，在诉讼开始或诉讼进行中，证明责任作为一种裁判规范都不会发生作用，因为事实是否真伪不明于此时并不清楚，其只有在审理完结之时才会显现出来。

第三，证明责任表现为成文法中抽象的规范，在诉讼发生之前已在一般意义上存在，不会因具体诉讼的不同而存在差异。易言之，证明责任规范是对事实真伪不明的风险分配，即对事实状态不可解释性的风险进行的分配，这种抽象的风险分配在每一个诉讼开始之前就已经存在，就像实体法的请求权规范一样。③ 例如，《民法通则》第 117 条规定，受害人因侵害人的行为遭受重大损失的，侵害人应当赔偿损失。据此，在具体侵权损害赔偿案件中，当原告请求法院判令被告赔偿损失时，应就侵权行为的存在、损害结果的存在和两者之间的因果关系负担主张及证明责任。这三项事实属于民事实体法所规定的法律构成要件事实，相对于原告所提出的权利主张而言，其属于引起相关法律效果的待证事实。这类待证事实作为有关当事人负担的证明责任而言，仅具有抽象意义，与双方当事人具体的提供证据的责任无关。当然，证明责任作为一种承担

① 如美国学者迈克尔·D. 贝勒斯即认为，说服责任有三个标准：较为可靠、确实可靠和毋庸置疑，较为可靠是指证据的真实性超过 50%，确实可靠是指证据的真实性超过 75%，毋庸置疑是指证据的真实性超过 85%。参见［美］迈克尔·D. 贝勒斯：《法律的原则——一个规范的分析》，张文显、宋金娜、朱卫国、黄文艺译，中国大百科全书出版社 1996 年版，第 67 页。

② 当然，这也不是绝对的。事实上，证明责任在诉讼开始之前也可以发生作用。只有关于证明责任的裁判才必须以真伪不明的存在和事实认定已经结束为前提条件。参见［德］汉斯·普维庭：《现代证明责任问题》，吴越译，法律出版社 2000 年版，第 126 页。如抗辩与否认这一对概念就是依据证明责任的存在与否作区分的，而且，从抗辩或否认对于诉状书写方式的影响上来看，证明责任可以在审理之初以间接的方式产生影响。参见［日］松本博之：《证明责任的分配》(新版)，信山社，平成 8 年，第 9 页；［日］村上博已：《民事裁判中的证明责任》，判例时代社，昭和 55 年，第 201 页。转引自［日］高桥宏志：《民事诉讼法制度与理论的深层分析》，林剑锋译，法律出版社 2003 年版，第 421 页。

③ 参见［德］汉斯·普维庭：《现代证明责任问题》，吴越译，法律出版社 2000 年版，第 126 页。

责任的潜在的可能性，只有在诉讼终结前待证事实仍处于真伪不明的状态时才会转化为发生现实的效果；如果法院于言词辩论结束时就该待证事实已获得确信（肯定或否定），潜在的证明责任规范就不会产生现实的法律效果。

第四，某一事实真伪不明的不利后果只能由一方当事人承受，也即证明责任只能由一方当事人承担。证明责任的分配取决于民事实体法，并不随原告和被告地位的变动而发生更易。一旦民事实体法确定某一法律要件事实由哪一方当事人承担证明责任后，除了法律上的推定以及证明责任转换之外，证明责任的承担在整个诉讼过程中始终固定维系于此当事人，在该事实得到证明为法院确信之前，作为一种潜在的风险其始终由该当事人承受，并不会随举证活动的推进而转移给对方当事人。此外，负证明责任的当事人于事实真伪不明时所承受的裁判上的不利益乃客观结果上的不利益，并“不考虑其陷于真伪不明是否因当事人主观上未尽其提出证据之义务或其他可归责之原因所致”。① 须注意的是，即便是同样性质的事实，在不同的法规范中，其也可能被作为引起不同法律后果的要件事实构成，进而导致对该事实承担证明责任的当事人不同。例如，同样是构成过失的事实，在一般侵权行为引起的损害赔偿诉讼中，原告对此应承担证明责任，而在针对小汽车运营提供者提起的损害赔偿请求中，被告须对运营时并未怠于履行注意义务的事实承担证明责任。其诉讼的最终结果虽然可能在双方当事人之间呈各有胜负之格局，但具体到某项要件事实真伪不明所引起的不利后果，显然只能由一方当事人来承受。② 不过，当诉讼中存在数个请求时，也可能存在双方当事人对于同一事实均负有证明责任的情形。易言之，“当某个请求中的事实也成为其他请求的共通事实时，也有可能出现由双方当事人分别对共通的同一个事实承担证明责任的情况”。③ 例如，基于买卖合同，原告向被告提出支付价金的请求，同时，基于同一买卖合同，被告向原告提出交付合同标的物的反请求。此时，基于买卖合同成立这一相同的事实存在着原告对被告以及被告对原告两个诉讼请求，针对两个诉讼请求分别由原告和被告对买卖合同成立这一相同的要件事实承担证明责任。当然，即便是在

① 杨建华主编：《海峡两岸民事程序法论》，台湾月旦出版社股份有限公司 1997 年版，第 337 页。

② 参见［日］新堂幸司：《新民事诉讼法》，林剑锋译，法律出版社 2008 年版，第 394 页。

③ ［日］新堂幸司：《新民事诉讼法制度与理论的深层分析》，林剑锋译，法律出版社 2008 年版，第 393 页。

这种场合，也不能说，同一事实的证明责任乃是由双方当事人共同负担的，而只是由于存在着数个请求而导致双方当事人分别在各自的请求中对同一事实承担证明责任，故双方当事人均未能证明该要件事实存在皆应承受相应的不利益，甚至遭受败诉的命运，不过，双方当事人乃是在各自的诉讼请求中承受不利益的。因而也并不违背常理。① 当然，这种情形只是一种理论上的假设，实务中出现的可能性极小，因为双方当事人完全可以采取对该共同基础事实进行自认之方式，使对方当事人在免除证明责任的同时，也达到免除其自身所负担的证明责任之目的。

第五，证明责任作为裁判规范，仅规制主要事实（即要件事实）存在与否真伪不明，不适用于间接事实和辅助事实。② 因为如前所述，间接事实和辅助事实只是认定主要事实的手段，从某种意义上讲与案件的证据处于同一地位。从表面上看，有时候确实存在因间接事实或辅助事实真伪不明而导致一方当事人承担证明责任的情形，但究其实质，仍乃因间接事实或辅助事实的真伪不明导致主要事实的真伪不明，进而导致当事人承担证明责任，也即主要事实的真伪不明吸收了间接事实和辅助事实的真伪不明。③ 对于某一间接事实或辅助事实的存在与否难以确认时，法官只需通过其他的间接事实、辅助事实或者综合考虑言词辩论的全部意旨对主要事实的存在与否作出认定即可。易言之，

---

① 参见［日］高桥宏志：《民事诉讼法》，林剑锋译，法律出版社 2003 年版，第 424 页。

② 在日本，也有观点认为并不是所有的主要事实都受证明责任调整。如当“长子因结婚所需而欲使用租赁房”之主要事实处于真伪不明时，法官可以在维持其真伪不明状态的前提下来对《日本借地借家法》第 28 条规定的“正当事由”作出成立或不成立的判断，反之，如果直接将其拟制为不存在，那么从法解释上来说是不妥当的。因为作为“正当事由”的每一个具体事实都被看作主要事实，但是当这些不特定概念的主要事实处于真伪不明时，也不需要像对待主要事实一样通过证明责任假定（拟制）其存在还是不存在，而只要作出类似于间接事实的处理，即法官对其存在与否维持着五五分或者四六分之真伪不明的心证，并综合判断其他主要事实来对该“正当事由”的成立与否作出法的判断即可。参见［日］松本博之：《证明责任的分配》（新版），信山社，平成 8 年，第 336 页。转引自［日］高桥宏志：《民事诉讼法制度与理论的深层分析》，林剑锋译，法律出版社 2003 年版，第 425 ~426 页。

③ 我国相当长时间内占据主流地位的观点认为，证明责任的适用对象乃是以“以事实为依据，以法律为准绳”原则所延伸出的案件事实（参见李浩：《民事举证责任研究》，中国政法大学出版社 1993 年版，第 43 页），即证明责任既适用于主要事实，也适用于间接事实和辅助事实。

对于间接事实或辅助事实，法官根本没有必要对其存在或不存在作出假定，若是作出这种假定反而可能影响法官对主要事实的认定。此外，证明责任的适用对象不包括法律规范。因为，法官通晓法律乃法官分内之责，作为职业法官其应该依职权主动探寻案件主要事实所应适用的法律规范，而不能由当事人对其主张的主要事实所应适用的法律规范提供证明，即使是涉外案件中外国法的适用亦是如此。总之，所应适用的法律规范不明确时，不能让当事人承担证明责任，“法院只能是视该法律不存在，进而以此为基础来作出裁判”。①

第六，证明责任不仅适用于采取辩论主义运作样式的诉讼程序，也适用于采取职权探知主义运作样式的诉讼程序。不论采取何种诉讼运作样式，在民事诉讼中，待证事实于言词辩论终结时仍然真伪不明的情形总是不能避免，此种场合，法官必须作出将该不利益归属于一方当事人的判决，否则即有违法院不得拒绝裁判之本旨。此外，证明责任亦非自由心证主义证据制度独有的概念，在法定证据主义制度中，证明责任也有其存在或发挥作用的空间。只不过在采自由心证主义的现代民事诉讼，法官较容易形成心证，作为只有在法官穷尽自由心证后才发挥作用的裁判规范，证明责任规范之适用相对而言比较少而已。

四、证明责任与相关概念之区别

（一）提供证据责任

1. 提供证据责任的性质

在辩论主义诉讼运作样式下，当事人为求得对己有利的判决，必须尽量主张于其有利的事实，并提出证据证明所主张的事实的存在以使法官确信。在民事诉讼中，当事人为避免遭受裁判上的不利益而就系争事实提出证据的必要性即为提供证据责任。②

如前所述，学者关于证明责任性质之认识基本上一致，即殆皆认为证明责任乃当事人的一种诉讼负担，与此相反，学者关于提供证据责任的性质却众说纷纭莫衷一是。罗森贝克教授即明确指出，关于证明责任并不涉及其究竟是一项义务还是一项权利抑或一种责任的问题，因为这一概念与当事人的任何一个

---

① ［日］新堂幸司：《新民事诉讼法》，林剑锋译，法律出版社2008年版，第394页。

② 该种责任不适用于采职权探知主义的诉讼。因为在采用职权探知主义的程序中，法院负有调查义务，即便当事人不举证，法院对事实亦应依职权探知予以查明。参见骆永家：《民事举证责任论》，台湾“商务印书馆”1987年版，第51页。

活动无关，只有提供证据的责任才促使当事人进行主张和证明。① 概括来讲，关于提供证据责任的性质主要有以下几种观点：

(1) 权利说。

该观点认为，提供证据是当事人的一项权利，而举证不力致使要件事实真伪不明被判决承担的不利后果只不过是当事人行使权利所承受的一定负担而已。② 详言之，提供证据责任是从诉权派生出来的当事人向法院提供证据的一项权利，该权利是当事人为维护自己的实体权利所不可或缺的，也是《民事诉讼法》明确规定的，当事人只有通过提供证据证明其所主张的事实的真实性，才能维护自身的实体权益。

在早期的民事诉讼中，提供证据素来被视为当事人的一项权利。③ 在德国古代诉讼法采取形式的证据主义时期，当事人的宣誓及神示裁判均为举证之方法，因为对于举证有允许当事人一方进行而禁止他方进行之规定，故举证即为允许举证之当事人对于相对方的权利，而享有此权利之当事人若不行使该权利，则会成为败诉者。在罗马法采取实体的证据主义时期，因为双方当事人均可以自由提出其主张是否为真的证据，故举证成为双方当事人的权利，而非属于一方当事人的权利。④

我国两部《民事诉讼法》分别在第56条第1款和第64条第1款以“当事人对自己提出的主张，有责任提供证据”之规定确立了提供证据的责任，同时，两部法又分别在第45条第1款和第50条第1款规定当事人有权收集和提供证据。从字面含义上看，我国民诉法似乎乃将提供证据责任视为当事人的一种权利。

笔者认为，将提供证据责任界定为当事人所享有的一项权利并未认清其本质所在，是不妥当的。因为权利的一大基本特性就是其仅乃为权利人的利益而设，彰显的是权利人处分行为的自主性，故权利可由权利人自由选择行使或放弃，并且在权利人放弃权利的情形下，也不会给其带来任何不利益。但在民事诉讼中，当事人若不提供证据证明其所主张的事实，除特殊情形外，所主张的

① 参见［德］罗森贝克：《证明责任论》，庄敬华译，中国法制出版社2002年版，第56页。

② 参见樊崇义主编：《证据法学》(第三版)，法律出版社2004年版，第280页。

③ 参见［德］罗森贝克：《证明责任论》，庄敬华译，中国法制出版社2002年版，第61页。

④ 参见［日］松冈义正：《民事证据论》，张知本译，中国政法大学出版社2004年版，第33页。

事实将不能得到法院之认定，此显然是于其不利的。因此，很难认为提供证据责任乃当事人所享有的一项权利。

此外，若当事人所主张的事实，属于公知的事实、法院在职务上应当知晓的事实等显著的事实或者对方当事人自认的事实时，便会导致提供证据责任的免除，这种免除的结果显然对负有提供证据责任的当事人有利，而若将提供证据责任性质界定为权利，则权利免除的结果，实难称得上对权利人有利。就此而言，将证据提供之责任定位为当事人所享有之权利显然是不妥当的。①

（2）义务说。

该观点认为，提供证据的责任是当事人的一项义务，当事人是被强制要求进行特定的举证活动的，不提供证据证明致使要件事实真伪不明而被法院判决承担不利后果就是违反此义务的法律后果。②

将提供证据的责任定性为当事人所负之义务的错误之处在于将“义务”和“责任”之内涵作同一理解。人所共知，当事人违反法定义务会招致法律之制裁，但未尽法定责任却并不一定会遭受法律的惩罚，很多场合下，其仅会对责任承担人产生不利益。在提供证据责任规制下，未经当事人提供证据证明的事实通常不为法院所认定并作为裁判的基础，故从某种意义上讲，提供证据责任的存在会促使当事人尽其所能提供相关证据，但从本质上讲，此乃当事人为求胜诉判决的心理的驱动使然，因为法律并未对未提供证据的当事人施以任何制裁。依证明责任规范进行裁判显然不能视为对不提供证据的当事人一种制裁，其仅是为防止法官拒绝裁判，求得相对正义公平的判决结果而采取的一种裁判方式。如果非要说提供证据为一种义务，也仅为当事人“对于自己之义务，而非对于他人之义务”③，易言之，“当事人不证其应证之事实时，不过因此受不利益之影响，非对他人不履行义务，而负赔偿之责”④。

（3）权利义务双重说。

该观点认为，举证责任（提供证据责任）具有双重属性。其理由在于，举证责任的内容由两方面组成：一是行为意义上的举证责任，即提出主张的当事人有权提供证据证明其主张的真实性，这种责任是权利性质的责任；二是结

① 参见李学灯：《证据法比较研究》，台湾五南图书出版公司1992年版，第357页。
② 参见毕玉谦：《民事证明责任研究》，法律出版社2007年版，第20页。
③ 骆永家：《民事举证责任论》，台湾“商务印书馆”1987年版，第57页。
④ ［日］松冈义正：《民事证据论》，张知本译，中国政法大学出版社2004年版，第33页。

果意义上的举证责任，即在当事人不能提供证据的情况下，如果法院也无法通过调查收集证据证明事实，承担举证责任一方的当事人就要承担败诉的责任，而这种责任是义务性质的责任。①

这种观点存在两个明显的问题：第一，将提供证据责任与证明责任混为一谈，抹煞了两者的不同之处；第二，将提供证据责任同时看做权利和义务无疑是将两个完全不同方向的概念作划一之理解，从而混淆了权利和义务的本质。

综上可知，权利说、义务说和权利义务双重说在理解提供证据责任的性质上均存在不足之处，笔者认为，与证明责任一样，提供证据责任的根本属性也在于其乃对当事人所课的为求胜诉判决而受之现实负担，易言之，提供证据责任乃，“不主张、不举证时将导致败诉，如不欲败诉不得不为之负担，如果当事人愿意放弃获取胜诉判决之目的，不介意于败诉时，立即可以卸下此负担”②。

2. 提供证据责任与证明责任的关系

提供证据责任与证明责任之间存在密切的联系。对负担证明责任的当事人来说，承担提供证据责任是为了避免证明责任在诉讼终结时实际发生，同时，在案件事实发生争议时，负担证明责任的一方当事人在诉讼中首先负担提供证据责任，可见，提供证据责任的分配与证明责任的分配一般来讲是一致的。具体来讲，提供证据责任以证明责任的存在为前提，就承担证明责任的当事人而言，提供证据责任乃依随于证明责任而负担的必须提出证据的行为责任；就不承担证明责任的当事人而言，其乃是提出反证的行为责任。简言之，提供证据责任是基于证明责任并以此为前提所进行的证明或反证的责任。③ 当然，就具

① 参见宋世杰：《举证责任论》，中南工业大学出版社 1996 年版，第 70 页。

② 骆永家：《民事举证责任论》，台湾“商务印书馆”1987 年版，第 58 页。

③ 由于提供证据责任与证明责任在分配原则上是一致的，因而对于提供证据责任这一概念是否应独立存在有争议。（参见［日］三月章：《民事诉讼法》（法律学全集），有斐阁，昭和 34 年，第 406 页。转引自［日］高桥宏志：《民事诉讼法制度与理论的深层分析》，林剑锋译，法律出版社 2003 年版，第 428 页。）。但是，在对当负有证明责任的当事人不进行证明活动时，法院为何可以不对当事人提出的证据进行调查这一问题的解释上，如果仅仅依据证明责任这一概念就会缺乏足够的说服力，因此，必须用提供证据责任之概念加以展开说明。参见［日］松本博之：《证明责任的分配》（新版），信山社，平成 8 年，第 6 页。转引自［日］高桥宏志：《民事诉讼法制度与理论的深层分析》，林剑锋译，法律出版社 2003 年版，第 429 页。

体诉讼而言，通常首先由原告提出一定的事实主张，并依据特定的民事实体法规范请求法院作出其所期待法律效果的判决；而被告则针对该事实和法律效果的有无进行争执。在辩论主义诉讼运作样式下，双方当事人履行提供证据责任是产生由其中一方当事人承担证明责任的必要条件，而待证事实出现真伪不明的状态则是产生证明责任的充分条件。故如前所述，提供证据责任还被称为主观的证明责任，作为广义上证明责任之一种，与严格意义上的证明责任（即客观证明责任）并列。

但是，提供证据责任与证明责任之间仍存在本质的差别：

(1) 性质不同。证明责任为实体法所预设，与程序法无关，与具体的诉讼证明活动也无关联。当然，证明责任并非一定就直接记载于实体法条文中，有时其需要法官通过法律解释去发现和确定；而提供证据责任则并非由实体或程序法所预设，其仅在具体诉讼中随着案件审理的需要而产生。易言之，证明责任的表现形式只能是抽象的，而提供证据责任的表现形式则是具体的①，证明责任在当事人之间发生实体法律关系时就已产生；而提供证据责任则仅于当事人之间产生诉讼法律关系时才产生。

(2) 能否转换不同。证明责任为实体法所预设，一旦分配于某一当事人承担就始终固定由该当事人承担，不会随着证据的提出转移于对方当事人；提供证据责任与败诉危险的暂时转换具有对应关系，它随着败诉危险的转移而转移。证明责任只能根据请求权由一方当事人承担；提供证据责任却可以随法官的心证情况由双方当事人承担。关于某个特定的主要事实由哪一方当事人承担证明责任，在诉讼一开始就被抽象地确定下来，不因诉讼的具体过程及举证活

① 当然，法律于例外的场合也会对提供证据责任作出规定。如《德国民事诉讼法》第 445 条第 1 款规定："一方当事人对于应该由他证明的事项，不能通过其他的证据方法得到完全的证明，或者未提出其他证据方法时，可以申请就应证明的事实询问对方当事人。"该条文表明，只有负担提供证据责任的当事人才可以申请询问对方当事人，而此时的询问，显然是履行提供证据责任的行为。同法第 597 条第 2 款关于在书证程序中，原告必须用法定的证据方法对其主张进行有效的证明，否则将驳回起诉的规定，更是典型的提供证据责任规范。因为其严格要求法官须以当事人（未履行）提供证据责任为基础作出判决，即使案件事实尚未出现真伪不明的状态。此外，《德国民事诉讼法》第 139 条、《日本民事诉讼法》第 149 条第 4 款和我国台湾地区"民事诉讼法"第 199 条第 2 款关于法院行使阐明权要求当事人举证的规定，以及关于当事人双方应以准备书状记载攻击或防御方法的规定，均为提供证据责任的法规范。

动的具体展开而发生变化。易言之，由一方当事人承担的证明责任不会随着该方当事人举证活动的进行而转移给对方当事人。一方当事人对自己应负证明责任的事实提出有力的证据使得法官对该事实形成内心确信时，法官将结束对该事实的证据调查，此时并不意味着对方当事人对该事实的不存在承担证明责任。如果对方当事人通过提出相反的证据动摇了法官的确信，进而再次将法官的心证引导至不能对该事实存在与否作出确定判断的状态时，则作为该方当事人承担证明责任的结果，基于该事实所产生的法律效果将不被法院认可。可见，在案件审理中，转换的仅是具体的提供证据的责任，而非证明责任。当然，在某些特殊情形下，法律也可能规定由对方当事人就相反事实承担证明责任，从而出现证明责任的转换，但这纯属于一种证明责任分配的立法技术，不同于基于具体案件审理经过而产生的提供证据责任的转换。易言之，“在哪种情况下将原则性的证明责任分配予以转换，这与证明责任分配本身一样，属于立法政策的问题，同时也是实体法解释论问题”①，与具体案件无涉。② 也即对于以潜在的形式始终固定于提出权利主张一方当事人的证明责任来说，除法院依据实体法的规定在特定情形下对其作出相应的调整外，其不因诉讼的进展程度或当事人的具体诉讼行为之实施而转换于对方当事人，于言词辩论结束时，若待证的事实依然真伪不明，法院即应依抽象的实体法规范所推导出的证明责任规则对案件作出裁判。

(3) 功能不同。提供证据责任具有推动诉讼程序进行的功能，证明责任则不具备此项功能。提供证据责任的此项功能具体来说有以下两个方面：其一，当负有提供证据责任的当事人完全未提供证据时，法院无须对对方当事人提出的反证进行调查就可以对事实作出认定；其二，法院以预先告知负有提供证据责任的当事人“如果不提出证据，案件即将就此终结”的方式来敦促其提供证据，从而强化对对方当事人程序的保障，防止证据突袭致使当事人无以应对。证明责任的功能在于当言词辩论终结时要证事实若仍处于真伪不明状

① [日] 新堂幸司：《新民事诉讼法》，林剑锋译，法律出版社 2008 年版，第 401 页。

② 有学者认为，关于这种解释论上的争议在表面上虽然表现得较为激烈，但其中大多数都是在说服力上欠缺强有力理论支持的见解（都难以超越“转换是妥当的”这样政策论的层面）。参见 [日] 高桥宏志：《民事诉讼法制度与理论的深层分析》，林剑锋译，法律出版社 2003 年版，第 457 页。

态，其可以作为法院进行事实认定的裁判规范。

（4）具体适用不同。证明责任反映诉讼的共同规律，即采证据裁判主义的国家和地区之民事诉讼，在案件真实处于真伪不明状态时，必须依据证明责任的归属对案件作出裁判；而提供证据责任则不能反映诉讼的共同规律，不同的国家和地区基于不同的立法政策在提供证据责任的设定上存在显著的区别。证明责任的产生是不以人的主观意志为转移的，在一定条件下也是不可避免的诉讼现象。对于当事人（尤其是对权利产生的事实承担证明责任的当事人）而言，其所负担的提供证据责任具有现实必要性，在一定程度上能够避免证明责任的实际发生。若当事人不履行提供证据的责任，在辩论主义诉讼运作样式下其虽然要承担于其不利的裁判后果，但该不利后果并非因证明责任规范的适用所致，也即只要该方当事人不履行提供证据的责任，就不存在证明责任规范适用的可能。可以说，法院根据提供证据责任对案件事实作出裁判是终结诉讼的常态现象。此种情形下，法院乃是在证据调查基础上作出裁判的，无论裁判之结果是对原告有利还是对被告有利，其均符合立法者在制定法规范时的预期。而法院根据证明责任对案件作出裁判则是建立在对案件事实真相无法查明的基础之上的，从而无法实现立法者所预期的法律适用效果的产生，其仅为法院在事实真伪不明的状态下基于不得拒绝裁判之规制所为之裁判。简言之，提供证据责任的适用具有必然性，只要当事人不履行该责任，法院即会根据提供证据责任的具体行为及其效果作出对该方当事人不利的裁判；而证明责任的适用则具有或然性。司法实践中，法院根据提供证据责任对案件事实作出裁判远较依证明责任对案件作出裁判为多。

（5）后果不同。严格来讲，在事实处于真伪不明的状态时，法官乃是判负有证明责任的当事人遭受相应的不利益，而不是判负有提供证据责任的一方遭受相应的不利益。提出权利主张的当事人如果不提出任何证据的话，法院即无法就该当事人所主张的事实作出认定，抽象的法律规范就无法转化成具体的法律事实构成。但此时，该方当事人所负担的仍为提供证据的责任，如果其不履行这种责任，其法律效果仅为法官对该事实作出对其不利的认定而已，并不会直接发生实体法上的效果。假如提出权利主张的一方当事人提出证据后，法官已就此形成内心确信时，对方当事人虽对此权利主张予以争执但不履行相应的提供证据责任，或虽履行了该责任但所提证据不能动摇法院的内心确信，规范的适用该对方当事人势必将承受败诉的风险。由此观之，在双方当事人均履行提供证据责任的情形下，未必一定会导致证明责任规范的适用，只有在双方当事人均履行了提供证据责任而法院最终无法就案件事实形成内心确信时才会产生证明责任规范的适用。

（二）举证责任

我国证据法理论上一直无“证明责任”之术语，仅有“举证责任”这一提法。“举证责任”这一术语最初引入我国时指的是提供证据的责任，并不包含证明责任的意思。这可以从曾参与起草《大清民事诉讼律草案》的日本学者松冈义正的观点中得到佐证。他在其代表性专著《民事证据论》中即将“举证责任”定义为“举证责任者，简言之，即当事人为避免败诉之结果，而有证明特定事实之必要也”①。该观点成为旧中国证据法学界关于“举证责任”含义的支配性学说。②

新中国成立后的相当长一段时期内，证明责任属于证据法理论研究的禁区。改革开放后，尤其是以1982年颁布《民事诉讼法（试行）》为契机，证明责任理论才开始日益受到法学界的关注。但此时的证据法理论完全照搬前苏联的证据法理论并作本土化之阐释，而前苏联的证明责任理论则是以德国旧举证责任概念（即将证明责任界定为提供证据责任）为核心建立起来的。所以此时我国关于证明责任的权威观点仍然是将证明责任表述为“举证责任”，并将其理解为“当事人在诉讼中，对自己提出的主张，有责任提出证据，加以证明”。③《民事诉讼法（试行）》第56条“当事人对自己提出的主张，有责任提供证据”的规定从立法层面承袭了这一认识，其并为1991年颁布的现行

① ［日］松冈义正：《民事证据论》，张知本译，中国政法大学出版社2004年版，第30页。

② 虽然在20世纪初也有学者将德国学者提出的证明责任双层含义说介绍到日本（如1917年雉本朗造发表的《举证责任的分配》），但直到20世纪60年代之前，日本关于证明责任的主流观点仍然是将其解释为提供证据的责任。在日本，举证责任、证明责任和立证责任三个用语是可以互换的，其含义也一致。此后，为了防止使用中产生混乱及无谓的争议，逐渐约定俗成地将客观的举证责任称为证明责任，逐渐减少举证责任和立证责任这两个术语的使用。参见［日］高桥宏志：《民事诉讼法制度与理论的深层分析》，林剑锋译，法律出版社2003年版，第423页。

③ 柴发邦主编：《民事诉讼法教程》，法律出版社1983年版，第213页。

民事诉讼法第64条第1款所完全继承。①

可以说，在20世纪90年代中后期之前，证明责任在我国并未获得实质意义。② 随着20世纪90年代中后期对证明责任研究的不断深入，我国证据法学界开始认识到以往对举证责任认识的局限性和片面性③，逐渐将结果意义上即真正意义上的证明责任引入我国证据领域。所以，在当今证据法理论中，举证责任和证明责任是同一意思，是作为与提供证据责任内容相异的形态出现的。如《民事证据规定》第2条即规定："（第1款）当事人对自己提出的诉讼请求所依据的事实或者反驳对方诉讼请求所依据的事实有责任提供证据加以证明。(第2款) 没有证据或者证据不足以证明当事人的事实主张的，由负有举证责任的当事人承担不利后果。"

（三）证明责任和主张责任之关系

主张责任，是指当事人为了获得对自己有利的裁判，需要向法院主张对自己有利的案件事实。若未为此主张，将遭受于其有利之事实不能得到法院认定

---

① 在现行民事诉讼法定稿的过程中，就民事诉讼中当事人应不应该承担证明责任以及法院是否有必要继续承担繁重的调查收集证据的任务等有过激烈的争论。一种观点认为，证明责任有行为意义上的证明责任和结果意义上的证明责任两重含义，两者均应在民事诉讼法中加以规定，只规定前者而不规定后者是不完整的。为了加强当事人的证明责任，保证立法的科学性，应当规定证明不能或证据不足以证明自己的主张时，应承担相应的法律后果。另一种观点则认为，民事诉讼中决定胜败的应当是案件事实，不能说提不出证据就一定败诉。我国人口构成中，绝大多数是农民，现阶段农民的法律知识较少，法律意识相对较低下，如果规定当事人提不出证据就要败诉的话，很可能相当多的农民的利益得不到很好的保护。同时，立法上这样规定也容易使法院忽视自己调查取证的职能，不利于发挥审判人员的积极性。因此，立法上不能规定提不出证据就要承担不利后果的条文。立法机关在权衡两种观点的利弊后，原则上采纳了第二种意见。参见常怡主编：《民事诉讼法学》，中国政法大学出版社2008年版，第173页。

② 参见杨建华主编：《海峡两岸民事程序法论》，台湾月旦出版社股份有限公司1997年版，第339页。

③ 在大陆法系，证明包括两方面的含义：一是指当事人为使法官获得确信而实施的提供证据的活动；二是指法官根据当事人提供证据的情况，对要件事实的存否获得盖然性意义上的真实确信。参见［日］村上博已：《民事裁判中的证明责任》，判例时代社，昭和55年，第59~60页。转引自陈刚：《证明责任法研究》，中国人民大学出版社2000年版，第81页。前者是从动态的过程角度说明证明活动，后者是从静态的结果角度说明证明的状态。我国理论和实践中长期从前一角度去理解证明的含义，而忽视结果意义上的证明责任，因而在认识上一直认为证明责任（举证责任）即为提供证据的责任，未能理解和把握证明责任的应有内涵。

之不利益。由于同证明责任一样，主张责任也只能由一方当事人负担，因此也存在对其如何分配的问题。详言之，主张责任和证明责任的分配都是建立在法律规范多样性基础之上的。通常来讲，原告必须证明其所主张的所提诉讼请求赖以成立的权利发生规范要件事实，被告则必须证明其所主张的权利消灭、权利拒绝、权利障碍规范的要件事实。因之，原则上证明责任之分配与主张责任之分配是一致的，仅在证明责任转换之场合始发生证明责任之分配与主张责任之分配不一致之情形，是为例外。

我国素来以《民事诉讼法》第64条第1款“当事人对自己提出的主张，有责任提供证据”的规定为基础来界定主张责任和证明责任之间的关系，即“谁主张，谁举证”，从表面上看，确实是先有主张责任，后有证明责任，但实际上是证明责任决定主张责任而不是主张责任决定证明责任。因为证明责任是按一定的标准预先由实体法规范设置好的，而具体诉讼中当事人双方的主张责任分配是按照分配证明责任的同一标准进行的，即双方当事人对某一法律要件事实负证明责任的同时也均对其负有主张责任。

第二节　证明责任的分配

一、关于证明责任分配的学说

前面已提到，证明责任从本质上讲实乃事实真伪不明时，法官因不得拒绝裁判而对事实作出认定的裁判规范。故如果仅让一方当事人对所有的案件事实负担证明责任显然有悖于当事人诉讼地位的平等和程序的公正，因此，有必要将证明责任在双方当事人之间进行分配。所谓证明责任分配是指按照一定的标准，将事实真伪不明的风险，在双方当事人之间进行分配，使原告、被告公平负担事实真伪不明情况下所可能遭受的不利益。

证明责任的核心问题在于证明责任的分配，而证明责任分配的关键问题则是应当按照什么样的标准来进行分配，如何分配才能既符合公平和正义的要求，又能使诉讼高效率地进行。证明责任分配和证明责任分配标准是两个内容不同的概念，前者是指法官在裁判依据的事实处于真伪不明时，依据证明责任规范将不利益的诉讼后果裁判给一方当事人承担；后者则是指法官或立法者将不利益的后果分配给当事人一方承担所基于的具体理由。

在证明责任分配发展史上，主要经历了罗马法、德国普通法和近现代三个时期。如前所述，人类对证明责任分配的探索自古罗马即已有之，罗马法上确立了两项证明责任分配的基本规则（即“原告应负举证义务”和“举证义务存于主张之人，不存于否认之人”），后来经历了中世纪寺院法的演变之后，确立了原告就其诉讼原因的事实为举证证明、被告就其抗辩事实为举证证明的一般原则，该原则仅在法律上的推定和主张消极事实两种场合才例外地不适用。19世纪的德国学者一直遵循该原则，直到后来由于例外情形一再增加使其无论是在理论上还是在实务中均失去原有价值为止。① 随后，学者根据不同认知，确立了关于证明责任分配标准的不同学说。概括起来讲，主要有以下几种代表性的学说：

（一）待证事实分类说

待证事实分类说乃是根据待证事实的性质和内容来决定证明责任的分配之学说，其核心内容是将待证事实按某种标准进行分类，明确哪些事实需要当事人承担证明责任，哪些事实不需要当事人承担证明责任。依对事实的分类标准不同，可分为消极事实说、推定说、外界事实说和基础事实说。

1. 消极事实说

该学说将待证事实划分为积极事实和消极事实，认为主张积极事实的人应承担证明责任，主张消极事实的人则不承担证明责任。此说源自罗马法上否定者无须举证原则，由于一些罗马法学者将该原则中的“否定”解释为“消极”，以致变成了在诉讼中主张消极事实的当事人无须举证。② 该学说认为，由于积极事实容易证明，也能够证明，消极事实则不容易证明，也难以证明，所以凡主张消极事实者均不负证明责任；此外，由于积极事实可以发生某种结果，而消极事实则不发生某种结果，所以未发生的消极事实不能成为发生某种结果的原因。易言之，依因果关系之法则，消极事实本身无法引发一定的结果，所以即使对消极事实进行举证，亦无用处。何况一旦发生这种状态，除非有新的事实发生，否则不会变更或消灭，从而应推定该状态为持续的状态，所以主张消极事实的人无须举证。③ 作为关于证明责任分配的学说，之所以称为

---

① 参见陈荣宗：《举证责任分配与民事程序法》（第二册），台湾三民书局1984年版，第8页；骆永家：《民事举证责任论》，台湾“商务印书馆”1987年版，第70页。

② 罗马法规定，当原告承认证明不了自己的主张时，不得要求被告作与其立场相反的证明，因为按照事物的本性来说，否认某一事实的人所给予的证明是无效的。参见［意］桑德罗·斯奇巴尼选编：《司法管辖权·审判·诉讼》，黄风译，中国政法大学出版社1992年版，第57页。

③ 参见陈荣宗：《举证责任分配与民事程序法》（第二册），台湾三民书局1984年版，第9页。

消极事实说而非积极事实说，是因为对消极事实的强调更能反映该学说的本质之所在。从消极事实的本质来看，其并未涉及特定的主体、时间和地点等必要因素，故是一种未曾发生的事实。

从该学说成立的依据来看，其确有一定存在的合理性。一般而言，消极事实的证明都采用排除可能性的方法，即通过大量间接证据的提供来排除某段时间各个时间点均未发生某种事实。然而，这一学说的缺陷也十分明显。一方面，该学说的运用建立在将待证事实划分为消极事实与积极事实的基础之上，故能否将案件事实正确划分为积极事实与消极事实决定了该学说的运用效果。不过，实践中往往会因当事人对同一事实主张的方式不同，导致两者的界线难以辨别。就正反相对的两个事实而言，倘若仅否定其中一个事实，就是肯定另一事实，故从主张或陈述的方式上来分辨积极事实和消极事实之间的区别非常困难。同时，当事人还可通过将其主张或陈述由肯定变为否定，由积极变为消极的方式来规避证明责任，从而使其难以发挥应有的作用。① 简言之，“当事人只要在用语上略加变更，即可由肯定（积极）的主张，变为否定（消极）的主张，难免过于随便，其弊害不少”。② 另一方面，消极事实说的出发点是根据证明的难易程度来决定证明责任的分配，但消极事实并非绝对不能被证明③，其大都可以通过间接证明的方法予以证明，尤其是受到时间和地点限制的消极事实均能证明。④ 而且在某些情况下，对消极事实进行证明比对积极事实进行证明更容易些。故不考虑具体情形，均规定消极事实不负证明责任，显

① 例如，“非未成年人”之陈述，究竟应视为否定未成年人之消极陈述，抑或视为成年人之积极陈述，实难认定。又如，“过失”为积极事实，“非过失”为消极事实，若将过失改成为“未尽相当注意”，则变为消极陈述，“非过失”则可变为“已尽相当注意”之积极陈述。参见陈荣宗：《举证责任分配与民事程序法》(第二册)，台湾三民书局 1984 年版，第 9 页。

② 骆永家：《民事举证责任论》，台湾“商务印书馆”1987 年版，第 72 页。

③ 例如，甲主张与乙并未订立口头买卖合同，或虽有订立合同之意，但结果并未达成，有丙在场可以证明。此时，法院究竟应根据甲的主张命令丙到场就合同未成立的情节作证，还是命令乙提出其与甲之间的合同业已成立的证据？根据“主张积极事实或积极效果的当事人负证明责任”的原则，仍应由主张合同成立的当事人乙负证明责任，至于甲所提供的证人丙的证言则仅能视为释明的一种。参见陈玮直：《民事证据法研究》。台湾新生印刷厂 1970 年版，第 22 页。

④ 例如，“不在场”为消极事实，即可以其他在场之人直接证明其不在场，亦能以同一时间与距离之关系，证明不可能同时分身之事实，间接证明其不在场。参见陈荣宗：《举证责任分配与民事程序法》(第二册)，台湾三民书局 1984 年版，第 10 页。

然有失公允。此外，法律效果的发生与否乃是视相应事实是否为法律要件事实，并不取决于其是否发生因果关系的结果，即使是消极事实，如果其为法律要件事实，当事人仍应对此承担证明责任。①

2. 推定说

推定说实际上是对消极事实说的进一步补充，主张依个人经验将持续不变的状态和发生变化的状态分别视为消极事实和积极事实，以此为基础确定证明责任之分配并试图弥补消极事实说在只依表述方式来划分消极事实和积极事实方面的不足。② 推定说强调应以是否可以对待证事实进行推定为根据来确定证明责任分配的标准。因为由不断变化着的状态转变成一种个别状态的可能性，远比持续不变的状态要发生变化的可能性大，其中不断发生着的变化状态属于积极事实，而持续不变的状态属于消极事实。主张积极事实的人须举证，而主张消极事实的人则无须举证。易言之，就法律所推定的事实进行争执的当事人，应对其主张的事实承担证明责任，积极性事实若无特别推定的情形，应认为消极性事实受推定而存在，主张消极性事实的当事人免于举证，其证明责任由主张积极性事实的当事人承担。不难看出，该学说的本质特点有二，其一，以消极持续的事实的推定及事实发生的可能性为基础，强调积极事实在立法上并无特别推定的情况下使消极事实处于一种持续状态，并且认为这种事实发生的可能性大于不发生的可能性，使主张消极事实的人免除其证明责任；其二，以反映特定事物发展趋势的因果关系为基础。③ 例如，原告向法院起诉请求被告赔偿损失，理由是被告实施了侵权行为，并给其造成了损害。对于侵权行为存在这一肯定性的主张，如果法律没有关于侵权行为存在的推定时，原告就要对该事实举证。

就一般情况而言，根据日常生活经验推定为存在的事实基本上是正确的，就此而言，该学说具有存在上的合理性，但其与消极事实说一样，也存在着因人而异的因素，从而很难保证证明责任分配规则的确定性，也难以形成稳定的证明责任分配秩序。

---

① 例如，应当负有作为义务的当事人，因其不作为的行为而造成对方当事人的权利遭受损害的，应负赔偿责任。在这种情形下，不能因为其不作为乃消极事实而免除对其不作为行为所应承担的证明责任。见陈荣宗：《举证责任分配与民事程序法》(第二册)，台湾三民书局 1984 年版，第 10 页。

② 参见陈刚：《证明责任法研究》，中国人民大学出版社 2000 年版，第 177 ~ 178 页。

③ 参见陈荣宗：《举证责任分配与民事程序法》(第二册)，台湾三民书局 1984 年版，第 10 页。

3. 外界事实说

该说依据事物能否从外部加以观察，把待证事实分为外界事实与内界事实，并以此为基础确定证明责任的分配。该说认为，外界事实，是指那些可以借助人的五官感知到的事实，如物的大小、味道、体积、色彩和运动方式等。内界事实，是指人的心理状态，如知与不知、故意与否和善恶与否等。主张外界事实的人应承担证明责任，主张内界事实的人不承担证明责任。① 该学说实质上考虑的是当事人举证的难易。由于人的五官难以体察到内心的状态，故当然地应免去对内界事实的证明责任。② 该学说的不足也相当明显。第一，外界事实与内界事实之间并无严格的区分标准，从而使得证明责任分配的确定性无从体现；第二，对一些不能体察到的内界事实，如果当事人均予以主张，证明责任如何分担则并未为其回答。

4. 基础事实说

基础事实说是在克服消极事实说和推定说的不足的基础上发展起来的，其主张各当事人应就各自在诉讼中主张的权利事实基础加以证明。这一做法开辟了一种新的思路，是方法论上的一次创新，以后几乎所有的证明责任分配学说都是建立在这一学说的基础之上的，因此在证明责任分配理论史上占有十分重要的地位。③ 基础事实说中又包括两个分支学说：一是特别要件说；二是因果关系说。

(1) 特别要件说。

特别要件说首先由德国学者韦伯主张。韦伯认为，主张权利存在的人，能够证明该权利的重要事实就足够了，相反，不必证明所有权利共同具有的一般要件事实。④ 随后，德国学者拜特曼和霍尔瓦克在肯定韦伯观点的基础上提出，在一般情况下，将特别要件事实作为权利发生要件事实是正确的，但在特

---

① 参见骆永家：《民事举证责任论》，台湾“商务印书馆”1987 年版，第 73 页。

② 有学者认为，凡明知故为的，即可证明其为恶意；告知、示知，即可证明其知；对自己的行为无合理判断能力，即可证明其为心神丧失或精神衰弱，很难认为不能证明。参见黄培栋：《民事诉讼法释论》，台湾五南图书出版公司 1982 年版，第 469 页。

③ 参见陈荣宗：《举证责任分配与民事程序法》(第二册)，台湾三民书局 1984 年版，第 11 页。

④ 参见陈荣宗：《举证责任分配与民事程序法》(第二册)，台湾三民书局 1984 年版，第 11 页。

殊情况下，特别要件事实有可能属于权利不发生的要件事实，因此，不能单凭是否与权利发生有无直接重要的关系来判断某一事实是属于一般要件事实还是特别要件事实。① 特别要件说的特色是将实体法上的权利发生、变更、消灭的要件，分为特别要件和一般要件，主张权利存在者，应就权利发生的特别要件事实负证明责任。该权利的一般要件欠缺时，由被告主张并加以证明。主张已发生的权利变更、消灭的，应对主张权利变更、消灭的特别要件事实举证。权利变更、消灭所必须的一般要件事实则由对方当事人举证。② 例如，在侵权损害赔偿案件中，原告请求被告给付赔偿金时，关于侵权行为和损害事实存在以及两者之间存在因果关系的事实属于特别要件事实，应由原告承担证明责任；而当事人的行为能力等则属于一般要件，涉及这一要件的事实由被告承担证明责任。如果被告主张侵权行为和损害结果之间不存在因果关系时，其就应对因果关系不存在这一特别要件事实承担证明责任。

特别要件说对法律要件进行分类的方法直接促成了后来占据主流地位的规范说的诞生，但由于权利发生要件和权利妨碍要件在产生时间上不像权利发生要件和权利消灭要件那样有先后顺序之分，因而会出现对同一法律构成要件事实因分析角度不同而使对其之证明责任无法分配的情形。

(2) 因果关系说。

因果关系说认为，主张权利的当事人应对权利成立的原因事实承担证明责任，对方当事人则应对权利不能成立的条件事实（妨碍权利，权利消灭的事实）承担证明责任。③ 因果关系的构成法理源于因果关系的思想或者至少是以因果关系的思想为先导的。既然主张权利的发生，那么，只有在证明有该权利发生的原因事实时，权利才能成立。因此，主张权利的当事人对权利要件发生的原因事实承担证明责任。反之，当事人主张该权利不存在时，就需要对该权利没有存在的原因事实承担证明责任。

德国民法典起草时，受因果关系说的影响，法典起草人甚至根据该学说的

---

① 参见陈荣宗：《举证责任分配与民事程序法》(第二册)，台湾三民书局 1984 年版，第 12 页；陈刚：《证明责任法研究》，中国人民大学出版社 2000 年版，第 180 页。

② 参见王甲乙、杨建华、郑健才：《民事诉讼法新论》，台湾三民书局 2002 年版，第 351 页；陈计男：《民事诉讼法论》(上)，台湾三民书局股份有限公司 2002 年版，第 440 页。

③ 参见陈刚：《证明责任法研究》，中国人民大学出版社 2000 年版，第 182 页。

原则在民法典第一个草案的第193条和第198条①中规定了证明责任的分配。但由于当时德国的立法者中有人反对，这些条款被删除。有立法者认为，利用法律明确加以规定证明责任的分配没有必要。证明责任的分配必须考虑推理基础、注重公平和符合法的目的才能实现。仅仅只规定抽象的条文将无助于事。②

（二）法律要件分类说

法律要件分类说是在对待证事实说进行彻底批判后建立起来的。其仍然源于罗马法注释法学家和德国普通法时代所承认的“原告应对诉的原因举证，被告应对抗辩事实举证”这一基本法则。待证事实说是以事实本身的内容与性质作为分配证明责任的标准；而法律要件分类说则着眼于事实与实体法的关系，以事实与实体法要件的关系及其在实体法上引起的不同效果作为分配证明责任的标准。详言之，待证事实分类说把当事人举证的难易作为证明责任分配的决定性因素；法律要件分类说则不着眼于当事人举证的难易，而是直接从当事人平等原则和事物的盖然性出发设置证明责任分配的原则。根据当事人平等的思想，当事人在诉讼中处于平等的地位，只有适当地分担责任，才能达到法律实现公平正义的目的。原告和被告都没有必要对全部案件事实予以证明，原告应对权利存在的事实举证，被告应对否定权利存在的事实举证才能实现诉讼的公平。法律要件分类说又有多数说和少数说之分，在多数说中，被誉为通说的是以德国学者罗森贝克的规范说，少数说是德国学者莱昂哈德的全备说。

---

① 德国民法典第一草案公布于1888年。该草案第193条规定：“主张请求权者，应就发生该请求权所需的事实举证。主张请求消灭或主张请求权的效力受限制者，应对发生消灭所需事实或发生受限制所需的事实举证。”第194条规定：“以排除通常效力的特别事实为理由，否认法律构成要件的法律效力者，应对该特别事实举证。尤其对法律行为，主张欠缺行为能力，意思表示不一致，因欺诈或胁迫而欠缺意思自由，或主张法律行为有特别指定的形式者，应对欠缺的事实或指定的特别形式的事实举证。”第195条规定：“对于必须具备特定形式始有效力的法律行为，主张该法律行为所生权利者，应对遵守其形式的事实举证。”第196条规定：“主张法律行为所生权利者，应对该法律行为已依其所主张方法成立的事实举证。即使相对人自认法律行为的订立，但主张该法律行为的订立另有特别停止条件、解除条件、始期或终期者亦然。”第197条规定：“因条件成就或不成就的事实而多的权利者，应对该事实举证。”第198条：“否认推定事实者，应对该事实举证。”转引自陈荣宗：《举证责任分配与民事程序法》（第二册），台湾三民书局1984年版，第15页。

② 参见陈荣宗：《举证责任分配与民事程序法》（第二册），台湾三民书局1984年版，第15页。

1. 罗森贝克的规范说

在证明责任分配问题上，最重要的也是最著名的观点，当属罗森贝克的规范说。该学说在德国法上稳居绝对的统治地位。① 规范说的总的指导思想是，如果没有一定的法规可以适用，则无法获得诉讼上请求效果的当事人，应该就该法规要件在实际上已经存在的事实予以主张和举证，即各当事人应对其有利自己的规范要件加以主张和举证。证明责任的分配应当遵循一个基本原则，即每一方当事人承担对其有利的法律规范的前提要件的证明责任，而该基本原则又是与实体法规范的内容和文意相联系的。法院适用法律，使特定法律效果的发生，必须符合该法律规范所确定的要件事实，并以取得积极的内心确信为基础；若法院就该事实获取了消极的内心确信或该事实的存在与否真伪不明时，法律规范即无适用的机会，法律效果也不能发生。② 易言之，法律要件事实不存在或存否不明时，法院难以适用相关法律规定进行裁判，其仅能认为该法律不能适用，并作出对该方当事人不利的判决。具体来说，规范说包括五方面的内容：

第一，要件事实处于真伪不明状态时，法官将不适用当事人请求适用的对其有利的法律规范。法官在诉讼中的任务是将法律适用于具体的案件，证明责任则是适用法律中产生的问题。只有当法官能够确认某一民事实体规范的事实构成要件已经被实现时，才能适用该实体法上的规定，即肯定从该规范得出的法律后果。然而案件事实却有可能真伪不明，但即便在这种情况下，法官也不得拒绝裁判，同要件事实不存在形成的心证一样，要件事实真伪不明同样不会

① 参见［德］汉斯·普维庭：《现代证明责任问题》，吴越译，法律出版社 2000 年版，第 262 页。

② 参见［德］罗森贝克：《证明责任论》，庄敬华译，中国法制出版社 2002 年版，第 1～3 页；［德］汉斯·普维庭：《现代证明责任问题》，吴越译，法律出版社 2000 年版，第 262～263 页；［日］新堂幸司：《新民事诉讼法》，林剑锋译，法律出版社 2008 年版，第 398～399 页；［日］高桥宏志：《民事诉讼法制度与理论的深层分析》，林剑锋译，法律出版社 2003 年版，第 439～441 页；陈荣宗：《举证责任分配与民事程序法》（第二册），台湾三民书局 1984 年版，第 16～17 页；骆永家：《民事举证责任论》，台湾“商务印书馆”1987 年版，第 74 页；王甲乙、杨建华、郑健才：《民事诉讼法新论》，台湾三民书局 2002 年版，第 350 页；陈计男：《民事诉讼法论》（上），台湾三民书局股份有限公司 2002 年版，第 440 页；雷万来等：《论票据诉讼之举证责任的分配》，载民事诉讼法研究基金会：《民事诉讼法之研讨》（六），台湾三民书局有限公司 1997 年版，第 101 页。

适用对该方当事人有利的法律规范。① 易言之，按照证明责任进行判决的一个必要前提就是事实是否存在真伪不明，或者说关于争议的要件事实存在无法克服的不可解释性。② 可见，只有当某一事实以真伪不明而告终时，证明责任才得以发挥作用。因此，在定义上，为了更加确切地表明证明责任绝不是“应当进行证明活动的行为责任”这一含义，证明责任也被表述为“客观的证明责任”或者“作为结果责任的证明责任”。法官依据自由心证主义来致力于事实的认定，不过，当事实以真伪不明而告终时，发挥作用的就是证明责任，因此可以说证明责任在心证穷尽之时开始发挥作用。③

第二，当事人对有利于其的法律规范所规定的要件事实负证明责任。即当事人在于己有利的法律要件事实处于真伪不明时，将要承受不适用该法律所产生的不利后果。在通常情况下，因为原告的诉讼请求乃是建立在一个独立的法规范的基础之上的，这就是在每个诉讼程序中，原告均必须承担主张责任和证明责任，即对于形成诉讼的法规范的前提条件这类事实，原告必须承担主张责任和证明责任。只有当被告主张的事实与一个新的独立的对其有利的规范的特征相适应，且该事实说明该规范的介入正当时，被告才承担证明责任。易言之，“不适用特定的法规范其诉讼请求就不可能有结果的当事人，必须对法规范要素在真实的事件中得到实现承担主张责任和证明责任。……每一方当事人均必须主张和证明对自己有利的法规范的条件”。④

第三，通过对法律规范进行分类来区分相应的要件事实对当事人有利还是不利。依性质之不同，实体法律规范可以被分为作为权利发生根据的权利根据规范（亦称为权利产生规范、基本规范、请求权规范、主要规范或通常规

---

① 有学者认为，法官在事实关系未被澄清的情况下，也就是在所谓的真伪不明状态下不能作出裁判，因此，在真伪不明的情况下，关于事实上的“可能是或者可能不是”这一问题必须转化为明确的“是”或“不是”。将有关事实的疑问转化为明确结果的过程，是通过证明责任规范而发生的，该规范在证明实际上不能达到目的的情况下虚拟了肯定或否定的结果。参见［德］汉斯·约阿希姆·穆泽拉克：《德国民事诉讼法基础教程》，周翠译，中国政法大学出版社2005年版，第275页。

② 参见［德］汉斯·普维庭：《现代证明责任问题》，吴越译，法律出版社2000年版，第165页。

③ 参见［日］高桥宏志：《民事诉讼法制度与理论的深层分析》，林剑锋译，法律出版社2003年版，第420页。

④ ［德］罗森贝克：《证明责任论》，庄敬华译，中国法制出版社2002年版，第104页。

范）、妨碍根据规定法律效果发生的权利障碍规范以及一旦形成就会使权利消灭的权利消灭规范（后两者又可称为对立规范）三个种类。① 凡能发生一定权利的规范即为权利根据规范；凡妨碍权利发生的规范即为权利障碍规范；凡在权利发生后，能将已经存在的权利归于消灭的规范即为权利消灭规范。对于作为基础性规范的权利根据规范进行主张的人就是权利人；而主张性质相反的权利障碍规范与权利消灭规范的人就是义务人，两者应分别对各自主张的实体规范的要件事实负担证明责任，因为对于权利人和义务人而言，这两种性质相反的规范分别是于其有利的规范。易言之，主张权利存在的当事人，应就权利发生的法律要件事实之存在承担证明责任；否认权利存在的人，应就权利障碍法律要件和权利消灭法律要件事实之存在承担证明责任。也即，“每一个想使法规范的效果有利于自己的当事人，均须对此等规范的前提条件加以证明，日常生活中的观点不将法规范视为权利产生、权利妨碍的等的原因，而是将一权利的产生和权利的变更直接归因于形成此等法规范的构成要件的事实。这是我们在观察自然现象时遇到的相同观点。我们不将自然法则视为生效的原因，而是将曾经对外部世界的改变有明显效果的事件视为生效的原因，尽管这种变化的根据存在于自然法则中。这里，我们同样变换了原因和结果，不谈论法规范，而是讨论权利形成的事实，或权利妨碍的事实，或权利消灭的事实。与此相适应，人们经常会听到这样的说法，即原告必须对权利形成的事实加以证明，而被告必须对权利妨碍的事实、权利消灭的事实、权利排除的事实加以证明，而不说，原告必须主张和证明权利形成规范的前提条件，被告必须主张和证明权利妨碍规范、权利消灭规范、权利排除规范的前提条件”。②

第四，通过实体法形式上的结构、条文上的关系识别不同实体法规范。实体法本身便包含着识别不同规范的机制。从权利的产生与变动的时间顺序看，总是产生权利在先，障碍或消灭权利在后，因而可以从时间发生的先后区分权利发生规范与权利消灭规范。对于几乎在同一时刻发生作用的权利产生规范与权利妨碍规范，可以用原则与例外的关系来予以说明。易言之，由于权利发生与消灭的时间前后分明，故权利根据规范与权利消灭规范之间的界限十分明

① 除此三类实体法规范外，罗森贝克还设置了一种权利受制规范，即赋予被请求方以形成权的规定，如消灭时效的抗辩、解除权和抵消权等，但后来罗森贝克又将权利受制规范并入权利障碍规范。

② ［德］罗森贝克：《证明责任论》，庄敬华译，中国法制出版社 2002 年版，第 113 页。

显，容易区分。但权利根据和权利障碍之事实在时间上同时存在，且权利障碍之不存在即为权利发生的情形之一，故对权利根据规范和权利障碍规范进行区分则存在一定难度。依罗森贝克的解释，可以法条规定的形式来进行区分，因为立法者在制定法律时，一般将权利发生的情形作为通常规范，而将权利障碍的情形作为例外规范。所以凡在条文中以但书的形式出现的就是例外规范，即权利障碍规范。

第五，证明责任分配应由立法予以规定。应排除每个法官的实质性考虑，否则容易造成不同法官作出不同的证明责任分配的结果。相对于证明责任规范的制定者来说，证明责任的受领人是法官。因为立法者通过该规范指示法官将某个特定的证据结果作为其裁判的基础。从实体法规范的内容来看，其中所传达的有关证明责任规则的意义在于，如果法官不能澄清事实构成要件是否实现，则应当从未实现出发。即任何证明责任裁判的内容总是由两个部分所组成，一部分为事实疑问所涉及的事实构成要件，另外一部分内容为克服该疑问而对（肯定的或否定的）事实确认进行拟制。①

从对实体法律规范的分析上去寻找证明责任分配的原则，就方法论上来讲并非罗森贝克的首创，但从法律规范相互之间的关系中去发现分配的原则，应当说是罗森贝克的独创。规范说的内容具有高度的内在逻辑性，具有很强的说理性，更重要的是其符合法的安定性和形式正义的要求。

规范说尽管在证明责任分配领域影响巨大，但也并非尽善尽美，从其诞生之日起，该学说固有的缺陷便遭到来自各方的批判，主要集中在三个方面：第一，对当事人之间的实质正义以及诉讼效率关注不够。② 规范说过于注重法律规定的形式构成，完全不考虑现实的举证难易，使得证明责任制度的适用走入教条，从而影响证明责任分配的实质公平与公正。如当待证事实为消极事实时，主张消极事实的一方往往难以提供证据证明其关于事实不存在或未发生的主张，或者当主张事实的全部证据材料均在对方的控制和支配之下时，如果按照规范说分配证明责任，则当事人很难有效地维护自己的合法权益。第二，证

① 参见［德］汉斯·约阿希姆·穆泽拉克：《德国民事诉讼法基础教程》，周翠译，中国政法大学出版社2005年版，第276页。

② 参见陈荣宗：《举证责任分配与民事程序法》(第二册)，台湾三民书局1984年版，第18页。

明责任分配标准在某些方面并不明确。① 规范说的前提是所有的实体规范都能进行划分，但实际上，如果对于权利发生规范与权利消灭规范根据“权利是发生还是消灭”这一标准还能在实体法上予以区分的话，对于权利发生规范和权利妨碍规范却难以找出明确的区分标准。如关于行为能力，按照规范说的观点，有行为能力为权利发生事实，无行为能力为权利妨碍事实，但显然有行为能力者对自己的行为负责与无行为能力者不对自己的行为负责是同一意思。另如，作为实体法性质上的“善意”和“恶意”不过是一对正反关系的概念，即对于同一事项的表述既可以从正面（善意）的角度，也可以从反面（恶意）的视角来予以表达，此时是不可能对两者作出区别的。可见，虽然上述以法条规定的形式对法律规范进行区分的方法虽有一定合理性，但仍然不能完全解决所有问题。第三，当事实处于真伪不明时，在逻辑上并不必然地导致实体法规范的不被适用，而是应当通过某种考虑对实体法规范的适用或不适用作出指导。②

2. 莱昂哈德的全备说（完全说）

莱昂哈德的全备说也是从对实体法律规范的分析上去寻找证明责任分配的标准。该学说明确了证明责任的两种含义，即主观证明责任和客观证明责任。③ 与规范说不同的是，全备说认为引起权利发生的一切法律要件事实都是权利产生所必须的，人为地将它们分为一般要件事实与特别要件事实是错误的。权利规范仅分为权利发生规范与权利消灭规范两类，规范说下的权利妨碍规范应归入权利发生规范，权利受制规范应归入权利消灭规范。主张法律效果成立的当事人就发生该法律效果所必须的一切有关事实负证明责任；对方就该法律效果变化或消灭所必须的一切有关事实负证明责任。④ 全备说在方法论上着眼于对实体法规范的分析，认为在实体法的规范中包含着诉讼方面的内容。即只有当法律要件事实的存在获得证明时，实体法的规范中所存在的法律效果才能发生。法律要件事实的存在不能获得证明时，实体法上的法律效果就不会发生。因此，法官只有在该法律要件事实存在获得证明时，才能作出有利于主

① 参见［日］新堂幸司：《新民事诉讼法》，林剑锋译，法律出版社 2008 年版，第 399 页。

② 参见［日］高桥宏志：《民事诉讼法制度与理论的深层分析》，林剑锋译，法律出版社 2003 年版，第 441 页。

③ 参见陈荣宗：《举证责任分配与民事程序法》（第二册），台湾三民书局 1984 年版，第 22 页。

④ 参见骆永家：《民事举证责任论》，台湾“商务印书馆”1987 年版，第 76 页。

张该事实的当事人的判决。如果不能证明该事实的存在或该事实存在与否不明时，法官只能作出不利于主张该事实的当事人的判决。

全备说最大的特点是将权利妨碍规范归入到权利发生规范，从而克服了在规范说中存在的权利发生规范与权利妨碍规范难以区分的弱点。但是，该学说也存在明显的不足，即如果在诉讼中要求主张权利的一方当事人对产生权利的全部法律要件事实主张并证明，诉讼将变得异常复杂，诉讼效率也会大为降低；而且，原告和被告双方作为平等的诉讼主体理应承担对等的义务，但在这里负担的天平却严重向原告倾斜，其胜诉的希望会大大降低，从而有悖公平和正义的要求。①

（三）危险领域说

因其逻辑的严密性、推理的细致性及体系的完整性，法律要件分类说（尤其是规范说）在大陆法系作为通说支配证明责任分配理论达数十年。但随着时代之不断变化，日益涌现出的新情况和新问题对该学说提出了日益严峻的挑战，故学界对证明责任分配理论进行再探讨逐渐达成共识。

危险领域说即是一种区别于法律要件分类说的新理论，由德国学者普霍斯首倡。其提出危险领域说的直接动机就在于试图弥补规范说存在的缺陷和不足。普霍斯在对德国法院有关判例特别是联邦最高法院的判例进行总结、整理并使之系统化与一般化的基础上创立了该学说。② 该学说认为，应依据待证事实属于哪一方当事人控制的危险领域为标准，决定证明责任的分配，即当事人应当对其所能控制的危险领域中的事实负证明责任。③ 危险领域说不是主张在整个诉讼领域全部适用新的证明责任分配标准，而是主张在特定领域，应当以

---

① 莱昂哈德也注意到这一点，为了缓和原告的证明责任负担，提出了“反驳责任”。这种责任是根据民事诉讼法上的诚实信用原则和公平原则，课以被告对部分权利发生的法律要件事实加以说明的负担。同时，莱昂哈德还设想，在被告不对权利发生的法律要件的一般要件事实和权利妨碍事实提出质疑时，原告就不必对这些事实举证（参见陈荣宗：《举证责任分配与民事程序法》（第二册），台湾三民书局 1984 年版，第 22～23 页）。但由于莱昂哈德的所谓反驳责任需要考量规范事实以外的因素（诚实信用原则和公平原则），反而使得其所主张的证明责任分配标准存在适用上的困难。故理论上虽比较圆满，但却因为操作的过于灵活，而减低了证明责任的规制作用（参见陈刚：《证明责任法研究》，中国人民大学出版社 2000 年版，第 184 页）。

② 参见陈荣宗：《举证责任分配与民事程序法》（第二册），台湾三民书局 1984 年版，第 27 页。

③ 参见肖建华主编：《民事证据法理念与实践》，法律出版社 2005 年版，第 48 页。

危险领域作为证明责任分配的标准，以修正法律要件分类说的不足。所谓危险领域，是指一方当事人通过事实上或法律上手段可以控制的生活领域。如在损害赔偿的场合，根据法律要件分类说的证明责任分配原则，损害赔偿请求权能够成立，受害人必须证明以下法律要件事实：（1）存在损害事实；（2）加害人有过错；（3）加害行为与损害事实有因果关系；（4）加害行为是侵权行为。而对加害行为与损害事实的因果关系的证明，对于被害人来讲往往相当困难，特别是在现代化工业和技术领域中，因果关系常常不能以人们一般所具备的知识去判断和识别，这就给受害人的权利救济设置了障碍。易言之，即在损害赔偿诉讼中，如果损害原因来自加害方的危险领域，则受害方就难以对加害方存在过失以及过失与损害之间的因果关系作出证明，与之相反，加害方则处于一种易于了解事实关系的地位。此时必须考量举证难易和损害救济预防等因素，而不能局限于法律要件分类说的教条，即有关过失以及过失与损害之间的因果关系的证明责任应由加害方来承担。①

法律要件分类说注重的是形式上的分配方法，作为对其进行修正的学说，危险领域说不拘泥于法律条文关于权利规定的形式构成，更多地体现了对实质性分配的考量，把证明的难易和有利于防止损害的发生作为证明责任分配的根据。首先，被害人难以知晓处于加害人控制之下的危险领域里所发生的事件过程，故难于提出证据；相反，由于该危险领域在加害人的控制之下，加害人更容易了解有关案件的情况，故容易提出证据加以证明。其次，该学说能更好地预防损害的发生。证明责任分配给谁，就是将谁置于不利地位，由加害方对危险领域内的事实负证明责任对其无异于一种惩罚，而对被害人而言，其权益却相应地获得了更好的保护。因此，加害人或潜在的加害人必定会更为自觉地预防、控制自己的损害行为，从而使既定的社会秩序更少地遭到破坏。在这一点上，危险领域说似乎是待证事实分类说的回归，但其并未完全否定法律要件分类说，不过是主张在某些领域（危险领域）里考虑证明难易和损害救济预防

① 这种加重加害人证明责任的分配理论出于以下考虑：（1）被害人难以知道处于加害人控制之下的危险领域里所发生的事件过程，因此，难以提出证据。（2）相反，由于该危险领域在加害人的控制之下，加害人更容易了解有关案件的情况，因此，容易提出证据，以证明自己的清白。（3）德国民法中有关当事人民事责任承担的法律规定均在于防止损害发生。要实现这一目的，即应当让加害人就在自己控制的危险领域里所发生的事情进行举证，不能证明时即应承担不利的后果。这样处理才有利于预防损害的发生。总之，由加害人承担证明责任是因为损害原因出自加害人能控制的危险领域，而受害人是不能左右的。参见［德］汉斯·普维庭：《现代证明责任问题》，吴越译，法律出版社2000年版，第326页。

因素。具体地讲，只是在不法行为侵权领域和契约关系领域中考量举证难易和损害救济预防等因素。① 应当说危险领域说在方法论上改变了过去规范说的教条主义，在证明责任的重新分配方面反映了分配公正性的要求。

然而，该学说的欠缺之处也相当明显，即何谓危险领域在内涵上并不明确，② 以至于几乎债务人的所有行为都被囊括在其中，这显然会不当地加重被告的证明负担；同时，让加害方就因果关系负证明责任未必总是公平③，让债权人总是证明损害原因处于债务人的危险领域亦未必总是合理。④ 所以不能将

① 参见［德］汉斯·约阿希姆·穆泽拉克、科隆：《危险领域分配证明责任——对联邦最高法院危险范围理论的批判考察》，载［德］米夏埃尔·施蒂尔纳编：《德国民事诉讼法学文萃》，赵秀举译，中国政法大学出版社 2005 年版，第 289～290 页。

② 德国联邦最高法院对危险领域的界定只是通过判例为之。在一些裁判中，这一领域与一方当事人法律上和事实上占有的空间——物体的保护范围相一致，例如，商场的销售空间、剧院的空间（包括技术设备）、载重汽车和由此产生的后果、洗车设备及其技术设施。其他的一些裁判将危险领域扩展到一方当事人针对另一方当事人能够控制的所有的过程，尤其是扩展到自己的行为上——例如计件工人的活动、瑕疵产品的出售、制作建筑计划和监督建筑工作、飞机汽化器的错误的修理、违反放弃任何帮助竞争行为的义务等。参见［德］汉斯·约阿希姆·穆泽拉克、科隆：《危险领域分配证明责任——对联邦最高法院危险范围理论的批判考察》，载［德］米夏埃尔·施蒂尔纳编：《德国民事诉讼法学文萃》，赵秀举译，中国政法大学出版社 2005 年版，第 276 页。

③ 证明的难易有时与危险领域是冲突的。例如，电影院案中，原告到被告处（电影院）看电影。由于人多拥挤，原告被挤到电影院的一道门附近。后来才发现原告倒地失去知觉，事故原因不得而知。虽然，按照危险领域的观点，原告处于被告控制的空间，但却不能认为被告就更接近证明有无过错的证据，被告要证明自己无过错同样是很困难的。因此，在这一案件中，德国法院就没有采纳危险领域说来分配证明责任（参见［德］汉斯·普维庭：《现代证明责任问题》，吴越译，法律出版社 2000 年版，第 330 页）。另如，由于不具有专业知识且被麻醉的患者无法对医生的过失进行证明，依据危险领域说，应由医生对其无过失之事实承担证明责任。在这种情形下，如果仅仅以被害人证明困难为由来进行证明责任的转换，恐怕还不太具有说服力，因此需要从公平、权利救济的必要性等视角出发来作出判断（参见［日］新堂幸司：《新民事诉讼法》，林剑锋译，法律出版社 2008 年版，第 400 页）。

④ 在契约法方面，有关归责事由的证明责任，德国民法在有关条文当中，已运用转换证明责任的方法加以解决。因此，在学理已没有必要再区分危险领域，予以分配。在侵权行为方面，如果对归责事由的证明有困难时，可以通过表见证明或证明责任转换的方法加以解决。立法者也已经注意到证明困难的情形而规定了证明责任转换的情况，因此，依据危险领域说来分配就没有必要。参见陈荣宗：《举证责任分配与民事程序法》（第二册），台湾三民书局 1984 年版，第 29 页。

衡量证明责任分配的所有因素都笼统地用危险领域说来代替。易言之，“如果事实上不是从危险领域，责任范围领域或责任危险圈出发进行分析，而实际上使用了‘利益衡量法学——社会政治学和法伦理学以及根据实际关系，亦即按照空间领域和客观的可能性’之类的术语来分析问题的话，人们则不能将衡量证明责任分配的所有因素都笼统地用危险领域说来代替”。①

（四）盖然性说

盖然性说为德国学者莱讷克和瓦亨道夫所倡导。与危险领域说不同，盖然性说并非是对法律要件分类说的修正，而是对其的彻底否定②，完全抛弃了以划分法律要件事实为基础来分配证明责任的基本方法。

盖然性说的“盖然性”的含义与法律要件分类说所依据的“盖然性”稍有不同。前者是指原则性，后者是指事物的常态。该学说认为，如果法官对一个要件事实真伪不明不能确认时，应当由某个要件事实成立的可能性较小，因而对其不利的一方当事人承担不利后果。③ 而这里的要件事实成立的可能性，就是指根据人们生活经验所统计出的该要件事实发生的概率，即事实发生率高的，主张该事实的人不需要举证加以证明，反之则需要承担证明责任。易言之，盖然性说主要是通过对民法中规定的证明责任规范的分析，从实质性的考量入手将证明责任的分配体系化，并且把盖然性和证明可能性作为证明责任分配的一般因素。所谓盖然性考量，就是通过对实体法规范的分析，明确实体法的原则规范和例外规范的关系，并以此来决定证明责任的分配。作为分配的另一个应考虑的因素，证明的可能性是指具有证明可能性的当事人应当承担证明责任，其指导思想是考虑举证的难易。④

该学说最大的缺陷在于寻找盖然性以及确定盖然性的整体价值方面的困难会损害法的可预测性，从而给诉讼带来极大的不安定性，最终会导致作为法定风险分配的证明责任误入歧途，并进一步导致证明评价有名无实。所以抽象盖然性作为证明责任分配至基准充其量不过是立法者的动机之一，而不可能成为法定的证明责任分配规则。

---

① ［德］汉斯·普维庭：《现代证明责任问题》，吴越译，法律出版社 2000 年版，第 330 页。

② 参见陈荣宗：《举证责任分配与民事程序法》（第二册），台湾三民书局 1984 年版，第 30 页。

③ ［德］汉斯·普维庭：《现代证明责任问题》，吴越译，法律出版社 2000 年版，第 332 页。

④ 参见陈刚：《证明责任法研究》，中国人民大学出版社 2000 年版，第 195 页。

（五）利益考量说

这一学说主要为日本学者石田穰和新堂幸司所主张。① 该学说认为，决定证明责任分配的实质性要素是当事人之间的公平和实体法的立法趣旨。对当事人之间公平的考虑具体来说应从三个方面入手：第一，欲变更现状的当事人应当对变更之要件承担证明责任。当事人主张自己享有某权利，进而要求变更现状时，如果让对该权利存在争议的对方当事人对有可能成为该权利发生原因的所有事实进行搜索，并证明其不存在，那么就会产生诸如增加对方当事人负担、无端导致争点的增加等种种不合理的后果，而且，此时法官虽未获得权利存在的确信，但由于对该权利存在争议的对方当事人不能证明权利的发生不存在，故法官不得不认可该权利，这样提起无理由诉讼的原告反而获得了胜诉，明显对被告不公。相反，如果让主张权利者对所有的可能成为权利消灭原因的事实进行搜索，并证明其不存在也会出现同样的问题。② 第二，在证据分布不均衡，进而使权利主张者无法掌握其主张所必需的事实及证据的情形下，如果让处于更容易使用必要证据方法地位的一方当事人来承担该事实的证明责任较符合公平的理念。当然，证据不均衡的程度、证明的困难程度无疑是多种多样的，故需要斟酌其他因素来作出慎重的判断。③ 第三，让主张例外情况存在的当事人对该事实承担证明责任也是符合公平原则的。④ 第四，由于证明责任的分配也决定这某个法规的适用与否，因此每个法规的立法趣旨也当然地发挥着证明责任分配标准的作用。是否希望拓宽权利救济途径的立法趣旨、实体法的解释及政策论，也成为决定证明责任分配的重要因素。⑤

利益考量说因较高的适应性和较强的灵活性得到不少学者的认同，成为日本现代证明责任分配标准的代表性学说。但这种证明责任分配标准的构建方法与以抽象的法律规范为基础的法规出发性的大陆法系的诉讼模式不相吻合，从

① 参见［日］高桥宏志：《民事诉讼法制度与理论的深层分析》，林剑锋译，法律出版社 2003 年版，第 444 页。

② 参见［日］新堂幸司：《新民事诉讼法》，林剑锋译，法律出版社 2008 年版，第 397 页。

③ 参见［日］新堂幸司：《新民事诉讼法》，林剑锋译，法律出版社 2008 年版，第 399 页。

④ 参见［日］新堂幸司：《新民事诉讼法》，林剑锋译，法律出版社 2008 年版，第 400 页。

⑤ 参见［日］新堂幸司：《新民事诉讼法》，林剑锋译，法律出版社 2008 年版，第 400 页。

而会使法官在实际操作中陷入重重顾虑，不利于证明责任作为裁判规范的确定性。

在高度重视理论体系精细化和严密化的大陆法系民事诉讼理论中，以规范说为核心的法律要件分类说仍在证明责任分配诸学说里占据着统治地位。尽管有不少新的学说①诞生，且也有一定的生命力，但与以规范说为代表的法律要件分类说相比，毕竟缺乏系统性且操作性不强，故顶多只是在部分领域对法律要件分类说进行的补充，未能完全取而代之。法律要件分类说以其严密的逻辑性、体系性以及便于操作的优点仍然占据着大陆法系证明责任分配标准的通说地位，也是实践中法官分配证明责任的主要方法。在可以预见到的将来，对法律要件分类说予以修正仍然是证明责任分配标准发展的基本趋势。

二、民事诉讼中的证明责任分配之实证分析

（一）民事诉讼中的证明责任分配原则及例外

1. 民事诉讼中的证明责任分配原则

在我国民事诉讼领域，关于证明责任分配长期占据主导地位的观点是所谓的“谁主张，谁举证”原则。1982 年颁布的《民事诉讼法（试行）》第 56 条“当事人对自己提出的主张，有责任提供证据”的规定则确立了这一原则，1991 年颁布的现行《民事诉讼法》第 64 条第 1 款完全承继了《试行法》第 56 条的规定。“谁主张，谁举证”这一证明责任分配原则貌似合理，实则非常不合乎逻辑，更欠允当。因为依此原则，在双方当事人对同一事实存在与否发生争议时，一方当事人应就其关于该事实存在之主张负证明责任，而对方当事人则应对其关于该事实不存在之主张负证明责任，此时就出现了当事人双方就同一事实分别从存在与不存在两个层面承担证明责任的情形。若双方当事人均未能提供充当的证据让法官确信其之存在及不存在，也即该事实存否真伪不明，依此项证明责任分配原则，双方当事人均应依证明责任规范遭受不利益，苟如是，法官岂非不能以之作为裁判的基础。这显然与证明责任作为裁判规范之本质相悖。例如，甲请求法院确认其与乙之间存在买卖合同关系，乙予以否

① 以上各学说均为大陆法系学者所创，而当代英美法系的通说认为，证明责任分配不存在一般性的标准，只能在综合若干要素的基础上就具体案件进行具体性分配。在对具体案件的证明责任分配时要考虑政策、公平、证据所持、方便、盖然性和经验规则等诸多要素。其中最重要的要素是政策、公平和盖然性，从而与日本的利益考量说的主要观点相一致。

认。依“谁主张，谁举证”之原则，甲须就合同成立之事实承担证明责任；而乙则应就合同不成立之事实承担证明责任。当合同成立之事实真伪不明时，法院既可以基于合同成立之事实真伪不明作出对原告不利的事实认定，也可以基于合同不成立之事实真伪不明作出对被告不利的事实认定，这显然于理不合。可以说，“谁主张，谁举证”的证明责任分配原则不仅在逻辑上不能立足，实践中更不能据之为操作准则，从根本上讲，其并未就诉讼中双方当事人的证明责任分配作出实质性的规定，因为任何一种证明责任分配原则都不能要求双方当事人就同一事实从正、反两方面承担证明责任，这是一项最基本的常识。

《民事证据规定》首次在我国民事诉讼领域确立了真正意义上的证明责任分配原则。其第 2 条规定：“（第 1 款）当事人对自己提出的诉讼请求所依据的事实或者反驳对方诉讼请求所依据的事实有责任提供证据加以证明。（第 2 款）没有证据或者证据不足以证明当事人的事实主张的，由负有举证责任的当事人承担不利后果。”从该项司法解释的规定中应可推知，我国审判实践中，关于证明责任分配基本上是以法律要件分类说为依据的。其原因主要是，该学说在理论上已较为成熟，在我国已为学界所广泛认同，并且也具有广泛的实践基础。从总体上讲，尤其是相对于现行《民事诉讼法》第 64 条第 1 款关于证明责任分配的规范，该项司法解释的规定是比较合理的，但细研究之，亦有两处不足：其一，错误地界定了证明责任规范适用的前提条件。前面已提到，依法律要件分类说，证明责任规范得以适用的前提条件是为当事人主张的法律构成要件事实于言词辩论终结时仍处于真伪不明的状态。而本条第 2 款却将“没有证据或证据不足以证明当事人的事实主张”作为证明责任规范适用的前提条件，显然不当。因为“证据不足以证明当事人的事实主张”并不等于争议事实真伪不明，其本身无法排除证据可以证明争议事实为伪这一可能性。其二，错误地界定了证明责任范规之适用对象。证明责任规范虽旨在对当事人所提之法律主张予以否定，并借助对为当事人所主张的法律要件事实的否定达此目的，但对法律事实的否定本身是没有“有利”与“不利”之区分的。所以，将“负举证责任的当事人承担的不利后果”作用于“当事人的事实主张”之上，在逻辑上犯了将间接关系混同为直接关系的错误。

另外值得注意的是，《民事证据规定》第 7 条“在法律没有具体规定，依本规定及其他司法解释无法确定举证责任承担时，人民法院可以根据公平原则和诚实信用原则，综合当事人举证能力等因素确定举证责任的承担”的规定还赋予了法官在一定条件下关于证明责任分配的自由裁量权。从表面上看，赋予法官自由裁量权似乎能够有效地弥补法律要件分类说关于当事人证明责任分配所存在之不足，但不容否认的是，若依此规定进行操作易滋证明责任规范在言词辩论终结前即被适用之流弊。因为法官很可能于言词辩论之前就已不当地确定了败诉者，从而使得其后继的程序流于形式。故从本质上讲，这项规定是不妥当的。

2. 民事诉讼中的证明责任分配原则的例外

（1）一般法理。

民事诉讼中证明责任分配原则的例外，在我国常被冠以“证明责任倒置”（或“举证责任倒置”）之名。证明责任倒置首先由德国学者于20世纪50年代提出，并随之由德国在判例中予以确立。其后，这种做法在大陆法系国家普遍得以确认，成为修正法律要件分类说的重要方法。

一般认为，只有在成文法至上的大陆法系国家和地区才存在“证明责任倒置”的概念；而对证明责任分配实行个案决定的英美法系国家和地区则无证明责任分配原则的一般与例外之分。即大陆法系采取的是一般加例外的证明责任分配方式；英美法系采取的则是价值衡量证明责任分配方式。这种认识显然失之偏颇。因为，作为大陆法系国家规范证明责任倒置前提和基础的法律要件分类说是建立在对民事实体法律规范进行分析的基础之上的，而实体法乃是从无数个案中得出的共同点的集合，是具体价值衡量上升到法律层面的结晶。可见，实体法本身就蕴含有一定的价值，故以此为基础所进行的证明责任分配无疑也理所当然地体现了价值衡量的理念。

近代民法所体现的核心价值理念便是追求法的安定性，即对于同一法律事实类型适用同一法律规则，得出同样的判决结果；同时由于民事主体之间存在平等性和互换性①，这就对民法规范提出了定型化的要求，使得作为民法理念的社会正义体现为着重强调形式正义，人格抽象、契约绝对自由和过失责任等均为其表现。分析法律要件分类说的实质，可发现其显然是近代民法的产物：其一，以成文法为基础，用法律条文的形式对证明责任分配的标准分类加以确定；其二，认为一切案件均可按成文法确定的标准进行证明责任分配，无须法官发挥主观能动性；其三，注重形式正义，从形式上进行证明责任的分配，充分考虑体系上的完整性和逻辑上的严密性。随着资本主义进入垄断阶段，近代民法也发展成为现代民法。科技的突飞猛进，在物质文明高度发展的同时，也

---

① 参见梁慧星：《从现代民法到近代民法》，载梁慧星主编：《民商法论丛》（第7卷），法律出版社1997年版，第234页。

导致了两极分化严重、交通事故频发、环境污染层出、缺陷产品致损及商业秘密盗用等各种社会问题的出现。此时民事主体的平等性和互换性在很大程度上已丧失。这些都导致民法的价值观念由追求法的安定性转向侧重于追求法的社会妥当性，这既是维持社会稳定的需要，也是民法自身保持其生命力的需要。民法的理念也由强调形式正义转为着重实质正义①，在民法模式上就表现为人格的具体化、对契约绝对自由的限制和严格责任等。这种民法理念的变化使得证明责任的分配也随之作出相应的调整，法律要件分类说在某种程度上或某种领域逐步得到修正。在某些特定类型的案件，如污染侵权诉讼、产品缺陷损害诉讼、医疗事故诉讼及专利侵权诉讼等中，民事主体双方的平等性和互换性基本上完全丧失，侵权和被侵权的主体在社会结构层次上固定下来，原、被告的角色几乎没有互换的可能，而且这种互换性的丧失在诉讼中则常常表现为当事人实质地位和掌握武器的不对等。② 由于诸多在近代民法时期不可想象的原因使原告的举证能力大大弱于被告，此时如果仍按严格意义上的法律要件分类说进行证明责任分配，则原告就会常常陷入举证困难或举证不能的境地，从而导致败诉的不利后果，这显然是与现代意义上民法的基本价值理念相悖的。价值衡量的结果要求法律在分配当事人之证明责任时应向受害者倾斜，从而使他们有更大的把握获得赔偿。

在以法律要件分类说为基础、对证明责任进行分配的做法不作根本性改变的前提之下，寻求减轻当事人证明责任负担的途径有两条：一是从立法上免除受害人对某些侵权案件的过错法律要件的证明责任，即实行无过错责任；二是把部分侵权案件的过错及因果关系的证明责任倒置于对方，即将法律要件的一部分从权利发生规范的要件事实中排除，而归入到权利妨害规范、权利拒绝规范和权利消灭规范的要件事实中，即实行证明责任的转换。由此可见，所谓证明责任倒置并非指本来由一方当事人承担的举证责任转换给另一方承担，而是指应由“此方当事人承担的证明责任被免除，由彼方当事人对本来的证明对象从相反的方向承担证明责任”。③ 所以，证明责任倒置就其本质而言仅为对以法律要件分类说进行举证责任分配即所谓“正置”的补充，其一如一般的

---

① 参见梁慧星：《从现代民法到近代民法》，载梁慧星主编：《民商法论丛》(第7卷)，法律出版社1997年版，第242页。

② 参见王亚新：《对抗与判定——日本民事诉讼的基本结构》，清华大学出版社2002年版，第229～230页。

③ 陈刚：《证明责任法研究》，中国人民大学出版社2000年版，第247页。

证明责任分配也是由法律预先设置，并不随具体诉讼的进行而发生更易，因而从实质意义上去理解证明责任分配就可发现，并不存在证明责任倒置。

（2）我国现行立法及相关司法解释的规定及评析。

就我国立法来看，最早对证明责任倒置加以规定的是1984年颁布的《专利法》。该法第60条第2款规定："在发生侵权责任纠纷的时候，如果发明专利是一项新产品的制造方法，制造同样产品的单位或个人应当提供其产品制造方法的证明。"1986年颁行的《民法通则》又进一步规定了几种举证责任倒置的情况。

1992年的《民诉适用意见》第74条以司法解释的形式规定了在几种特殊侵权诉讼中实行证明责任倒置，其内容是："下列侵权诉讼中，对原告提出的侵权事实，被告否认的，由被告负责举证：（1）因产品制造方法发明专利引起的专利侵权诉讼；（2）高度危险作业致人损害的侵权诉讼；（3）因环境污染引起的损害赔偿诉讼；（4）建筑物或者其他设施以及建筑物上的搁置物、悬挂物发生倒塌、脱落、坠落致人损害的侵权诉讼；（5）饲养动物致人损害的侵权诉讼；（6）有关法律规定由被告承担举证责任的。"

最近关于证明责任倒置的规定是《民事证据规定》中的第4条第1款，其内容是："下列侵权诉讼，按照以下规定承担举证责任：（1）因新产品制造方法发明专利引起的专利侵权诉讼，由制造同样产品的单位或者个人对其产品制造方法不同于专利方法承担举证责任；（2）高度危险作业致人损害的侵权诉讼，由加害人就受害人故意造成损害的事实承担举证责任；（3）因环境污染引起的损害赔偿诉讼，由加害人就法律规定的免责事由及其行为与损害结果之间不存在因果关系承担举证责任；（4）建筑物或者其他设施以及建筑物上的搁置物、悬挂物发生倒塌、脱落、坠落致人损害的侵权诉讼，由所有人或者管理人对其无过错承担举证责任；（5）饲养动物致人损害的侵权诉讼，由动物饲养人或者管理人就受害人有过错或者第三人有过错承担举证责任；（6）因缺陷产品致人损害的侵权诉讼，由产品的生产者就法律规定的免责事由承担举证责任；（7）因共同危险行为致人损害的侵权诉讼，由实施危险行为的人就其行为与损害结果之间不存在因果关系承担举证责任；（8）因医疗行为引起的侵权诉讼，由医疗机构就医疗行为与损害结果之间不存在因果关系及不存在医疗过错承担举证责任。"

与《民诉适用意见》第74条相比，《民事证据规定》第4条不仅弥补了前者规范的一些缺失，在内容上也更为丰富。其一，《民诉适用意见》第74条对举证责任倒置的对象规定得不够明确，对于究竟应将侵权责任构成要件中的哪些要件倒置给被告，未作具体规定，而只是笼统地规定“对原告提出的侵权事实，被告否认的，由被告负责举证”，这易使人误认被告对不存在侵权责任的全部构成要件事实均应负证明责任。《民事证据规定》第4条则明确规定了仅过错要件事实和因果关系要件事实实行证明责任倒置。其二，《民事证据规定》第4条新增了规定产品缺陷、共同危险及医疗事故三种侵权诉讼的证明责任负担规则，一定程度上扩充了当事人之举证能力，值得肯定。

但《民事证据规定》第4条仍然存在明显的不足。该项司法解释本意是为了规范证明责任倒置，但在所列八类案件中，竟有三类案件（高度危险作业致人损害、饲养动物致人损害及产品缺陷致人损害）的证明责任分配并不属于证明责任的倒置，而是完全意义上的证明责任之一般分配。此三类案件均属于实行无过错责任的特殊侵权案件，在这些案件中，受害人欲求损害赔偿请求权之实现，须对损害事实、违法行为及因果关系三项要件事实进行证明；而被告若欲免责，则须对免责事由之存在（即受害人的故意或法律规定的其他免责事由）负证明责任——即否认受害人权利主张的被告，应就其主张的阻碍受害人权利发生的要件事实进行证明——这纯粹为依法律要件分类说所确定的证明责任分配原则分配证明责任，并无任何倒置之义。将不属于证明责任倒置范畴的一些案件的证明责任分配纳入其中予以规范，显见立法技术之不严密性。从大陆法系国家和地区的立法例来看，关于证明责任分配之规范主要有德国模式和法国模式两种模式。德国模式的特点是在民事程序法中不设如何分配证明责任的规定，而是在民事实体法中对其加以规定。法国模式的特点是在民事程序法中对证明责任分配作原则性规定，而在民事实体法中对证明责任分配的特殊形式作出规定。如法国《民事诉讼法典》第9条规定：“应当由每一当事人对其诉讼请求之胜局所必要的事实依法证明之。”① 就我国民事诉讼而言，虽然《民事诉讼法》第64条确立的“谁主张，谁举证”的证明责任分配原则存在诸多缺陷，但从立法体例来看，其乃是将证明责任分配的一般原则规定于民事程序法中；同时在《民法通则》、《专利法》等民事实体法中规定证明责任分配的特殊情况，故关于证明责任的分配实乃采取的是法国模式。循此作进一步推论，应当认为，在关于民事程序法的司法解释中对证明责任分配的特殊形式重复加以规定，似并无太大的必要性。

值得注意的是，由于“证明责任倒置”这一提法的片面性和模糊性，并

---

① 罗结珍译：《法国新民事诉讼法》，中国法制出版社1999年版。以下对法国民事诉讼法条文的引用，如无特别说明，均以此版本为准。

且由于包括我国在内的大陆法系各国和地区的相关立法，从未使用证明责任倒置一语，故为避免不必要的误导及由此带来的弊端，在日后的理论研讨中，应逐渐淡化“证明责任倒置”概念之运用，而以较为科学的“证明责任分配的特殊情况”之提法取而代之。

（二）合同诉讼中的证明责任分配

按照法律要件分类说，合同法规范可以分为合同权利义务设立规范、合同权利义务变更规范和合同权利义务终止规范。合同法上的证明责任分配就是以这三类合同规范为基础确立的。通常来讲，合同权利设立的事实，由主张合同权利存在的当事人负责证明；合同权利变更或消灭的事实，应由主张权利存在的对方当事人负证明责任；《民事证据规定》第5条即依此原则确立了合同诉讼的证明责任分配，其内容规定：“（第1款）合同纠纷案件中，主张合同关系成立并生效的一方当事人对合同订立和生效的事实承担举证责任；主张合同关系变更、解除、终止、撤销的一方当事人对引起合同关系变动的事实承担举证责任。（第2款）对合同是否履行发生争议的，由负有履行义务的当事人承担举证责任。（第3款）对代理权发生争议的，由主张有代理权一方当事人承担举证责任。”

如在借贷合同纠纷中，债权人应就借贷合同成立的特别要件事实即金钱给付和借贷合意事实承担证明责任；至于合同成立的一般要件事实，如订立合同之时当事人具有行为能力及意思表示真实等事实则不需要承担证明责任，而应由主张合同关系不成立的债务人就无行为能力及意思表示不真实等事实负证明责任。再如，借贷合同成立后，债务人若主张借贷合同已变更为赠与合同或主张借款债务已经由于债权人免除而消灭，其应对相关的特别要件事实承担证明责任；债权人则应对该债务消灭的一般要件事实的欠缺如意思表示不真实，存在被欺诈或被胁迫等事实承担证明责任。

《民事证据规定》第6条规定：“在劳动争议纠纷案件中，因用人单位作出开除、除名、辞退、解除劳动合同、减少劳动报酬、计算劳动者工作年限等决定而发生劳动争议的，由用人单位负举证责任。”此项司法解释对劳动争议纠纷案件中的证明责任分配作了规定。有观点据此认为劳动争议案件实行证明责任倒置，即将本应由劳动者承担的证明责任倒置给用人单位承担，并将此类案件定性为“劳动者不服用人单位决定而产生的劳动争议案件”。① 该结论显

① 李国光主编：《最高人民法院〈关于民事诉讼证据的若干规定〉的理解与适用》，中国法制出版社2002年版，第97页。

然是建立在劳动者和用人单位的诉讼地位恒定，即劳动者总是原告，用人单位总是被告之预设这一基础上的。在审判实践中，劳动者为原告，用人单位为被告固然最为常见，但并非总是如此。具体讲来，当劳动者因用人单位作出开除、除名、辞退、解除劳动合同、减少劳动报酬、计算劳动者工作年限等决定而与用人单位发生劳动争议时，通常情况下，确实乃劳动者以用人单位为被告将其诉至法院，但并不排除用人单位以劳动者为被告提起诉讼尤其提起确认之诉的情形。上述场合，作为原告，用人单位必然要对其所提诉讼请求赖以成立的法律要件事实予以举证，此种情形下便谈不上承认存在证明责任倒置。因此，单纯认为因用人单位作出开除、除名、辞退、解除劳动合同、减少劳动报酬、计算劳动者工作年限等决定而发生劳动争议的案件由用人单位承担证明责任为证明责任倒置规范的观点是不妥当的。

（三）侵权诉讼中的证明责任分配

一般民事侵权行为之构成，必须同时具备四项要件：（1）损害事实；（2）侵权行为与损害事实之间存在因果关系；（3）行为具有违法性；（4）行为人有过错。按照法律要件分类说，原告主张侵权行为成立时应对上述四项要件事实的存在负证明责任。不过如前所述，在特定类型的侵权案件，如污染侵权诉讼、产品缺陷损害诉讼、医疗事故诉讼及专利侵权诉讼中，民事主体双方的平等性和互换性基本上丧失，侵权和被侵权的主体在社会结构层次上已固定下来，原、被告的角色几乎没有互换的可能，而且这种互换性的丧失在诉讼中则常常表现为当事人实质地位和掌握武器的不对等，这往往导致原告的举证能力大大弱于被告。故如果仍按严格意义上的法律要件分类说进行证明责任分配，原告就会常常陷入举证困难或举证不能的境地，从而导致败诉的不利后果，这显然是与民法的基本价值理念相悖的。前面已对我国《民法通则》、《民诉适用意见》以及《民事证据规定》关于某些特殊类型侵权案件证明责任分配的规则进行了阐析，下面就我国现行法律框架下侵权领域另外两个值得注意的案件之证明责任分配问题予以分析。

1. 产品缺陷致人损害案件

如前所述，依《民事证据规定》第4条第1款第（6）项的规定，产品缺陷致人损害案件属于无过错责任案件，但证明责任分配仍是依法律要件分类说所确定的分配原则进行，即受害人欲实现损害赔偿，须对损害事实、违法行为及因果关系进行证明；而被告若欲免责，应对免责事由（即受害人的故意或法律规定的其他免责事由）加以证明，也即否认受害人权利主张的被告，应就其主张的阻碍受害人权利发生的要件事实进行证明。须注意的是，该规定并不以销售者为调整对象。该规定所涉之生产者的“免责事由”具体是指2000年修改后的《产品质量法》第41条第2款所规定的未将产品投入流通、投入流通时引起损害的缺陷尚不存在及投入流通时的科学技术水平尚不能发现缺陷存在三种情况。此三项免责事由仅针对狭义上的生产者，即制造者，对销售者而言，不存在此三项免责事由的适用。此观之《产品质量法》第42条第1款的规定“由于销售者的过错使产品存在缺陷，造成人身、他人财产损害的，销售者应当承担赔偿责任”即可明了，从该条文的内容来看，显见《产品质量法》对销售者的侵权行为采取的是过错责任而非如生产者的侵权行为那样实行无过错责任。按照法律要件分类说的一般要求，应由受害者对销售者有过错的事实承担证明责任，但如此处理从某种意义上讲显然不利于对受害者（消费者）利益的保护。因为由居于弱势地位的受害者（消费者）来证明居于强势地位的销售者存在过错，无论是从证据距离的远近、举证能力的强弱还是从证明手段的多寡方面来讲对受害者均是不公平的，从而有悖于现代民法的价值取向。因此，笔者认为，对于销售者过错之证明责任理应采取倒置的证明责任分配方法，也即应由销售者对其于行为实施时不存在过失这一法律要件事实承担证明责任。

2. 道路交通事故损害赔偿案件

道路交通事故损害赔偿分为机动车与机动车之间发生的事故之损害赔偿和机动车与非机动车、行人之间发生的事故之损害赔偿两类。从证明责任分配角度观察，机动车与机动车之间发生的事故之损害赔偿与其他普通侵权赔偿并无太大差异，而机动车与非机动车、行人之间发生的事故之损害赔偿的证明责任分配则迥异于一般的损害赔偿案件中的证明责任分配。

由于机动车自身所固有的特殊危险，世界各国大多将机动车与非机动车、行人之间发生交通事故的归责原则规定为无过错责任原则，即机动车一方是否承担责任与其是否存在过错没有关联，只要是造成了损害结果，其就应当承担赔偿责任。我国《民法通则》第123条“从事高空、高压、易燃、易爆、剧毒、放射性、高速运输工具等对周围环境有高度危险作业造成他人损害的，应当承担民事责任”的规定也初步确定了我国机动车与非机动车主、行人之间交通事故损害赔偿的无过错归责原则。机动车驾驶方，由于一般不会在事故中造成自身伤亡，对于事故现场有能力保护，对有关证据也有能力进行收集和保存，故应由其承担较多的证明责任方为公平，这样做一方面可以促使机动车驾驶人谨慎驾驶，另一方面也能有效避免机动车一方为逃避责任而对事故现场和有关证据进行破坏。《民事证据规定》第4条第1款第2项“高度危险作业致人损害的侵权诉讼，由加害人就受害人故意造成损害的事实承担举证责任”的规定重申了《民法通则》所确定的无过错责任原则。《道路交通安全法》第76条对机动车与非机动车、行人之间发生的交通事故损害赔偿之举证责任分配作了更为具体的规范，其内容是“机动车与非机动车、行人之间发生交通事故造成人身伤亡、财产损失的，由保险公司在机动车第三者责任强制保险的责任限度内予以赔偿。超过责任限度的部分，由机动车一方承担责任。但是，有证据证明非机动车驾驶人、行人违反道路交通安全法律、法规，机动车驾驶人已经采取必要处理措施的，减轻机动车一方的责任。交通事故的损失由非机动车驾驶人、行人故意造成的，机动车一方不承担责任”。

依该条文所蕴含之意旨，作为原告方的非机动车主、行人应对造成损害的事实及损害后果之存在承担证明责任，从提供证据责任角度来讲，原告必须积极向法院提交相关证据以证明损害结果的存在，从证明责任角度来看，如果损害于言词辩论终结时是否存在仍真伪不明，原告则要承担相应的不利的法律后果。作为被告的机动车驾驶人对归责事实的不存在不承担证明责任。当然，为了减损原告所提证据的证据力，被告可以主动向法院提交证明原告请求不正当的相关证据，但并不以其为必要。

作为被告的机动车驾驶人应对减责或免责事实的存在承担证明责任。由于原告诉请法院适用的法律规范结构中需由其承担证明责任的要件事实为客观损害结果，而《道路交通安全法》所规定的作为机动车驾驶人减责和免责事由的非机动车驾驶人、行人违反了道路交通法规或者对事故的发生存在故意这两部分的要件事实是否存在均与事故的损害结果之确定无关，故机动车驾驶方应对减轻或免除责任的事实负担证明责任。

（四）证明妨碍

1. 证明妨碍的概念

民事诉讼以解决当事人之间私权争执为目的，这一目的的实现乃基于法院对事实的正确认定。由于民事诉讼采取辩论主义的运作方式，当事人须对于己有利之事实主张负证明责任，故双方当事人为使案件的审理朝有利于自己的方向发展并最终促成己方胜诉判决的作出，均是极尽举证之能事。不过，在某些案件中，一方当事人往往试图通过非正当手段妨碍或不协助他方当事人为举证行为以期法院作出于其有利的裁判。此种旨在妨碍他方正常举证、扰乱诉讼秩序常态的行为，即通常所谓的证明妨碍。

2. 证明妨碍的构成要件

对上述定义加以解析，可知证明妨碍行为主要有如下几项构成要件：

（1）行为的实施者必须为当事人。广义上讲证明妨碍还包括当事人以外的其他人对举证活动的阻却行为。但案外人和当事人的证明妨碍行为从本质上讲存有本质区别：禁止案外人的此类行为乃基于其对案件审理应尽的公法上的义务，此基本上与证人的作证义务具有同一属性，而并非如当事人那般以证明责任的分担为基础直接攸关自身实体权益和诉讼利益。

（2）行为的对象为对方当事人的正常举证活动。证明妨碍行为阻却对方当事人的正常举证活动，是指对待证事实不负证明责任的一方当事人的行为使负证明责任的当事人陷入举证困难或举证不能的境地：前者是指负证明责任的当事人因对方的妨碍行为不得不付出比正常情况下较多的努力，才能举证证明某项对其有利的事实；后者则是指相关证据已被完全毁灭，再无提出之可能。

（3）行为人虽有提供相关证据的义务，却以作为或不作为的方式不予提供。

（4）行为人在主观上具有故意或过失的心理状态。行为人故意妨碍对方当事人举证的行为，可以认为是违反了上述证据上的协力义务，侵害了对方当事人的正当权益，自然应属心理状态之一种情形；而当事人过失的证明妨碍行为亦然，不应被排除于主观构成要件之外。易言之，无论当事人实施此类行为时的主观心态是故意或过失，其在造成对方未能适时利用该证据以利案件真实地迅速发现此结果上并无二致。

（5）行为人的妨碍行为与对方的举证不能之间存有因果关系。不负证明责任的当事人的证明妨碍行为须与待证事实的难以或不能查清之间具有因果关系，否则即难认定该妨碍行为能够实际产生效果。别于一般侵权行为，证明妨碍行为在因果关系的认定上有其特殊性。一般侵权行为指向的对象是实体法赋予他人的权利，而证明妨碍行为则指向诉讼法所规定的当事人正常收集、提供证据的权利。

（6）行为之时间不限于诉讼系属中，诉讼系属前也成立。当事人在诉讼系属中所为的妨碍他方正常举证的行为自然应属证明妨碍之列，这将直接使他方当事人在证据调查程序中处于不利地位，从而使其在后继的法庭辩论程序中不能够充分地发挥，进而对案件裁判结果的形成构成消极影响；而当事人在诉讼系属前所为的毁灭、隐匿证据的行为也会对进入诉讼系属后他方当事人收集和提供证据的行为造成阻却，使之成为影响案件审理正常化的负面因素，故该类行为也应被纳入证明妨碍的范畴。

3. 证明妨碍之域外立法例及相关学理

一般认为，在对待证明妨碍法律后果之态度上，大陆法系国家和地区在理论上主要有两种主张：证明责任转换说和自由心证说。前者认为，当出现证明妨碍的情形时，法院应当将举证人所主张的事实的证明责任转换于妨碍人，从而使之陷于有败诉危险的境地，以此防止证明妨碍行为的发生；后者则认为，证明妨碍行为发生时，法院可以直接认定举证人的主张为真实，是否予以认定由法院综合考虑各项因素后予以自由裁量。① 而究竟应采何种学说作为相应制度确立的理论根基，学者间存有相当大的争议，而恰因这一理论上之分歧，导致了各国在司法实践中的不一致。从总体上讲，德国采取的是证明责任转换与自由心证相结合的做法；日本是以自由心证为指导，但不尽彻底；而我国台湾地区则运用的是完全、彻底的自由心证。在德国，当出现证明妨碍情形时，法院只能认定另一方当事人关于相关证据的性质、内容及其成立等涉及该证据本身的主张为真实(《德国民事诉讼法》第 441 条第 3 款、第 444 条及第 446 条)；而日本和我国台湾地区则规定法院在此基础上尚可进一步认定另一方当事人所主张依该证据所能证明的事实为真实(《日本民事诉讼法》第 224 条第 3 款、我国台湾地区“民事诉讼法”第 282 条之一第 1 款)。

笔者认为，在对待证明妨碍制裁的态度上，以采取自由心证说较为妥当。证明责任转换说看到了证明责任转换直接、简便及可操作性较强等特点，但同时却忽视了转换之后的后果。而这正是比较而言采自由心证的优势所在。因为在证明责任转换情形下，败诉的风险虽应由妨碍人来承担，但此时妨碍人仍有提供相反证据（此时为本证）进行反击的机会。一般来讲，被妨碍人在举证活动中往往处于相对弱势的地位，而一旦给予妨碍人反驳的机会，其就极有可能利用自身所处的提供证据的相对优势地位使被妨碍人再次陷于举证不能的境地，进而影响法官心证的形成。即证明责任转换的效果与法官心证的最终形成之间仍存在一个再次举证的过程，若采取证明责任转换说，即不能对妨碍人产生直接的制裁效果，因为败诉风险并不能直接等同于败诉结果本身。而完全的自由心证说则可避免证明责任转换在制裁上的相对乏力，法官一旦依自由心证对证明妨碍行为予以认定，即能确定举证人关于证据本身的主张或其所能证明的事实为真实，而基于此即可直接导致妨碍人败诉，此时妨碍人则无任何反驳机会，因为法官心证已告形成，妨碍人为二次妨碍的可能性即被完全杜绝。此一方面有利于保护在举证上处于相对弱势地位的举证人，另一方面也有利于纠纷的迅速解决，从而使无谓的循环举证得以避免。

对证明妨碍的认定，虽属法官内心裁量范畴，但其并非通常意义上的自由

① 参见骆永家：《证明妨碍》，载《月旦法学杂志》第 76 期。

心证，两者之间存有一定差异。通常意义上的自由心证乃针对作为认定讼争事实依据的证据，其彰显的是法官评价证据的直接性，即法官直接从证据本身认定讼争事实；而对证明妨碍的认定针对的则是妨碍他方正常举证的行为，其乃表明裁判者评价证据的间接性，即在因妨碍人的证明妨碍行为使得裁判者无法直接对作为认定讼争事实依据的相关证据加以认定的情形下，通过对证明妨碍行为本身加以判断，从而达到评价讼争事实的目的。

4. 我国现行证明妨碍制度评析

我国现行《民事诉讼法》第102条对“伪造、毁灭重要证据，妨碍人民法院审理案件”和“以暴力、威胁、贿买方法阻止证人作证”两类明显的证明妨碍行为设置了一些司法上的强制制裁措施和刑事上的制裁手段，期冀通过公法上的惩戒来消弭此类妨碍行为的发生，即“人民法院可以根据情节轻重予以罚款、拘留；构成犯罪的，依法追究刑事责任”。但更具必要性的则是让妨碍人承担与实体权益紧密相关的诉讼上的不利益，即对其施以私法上的不利后果。《民事审改规定》第30条中规定：“有证据证明持有证据的一方当事人无正当理由拒不提供，如果对方当事人主张该证据的内容不利于证据持有人，可以推定该主张成立。”《民事证据规定》第75条重申了此项做法。这便是将妨碍行为与裁判结果相挂钩，对妨碍人实施妨碍行为所欲获得的诉讼上的利益予以消减，以此达到从根本上遏制证明妨碍行为发生的目的。《民事审改规定》第30条和《民事证据规定》第75条虽从规范层面上对证明妨碍行为私法上的处治方式作了一定布设，但其中的缺陷与不足相当明显，有作进一步完善的必要。

（1）对证明妨碍行为的适用主体明确界定。

从《民事审改规定》第30条和《民事证据规定》第75条的规定来看，证明妨碍排除制度适用的主体乃持有证据无正当理由拒不提供的“一方当事人”。但“一方当事人”究竟应为哪一方，两司法解释均未作出界定。本书认为，根据民事诉讼证明责任分配上无一般理论，该“一方当事人”应为对所持证据不负证明责任的一方，也即对被妨碍提出的证据负证明责任的当事人的相对方。若该“一方当事人”为对被妨碍提出的证据负证明责任本人，则其拒不提出所持证据行为只会直接导致其自身遭受败诉风险，显然与诉讼常理相悖。

（2）对可适用证明妨碍排除制度的行为种类加以扩充。

《民事审改规定》第30条和《民事证据规定》第75条仅规定了一方当事人实施“持有证据无正当理由拒不提供”此种妨碍行为时，法院可以认定其所持有的证据能够证明对方当事人的主张，即只有在当事人消极不作为的情况下可适用此项制度的规定，尚未将种类更多的作为行为包含于内，而仅是在《民事诉讼法》第102条中对某些作为性质的妨碍行为（伪造、毁灭重要证据和以暴力、威胁、贿买方法阻止证人作证）设置了相关公法上的惩罚手段。但当妨碍人通过实施妨碍行为可能获得的裁判利益远大于因公法惩戒所遭受的损失时，此种制裁的威慑力即会显著降低。此时，私法上的制裁措施若不紧跟而上，不对其欲通过实施妨碍行为所可能获得的裁判利益予以消减，这些作为性质的妨碍行为便难以得到彻底的遏制，对方当事人合法权益的有效维护即沦为空谈。另外，应将可适用《民事审改规定》第30条和《民事证据规定》第75条规定的证明妨碍行为种类扩充为诸如灭失、损毁、隐匿、无正当理由拒不提供所持有的证据及其他妨碍对方举证的行为等。

（3）对待证明妨碍制裁应采取彻底的自由心证。

从《民事审改规定》第30条和《民事证据规定》第75条本身并不能看出该两项司法解释对证明妨碍制裁采何种态度。但《民事证据规定》出台之后，从司法解释制定者的态度可以看出，其关于此项规定的出发点乃欲以推定的方式对证明妨碍后果加以规制。① 依推定的一般原理，可将对证明妨碍的推定归入法律推定范畴。但从条文本身来看，并不能当然地认为其采用的即为推定。《民事审改规定》第30条和《民事证据规定》第75条中使用的乃为"可以推定"，其中，"推定"是以有司法解释的明确规定为出发点的；而"可以"则是赋予法官自由裁量权的显著标志。将法律推定与法官自由心证并用，显然是疏于对两者各自内涵的准确把握所致。所以，就近期来讲，似可将《民事审改规定》第30条和《民事证据规定》第75条中的"可以推定"更改为"可以认定"。从表征上看，其使得自由裁量与法律推定之间的关系得以厘清，而实质上则体现出自由心证取代举证责任转换的深层蕴意。同时，还要对法官所能认定的对象加以区分，即当举证人参与证据作成时，可以认定其对该证据本身的主张为真实；在其未能参与的情形下，法官就不仅可以认定举证人对该证据本身的主张为真实，还可对其所能证明的事实之真实性予以认定。

值得注意的是，不能一出现妨碍证明情形即认定举证人对证据本身的主张或其所能证明的事实为真实，此显然忽视了其他证据的存在并割裂了证据之间及证据与待证事实之间的内在联系。若完全仅凭证明妨碍此单一事实即对当事

---

① 李国光主编：《最高人民法院〈关于民事诉讼证据的若干规定〉的理解与适用》，中国法制出版社2002年版，第471页。

人关于该证据的主张及讼争事实的真实性加以认定，则其他详尽的认证规则存在的必要性即丧失殆尽，而整个民事诉讼证据体系也有被抽空的危险。同时，私法上证明妨碍的制裁效果，原则上使诉讼恢复至无此妨碍状态即告成功，绝不能使当事人在受妨碍情形下比无此情形时居于更为有利的诉讼地位，否则即僭越了该制度设置的初衷。

(五) 表见证明

1. 表见证明的概念

表见证明是由德国法官通过判例及学者采用解释的方法创设的一种制度①，在日本被称为“大致的推定”②，是指法院利用一般生活经验法则，就一再重复出现的典型的事项，从一定客观存在的事实，推断某一待证事实的证据提出过程。也即表见证明乃法官以高度盖然性的经验法则为基础，从侵权行为等客观事实的过程中，直接推定具有符合法规所规定的如过失或因果关系等构成要件，无须当事人主张具体事实并对其进行证明。③ 易言之，“当这种推定成立时，如果对方当事人未提出证明该推定为错误或存疑之反证，那么推定的事实就此获得确认”④。由此观之，表见证明是法院采用类推的方法根据经验法则就某一待证事实所进行的情态复制，是一种经验推定，并非真正的事实推定。

据以推定的具有高度盖然性的经验法则亦被称为定型化的事态经过，是指“无需经过一般生活经验那样详细的解明就可以认定其存在的、并基于其定型化之性质而无需考虑个别事实具体情况的事态发展过程”⑤，易言之，是指“在经验上依初步表见（证明）可认为某特定原因将造成某特定结果者”。⑥ 这些能够在表见证明中被加以利用的经验法则是由生活经验常识予以验证的，

① 参见陈荣宗：《举证责任分配与民事程序法》，台湾三民书局有限公司 1984 年版，第 61 页。

② ［日］高桥宏志：《民事诉讼法制度与理论的深层分析》，林剑锋译，法律出版社 2003 年版，第 461 页。

③ 参见［日］兼子一、竹下守夫：《民事诉讼法》，白绿铉译，法律出版社 1995 年版，第 114 页。

④ ［日］新堂幸司：《新民事诉讼法》，林剑锋译，法律出版社 2008 年版，第 402 页。

⑤ ［日］高桥宏志：《民事诉讼法制度与理论的深层分析》，林剑锋译，法律出版社 2003 年版，第 461 页。

⑥ 姜世明：《消极事实之举证责任分配》，载《成大法学》第 10 期。

由于类似的生活经历过程具有某种典型意义，故可以被用来对某些特定的待证事实所涉及的曾经发生的实际情况进行验证。另外，因为表见证明所涉及的层面十分繁杂，故试图对表见证明中有关的经验法则采用同一内涵予以界定的想法显然是不现实的。因此，即使在德国这种具有浓厚成文法传统的大陆法系国家，其与表见证明有关的经验法则也是在各种类型的具体案件中由法院加以提炼的。

在表见证明中，不能忽视的一个因素乃基础事实。其是指在表见证明中用以推论未知事实的已经得到法律上确认的已知事实。作为表见证明前提的基础事实认定上不能适用表见证明。这是因为表见证明本身即是一个推论的过程，如果允许对于基础事实也可适用表见证明进行认定，无疑会形成层层推论的局面，环节越多，可靠程度就越低，从而减损表见证明的证明效果。

2. 表见证明的本质

关于表见证明的本质，主要有证明责任说和自由心证说两种观点。①

证明责任说认为，表见证明属于证明责任的组成部分，其导致证明责任分配的转换②，采用经验法则不仅可以克服证明事实真伪不明状态这一难题，而且还有助于借助表见证明来克服证明责任分配规则所造成的不公平现象，即表见证明中应当考虑到适用实体法规范的目的及对对方当事人的行为进行责难等实体性要素。简言之，表见证明的作用在于，在盖然性并没有那么高的场合对举证困难的当事人予以救助。如德国联邦最高法院即认为在特定情形下采用表见证明时，应以业经选择识别的经验法则难以确定为由，对法官就证据进行自由评价的权力进行限制。③ 总之，从形态上看，表见证明似乎是证据的评价

① 有学者认为，关于表见证明的性质，除证明责任说和自由心证说外，还存在实体法说和证明标准说两种观点（参见吴杰：《德国的证明标准的减轻理论之研究——以表见证明为中心》，载田平安主编：《比较民事诉讼法论丛》(2005 年第 1 卷)，法律出版社 2005 年版，第 275 ~ 283 页)。笔者认为，这两种观点均属于自由心证说的范畴，只是各自分析的侧重点不同而已，并不能作为与证明责任说和自由心证说并列的独立的学说看待。

② 参见［日］新堂幸司：《新民事诉讼法》，林剑锋译，法律出版社 2008 年版，第 403 页。

③ 例如，被诉求痛苦费的驾驶员争辩道，他过失性地撞上了原告的车并使该人受伤。如果被告的过错未被证明，则原告可能毫无所获，因为就这点而言他应承担证明责任。但此时可以由表见证明帮助原告证明该过失。如果确认被告撞上去，则法院可以从该情形出发得出被告过错的结论；因为依照普遍生活经验被告或者反应太迟或者他的安全车距太小。因此，该过错被表面证据证实了。参见［德］奥特马·尧厄尼希：《民事诉讼法》(第 27 版)，周翠译，法律出版社 2003 年版，第 271 页。

规则，但实质上却是实体法规范，其“具有修正证明责任分配不足之功能”。①

自由心证说认为，表见证明乃是根据一般生活经验即使在对待证事实无法详细加以解明的条件下，仍可以就该事实的存在加以认定的一种证明。故基于表见证明对事实所作的认定与其他经由法官确信所作之事实认定在本质上并无不同。表见证明为法官自由心证的一种表现形式，或者至少是构成法官自由心证的必要组成部分。② 鉴于采用表见证明已足以使法官就有关主要事实的存在获得充分的心证，因此，无顾及证明责任问题的必要。简言之，表见证明的功能在于“增强法官之自由心证，使在经验法则及一定客观事实之运用下，就待证事实为推断，从而对当事人有争执而不明之事实状态，获得一定之判断，所以法院得依表见证明而判断待证事实”。③

笔者认为自由心证说较为合理。当事人的某一事实主张如被确认为诉讼中的要件事实，而该方当事人又无法提供直接证据予以证明，以至于遭受证明危机时，是否采用表见证明，以便帮助法官对某一特定的要件事实作出认定，取决于该种经验法则是否能够排除法官形成心证过程中可能会萌发的疑点，凡不能就此排除其中疑点的，其中的一个必然结果就是导致产生证明责任规范之适用。当言词辩论终结时若要件事实仍处于真伪不明状态，此时根据证明责任作出判决与将表见证明作为判决的基础这两种情形可以并行不悖，这就决定了表见证明并不会与证明责任相混淆。同时，因表见证明是以采用事实推演来显示同样过程的经验法则之存在为前提，如果作为原有被推演的事实还有其他与此相异的可能性存在时，则不再适用该经验法则，即如发现有其他合理的足以产生怀疑的特别情形存在时，就不得适用表见证明，此时对方当事人借助反证使

---

① 雷万来：《民事证据法论》，台湾瑞兴图书股份有限公司 1997 年版，第 286 页。

② 有观点甚至认为，表见证明不是独立的证明手段，而仅仅是在证明评价过程中对经验规则的应用。这种应用的前提是存在所谓典型的发生过程，也就是指由生活经验验证的类似的过程。由于这种过程具有典型性，它可以对某个过去事件的实际情况进行验证（“类似性证明”）。参见［德］汉斯·普维庭：《现代证明责任问题》，吴越译，法律出版社 2000 年版，第 140 页。

③ 陈荣宗：《举证责任分配与民事程序法》，台湾三民书局有限公司 1984 年版，第 62 页。

之发生动摇即足以推翻表见证明。① 证明责任说"始终无法解释为何依据通说只需举出反证（而不是充分的反面证明）就可以推翻一个表见证明的观点"。② 而且，表见证明并不是一个独立的证明类型，它只是一种特殊的证明方法，在许多方面它还是要附属于一般证明的。同一般的证明一样，表见证明也要达到一个标准，这个标准与一般的证明标准并无二致，因为它们同样都是解释了法官对案件事实真伪的可能性的一种认识，负证明责任的一方当事人必须首先提出证据证明作为表见证明成立基础的原因事实。如果非要说表见证明和举证有所关涉的话，其也是与提供证据责任有关，即表见证明涉及因法院自由心证导致对方当事人从反面承担证据提供责任，故表见证明并"不颠倒证明责任"而产生证明责任转换之效果。③

3. 表见证明的适用范围

在表见证明下，当事人只要对事态发展外形的经过作出证明即可，法院无需对更细微、更具体的事实进行认定。详言之，一般来说，表见证明只有在典型事件经过上才予以考虑，也即一方当事人只需依照普遍生活经验（普遍的经验法则）指示特定原因的事实情况。如果法院已确认这样的经验法则并确信存在该事实情况，则特定原因就已经得到证明。④ 对方当事人所要作的则是以反证来动摇法院的内心确信，即使法院相信非典型事实过程的重大可能性或确信另外的典型事实过程的重大可能性，从而抽空表见证明

---

① 从某种意义上，也可以认为，对于被法官所采纳的某一特定的表见证明加以推翻，实质上是对需要提出反证的一方当事人降低了证明的标准，在此，可以理解为，尽管根据某一事物的发展趋势，某事实之存在具有相当的盖然性，但是假如法官采用表见证明以认知这种经验规则的方式，从而使得相对一方当事人有必要提出反证来证明为其提出的事实主张，应当属于这种盖然性之外的一种例外和特例，或者认为出现了某种不为常人所体察到的一种情状。参见［德］汉斯·普维庭：《现代证明责任问题》，吴越译，法律出版社2000年版，第141页。

② ［德］汉斯·普维庭：《现代证明责任问题》，吴越译，法律出版社2000年版，第145页。

③ ［德］奥特马·尧厄尼希：《民事诉讼法》(第27版)，周翠译，法律出版社2003年版，第272页。

④ 这样的经验法则也可在确认某人的意思决定时存在。当然，在任何情况下都不允许为了以单纯的推测填补举证空白这一目的而使用表见证明。参见［德］奥特马·尧厄尼希：《民事诉讼法》(第27版)，周翠译，法律出版社2003年版，第271页。

成立之依据。① 亦即假如法官认为某个经验事实在个案当中可以采用这种表见证明，当事人只要提出反证就可以将其推翻，而不必达到证明与其相反之事实足以存在的程度。

应当肯定的是，作为一种证明手段，在一定条件下，表见证明确能发挥其他证明手段不可替代的作用。按照德国和日本的通说，表见证明主要适用于特定类型的侵权损害赔偿案件中对行为过错②或因果关系的认定，理由在于“交易常情与生活经验于二者之构成要素具有重要意义”。③ 一般来说，作为原告的受害人应就作为被告的加害人的过错及因果关系存在的事实承担证明责任。但在实务中，这类事实在许多情况下由加害人进行举证显然不大可能或是极为困难。若使用表见证明规则的话，当被害人证明加害人的侵权行为和损害两项事实存在后，无需其再提供详细特定的内容，法院就能认定过错及因果关系的存在。例如，在病人进行静脉注射后，被注射部位出现过敏现象。该事实可以推定医生在注射时未尽注意义务或处置不当。该推定所依据的经验法则是，如果注射部位出现与疾病本身无关的过敏，那么首先可以考虑到的便是问题出在医生那里。这一具有高度盖然性的经验法则即可导致表见证明的成立。而医生若不积极对自身已尽到注意义务进行证明，则其存在过失的事实便会最终为法院所确信。原告即便未对医生存在未尽注意义务或处置不当的过失中的具体事实予以证明，法院仍然可以认定医生存在过失；而医生则需对其在注射时的各个相关环节的注意事项均予以证明，或是对患者自身的体质与过敏之间的因果关系存在高度盖然性进行证明。再如，在司机将机动车开上人行道撞伤行人的案件中，侵权主体、侵权行为的发生、损害事实及侵权行为与损害事实之间的因果关系都已明了或较容易查明，关键的要件事实涉及侵权人的主观心理状态，而人的主观心理状态属于侵权行为人的内心世界，难以采用像对待其他侵权要件事实那样，通过一些客观外在化的证据特征依此加以判明。但按照行人

① 在学者认为，法院在表见证明中的失误（应被认为表见证明的场合未被认定为表见证明，或不应被认定为表见证明的场合作为表见证明予以对待）可以成为当事人提出上告的理由。参见［日］高桥宏志：《民事诉讼法制度与理论的深层分析》，林剑锋译，法律出版社 2003 年版，第 462 页。

② 以至于有学者直接将表见证明归纳为一种“过失的大致推定”理论，即其乃除交通事故的损害赔偿请求诉讼之外，从学说、判例上为减轻原告的证明责任而采取的个别对策。参见［日］中村英郎：《新民事诉讼法讲义》，陈刚、林剑锋、郭美松译，法律出版社 2001 年版，第 205 页。

③ 姜世明：《消极事实之举证责任分配》，载《成大法学》第 10 期。

和机动车应当各行其道的一般生活经验，人行道是专供行人安全行走的通道，除非另有其他特殊原因或事由，司机将车开上人行道这一事实通常即可推断该司机存在主观上的过错。若司机证明因车道上有前面车上掉下的石头才导致车滑上人行道，并非因自身过错所致时，法院之前形成的心证即会发生动摇，表见证明自会被推翻。

当然，随着研究的深入和实践的发展，表见证明之适用已不限于侵权行为领域，而逐渐适用于合同纠纷领域，当事人之间无论是在对合同内容的解释上发生冲突还是在合同义务之履行上发生争执，法官均可援用行业惯例或交易习惯为经验法则并在此基础上对事实作出认定。如在即时清结的买卖合同纠纷中，原告出卖人要求被告买受人支付价款，买受人抗辩称价款已当场结清。在此情形下，如果法律未将出卖人必须开具相应的凭据作为合同生效的要件，买受人在证明价款已交付之事实时即可能遇到客观上的障碍，因为即使买受人向出卖人支付相应的价款，出卖人在法律上也并无义务向买受人开具收据，除非买受人提出特别要求。但此时应有此经验法则之适用，即在即时清结的买卖中，价款与货物同时交付乃为常态，先提货后付款极为少见。在双方当事人客观上均难以提供证据直接证明各自主张事实的情况下，买受人提供的这一经验法则事实上具有高度的盖然性，其以实践中流行的交易方式为基础，故可以申请法院以此为基础进行表见证明。

此外，在具体案件中，至少有一部分情形的表见证明是融入了实体法上的价值判断的事实证明。实体法上的价值判断对表见证明的影响具体表现为两个方面：其一，尽管有些事态之发生未必具有高度的盖然性，但还是被法院作为表见证明予以认定（即所谓个别性表见证明）；① 其二，有些事态之发生虽具有高度盖然性，法院却未适用表见证明进行认定。②

（六）证据共通原则

1. 证据共通原则的概念

在大陆法系国家和地区证据法上，证明责任虽按照一定规则在当事人之间

---

① 如在梅毒输血事件中，尽管第三期梅毒患者通过输血感染病毒的几率较小，但德国法院还是认定输血是感染的原因。参见［日］高桥宏志：《民事诉讼法制度与理论的深层分析》，林剑锋译，法律出版社2003年版，第462页。

② 如德国曾有这样的案例，尽管挂号信件到达对方当事人的盖然性极高，却未被法院认定为“到达”。参见［日］高桥宏志：《民事诉讼法制度与理论的深层分析》，林剑锋译，法律出版社2003年版，第463页。

进行分配，但法院对证据的认定及采纳并非以负证明责任的当事人所提出的为限。所有的案件事实被视为一个整体而不划分归属于原告或被告，任何一方当事人所提出的证据均可以作为证明同一要件事实之手段来使用，不存在原告方证据或被告方证据之分别，原告或被告提出的证据即使对对方有利而对自己不利，法院亦应当将该证据作为事实认定之用。此乃“证据共通原则”规制使然。所谓证据共通原则，是指“一旦法院对当事人申请的某一证据进行调查后，无论该证据在事实认定中对提出申请的当事人一方有利还是不利，均会发生作用”。① 易言之，基于证据共通原则，法院在认定一方当事人所主张的事实之际，不应当局限于通过该方当事人证据申请而形成的证据调查结果，也可以在对方当事人提出申请的证据资料中寻求证据原因；从当事人的角度而言，自己提出申请的证据一旦被法院调查，那么该证据既有可能有利于自己，也有可能有利于对方当事人。② 证据共通原则确立的目的在于保障法官可以在综合各种证据的基础上合理自由地进行事实认定。经由证据共通原则的适用，从某种意义上讲，证据共通证明责任在对立的当事人之间所进行分配会在一定程度上被弱化。

2. 证据共通原则之依据

证据共通原理之确立乃是基于自由心证主义的内在要求，或者说自由心证主义是证据共通原则的理论根基，因为法官在进行事实认定时乃是以全部证据调查结果为基础。若仅依每方当事人所提证据对其所主张的事实进行判断势必难以形成确信，从而与自由心证主义本旨有违。证据共通原则强调法官对案件事实进行认定，应对双方当事人所提出的证据全部进行调查，而不受证据是哪一方当事人提出的，是否对其有利之限制。这就使得进入民事诉讼程序的与案件有关的、能够证明案件事实的各种证据材料都能作为法官认定案件事实的基础，从而有利于发现案件真实，保障当事人的实体权利之正当实现。此外，证

① ［日］高桥宏志：《重点讲义民事诉讼法》，张卫平、许可译，法律出版社 2007 年版，第 44 页。

② 学理上认为，证据在对立双方当事人之间的共通是狭义上证据共通原则，广义上的证据共通原则除包括对立双方当事人之间的证据共通外，还包括共同诉讼人之间的证据共通。即共同诉讼人中之一人所提出的证据，不但可作为该共同诉讼人与对方当事人间的事实认定资料，也可作为其他共同诉讼人与对方当事人或共同诉讼人相互之间的事实认定资料。参见陈荣宗、林庆苗：《民事诉讼法》，台湾三民书局 1996 年版，第 515 页；陈计男：《民事诉讼法论》(上)，台湾三民书局股份有限公司 2002 年版，第 444 页；吕太郎：《民事诉讼之基本理论》(一)，中国政法大学出版社 2003 年版，第 221 页。

据共通原则"不仅确保事实之真相，且对于事件之处理，亦将获迅速省费之效"①，从而"不至发生同一诉讼手续反复不已之弊"②，也即证据共通原则之确立还有利于案件的迅速审结，避免诉讼资源浪费，符合诉讼经济的要求。

3. 证据共通原则与辩论主义的关系

欲确切了解证据共通原则在民事诉讼中能够确立的原因，还须厘清其与民事诉讼运行的基本原则——辩论主义之间的关系。依辩论主义之要求，当事人对事实资料的形成具有决定权，法院不仅不能将当事人未主张的事实作为裁判的基础，亦不能调查当事人未提出的证据方法。在一般情形下，当事人提出的证据固然是于其有利的或者说能够证明其所主张的事实，但当事人所提证据是否果真于其有利，须由法官依自由心证作出判断，基于事实确信形成的需要，法官须在斟酌证据调查结果及全部言词辩论意旨之基础上对待证之要件事实的真伪作出判断。因此，当事人提出证据的目的虽然是为了让法官作出于其有利的事实认定，但此种目的并不能约束法官，法官有权对该项证据的证据价值作出自己的判断，法官判断的结果有时反而对提出证据的当事人不利并不违背辩论主义，此系出于自由心证主义，并无不妥当之处。③ 因为，辩论主义仅决定证据方法究竟是由法院收集还是由当事人提供，并不解决证据方法在当事人之间的分配问题。因此，只要是由当事人一方所提出的证据，法院即可将其作为判决的基础，而不问该证据是否由负证明责任的当事人所提供。当事人向法院提供证据仅仅是提出证据方法，证据的评价在采自由心证主义之现代民事诉讼，乃法院自由裁量的范围，即对当事人提供的证据之取舍及在此基础上所作事实认定专属法官之责，"法院只以当事人主张的事实为判决的基准，但是，由当事人提供的事实，无论是原告还是被告提供的均可以作为审判的基础（事实共通或主张共通原则）"。④ 证据共通仅要求作为法官心证基础的调查证据结果的共通，而非证据方法的共通。⑤ 因此，即使一方当事人提出的证据方法成为对他方当事人有利的证据资料时，也不能阻止该证

① 陈计男：《民事诉讼法论》(上)，台湾三民书局股份有限公司 2002 年版，第 445 页。

② 蔡章麟：《民事诉讼法上的诚实信用原则》，载杨建华主编：《民事诉讼法论文选辑》(上)，台湾五南图书出版公司 1984 年版，第 35 页。

③ 参见陈荣宗、林庆苗：《民事诉讼法》，台湾三民书局 1996 年版，第 516 页。

④ [日] 中村英郎：《新民事诉讼法讲义》，陈刚、林剑锋、郭美松译，法律出版社 2001 年版，第 176 页。

⑤ 参见陈计男：《民事诉讼法论》(上)，台湾三民书局股份有限公司 2002 年版，第 445 页。

据方法成为证据原因。① 易言之，不管是由哪一方当事人在言词辩论中提出来的事实，法院都可以作为裁判的基础，即使在当事人自己主动陈述于己不利的事实时，也不妨碍法院作出于其有利的判决。只要当事人提出了证据，辩论主义所期待的当事人任务即告完成，而如何将这种证据调查的结果用于事实的认定则是属于辩论主义领域外的问题，其专属于法院的职责。②

4. 证据共通原则的要求

"当事人于诉讼实务上时常就他造所提出之证据，陈述'有利于自己部分愿予援用'，或仅陈述'援用该证据'，此项陈述只有促请法院注意依职权判断事实之效力而已，法院不问有无是项陈述，仍应依证据通用之原则，判断事实之真伪。"③ 易言之，对于一方当事人提出的证据，对方当事人可基于证据共通原则，而援引该证据以要求法院作出于己有利的事实认定，但法院将该证据用于于对方当事人有利的事实认定并不以对方当事人提出请求或援用证据调查结果为前提，因为此属于法官职责之范围。

因此，当事人声明的证据，在法院进行证据调查程序以前，依辩论主义，当事人可以自由撤回该证据；法院的证据调查程序开始后，当事人则不能自由撤回证据，须征得对方当事人的同意；而一旦法院完成了对该证据的调查程序，该调查证据所获的结果，即属于共通的证据，则不许撤回。④ 因为在证据共通原则下，一旦证据调查开始，就有可能产生对对方当事人有利的证据资料，此时证据调查的结果已经对法官的心证产生了影响，而且这种影响是难以消除的，因此除非征得对方当事人的同意，否则举证人不能撤回其证据申请。所以从另外一层意义上讲，证据共通原则将会促使当事人在提出证据时更为谨慎和小心。

---

① 参见［日］高桥宏志：《重点讲义民事诉讼法》，张卫平、许可译，法律出版社2007年版，第45页。

② 当通过证据共通原则将基于对方证据申请而形成的证据调查结果，使用于有利于一方当事人的事实认定时，同样也不需要该方当事人提出援用该证据调查结果之主张。实际上，纵使当事人实施了这种援用的行为，那么这种行为也不过是敦促法官予以关注的事实行为。参见［日］新堂幸司：《新民事诉讼法》，林剑锋译，法律出版社2008年版，第388页。

③ 王甲乙：《辩论主义》，载杨建华主编：《民事诉讼法论文选辑》(上)，台湾五南图书出版公司1984年版，第377页。

④ 参见陈计男：《民事诉讼法论》(上)，台湾三民书局股份有限公司2002年版，第445页。

第七章　民事证据的法定形态

第一节　民事证据的法定形态概述

依严格证明之要求，法院进行证据调查须采用法律所规定的证据方法。证据方法不同，所采行的证据调查方式也就各异。

一、域外立法例上的法定证据形态

（一）英美法系

在作为英美法系证据法源头的英国，其证据法乃是将证据分为证人证言、文件证据和实物证据三种。其中证人证言是指作为事件目睹者的证人在法庭上口述的证据，即证人说出他耳闻目睹及身体所感知的事实；① 文件证据是指书信和证书等书面形式的证据，包括视听资料和证人的书面证言；实物证据则是指可以提供给法院查看的物品。②

美国《联邦证据规则》并未从逻辑或形式上确定证据的种类，而是从适用和采信证据的角度，规定了一系列的证明方式，如司法认知、证人证言（包括专家证言）、传闻证据、鉴定或辨认、文书证据（包括录音、照相等）等。此外，在长期形成的判例法中，常将证据的种类和分类作划一理解，二者之间并无严格的区分。一般认为，美国民事诉讼中的证据大致分为两种：(1) 言词证据。言词证据即证人证言，由证人提供。证人包括非专家证人和专家证人两类，前者是基于对案件事实的了解而作为证人，既包括与案件无利害关系

---

① 参见［英］P. H. Kollin 编著：《英汉双解法律词典》，陈庆柏、王景仙译，世界图书出版公司 1998 年版，第 585 页。

② 参见沈达明编著：《比较民事诉讼法初论》，中国法制出版社 2002 年版，第 263 页。

的第三人，也包括当事人本人，其证言称为感知证言；① 后者是基于专门知识对争点事实作出判断而提出意见的人，其提出的证言称为专家证言或意见证言。(2) 实物证据。是指法官能基于其感官从中得出结论的一切物品，包括书证、物证、展示证据和电子证据。其中展示证据本质上也是有体物，但与书证和物证的区别在于，其是为了说服事实审理者而提供的，是用做说明或解释的实物材料。② 而电子证据作为一种最新型的科技证据，是指借助电脑等设备以数字形式产生或储存的信息。

（二）大陆法系

大陆法系国家和地区证据法理论上对当事人和鉴定人的性质定位与英美法系有所不同，主要表现为：当事人不能作为证人，鉴定人亦不能作为证人看待。因此，大陆法系国家和地区的民诉立法一般将证据分为五种：当事人、证人、鉴定人、书证和物证。③

例如，在德国，其《民事诉讼法》第 371 条至第 455 条规定了五种证据方法，即勘验、人证、鉴定、书证和询问当事人。勘验是指对物品形态和属性的勘查和检验；④ 人证是对感知案件事实当事人以外的第三人证言的获取；鉴定是指由专业人士对案件的专门技术性问题予以检验并向法院陈述意见；书证是以文书所载内容证明案件的事实；询问当事人则是法官就案件的有关事实询问当事人本人，听取其之陈述。

日本的民事诉讼立法乃以德国的民事诉讼法典为蓝本，因此，在证据的法定形态之确定上，日本与德国基本一致，只是德国法中的“人证”，在日本法中称为“询问证人”。在日本，对证人，一般采取以口头进行质问并由证人接

① 参见［美］约翰·W. 斯特龙主编：《麦考密克论证据》，汤维建等译，中国政法大学出版社 2004 年版，第 507 页。

② 参见沈达明编著：《比较民事诉讼法初论》，中国法制出版社 2002 年版，第 295 页。

③ 在传统大陆法系证据法上，并无我国证据法理论语境中的所谓证据的法定种类，即其民诉立法并不从证据方法的角度对证据加以界分，而是以证据调查的方式之不同为准则，将证据分为当事人讯问、证人询问、鉴定、书证和勘验。考虑到我国证据法理论研究长期形成的话语表达习惯，本书论及大陆法系的证据法定形式时仍然使用证据的法定形态这一术语，但应注意其与我国《民事诉讼法》第 63 条所规定的证据种类在内涵上并非同一。

④ 德国将视听资料作为勘验的对象看待。参见［德］奥特马·尧厄尼希：《民事诉讼法》(第 27 版)，周翠译，法律出版社 2003 年版，第 280 页。

受应答的方式进行证据调查（日本民事诉讼法第202条第1款）。对鉴定人，也同样以口头进行质问和回答的方式进行证据调查（日本民事诉讼法第216条）。当事人（包括法定代理人、但不含诉讼代理人）作为证据方法时①，证据调查的方式与前两者相同（日本民事诉讼法第207条）。书证是以文书中的内容作为证据资料的证据调查。勘验是法官检查物证的形态，并把其结果作为证据的证据方法。同时，立法将录音磁带和录像磁带作为准文书予以规范（日本民事诉讼法第231条）。

我国台湾地区“民事诉讼法”与德国和日本民事诉讼法上对证据种类的确定一致，其第298条至第367条分别规定了人证、鉴定、书证、勘验和当事人讯问五种证据调查方式。依其“民事诉讼法”第363条第2款“文书或前项物件，须以科技设备始能呈现其内容或提出原件有事实上之困难者，得仅提出呈现其内容之书面并证明其内容与原件相符”及第366条“勘验，于必要时，应以图书或照片附于笔录；并得以录音、录影或其他有关物件附于卷宗”之规定可知，我国台湾地区“民事诉讼法”乃是将录音、录像等科技证据作为保存书证或物证的方法。

二、我国民诉法所确定的证据形态

《民事诉讼法》第63条第1款规定：“证据有下列几种：（1）书证；（2）物证；（3）视听资料；（4）证人证言；（5）当事人的陈述；（6）鉴定结论；（7）勘验笔录。”由此可知，现行《民事诉讼法》乃是将证据确定为书证、物证、视听资料、证人证言、当事人陈述、鉴定结论和勘验笔录等七种证据形式。笔者认为，现行民诉法对证据种类所作之确定并不科学，总的来说，存在以下两方面的问题：

（一）误认视听资料之性质并将其作为一种独立的证据形式

视听资料常常被界定为一种采用先进的科学技术，利用图像、音响及电脑贮存反映的数据和资料来证明案件真实情况的证据，包括录像带、录音片、传真资料、电影胶卷、微型胶卷、电话录音、雷达扫描资料和电脑贮存数据和资料等。这种证据是随着科学技术的发展而进入我国的诉讼证据领域的。最早确

① 德国称为当事人听取，日本称为当事人讯问。参见邱联恭：《当事人本人供述之功能——着重于阐论其思想背景之变迁》，载民事诉讼法研究基金会：《民事诉讼法之研讨》(三)，台湾三民书局有限公司1990年版，第632页；姜世明：《当事人询问制度》(上)，载《万国法律》2002年第4期。

立其在证据法上的地位，是1982年颁布的《民事诉讼法（试行）》第55条第1款，该项规范为1991年颁布的现行民事诉讼法中所承袭。毋庸讳言，随着科技的发展，视听资料在诉讼中所具有的功用日渐凸显。通常认为与传统的证据相比，视听资料所具有的仿真性强、直观性强及动态连续性的特点使得其能够较准确地反映案件的真实情况，不仅可以用来检验印证其他证据的真伪，而且在某些特定情况下可以单独、直接地证明案件的全部情况。从立法上讲，将视听资料规定为一种独立的证据形式可以说是我国证据立法上的一项创举。①不过严格意义上讲，视听资料并不能作为一种独立的证据形式，因为视听资料对案件事实的反映无非是用声音或图像等方式记载了人说的话及当时的情形、对物的动态展示及将文书内容声音化及图像化罢了，并不存在可以与人证、物证、和书证相区分的独立的特质。应当认为，视听资料仅乃记录和保存人证、物证和书证的手段和工具，而不应作为法定的证据形态之一出现在诉讼法典中。这可以从上述诸国和地区的证据立法所规定的证据形式得到佐证。至于时下在审判实践中得到广泛运用的电子证据、数字证据等所谓新型证据形式，也仅乃是记录和保存人证、物证和书证的载体，只不过与视听资料相比，其所蕴含的科技含量更高而已，故同样不应被认为乃独立的证据形态。

（二）错误判断物证和勘验的属性，并将其列为两种独立的证据形式

在我国传统证据理论上，物证是指以物质材料的存在、外形、质量、规格、体积等证明案件事实情况的一切物品和痕迹；勘验（包括检查）是指司法人员对与案件有关的场所、物品和人身等进行的核查性活动，该过程中对核查活动情况的文字记录，称为勘验笔录，物证与勘验是两种不同的证据形式，物证是案件发生时就存在的物体；而勘验则是司法人员在案件的审理过程中为查清案件事实的需要亲自对物的考查，相应的笔录中的描述既不是物证本身，也不是物的复制品，只是对物证的一种固定的方式。笔者认为，对物证与勘验的上述认识由于完全没有厘清物证和勘验的本质属性因而是不妥当的。从理论上讲，物证和勘验对案件事实的证明均是由法官通过五官对特定物的感知进行的，两者之区分仅在于物证因体积较小便于在庭上展示可以为法官在法庭上感知，而作为勘验对象的勘验物因体积较大或其他原因不便或不能在法庭上展示，而必须由法官到该物所在地进行直接感知。就调查方式而言，二者并无本

① 我国台湾地区有学者认为该种立法比较先进。参见杨建华主编：《海峡两岸民事程序法论》，台湾月旦出版社股份有限公司1997年版，第309页。

质差异，故应均属于学理上的物证范畴。① 由于任一物证均须经过法官五官的感知才能用于证明案件事实，故不少国家和地区的立法上均将其规定为勘验，如前面所提到的德国、日本和我国台湾地区即为如此。因此，将来民诉法修改时应将物证和勘验统一规定在勘验中，以与证据调查之本质相契合。

第二节　书　证

一、书证的概念和特点

（一）书证的概念

书证，又称文书，是指以文字、符号或图形或其组合等记载或表示的内容、文义来证明案件事实的证据。大陆法系证据法理论中，书证通常有两层含义：一是指法官查阅文书，以其记载的文义、内容作为证据资料的证据调查程序；二是指用文字及其他符号表现思想文义的有形物为标记或识别所制作的物品。最狭义上的书证指的是第一层含义上的书证，即作为证据调查程序的书证，而第二层含义上的书证严格讲来应被称为“文书”，即“思想寄之于文字，且将其内容视为证据方法之物体”。②

法国法因采“书证优先主义”，故素来极其重视书证。《法国民法典》第1341条明确确立了书证在证据方法中的优先地位，规定除特殊之情形外，一切法律行为均须以书面形式成立。凡是超过法令确定数额或价值的物件，即使是自愿的寄托，均应于公证人之前作成证书，或者经各方签署作成私证书。任何推翻或补充文书内容的证言，即使所涉及的数额或价值低于法令规定的标准，都不得被接受。第1343条规定，当提出的诉讼请求数额超过第1341条规定的数额时，即使减少诉讼请求的数额也不得以证人证明之。而第1344条和第1345条则规定，即使诉讼所请求的数额在法令规定的标准之下，如其数额为并无证书证明的一宗较大数额的赊欠、或一部分或者一方当事人在同一诉讼

---

① 从理论上讲，以证据调查的方式不同为标准，可以把证据分为人证、物证和书证。人证，是指以人陈述的思想内容为证据资料的证据，如证人、鉴定人和当事人。物证，是指法官基于五官作用而认知的物的存在或状态并将之作为证据资料的证据。书证，是指以文书的文义或思想内容作为证据资料的证据。

② ［日］松冈义正：《民事证据论》，张知本译，中国政法大学出版社2004年版，第236页。

中提出多项债权请求，数宗请求合计超过法令规定的标准数额时，不得以证人证明。由于法国民法典所规定之法律行为乃是指具有设立或转移、同意或承认、修改或消灭权利义务等意思表示的行为，故不依赖于行为人意志而转移的法律事实当然不需要制作相应的书证。但在法国法上没有明确规定书证的范围，只是在诉讼程序的相应部分规定了相关文书（如公文书、私文书）如何收集、审查和运用。

德国法院的判例和大部分学者认为视听资料应属于物证而不是书证，因为视听资料不具有文字符号的特征和可读性，且迅速说出的话语与经过考虑写出的文字有质的区别，这点与英美法系国家的认识显著不同。① 与法国相似，德国诉讼法上虽有关于书证的专门规定，但也只是对书证收集、提交程序等作了规范，并未明确规定书证的范围。

作为受美国法影响较深的大陆法系国家，日本对书证的范围则有相对明确的界定，除文件、票据、证件等通常性的书面形式物品外，图画、照片、录音与录像磁带等视听资料以及其他表达信息的物品也属书证的范围。不过，在严格意义上讲，通过录音、录像或其他类似的现代科技手段固定的相关资料，被界定为准文书，对于录音带、录像带等新型证据，法官可以借助相应的设备，将相应的声音、影像或其他资料播放出来，此即相当于阅读文书的行为，同时还要求当事人或其诉讼代理人予以辨认或叙述相应内容。日本判例即认为，视听资料是准文书，当事人应当根据其性质提交该资料、输出其中内容所需的程序及记载有输出结果的书面（即翻译书面）。② 同时，翻译书面本身也作为证据方法而适用文书调查程序。此时的翻译书面已经不是为了方便听取视听资料而制作的内容说明书，而是类似于书证原件的复制件。③

（二）书证的特点

1. 以一定的记载内容或思想表达来证明案件的事实

书证是一种能被阅读的“可视”证据。阅读是对文字、符号或图形等意思的理解活动。阅读具有两个显著的特点：

（1）阅读的对象多样化和静态化。阅读的对象是表达一定思想的符号，

---

① 参见卞建林主编：《证据法学》，中国政法大学出版社 2002 年版，第 82 页。

② 参见［日］新堂幸司：《新民事诉讼法》，林剑锋译，法律出版社 2008 年版，第 447 页。

③ 参见［日］高桥宏志：《重点讲义民事诉讼法》，张卫平、许可译，法律出版社 2007 年版，第 170 页。

其既可能是最常见的文字，也可能是某种标记或图形，其种类是非常丰富的；① 同时，不管物品是否运动，表现于物品之上的文字、符号或图画与物品之间保持相对稳定，处于相对静止的状态。

（2）阅读方式多样化。直接阅读固然是获取信息的方法，借助必要的辅助手段或中介媒体来进行的间接阅读也是一种重要的阅读方式，尤其是对于一些具有一定科技含量的载体而言，间接阅读的作用更为明显。

当然，特殊情形下书证并不用来证明特定人的思想表达，而只是用于证明这种书证本身的存在，如传单或匿名信等书证即是如此，此时只须有相应的书证形式，无须涉及该书证是何人的思想表达。②

2. 以书写的方式形成

物证是以其客观存在的状态、自身具备的物理、化学性能来证明案件事实，这些状态或性能是由自然变化或人的物理行为造成的。人证是以其陈述内容来证明案件事实，陈述的内容为人依五官作用所感知的事实。书证虽然也以内容证明案件事实，但其是人通过特定的符号将一定的思想记载、书写于一定的载体上形成的。

3. 借助一定的载体

书证的载体既是书证的构成要素，又是书证的表现形式，其在外观上具有物证的属性，所以，在英美法系证据法理论上曾将书证纳入广义的实物证据范畴。当然，书证并非是以外在的载体本身证明案件事实的，这与物证截然不同。作为书证载体的物品具有两个特征：

（1）多样性。人类一直追求和寻找更方便、快捷的交流与表达思想的方法，书证的物质载体随着人们思想表达方式及书写方式的更新也在不断发生变化。过去曾经盛行的作为书证载体的物品，如竹简、绢帛等，现今已失去这一作用；现在最常用的记载书证的纸张，在以前也不曾存在，将来也可能失去其作为书证载体的重要地位；随着科技的发展进步所创造的新的物品，可能替代纸张而成为未来书证的主要形式。

---

① 有观点认为，狭义的书证仅乃以文字表达的材料，不包括以其他符号表达的材料，而民事诉讼法上的书证应从狭义上理解，由文字之外的符号表达思想的物件虽然可以作为证据调查的对象，但其仅为表达思想的方法，并非书面本身。参见［日］松冈义正：《民事证据论》，张知本译，中国政法大学出版社 2004 年版，第 237 页。

② 该种方法在日本实务中的应用最为广泛。参见［日］新堂幸司：《新民事诉讼法》，林剑锋译，法律出版社 2008 年版，第 448 页。

(2) 可记载性。任何书证都必须借助特定的物质材料而生成和存在，离开了一定的物质材料，书证便丧失了客观存在的必要条件。如果证明案件事实的内容不借助一定的物品加以固定保存，其内容就难以在诉讼中被辨认和审查。因此，作为书证载体的物应当是具有可记载属性和相对稳定特性的有形物。①

二、书证的分类

依据不同的标准，可以对书证进行不同的分类。

(一) 勘验文书与报告文书

依据文书记载内容的不同，可以将书证分为勘验文书和报告文书。

勘验文书，是指记载的事项为文书制作人或其他陈述者的意思表示的文书。因为法官要自行察看该类文书的内容，从而作为证明待证事实的依据，而其察看行为与勘验行为相类似，故称之为勘验文书。② 勘验文书实质上是以设立一定法律权利义务关系为目的的书证③，能够说明当事人之间发生、变更或消灭某种法律关系的事实，如委托书、遗嘱、协议、合同及判决书等皆为勘验文书。

报告文书，是指文书制作人以其观察的事实的结果为记载内容的文书。其记载的内容包括三种：纯粹事实观察结果的记载、有关意见的记载及关于感想表示的记载。④ 亦有观点认为记载的内容包括两种：一为对事实的报告（称为

---

① 这也是书证较之人证的突出优点之一。学者认为，古代社会之证据方法，概系证人，并无证据，盖由文化未曾普及，人民多不识字之故。然当社会逐渐进步，人事关系日益复杂之时，因证人之记忆不甚真确，或因证人动辄施行伪证，尤为危险之证据方法，故当文化普及，文字周知之时，尽可能书面充来日证据之用，自不需乎不完全且危险之证人也。因此，在文化普及之国民间，往往以证书为唯一之证据方法（参见［日］松冈义正：《民事证据论》，张知本译，中国政法大学出版社 2004 年版，第 236 页）。易言之，书证是对过去事件的最保险的证据（参见［德］奥特马·尧厄尼希：《民事诉讼法》(第 27 版)，周翠译，法律出版社 2003 年版，第 295 页）。

② 参见陈计男：《民事诉讼法论》(上)，台湾三民书局股份有限公司 2002 年版，第 486 页。

③ 故亦被成为要件文书或构成要件文书。参见［德］奥特马·尧厄尼希：《民事诉讼法》(第 27 版)，周翠译，法律出版社 2003 年版，第 292 页。

④ 参见陈计男：《民事诉讼法论》(上)，台湾三民书局股份有限公司 2002 年版，第 486 页。

对事实之表示)；一为对意见的报告（称为对意见之表示)。① 这些记载均不以产生特定的法律后果为目的，只是反映某种具有法律意义的事实②，如日记、信件、会议记录、商业账簿和新闻稿等皆属于报告文书。

勘验文书所要证明的事实是否存在需要法官亲自观察、判断才能得出；而报告文书所需证明的事实是否存在仅需法官对结果进行认证，而不需要其亲自进行勘验。

勘验文书往往直接反映当事人的意思表示，在性质上属于直接证据；而报告文书在性质上多属于间接证据，所以前者的证据力一般比后者要强。③ 因此，与报告文书相比，对勘验文书证据力的判断应设置更为严格的程序。如《日本民事诉讼法》第 134 条专门规定了确认勘验文书真伪的诉讼程序，即"确认之诉，也可以为确认证明法律关系的文书制作真伪而提起"。

须注意的是，在判断某些特殊书证是属于勘验文书还是报告文书时，一定要结合实体法上的相关制度设置予以判断。如在我国，房产证和结婚证具有非常重要的作用，在日常生活的多个领域都是必备的文书，否则相应的活动无法开展，如夫妻买房要携带结婚证、办理房屋抵押贷款要出具房产证等。从形式上观察，这两种文书似是特定法律关系变更的依据，而属于勘验文书。但应明确指出的是，在我国，无论是房屋买卖还是婚姻缔结，采取的都是登记主义，故未在法定的登记机构进行登记，房屋买卖不能生效，房屋所有权不得归于买受人；婚姻关系不能缔结，男女双方不得成为合法夫妻。而房产证和结婚证只是对于房屋所有权和婚姻关系的一种反映和证明，其本身并不能导致房屋所有权的变更和婚姻关系的产生，故两者在我国均属于报告文书。

（二）公文书与私文书

1. 公文书与私文书的概念

依据文书制作主体、制作权限和制作方法的不同，可将文书分为公文书和私文书。

---

① 参见［日］松冈义正：《民事证据论》，张知本译，中国政法大学出版社 2004 年版，第 243 页。

② 故亦被成为证言文书。参见［德］奥特马·尧厄尼希：《民事诉讼法》(第 27 版)，周翠译，法律出版社 2003 年版，第 292 页。

③ 参见杨建华主编：《海峡两岸民事程序法论》，台湾月旦出版社股份有限公司 1997 年版，第 313 页。

公文书，是指国家机关及其工作人员在职权范围内，针对特定事项依照法定程序，通过法定方式作出的文书。公文书的构成要件包括三个方面：一是制作的主体必须是国家机关及其工作人员；二是制作的范围必须在法定权限内，具有确定的意思表示和用途；三是制作的手段必须依照法定程序，遵循法定的方式，大部分都有特定的格式，并要加盖制作该文书的机关的印章，具有明显的标志。至于其所针对的事项是公法上的关系还是私法上的关系，以及记载的内容是否完全、真实，均在所不问。如《德国民事诉讼法》第415条规定，由公共官署在其职权内，或由具有公信权限的人在他的事务范围内，依正规的方式制作的文书，为公文书。各种命令、决议、决定、通知、通告、指示、信函等皆属于公文书的范畴①，而身份证、户口簿、护照、边境通行证、结婚证、离婚证以及判决书、裁定书、调解书等也应属公文书之列。凡不是依法行使职权而制作的其他文书，都不是公文书。即使是某一国家机关的工作人员，使用国家机关的公文信纸而制作的文书，如果书写的内容与行使职权无关又没有加盖公章的，就不能认为是公文书。

私文书，则是公文书以外的其他文书，不仅指公民个人制作的各种文书，如日记、信件等，而且也包括国家机关及其工作人员所制作的与其职权无关的其他各种文书，如与建筑公司签订的建筑合同、与供货商签订的买卖合同等。私文书亦称私署文书，发源于法国民法中所谓私署证书制度，即私署证书必须有制作人的署名。② 私文书即便经特定机关认证或认可，仍不失为私文书的性质，如依继承法经公证机关公证过的遗嘱等。

2. 文书的证据力

书证是记载人的思想的证据方法，法官对其证据力的判断通常要经过两个步骤，法官首先要判断文书所表达的思想是否为某人的思想，即该文书是否为某人亲自制作而非他人伪造，此即对文书的形式证据力之判断。在文书形式上的证据力得到确认的情形下，法官需要进一步判断该文书在何种程度上证明案件的事实，此即对文书内容的证明价值也即文书的实质证据力的判断。须注意

---

① 参见王甲乙、杨建华、郑健才：《民事诉讼法新论》，台湾三民书局2002年版，第398页。

② 参见［日］松冈义正：《民事证据论》，张知本译，中国政法大学出版社2004年版，第243页。

的是，形式证据力与实质证据力的区别只存在于书证中。①

任何一项文书，必须是由文书制作者真实作成，并与待证事实存在某种程度上的关联性，法官才可以认为其具有完整的或完全的证据力。具备形式证据力的文书，只有其内容可以证明待证事实的真实性，才能认为其具有实质证据力；当然，具有形式证据力的文书未必一定具有实质证据力，实质证据力的有无由法官依自由心证予以判断。

对于勘验文书而言，因为其直接记载了文书制作人的意思表示或其他陈述，若其具备形式证据力，则有证明其陈述存在的可能，故其往往具有实质证据力。如双方当事人签订商品房买卖合同，若该合同确系双方当事人亲自订立，其即具备了形式证据力，若其内容能证明买卖关系之存在，即可认为其具备了实质证据力。至于一方当事人有可能于诉讼中对合同之订立无效、可撤销或得解除等方面的事实进行主张，则属另一层面的问题，与该合同实质证据力的判断无关。可见，在勘验文书的场合，如果其真实性得到认定，通常就能直接证明文书制作人的某一法律行为，因此其实质证据力是很高的。

对于报告文书而言，因其乃文书制作人观察事实结果的报告，所以即使其具备形式证据力，对其实质证据力的判断仍须在进一步考察文书制作人的身份、职业、性格、观察力、制作的目的、制作的时间、制作的方式及记载事实的性质等诸多事项之基础上进行，惟有如此，才能对报告文书的实质证据力作出正确的判断。② 易言之，在报告文书的场合，形式证据力和实质证据力是相互独立的，具备形式证据力并不一定就具备实质证据力。

3. 公文书的证据力

---

① 不过在对其他证据方法进行调查时也存在类似书证程序中判断文书的形式证据力与实质证据力的内容。如在证人询问中，法院要询问出庭人是否为真正的被传唤人，若查明证人席上的并非法院传唤之人，则不能进行证据调查；在现场勘验中，法院若查明勘验对象并非当事人申请的勘验场所亦不能进行证据调查——此即类似于形式证据力。只是因为在证人询问或勘验中，调查对象是否具备同一性是比较容易判断的，而从书证本书无法判断名义人和真正制作人是否为同一人，所以才需要特别强调其形式证据力（参见［日］高桥宏志：《重点讲义民事诉讼法》，张卫平、许可译，法律出版社2007年版，第105页）。我国台湾地区学者则将证人证言的证据力亦区分为形式证据力和实质证据力（参见王甲乙、杨建华、郑健才：《民事诉讼法新论》，台湾三民书局2002年版，第370页；陈计男：《民事诉讼法论》(上)，台湾三民书局股份有限公司2002年版，第478页）。

② 参见王甲乙、杨建华、郑健才：《民事诉讼法新论》，台湾三民书局2002年版，第403页。

(1) 公文书的形式证据力。

对公文书形式证据力的判断应看其制作程序是否完备及文书的意旨是否与制作的国家机关或公职人员的职务有关。若其程序有欠缺或依其意旨与职务无关，即不能认定其为适格的公文书，也即其无形式证据力。

在大陆法系国家和地区的证据法上，一般都这样规定，即对于本国的公文书，若其制作程序完备且其意旨与制作的国家机关或公职人员的职务有关，则无论其为勘验文书抑或报告文书，均直接推定其具有形式证据力，而无须举证者再予举证证明其形式上的真实性。如《德国民事诉讼法》第 437 条第 1 款规定："从形式和内容两方面都可以认为是由官署或由具有公信权限的人所制作的证书，推定其本身是真实的。"《日本民事诉讼法》第 228 条第 2 款规定："文书，依制作的方式和目的应认为公务员在职务上做成的，推定为该文书制作是真实的文书。"我国台湾地区"民事诉讼法"第 355 条第 1 款规定："文书，依其程式及意旨得认作公文书者，推定为真正。"

对于外国的公文书，因其制作程序及意旨非本国法官所能知晓，故在大陆法系证据立法中，往往不直接推定其具有形式证据力，而是规定由法官斟酌案情判断其是否具有形式证据力，当然，若有外国驻本国外交人员或本国驻该外国外交人员证明其程序及意旨，则可直接推定其具有形式证据力。如《德国民事诉讼法》第 438 条规定："（第 1 款）可以认为是由外国官署或外国的具有公信权限的人所制作的证书，是否无需更进一步的证明即视为真实，由法院依具体情况判断之。(第 2 款) 这种证书，经联邦的领事或公使证明的，即视为是真实的。"我国台湾地区"民事诉讼法"第 356 条规定，外国之公文书，其真伪由法院审酌情形断定之。但经驻在该国的外交人员证明者，推定为真正。

某一公文书是否具有形式证据力，法官不能依自由心证进行判断，否则即有悖公文书设立之本旨。如果对方当事人对公文书的真正或形式证据力存有争执，应向法院提出相反的证据证明之。这里的相反的证据从性质上讲乃属于本证而不是反证，故当事人所提出的证据若仅使法官对该公文书是否为真实的认定处于真伪不明的状态尚属不足，必须达到使法官认定该公文书不是真正成立的始达其目的。

(2) 公文书的实质证据力。

虽然具备了法定的程式和意旨的公文书基本上即可直接推定其具备形式证据力，但决不能进一步直接推定其即也当然地具备实质证据力，因为书证内容本身的真实性受多方因素的影响，不能因其记载于公文书即不考虑这些因素的存在。故对公文书的实质证据力仍需由法官斟酌证据调查的结果进行判断，在民事诉讼中其还应结合言词辩论的全部意旨，依自由心证予以认定。

当然，基于公文书所具有的权威性和严肃性，有些国家的法律还是规定在特定情形下可以直接认定公文书具有实质证据力。如《德国民事诉讼法》第415条第1款规定："由公共官署在其职权内，或由具有公信权限的人在他的事务范围内，依正规的方式制作的文书，为公文书。如果其中所记载的是在公共机关或制作文书的人面前所为的陈述，对于这种由公共官署或制作文书的人以文字记载的事项。公文书提供完全的证明。"第417条和第418条第1款分别规定，由官署制作的勘验文书和报告文书，对于其中的内容，提供完全的证明。故法官在判断此类公文书之实质证据力时，应受其约束，不能再依自由心证予以认定。当然，法律上关于公文书实质证据力的推定也并非绝对，对方当事人仍然可以举出相反的证据予以推翻。如《德国民事诉讼法》第415条第2款即规定："对公文书内记载的事项，许可用证据证明其为不正确。"第418条第2款也规定，对（公）文书中所载的事实，准许提出证据证明其不正确。

4. 私文书的证据力

(1) 私文书的形式证据力。

与公文书相比，私文书因不是由法定机构依法定程式和意旨作成，故而其欠缺公文书的权威性和严肃性，因此，私文书不能像公文书那样由法律规定直接推定其具备形式证据力。大陆法系国家或地区民诉立法一般均规定私文书应由举证人证明其为真实。法官对于当事人提出的私文书应让其进行必要的陈述和解释，如果对方当事人承认该文书的真实性，则该私文书即为真，也即具有了形式证据力；若对方当事人对私文书的形式证据力提出疑义，则提出私文书的当事人应对其之真实性负证明责任，而对方当事人仅负有提出反证的责任，即使法官对该文书形式证据力的判断陷入真伪不明即可，无须像否定公文书的形式证据力那样承担提供本证的责任。如《德国民事诉讼法》第440条第1款规定："对于未经承认的私文书的真实性，应加以证明。"我国台湾地区"民事诉讼法"第357条规定："私文书应由举证人证其真正。但他造于其真正无争执者，不在此限。"

私文书可以不由本人亲自制作，但必须由其亲自签名或盖章。故对私文书首先应审查其签名或盖章是否具备。如果有制作人的签名或盖章，则推定该私文书为签名人或盖章人的意思表示，即推定其系作成名义人真正作成的文书。《日本民事诉讼法》第228条第4款规定："私文书，有本人或其代理人的签名或盖章时，推定为其制作是真实的。”我国台湾地区“民事诉讼法”第358条第1款规定：“私文书经本人或其代理人签名、盖章或按指印或有法院或公证人之认证者，推定为真正。”若举证人就制作人的签名或盖章作不知道或不记得的陈述的，不应推定其为真实，法官应依自由心证予以判断。

若一方当事人否认对方提出的私文书上签名或盖章的真实性，认为并非制作人的签名或盖章，其仅提出反证即可；若当事人承认签名或盖章的真实性，但否认是本人或代理人所为，如签名被他人通过不法手段获取、印章被他人盗用或伪造等，此时仅提出证据使法官对该争执事项陷入真伪不明尚不能达到目的，因为其已承认了签名或盖章的真实性。这种场合，反驳私文书具有形式证据力的当事人应对私文书的签名或盖章非本人或代理人所为承担证明责任，也即须提供本证予以证明。

（2）私文书的实质证据力。

私文书记载的内容是否与待证事实相一致，即是否具有实质证据力，应完全交由法官自由心证判断。当然，在司法实践中，对于勘验文书，若通过举证证明其具备形式证据力，法官依经验法则一般会直接认定其实质证据力；而对于报告文书，依经验法则，若该文书有利于举证人，则一般不能直接推定其具有实质证据力，若其不利于举证人，则通常可认定其具有实质证据力。

（三）原本、缮本、正本、副本、节本和译本

1. 原本、缮本、正本、副本、节本和译本的概念

在大陆法系民事证据法上，依书证的制作方法与用途不同，通常将书证分为原本、缮本、正本、副本、节本和译本。

原本，是指文书的制作人将有关内容予以记载而作成的原始文件，又称为原件或底本。例如，判决书的原本是指合议庭起草并经承办人员签署后正式存档的原件。缮本，又称誊本，是指依照原本所做成，与原本内容完全一致的文本。其中，用手抄写的称为抄本；用照相和印刷技术，将原本翻拍后印制的，称为影印本或影本；由复印机复印的，成为复印本。正本，也属缮本的一种，是指与原本同时制作，并经仔细校对，确认其内容与原本完全一样，并与原本发挥等同法律效力的文本。对外需要加盖公章或经负责人签字的，在每一份正本上都必须签名和盖章，以确认其法律效力。正本只发给主收件人执掌。副本，其内容与正本相同，制作方法也与正本基本相同，但副本一般是发给主收件人以外的应当知悉该文件内容的其他人。节本，又称节录本，是从原本或正本中摘录部分内容而形成的文书。译本，是翻译成外文或其他民族文字的文书。

2. 缮本的证据力

缮本虽依照原本所做成，但“作为文字或其他符号，如差之毫厘，其意义则可能失之千里；观察时之错误危险甚大，尤以当其在实质上对于视觉有所近似时为然因此之顾，除提出文书之原本以供检阅外，于证明文书之内容时，诈伪及类似错误之机会自必甚多”①，其过程中是否有某些因素介入影响其内容与原本的一致性，须由法官依自由心证予以判断，不能当然地认为其与原本具有同等的证据力。

当事人在提交书证时，是否应提交原本或缮本，域外立法通常区分该文书为公文书还是私文书作不同规定。如《德国民事诉讼法》第 435 条规定：“公文书，可以提出原本或提出经认证的缮本，但缮本在认证后须具备公文书的要件；法院也可以命令举证人提出原本，或命其说明不能提出原本的原因并释明之。举证人不服从命令的，法院依自由心证对于该认证缮本具有如何的证明力，作出判断。”由此可知，在德国法上，是否允许当事人提交私文书缮本完全由法官自由裁量判断。我国台湾地区民诉立法对是否允许当事人提交文书之缮本有较为明确的规范，其“民事诉讼法”第 352 条规定：“（第 1 款）公文书提出其原本或经认证之缮本或影本。（第 2 款）私文书应提出其原本，但仅因文书之效力或解释有争执者，得提出缮本或影本。”即公文书可以提出经认证的缮本或影本；对于私文书，当仅对其效力或解释有争议的，即对其形式证据力已无疑问时，可以提出缮本或影本。第 353 条规定：“（第 1 款）法院得命提出文书之原本。（第 2 款）若不服从该命令提出原本或不能提出者，法院依其自由心证断定该文书缮本或影本之证据力。”由此可知，在我国台湾地区，于公文书提出经认证的缮本或影本或私文书仅因文书之效力或解释有争执、提出缮本或影本之后，法院认为有必要时，可以再命令其提出文书的原本。若不服从该命令提出原本或不能提出的，法院依其自由心证判断该文书缮本或影本的证据力。除此之外，若声明书证的当事人仅提出私文书的缮本或影本，不提出其原本的，则不符合其“民事诉讼法”第 352 条第 2 款的要求，从而其声明书证的程序不合法。学者认为，此种情形下，法院命令当事人提出该私文书的原本，是要求其补正声明书证程序上的瑕疵，不应属于第 353 条第 1 款法院可以命其提出原本的情形②，故在我国台湾地区，当事人不服从法院

① ［美］Edmund M. Morgan：《证据法之基本问题》，李学灯译，台湾世界书局 1982 年版，第 385 页。

② 参见姜炳俊：《文书影本之证据力》，载《月旦法学杂志》第 145 期。

要求提出私文书原本命令的，并不能当然适用其"民事诉讼法"第353条第2款关于法院依自由心证判断缮本或影本证据力的规定。

我国现行民事诉讼法第68条第1款规定，书证应当提交原件。提交原件确有困难的，可以提交复制品、照片、副本、节录本。《民诉适用意见》第78条对书证的提交作了进一步的规定："证据材料为复制件，提供人拒不提供原件或原件线索，没有其他材料可以印证，对方当事人又不予承认的，在诉讼中不得作为认定事实的根据。"对这一规定可以将之理解为：对复制件是否与原件相符产生疑问的，该复制品将不得采纳，即不具有证据能力。《民事审改规定》第26条第5项也对法官关于原件或原物的审查提出了要求，即对单一证据，应当注意书证是否系原件；复印件是否与原件的内容及其他特征相符合。并在第27条第3项明确规定："原始证据的证明力大于传来证据。"这显然否定了《民诉适用意见》第78条将书证复印件的取舍纳入证据能力范畴的进行判断之做法，蕴含有书证原件的证据力一定大于复印件之意思，故有法定证据制度的色彩。与之相比，《民事证据规定》第77条第3项的规定则相对妥当，其仅规定"原始证据的证明力一般大于传来证据"。同时，《民事证据规定》对文书复制件之提出作了进一步的规定，其第10条规定，当事人向人民法院提供书证的，应当提供原件。如需自己保存证据原件或者提供原件确有困难的，可以提供经人民法院核对无异的复制件。第20条规定："调查人员调查收集的书证，可以是原件，也可以是经核对无误的副本或者复制件。是副本或者复制件的，应当在调查笔录中说明来源和取证情况。"第49条规定，对书证进行质证时，当事人有权要求出示原件。但有下列情况之一的除外：（1）出示原件确有困难并经人民法院准许出示复制件的；（2）原件已不存在，但有证据证明复制件与原件一致的。第65条第1项规定，审判人员对单一证据认定时，应审核是否原件，复印件与原件是否相符。第69条第4项规定，无法与原件核对的复印件不能单独作为认定案件事实的依据。第70条第1项规定，一方当事人提出的书证原件或者与书证原件核对无误的复印件、照片、副本、节录本，对方当事人提出异议但没有足以反驳的相反证据的，人民法院应当确认其证明力。

三、文书调查程序

（一）域外法中的文书调查程序

在域外民事诉讼中，文书的调查程序一般有三种：第一，若申请文书调查者本人持有该文书时，乃直接将该文书向法院提出；第二，申请人向法院申请委托文书持有人寄送文书；第三，申请人向法院申请文书提出命令，命令文书持有人提出相关文书。

第一种情况下，因文书在申请证据调查人自己手中，其为获取于自己有力的证据调查结果，自会尽可能地提供。如《德国民事诉讼法》第142条第1款规定："法院可以命令当事人一方提出他所引用的而又存在他手中的文书，以及家谱、地图、设计图纸和其他图纸等。"第420条规定："申请书证，应提出证书。"《日本民事诉讼法》第219条规定，申请书证，应当自行提出文书。我国台湾地区"民事诉讼法"第341条规定："声明书证，应提出文书为之。"为防止当事人提供诸多与争执无关的文书而影响法院对其之证据调查的顺畅进行，各国和地区民诉法均对文书的提出程序作了明确规范。如《德国民事诉讼法》第142条第2、3款规定，法院可以命令当事人将提出的文书在法院所规定的期间内留存于书记科；法院可以命令当事人提供外国文的文书的译本，这种译本须由司法行政部门授权的翻译人员译出。《日本民事诉讼规则》第137条第1款规定，当事人在提出申请之前必须向法院提交文书复印件，同时提交证据说明书，但文书记载内容明确者除外。该说明书内容包括文书名称、制作人名称以及拟证明的内容。第143条第1款规定，正式提出文书的时间是口头辩论期日或辩论准备程序期日，提出的对象必须是原件、正本或经认证的誊本。我国台湾地区"民事诉讼法"第352条和第353条文书提出程序也作了相应的规范。

第二种情况下，申请人可以任意委托文书持有人向法院寄送该文书，而无论持有人是否负担文书提出义务。① 如《日本民事诉讼法》第226条规定，申请书证，可以申请委托文书持有人寄送文书。但是，当事人根据法律可以请求交付文书的正本或副本时不在此限。

第三种情况下，申请人所欲利用的文书并不为其本人所持有，而在对方当事人或第三人手中。若对方当事人或第三人应举证人的请求未为给付其所特有的文书以供举证人声明证据之用，举证人即难尽举证之责。为求当事人双方于证据方法能平等地利用并期法院裁判权之正确行使，该情形下受诉法院应命持有文书之当事人或第三人提出文书，若其不从法院之命令提出文书，受诉法院即可对对方当事人课以裁判上之不利益或对第三人课以公法上的强制措施以为

① 参见［日］高桥宏志：《重点讲义民事诉讼法》，张卫平、许可译，法律出版社2007年版，第117页。

制裁，此即文书提出义务制度。① 如《德国民事诉讼法》第 421 条规定："举证人断定证书在对方当事人手中时，应在申请证据时，同时申请命对方当事人提出证书。"第 422 条规定："依照民法里的规定，举证人可以要求交出或提出证书时，对方当事人有提出证书的义务。"第 428 条规定："举证人主张证书在第三人手中时，在证据申请时，应申请定一期间以便其取得证书。"《日本民事诉讼法》第 220 条规定，文书属于下列情形之一的，文书持有人不得拒绝提出文书：(1) 当事人在诉讼中所引用过的自己持有的文书；(2) 举证人对文书持有人能请求交付或阅览的文书；(3) 文书是为举证人的利益而作成的，或者是为了举证人与文书持有人之间的法律关系而作成的。(4) 除本条前三项所列的文书外，文书只要不属于下列情形的，文书持有人均应提交：(1) 文书记载持有人或与持有人有第 196 条各项所列关系的人（即特定亲属关系之间的证言特免权——下文详述之）同条规定事项时；(2) 提出关于公务员职务秘密的文书有损害公共利益、对执行公务显著障碍时；(3) 文书记载第 197 条第 1 款第 1 项规定事实或同款第 3 项规定事项且未免除保密义务时；(4) 文书专供持有人利用时（公务员有组织使用的国家或地方公共团体持有的文书除外）；(5) 文书涉及刑事诉讼案件或记录少年保护案件及这些案件中被扣押的文书时。我国台湾地区"民事诉讼法"第 342 条第 1 款规定："声明书证，系使用他造所执之文书者，应声请法院命他造提出。"第 344 条规定："下列各款文书，当事人有提出之义务：(1) 该当事人于准备书状内或言词辩论时，曾经引用者；(2) 他造依法律规定，得请求交付或阅览者；(3) 为他造之利益而作者；(4) 就当事人间法律关系所作者；(5) 商业账簿。第 346 条第 1 款规定："声明书证系使用第三人所执之文书者，应声请法院命第三人提出，或定由举证人提出之期间。"第 348 条规定："关于第三人提出文书之义务，准用第 344 条第 2 款至第 4 款之规定。"

（二）现行法及司法解释关于文书提出义务的规范及评析

根据我国《民事诉讼法》第 64 条"当事人对自己提出的主张，有责任提供证据。当事人及其诉讼代理人因客观原因不能自行收集的证据，或者人民法院认为审理案件需要的证据，人民法院应当调查收集"及第 65 条"人民法院

① 参见［日］兼子一、竹下守夫：《民事诉讼法》，白绿铉译，法律出版社 1995 年版，第 124 页；［日］新堂幸司：《新民事诉讼法》，林剑锋译，法律出版社 2008 年版，第 450 页；［日］高桥宏志：《重点讲义民事诉讼法》，张卫平、许可译，法律出版社 2007 年版，第 123 页；伊藤真：《民事诉讼法（第 3 版）》，有斐阁 2004 年版，第 382 页。

有权向有关单位和个人调查取证，有关单位和个人不得拒绝”之规定可以推认，现行法一般性地昭示了当事人及第三人的文书提出义务。与域外立法通例不同的是，现行法在直接或间接宣示当事人或第三人的文书提出义务后，并未规定违反后相应的制裁从而使得文书提出义务沦为不具约束力的道德性义务，现行法关于文书提出义务的规范亦因构造性地缺乏效果规范而徒具训示意义。

在现行法中，惟一可被解释成违反证据协力义务应受制裁之规范乃民诉法第 103 条：“有义务协助调查、执行的单位有下列行为之一的，人民法院除责令其履行协助义务外，并可予以罚款：（1）有关单位拒绝或者妨碍人民法院调查取证的；……人民法院对有前款规定的行为之一的单位，可以对其主要负责人或者直接责任人员予以罚款；对仍不履行协助义务的，可以予以拘留；并可以向监察机关或者有关机关提出予以纪律处分的司法建议。”依该项规范的文义可知，现行法乃将不协助法院调查取证这一文书提出义务违反行为当作妨害民事诉讼之一种予以处理，在立法样式上虽与国外立法例不同，但并不能由此否认其具有文书提出义务效果规范的性质。

最高人民法院虽然在相关司法解释中(《民事证据规定》第 75 条、《民事审改规定》第 30 条）规定持有证据的当事人无正当理由拒不提供证据将遭受对方当事人关于该证据的主张被推定成立的不利后果，从而在一定程度上弥补了现行法关于当事人文书提出义务的缺失，但由于其在适用范围及适用条件上皆不确定，故尚不足以杜绝立法关于文书提出义务构造性缺失的弊端。让不负证明责任的当事人及第三人甘愿承担精神及经济上的不利后果从而自觉履行文书提出义务无异于痴人说梦。如此一来，便不难理解，审判实践中当事人或第三人隐匿、毁损或拒绝提出书证等行为为何会频仍发生。可以预见的是，文书提出义务结构性缺失若于立法上不能得以补正，上述现象即难以得到根本性的改观。

第三节　勘　验　物

一、勘验物的概念和特点

勘验，是指法官基于自己五官的作用直接感知人或物的物理上的状态，并以其认识结果作为证据资料的证据调查行为。作为勘验对象的人或物，即为勘验标的物，或勘验物。

勘验起源于采取法定证据主义的古代德意志诉讼法，勘验物是当时最有价值的证据方法，且占优先地位。① 现今看来，由于勘验物通常不能一步到位地直接证明案件中的主要事实，而只能证明案件事实中的某些片段或个别情节，因而在一般情况下，只能作为间接证据加以使用。只有把一系列的片段和情节串联起来，在逐一排除了其他各种可能性之后，才能最终证明案件的主要事实。同时，某一物品或痕迹是否能够作为证据，往往还需要其他的手段加以印证。当然，与其他四种证据调查方式相比，勘验最突出的特点在于法院实际接触对象物体并直接作出事实判断，其他四种证据调查方式则是将他人形成的事实判断传达给法官。② 因此勘验物的证据力通常优于其他证据。③

我国现行《民事诉讼法》第 63 条将勘验笔录作为一种独立的证据类型予以规范。所谓勘验笔录，乃指法院于勘验后，为保存勘验结果所制作的书面材料。从本质上讲，勘验笔录仅为勘验的替代品或保存手段，不具有作为独立证据方法的属性。前面已论及，为现行《民事诉讼法》所规范的物证也不具备作为一种独立的证据方法的属性，故我国现有的物证、勘验笔录这两种证据类型均理应统一于勘验物这一证据方法之下。

二、勘验物的分类

依不同之标准，可以对勘验物作不同的分类：

（一）*宏观勘验物、常态勘验物和微量勘验物*

依勘验物体积大小及具体调查手段的不同，可将勘验物分为宏观勘验物、常态勘验物和微量勘验物。宏观勘验物，是指不能提取、不能随案移交的体积较大的勘验物，如房屋、轮船、火车、汽车和飞机等。对于宏观勘验物，只能采取拍照或者录像的方式予以固定保全，或者暂予以扣押封存，必要时由法官亲自到现场勘查。常态勘验物，是指能够以常规手段加以提取，可以随案移交的勘验物，如匕首、棍棒、枪支、衣物及毛发等。微量勘验物，是指不能直接被人的感官所发现，必须借助相应科学设备才能发现、提取和送交的体积微小

---

① 参见［日］松冈义正：《民事证据论》，张知本译，中国政法大学出版社 2004 年版，第 311 页。

② 因此在理论上可以将勘验视为最基本的证据调查方法。参见［日］高桥宏志：《重点讲义民事诉讼法》，张卫平、许可译，法律出版社 2007 年版，第 163 页。

③ 参见陈计男：《民事诉讼法论》（上），台湾三民书局股份有限公司 2002 年版，第 502 页。

的勘验物。如微量的物质粉末、肉眼所无法看见的细小痕迹等。

（二）特征勘验物、属性勘验物和状态勘验物

依勘验物赖以发挥证明作用的方式之不同，可把勘验物分为特征勘验物、属性勘验物和状态勘验物。特征勘验物，是指以其外部特征发挥证明作用的勘验物，如指纹、足迹、工具痕迹及财物等。属性勘验物，是指以其自身的品质和内部属性发挥证明作用的勘验物。属性勘验物证明案件事实的属性，仅从外部形状一般难以观察出来，如化学制剂、爆炸物、血液、分泌物及气味等。状态勘验物，是指以其存在状况发挥证明作用的勘验物。在某些案件中，尽管特定物品的外部特征与内部属性均未发生变化，但其在时空中的存在状况发生了变化，如位置的移动等，也可以成为认定案件事实的证据。

（三）固体勘验物、液体勘验物和气体勘验物

从勘验物的形态角度，可将勘验物分为固体勘验物、液体勘验物和气体勘验物。在一般案件中，绝大多数的勘验物表现为固体形态，但也常会遇到一些液体形态的勘验物证据，如煤油、汽油、酒精、甲醇、饮料和化学制剂等；有时也会遇到气体勘验物，如毒气等。此外，还有一些以更为特殊的形态表现出来的勘验物，如声音、光线、热能、磁场及电流等。随着科学技术的迅猛发展，司法机关发现、提取、固定和保全勘验物的能力的日益提高，以特殊形态出现在庭审中的勘验物也必将会大量增加。

此外，依勘验物是否属于当事人间有争议的标的物，可将勘验物分为是争议的标的物之勘验物和不是争议的标的物之勘验物；依占有主体的不同，可将勘验物分为当事人持有的勘验物和非当事人持有的勘验物；依能否当庭出示或存入案卷，可将勘验物分为能拿到法庭出示或存卷的勘验物和不能拿到法庭出示或存卷的勘验物；① 依是否易于保存，可将勘验物分为易保存的勘验物和不易保存的勘验物；依类别不同，可将勘验物分为特定勘验物和同种类勘验物；依勘验物之来源，可将勘验物分为原始勘验物和复制勘验物等。

如前所述，勘验物与书证因在性质上同属于物的证据方法，故在大陆法系民事证据法上对于勘验，除其特有的规则外，在证据调查上多准用民事诉讼法关于书证的规范。勘验一般是法官通过视觉来完成，当然也会利用其他感官器官，比如噪音污染调查时要利用听觉，恶臭污染检查时要利用嗅觉，食品质量

---

① 我国台湾地区学者将其分别称为直接勘验和间接勘验。参见王甲乙、杨建华、郑健才：《民事诉讼法新论》，台湾三民书局 2002 年版，第 415 页；陈计男：《民事诉讼法论》（上），台湾三民书局股份有限公司 2002 年版，第 502 页。

检查时要利用味觉，触摸物品时要利用触觉等。①

第四节 证 人

一、证人的概念和特点

（一）证人的概念

证人，一般来讲，是指就其过去经历的事实向法院报告的当事人及法定代理人以外的第三人。证人制度起源于罗马法，至欧洲中世纪，因民众文化水平普遍较低，证人作为证据方法极为盛行。② 证人作为证据方法，向法院陈述用以证明案件事实的证言，叫做证人证言，亦被称为人证。③ 由此可知，人证并非以证人为证据，而是以证人陈述的证言为证据的。

（二）证人的资格

证人的资格也被称为证人能力，是指特定主体在诉讼中能够成为证人所必须具备的要求和条件。

1. 证人须具有一定的感知能力

所谓感知能力即证人能基于自己的感官观察、体验事实之能力。其有两方面的要求：

（1）证人必须是自然人。

只有自然人才有凭借感官感知案件事实的能力。法人或其他组织是以某种形式由一定数量的自然人群体组合而成的法律上的拟制体，其所为的一切行为都离不开特定的自然人，它对案件事实的感知亦必须借助特定自然人的生理机能，故作为非自然人的单位或法人是不具有证人能力的。此外，证人作证应当履行法律所课予的义务，故意提供虚假证言须承担法律责任，构成犯罪的，要受到刑事处罚，而法人或其他组织并不具备伪证罪的刑事责任能力。虽然《刑法》规定了单位犯罪，单位具备刑事诉讼活动中的完全意义上的当事人的

---

① 参见［日］高桥宏志：《重点讲义民事诉讼法》，张卫平、许可译，法律出版社2007年版，第164页。

② 参见［日］松冈义正：《民事证据论》，张知本译，中国政法大学出版社2004年版，第136页。

③ 参见陈计男：《民事诉讼法论》（上），台湾三民书局股份有限公司2002年版，第463页。

主体资格，但是因其不符合证人的自然特性，故不能作为证人出庭作证，就此而言，证人亦不具有证人能力。不过，我国《民事诉讼法》第 72 条却规定："凡是知道案件情况的单位和个人，都有义务出庭作证。"从该条文中可以看出，在我国民事诉讼中，除自然人外，作为非自然人的法人或其他组织亦可作为证人，这在各国立法例中可能是独一无二的。

司法实践中经常会有一些单位应当事人或法院的申请或要求而出具有关证明，如工商机关出具的某公司成立、变更、歇业或撤销的证明、金融监管部门提供的有关金融政策变动的证明、银行等金融机构提供的特定主体款项变动情况的证明、单位提供的本单位职工基本情况的证明及学校提供的在校学生基本情况的证明等。对这些书面证言之属性应有正确的定位。这些单位之所以能出具相关证明，是因为它们承担相关法定的管理职责之故，只须按审判机关的要求和本机关的规章制度及工作范围如实提供他们所掌握的情况即为已足，证明材料所涉之事实并非如证人般亲自感知。故这种单位出具的、加盖公章并有法定代表人签名的证明材料从性质上看，应该属于书证。当然，实践中也有相关人员代表单位出庭作证，但其往往是法定代表人或单位授权并接近案情的人。故此时仍然应将其理解为向法院陈述所亲身感知的案件事实人，即其本人乃证人而不是作为法人的代表出庭作证。

（2）证人必须具有表达能力。

如果经历了案件事实的自然人年幼或者精神上有缺陷，以致不能辨别是非、正确表达，就不能向司法机关提供对案件事实有证明力的证言，此种情形下其即缺乏证人能力。

各国和地区基本上采取的是对证人的年龄或精神状况不加限制的做法。在立法者看来，人的智力标准在司法审判中很难掌握，如从立法上对证人的资格予以限制，一定程度上会影响到法官对证人资格的适格判断，而由法官将其作为证据力评定的一部分进行判断可能更为适宜。

当然，在大陆法系民事证据法上，一般都不要求未成年人或者精神上有缺陷的人于作证之前进行宣誓或具结，在未经宣誓或具结之情形下证人即使作伪证也不会受到伪证罪的处罚。如《德国民事诉讼法》第 393 条规定："对于在讯问时尚未满 16 岁的人，或者因智力欠缺或智能薄弱而不能充分理解宣誓的实质和意义的人，都不经宣誓而讯问之。"《日本民事诉讼法》第 201 条第 2 款规定："未满 16 岁的人或者不能理解宣誓意义的人作为证人询问时，不得使其宣誓。"我国台湾地区"民事诉讼法"第 314 条第 1 款规定："以未满十六岁或因精神障碍不解具结意义及其效果之人为证人者，不得令其具结。"

我国《民事诉讼法》第70条第2款规定："不能正确表达意志的人，不能作证。"此规定显然不妥当。因为，未成年人或精神病人虽然在认识客观事物的能力上一般逊于心智正常的成年人，但是具体就某一特定案件而言，由于案情的复杂程度是相对的，因此，经常会出现某人虽不能正确地表达意志，却能在不同程度上辨明事物特征的情形从而能够向法院提供证言，显然，立法对证人资格的不当限制减缩了证人之范围，进而影响到法院对事实的正确认定。在司法实践中法官常常以年龄为标准对未成年人的证人资格加以限制，如强调证人须已达到民事行为能力或民事诉讼行为能力的年龄，有的干脆把不满一定周岁的未成年人一概排除在证人资格之外。这种做法实际混淆了行为能力、责任能力和证人能力的实质区别，是不妥当的。就民事诉讼而言，当无民事行为能力人的权益受到不法侵害或者其侵害他人的合法权益时，其作为当事人的诉讼行为固应由其法定代理人代为进行。但其作为证人作证，还是没问题的，因为证人作证仅为向法院陈述案情的事实行为，并非法律行为，并不要求具有意思力或行为能力，有表达能力即为已足。又因为证人陈述的内容为依五官所感知的事实，故证人具有不可选择性和不可替代性。而将未成年人及精神有缺陷的人排除在证人资格之外，无疑削减了证人作证的机会及法院获知证言作出正确裁判的可能性。

《民事证据规定》第53条第2款"待证事实与其年龄、智力状况或者精神健康状况相适应的无民事行为能力人和限制民事行为能力人，可以作为证人"之规定虽在一定程度上缓和了《民事诉讼法》关于证人资格过于严苛之规范，而将未成年人和精神病人作证能力的认定交由法官结合具体案情予以判断从而有其进步之处。但是仍存在不足之处，突出表现为混淆了证人能力与证人证言证明力的判断标准。

尽管我们强调，未成年人和精神病人通常亦具有证人能力，但民事审判实践中，法官对这两类主体所陈述证言的认定还是应考虑更多的因素而作谨慎地判断。如未成年人对事物的感知能力、判断能力和语言表达能力相对较弱，其思维方式主要以形象思维为主，故较易受到他人不正当的暗示或诱导，从而对其陈述案件事实产生消极影响；但我们应同时看到此类证人作证不会或很少掺入推断和想象等主观因素，且一般情况下不会撒谎，故在某些情形下其陈述之证言更加真实、可靠。因此，法官询问未成年证人应尽量采用简明、易懂并为其所熟悉的语言，避免其对应询问事项的内容在理解上产生歧义，以至于答非所问或难以回答；此外，法官对同一问题不应反复进行询问和作进一步的提示性追问，以避免未成年人受某种程度的诱导或暗示，而作出不真实的回答。法官对精神病证人询问时须避免使用某些可能刺激其精神的语言或提出相关的问题，以使其能够在保持较为清醒的认知和心智状态下陈述语言。

2. 证人的身份具有优先性

凡是知道案件情况而又与裁判结果没有直接利害关系的人，应优先以证人的身份出庭作证，而不能以审判人员、书记员、鉴定人及其他诉讼参与人的身份参加诉讼，也即证人的身份具有优先性，这是由证人的不可替代性所决定的。第一，证人的身份是基于其对案件情况的知悉而形成的，是由其客观上与案件事实所形成的特定关系决定的，非他人所能替代；而审判人员、书记员、鉴定人及其他诉讼参与人的身份则是不特定、可选择的，并且其之更替对诉讼的展开没有实质影响。第二，证人作为在案件发生当时就已经感知案件事实的人，若让其以审判人员、书记员、鉴定人及其他诉讼参与人的身份参与诉讼，其对案件事实的判断显易先入为主，从而不利于对案件事实作出正确判断。

要注意的是，在共同诉讼人中，对于有利于己的共同事实，共同诉讼人相互之间不得为彼此的证人，但对于与自己无关的或于己不利的事实，共同诉讼人相互之间则可以为彼此的证人。① 此外，由于身份的特殊性，当事人的法定代理人不能作为证人出现在诉讼中。易言之，当事人的法定代理人与当事人一样无证人能力。② 但法官若误将法定代理人作为证人进行询问的，其所陈述的内容也不构成违法的证人陈述，可以将其作为辩论全趣旨，进而成为法官认定事实的适法的证据材料。③

二、证人的义务

证人的义务从性质上讲乃公法上的义务④，即“为国家司法上之利益计，对于代表国家之法院所负”之义务。⑤

---

① 参见王甲乙、杨建华、郑健才：《民事诉讼法新论》，台湾三民书局 2002 年版，第 370 页。

② 参见陈计男：《民事诉讼法论》(上)，台湾三民书局股份有限公司 2002 年版，第 463 页。

③ 参见［日］新堂幸司：《新民事诉讼法》，林剑锋译，法律出版社 2008 年版，第 435 页。

④ 参见［德］奥特马·尧厄尼希：《民事诉讼法》(第 27 版)，周翠译，法律出版社 2003 年版，第 283 页。

⑤ ［日］松冈义正：《民事证据论》，张知本译，中国政法大学出版社 2004 年版，第 144 页。

（一）证人义务的形态

证人的义务具体包括到场义务、宣誓或具结义务及陈述义务。

1. 到场义务

从世界各国的立法例来看，其均强调证人的证言必须在庭上提供。所不同的仅在于，英美法系证据法要求证人必须在法官面前由当事人进行询问而为陈述；而大陆法系民诉立法则规定证人必须于当事人在场时由法官进行询问而为陈述。从英美法系的司法体制来看，证人出庭作证是维系陪审团审判和对抗式庭审制度的重要因素，所以在证据法上一般通过传闻法则排除书面证言；而在大陆法系，证人出庭作证则是自由心证主义下贯彻直接言词原则的集中体现，法官只有在庭上亲自询问证人，才能更好地辨别证人所陈述证言的真实性，因此证人于庭外制作的书面证言一般也不能作为法院认定事实的依据。质言之，由于证据调查原则上由受诉法院在公开法庭进行，故证人到场一般是指证人遵循法院的命令在证据调查之日出庭接受询问。

证人虽一般性地负到场义务，但因为特殊身份（如为国家元首）或特殊事由的存在（如证人身患重病无法到庭、证人出庭显违费用相当性等），法官应到证人住所等法院之外的地方对其进行讯问，如《德国民事诉讼法》第375条规定，在现场讯问证人为适当时、证人因故不能到受诉法院时或证人远离受诉法院时，受诉法院可命法官到证人住所地讯问或委托当地法院代为讯问。讯问联邦总统，应到其住所。《日本民事诉讼法》第195条规定，在下列情形下，法院可以命令法官或委托其他法院在法院之外询问证人：（1）证人在受诉法院没有出庭义务，或者因有正当的理由而不能出庭的；（2）证人在受诉法院出庭需要花费不必要的费用和时间的；（3）就地询问证人对发现事实有必要的；（4）当事人无异议的。我国台湾地区“民事诉讼法”第305条第1款规定：“遇证人不能到场，或有其他必要情形时，得就其所在讯问之。”此外，在特定情形下，证人可以出具书面证言。如《德国民事诉讼法》第377条第3款规定，如果考虑到作证中问题与证人的人格，法院认为由证人提出书面回答为已足，可以命令证人提出书面回答。《日本民事诉讼法》第205条规定：“在法院认为适当的情况下，当事人没有异议时，使当事人以提出书面证言代替询问。”我国台湾地区“民事诉讼法”第305条第2款和第3款规定，证人须依据文书、资料为陈述，或依事件之性质、证人之状况，经法院认为适当者，得命两造会同证人于公证人前作成陈述书状。经两造同意者，证人亦得于法院外以书状为陈述。我国最高人民法院的相关司法解释也规定了一些证人不到庭的例外情形，但与上述域外立法例不同的是，我国只要求证人在特定情形下可以提供书面证言，并未要求法官到证人住所进行询问。如《民事证据规定》第56条规定，当遇到年迈体弱或者行动不便无法出庭的、特殊岗位确实无法离开的、路途特别遥远，交通不便难以出庭的、因自然灾害等不可抗力的原因无法出庭的及其他无法出庭的特殊情况时，经人民法院许可，证人可以提交书面证言或者视听资料或者通过双向视听传输技术手段作证。

在我国证据法理论和实践中，证人证言有口头证言和书面证言两种形式，前者是指证人就所了解的案件事实以口头方式向法院进行陈述；后者是指证人以文字形式向法院陈述已知的案件事实。证人口头陈述证言乃为原则，书面陈述证言原则为例外。《民事诉讼法》第70条第1款即规定，凡是知道案件情况的单位和个人，都有义务出庭作证。证人确有困难不能出庭的，经人民法院许可，可以提交书面证言。不过，从严格意义上讲，书面证言并不符合证人证言的应有属性。这是因为：其一，从证言内容对案件事实之证明作用观察，证人口头陈述证言时，法官可以通过观察证人的神情和语言的连贯性、条理性等来判断证言的证据力，双方当事人及其诉讼代理人也可以通过向证人发问帮助法官判断证人证言之真伪从而有利于事实之正确认定。而书面证言则不具备此项功能。其二，从程序保障之角度予以考察，证言以书面方式向法院提供时，双方当事人即无机会对证人进行发问从而剥夺了当事人于证据调查程序中的参与权；同时，书面证言作为第二手的材料，若其能替代证人亲自的口头陈述，实际上也限制了法官接触第一手证据的机会，使审判活动失去了亲历性，从而将公开审判退化为一种间接审和书面审。①

2. 宣誓或具结义务

宣誓或具结是指证人于作证陈述证言前向法院声明乃如实提供证词的表示。宣誓或具结之目的在于强化证人作证的责任感和法律制裁的警戒性以担保所陈述证言的真实性。在大陆法系民事证据法上，宣誓或具结为成立伪证罪之前提要件，故证人原则上于陈述证言前应为宣誓或具结，仅于受法院讯问时未满16岁或因智能欠缺或薄弱不能充分理解宣誓或具结意义的场合，证人才可免除宣誓或具结义务。

宣誓乃以宗教信仰为背景。宣誓的目的并非在于请上帝注意证人，而是让证人注意上帝；并非上帝惩罚作伪证的人，而是使证人记住上帝确实可以做

① 此外，证人义务的发生，虽以证人知道案件情况为前提，但从逻辑上讲，如果没有先命令证人出庭并进行询问，自然难以知晓证人是否知道案件情况。参见杨建华主编：《海峡两岸民事程序法论》，台湾月旦出版社股份有限公司1997年版，第305页。

到；或称宣誓的目的在于涤净证人的良知，加深其义务的观念，用于获得其证言的纯洁与真实。① 德国和日本法上即采取宣誓制度。如《德国民事诉讼法》第 391 条规定，法院考虑证言的重要性，并且为了使证人作出真实的证言，认为有必要命证人宣誓时，在双方当事人都未舍弃宣誓的情形下，证人应该宣誓。第 392 条规定，宣誓应在讯问后为之。多数证人可以同时宣誓。誓词中应表明证人应按照自己的良心为真实的陈述。毫不隐瞒。《日本民事诉讼法》第 201 条第 1 款规定："证人，除另有规定外，应当使其宣誓。"

我国台湾地区采取具结制度。其"民事诉讼法"第 312 条第 1 款和第 2 款规定，审判长于讯问前，应命证人各别具结。但其应否具结有疑义者，于讯问后行之。审判长于证人具结前，应告以具结之义务及伪证之处罚。第 313 条规定，证人具结，应于结文内记载当据实陈述，其于讯问后具结者，应于结文内记载系据实陈述，并均记载绝无匿、饰、增、减，如有虚伪陈述，愿受伪证之处罚等语。证人应朗读结文，如不能朗读者，由书记官朗读，并说明其意义。结文应命证人签名，其不能签名者，由书记官代书姓名，并记明其事由，命证人盖章或按指印。第 313 条之 1 规定："证人以书证为陈述者，其具结应于结文内记载系据实陈述并无匿、饰、增、减，如有虚伪陈述，愿受伪证之处罚等语，并签名。"

我国现行民诉法并无证人于陈述证言前应宣誓或具结的规定。实践中，证人作证前法官也会要求其作出据实陈述的保证，甚至在如实作证的保证书上签名，但其对证人并无任何实质性的约束力。为保证证言之真实性，将来民诉立法修改时实宜考虑设证人宣誓或具结制度。

3. 陈述义务

陈述义务，又称证言义务，是指证人所负的必须向法官真实陈述其亲自感知的案件事实之义务。因为种种原因，证人可能作出与案件实情不一致的陈述，因而有确定此项义务的必要。② 当然，证人于法庭上沉默不答或拒绝作答亦均属违反陈述义务之行为。

---

① 参见李学灯：《证据法比较研究》，台湾五南图书出版公司 1992 年版，第 497～498 页。

② 为防止证人虚假作证影响法官对案件的裁判，法国在 1566 年甚至以敕令的形式规定除金额极少的案件外，所有案件中均禁止证人作证，并在 1667 年敕令中予以重申（参见［日］松冈义正：《民事证据论》，张知本译，中国政法大学出版社 2004 年版，第 137 页），此做法一直影响着法国民事诉讼，前述《法国民法典》第 1341 条对书证优先效力的强调即体现了这一要义。

在较为注重当事人在诉讼中的对抗性的英美法系国家，证人主要是接受当事人的询问而进行陈述。当事人通过交叉诘问的方式对证人进行发问以获取于己有利的证言。当然，英美法系民事诉讼中，并不绝对排除法官对证人的询问，但法官主动询问证人在审判中仅限于极个别的情形。因为法官询问证人通常被认为是对对抗式诉讼模式的一种不当干预，故仅能在法律有明确规定的情形下始可为之。与英美法相比，在大陆法系的民事诉讼中证人只能由法官传唤，并且主要由法官对其进行询问，当事人一般不得自行对证人进行询问。在当事人认为有必要询问证人时，必须通过法官来进行，或是在法官准许后才能进行。如《德国民事诉讼法》第 397 条规定："（第 1 款）为了阐明案件或证人的各种关系，当事人在认为适当时，有权向证人发问。（第 2 款）审判长可以准许双方当事人直接向证人发问，在当事人的律师要求时，应准许律师直接向证人发问。（第 3 款）关于发问的合法性与否有异议时，由法院裁判之。"

在我国，对证人的询问也主要由法官进行，当事人经法庭许可，也可以向证人发问，但发问的内容应当与案件事实有关联，不得采用引诱、威胁、侮辱等语言或者方式对证人进行发问。如《民事证据规定》第 58 条规定："审判人员和当事人可以对证人进行询问。证人不得旁听法庭审理；询问证人时，其他证人不得在场。人民法院认为有必要的，可以让证人进行对质。"第 60 条进一步规定，经法庭许可，当事人可以向证人发问。询问证人不得使用威胁、侮辱及不适当引导证人的言语和方式。

（二）证人违反义务的后果

证人义务既然是证人对法院所负的法上的义务，则其无正当理由不履行该义务时自应受到公法上的制裁。

依《德国民事诉讼法》第 380 条、第 390 条的规定，证人无正当理由拒绝到庭作证或宣誓，法院可以依职权命证人负担因其拒绝而生之诉讼费用，同时可对证人处以罚款，证人若不能缴纳罚款，始可以处以拘留，证人若再次拒绝作证，法院可依申请对证人处以拘留，法院并不能强制证人到庭。

依《日本民事诉讼法》第 192 条的规定，证人无正当理由不出庭，法院可命其负担由此而生的诉讼费用并可处 10 万日元以下罚款，依同法第 193 条的规定，证人无正当理由不出庭，情节严重的，法院可以对其处 10 万日元以下的罚金或拘留。学者通常认为，罚金与拘留乃刑事罚的一种，与罚款仅为秩序罚性质不同。法院同时对证人处以罚款与罚金并不违反一事不二罚的精神。同法第 194 条进一步规定，法院可以直接强制证人到庭。依第 202 条、第 205 条第 5 款的规定，证人拒绝陈述或宣誓所受的处罚准用第 192 条、193 条关于证人不到庭所受处罚的规定。

我国台湾地区“民事诉讼法”第303条规定，证人受合法传唤后，无正当理由不到场，法院可以裁定对其处以3万新台币以下之罚款，证人已受前次裁定，经再次通知仍不到场者，法院可再处新台币6万元以下之罚款，并可强制其到庭。法院并不能命证人负担因其不到场而产生的诉讼费用。依其“民事诉讼法”第311条的规定，证人无正当理由拒绝证言，法院可对其处新台币3万元以下之罚款，第315条规定，证人拒绝具结，准用第311条之规定。

我国现行法仅对证人义务作了原则性的宣示规定，对证人无正当理由不出庭作证的行为如何处置，却没有明文规定。《刑法》第305条“证人对与案件有重要关系的情节，故意作虚假证明、鉴定、记录、翻译，意图陷害他人或者隐匿罪证的，处3年以下有期徒刑或者拘役；情节严重的，处3年以上7年以下有期徒刑”的规定虽然确立了证人为虚假陈述可以成立伪证罪，但从该条文的内容看，在我国，伪证罪仅适用于刑事诉讼领域证人作伪证之情形，对于民事诉讼中证人作伪证却不适用。因此不难看出，在民事诉讼中，证人违反作证义务并不会遭受任何公法上制裁。为促使证人积极履行作证义务以保证裁判之真实性，将来民诉法修改时，实宜效仿域外立法例，明确规定证人不履行作证义务时所应遭受之公法上的制裁。

三、证人的权利

基于对社会伦理之尊重及对公共利益、证人利益保护的考虑并求权利与义务一致性原则之贯彻，各国和地区民诉立法在规定证人负有作证义务的同时，规定证人享有相应的权利。从各国和地区民事证据立法来看，证人所享有的权利主要有作证合理费用请求权和证言特免权两大类型。

（一）证人作证合理费用请求权

1. 证人作证合理费用请求权之性质

在民事诉讼中，除众所周知的事实，法院职务上应当知晓的事实以及当事人自认的事实外，法院作出裁判皆须以证据所认定的事实为基础，舍此别无他途。证人证言作为证据资料之一种，其对于法院裁判的正确作出所具有的重要意义自不待言，为保证法院能直接听取证人的证言我国现行《民事诉讼法》第70条第1款一如各国民诉立法之通例将证人出庭作证定性为证人所负之义务。其内容是：“凡是知道案件真实情况的单位和个人，都有义务出庭作证。”

证人出庭作证固然系其对代表国家之法院应尽的义务，但显而易见的是，证人出庭作证不仅会耽误时间、影响精力，更须耗费一定的资财。毫不夸张地说，证人履行作证义务之过程即为其各项费用支出之过程。这些费用若全由证人承担，不仅于事理不平，且会严重挫伤作出证人出庭作证之积极性从而不利于法院裁判结果之正确作出。故证人理应享有就其所支出的各项合理费用请求予以补偿的权利，该项权利在学理上即称为证人作证合理费用请求权。

众所周知，证人属于人的证据方法，证人之所以介入诉讼乃是基于其对发生在过去的案件事实之了解且能将之向法院进行陈述这一客观情况。征诸诉讼理论及现行民诉法第 124 条“法庭调查按照下列顺序进行：……（2）告知证人的权利义务，证人作证，宣读未到庭的证人证言……”之规定可以得知，证人向法院陈述证言实乃属于法院进行证据调查这一诉讼行为的一个环节或者一部分，法院通过对证人进行调查以获取证言同其对书证等证据资料的调查在性质上并无不同。在我国民事诉讼中，对证人进行传唤与讯问皆乃由法院为之，双方当事人虽可经法院许可向证人进行发问，惟当事人对证人的发问在性质上仍属于法院对证人进行证据调查的一部分，其本身并不具有独立诉讼行为的意义。因而，在我国的民事诉讼中，证人是法院的证人，而不是当事人任何一方的证人。进而言之，证人作证乃是公民对代表国家行使审判权的法院所尽的义务，“具有公法性质”①，而非对当事人一方所负之私法上的义务。

与证人作证义务乃公法上的义务相应，证人请求给付因出庭作证而支出的合理费用的权利亦为其“对于国家之权利，并非对于当事人之权利”②，也即证人作证合理费用请求权在性质上属于以法院为相对人的公法上的请求权，而非以当事人为相对人的私法上的请求权。

此外，证人出庭作证所支出的合理费用总体上讲属于诉讼费用的一部分。这是因为诉讼费用分为裁判上费用及裁判外费用两种。裁判上费用乃指由当事人缴纳国库之费用，亦即当事人对于国家司法行为之报酬。裁判外费用，乃指除上述裁判上费用外，其他在诉讼程序所支出之费用，如送达费、抄录费、翻译费、邮电费、运送费、登载公报新闻纸费、调查证据费用及执达员送达通知文书之食宿舟车费等是。③ 证人出庭作证既然属于法院证据调查这一诉讼行为

① ［德］奥特马·尧厄尼希：《民事诉讼法》，周翠译，法律出版社 2003 年版，第 283 页。

② 王甲乙、杨建华、郑健才：《民事诉讼法新论》，台湾三民书局 1989 年版，第 402 页。

③ 王甲乙、杨建华、郑健才：《民事诉讼法新论》，台湾三民书局 1989 年版，第77～78 页。

的一部分，证人因出庭作证而支出的合理费用自然也就属于诉讼费用的一部分。

我国现行《民事诉讼法》虽然未从正面明确规定证人作证合理费用请求权，但该法第107条第1款“当事人进行民事诉讼，应当按照规定交纳案件受理费。财产案件除交纳案件受理费外，并按照规定交纳其他诉讼费用。”之规定却为证人作证合理费用请求权提供了法源上的依据。最高人民法院于1984年出台的《民事诉讼收费办法（试行）》第2条第2款及最高人民法院于1989年出台的代替《民事诉讼收费办法（试行）》的《人民法院诉讼收费办法》（以下简称《收费办法》）第2条第2款以及国务院于2006年颁布的《诉讼费用交纳办法》第6条第3项均将“其他诉讼费用”解释为包括证人在人民法院决定日期出庭的交通费，住宿费和误工补贴等直接支出费用。①

2001年出台的《最高人民法院关于民事诉讼证据的若干规定》(以下简称《证据规定》）第54条第3款第一次以司法解释之形式对证人作证合理费用请求权作了相对明确的规定：“证人因出庭作证而支出的合理费用，由提供证人的一方当事人先行支付，由败诉一方当事人承担。”考察该项司法解释，可以得见，其强调证人因出庭作证而支出的合理费用最终由败诉一方当事人承担显然认识到了该项费用在性质上为诉讼费用的一部分，就此而言，足资赞同。然而其同时强调“由提供证人的一方当事人先行支付”证人作证之费用在语义上却易生歧义，“支付”是直接给证人还是通过法院转交？从“支付”之用语来看，极易让人误解为当事人直接向证人支付该笔费用，进而误认为该请求权乃私法上之请求权。不惟如此，该项司法解释在规定证人作证费用的承担方式上也不甚周全。盖民事诉讼乃当事人为自己利益对于国家司法机关请求为确定私权而设之程序，与国家之利益无涉，故诉讼费用自应由当事人负担，以防止无益之诉讼及不当之抗辩，同时减少国库之支付。② 但是，诉讼费用由败诉方当事人负担只是诉讼费用负担的一般原则，在诸如双方当事人达成和解或接受调解等无所谓胜败的情形以及“被告及时认诺并能证明原告无庸起诉”、“胜诉人之行为，非为伸张或防御权利所必要”的情形下，仍由败诉一方当事人承担证人出庭作证的费用，则未免有失公允。故对于《证据规定》第54条第3款的合理解释应当是：当事人向法院申请证人出庭作证，如果为法院所许

---

① 但需要指出的是，《民事诉讼收费办法（试行）》与《收费办法》均规定只有财产案件的当事人须交纳证人作证合理费用，范围上未免失之过狭。

② 参见曹伟修：《民事诉讼法释论》，台湾金山图书公司1978年版，第293页。

可，法院即应在指定期限命令该当事人向法院预交证人因出庭作证而产生的误工补贴、交通费、住宿费等费用。当事人无正当理由不向法院交纳且不符合诉讼费用缓、减、免之情形的，法院即可认为其申请证人出庭不合法而不予传唤证人出庭。在费用承担上，证人因出庭作证而支出的合理费用既然属于诉讼费用的一部分，其之承担当然应按诉讼费用的承担规则，而不能规定一律“由败诉一方当事人承担”。也即这笔费用原则上应由败诉的一方当事人负担，但在民事审判实践的操作中，法院可根据证人证言被采信的情况决定由诉讼的哪一方当事人负担。具体来讲，如果证人证言未被法院认定采信，则证人出庭作证费用应由申请证人出庭作证的当事人负担；如果证人证言被法院认定采信，则证人出庭作证费用应由申请证人出庭作证的当事人之对方当事人负担；如证人证言被法院部分采信、部分未采信，则证人出庭作证费用应由各方当事人分别承担相应的部分。

2. 证人作证合理费用请求权之客体

依前文的分析可知，证人作证合理费用请求权实乃以该证人为请求权人，以代表国家之法院为相对人之公法上的权利。就其客体而言，包括证人出庭作证所支出的各项合理费用。不过，合理费用究竟应该包含哪些，在什么样的标准内方属合理则有待作出进一步的解释。

（1）证人作证合理费用之范围。

由于证人出庭作证行为乃法院进行证据调查之一环，而不具有独立诉讼行为之意义，更由于证人出庭作证乃其对代表国家的法院应尽之公法上义务，故证人因出庭作证可以请求的费用应仅限于直接费用，即证人因出庭所支出的费用以及因误工等所造成的直接经济损失，而不包括其若不出庭则可能取得的预期间接利益。证人更不享有向法院请求支付报酬的权利。从大陆法系国家或地区相关立法来看，证人出庭作证可以请求的合理费用大体上分为两大类：其一为日费，其二为旅费。前者为证人于出庭期间被耽误的每日收入所得；后者则指证人于出庭期间所耗费的交通费用和日常生活费用。如我国台湾地区“民事诉讼法”第27条将日费界定为证人的到庭费和滞留费；将旅费界定为证人在途食宿车舟费和滞留日期内食宿费即为适例。

《收费办法》第2条第2项将我国证人作证的费用分为交通费、住宿费、生活费和误工补贴费四种，实质上殆与大陆法系国家和地区立法例上日费和旅费的范围基本一致。

（2）证人作证合理费用之识别标准。

依《收费办法》第11条“当事人应当缴纳的其他诉讼费用的金额，由人民法院根据国家的有关规定和实际情况决定”之规定，可以得知，证人出庭作证所支出的费用在多大数额内方谓“合理”并未有法律或法规所明定。民事审判实践中，法院应让申请证人出庭作证的一方当事人交纳多少费用完全取决于自己的自由裁量。证人作证费用之支付不仅各地不一，且因人而异，极为混乱。这不仅侵蚀了当事人及证人之应有利益，更是有损司法之权威。因此，应尽快明确证人作证所支出的各项费用的具体给付标准。

笔者认为，就误工补贴费而言，由于证人的收入有高低之分，工作有固定灵活之别，完全按照其实际收入进行支付显然不太现实，故只能取一个平均数，酌给该项费用。具体而言，若证人有特定工作，则误工补贴费主要为其作证期间所在单位的日平均工资和其他补贴；若证人无特定工作，则该费用可参照证人所在地居民平均收入加以计算。至于证人作证支出的交通费、住宿费和生活费，应当以一个普通国家公职人员出差所花的交通费、食宿费等费用为参考依据。具体到交通费的计算，笔者认为，应当遵循此项原则，即最直接的路线应优于其他线路考虑，且所乘之公共交通工具以数种交通工具中价格适中者为准，除非不得已，价格过高或过低的交通工具均不予优先考虑。住宿费和生活费也应以每日住宿地和就餐地（包括途中所在地）之平均食、宿费用为标准，如无特殊情况亦不得过高或过低。

总之，判断证人出庭作证所支出的各项费用是否合理实际上乃是在证人和所应支付相应费用的当事人之间寻求一种平衡。其方式即为由法院斟采各项费用的平均值作为计算依据，并且在范围上应以证人的各项直接支出为限，难以量化的间接支出以及所预期的经济收益不应被包含在内。

3. 证人作证合理费用请求权之行使

(1) 阶段。

一般而言，证人向法院请求支付出庭作证的合理费用应于作证完毕后一定期间内为之。其理由在于，对证人作证费用之给付乃是针对主动出庭作证的证人而言的，因法院采取公法上的强制措施而被迫出庭作证的证人并不享有向法院请求支付作证费用之权利。① 证人到庭作证之前无法肯定他能否主动履行作

① 依大陆法系民诉立法之通例，证人受法院传唤后，若于指定期日不出庭作证，法院可以对其处以罚款、拘传等公法上的强制措施，直接或间接强制其履行作证义务。于此情形下，证人并不享有向法院请求支付各项合理费用的权利。我国《民事诉讼法》虽未明定法院可对不出庭之证人采取公法上的强制措施，但在证人费用的支付上采取与大陆法系同一之解释应无疑义。

证义务，费用补偿无从谈起。而且，证人到法院提供证言前，其所需具体费用之数额不易确定，事前支付存在一定困难，易产生支付与实际花费相脱节之情形。同时，为方便法院计算诉讼费用及避免因证据湮灭而发生计算上困难，证人提出该项请求应限于法官讯问完毕后一定时间内为之。如我国台湾地区“民事诉讼法”即规定证人请求法定之日费及旅费“应于讯问完毕后十日为之”。

当然，对于某些经济较为困难的证人来说，差旅费可由法院事先预付。这是因为，差旅费一般为比较大的数额，如不事先支付，有些证人可能因为经济拮据而无法出庭作证。对于要求预先支付补偿费用的，可以在开庭之前 10 日内提出申请，由法院决定。

（2）法院对证人申请之处理。

证人提出法定日费及旅费之请求后，受诉法院应对其请求进行审查并在一定期限内作出决定，其决定不外乎为支持其请求之决定或驳回其请求之决定。之所以选择决定这种裁判形式，乃是因为：在我国现有民诉法框架下，判决和裁定所涉及的事项均直接与当事人（包括第三人，下同）有关，故对此二者不服提起上诉的主体亦仅限于当事人。若将证人作证费用之数额亦以判决或裁定之形式确定并允许证人上诉，即与现行民事诉讼法之程序构造不相符合。况且，《民事诉讼法》第 107 条第 2 款既然规定法院以决定之形式处理当事人提出的缓交、减交或免交诉讼费用之申请，则同属诉讼费用范畴之证人作证费用亦可通过以法院决定之形式予以处理。故如果法院支持证人于作证后进行补偿的请求，其应于案件审结的合理期限内支付证人补偿费。如果决定事先给付，法院应当在开庭之前将补偿费送交证人。

人民法院以决定之形式对证人作证费用之数额予以确定后，若证人不服则可以申请复议之方式予以救济。即传唤证人出庭作证的人民法院拒不支付证人经济补偿费用或证人认为补偿费用数额较少的，证人可以向其上一级人民法院申请作出支付补偿费用或变更数额的决定。

（二）证言特免权

证人义务作为一般性的公法义务，尽管为诉讼制度上的正当性维持所不可或缺，但在立法政策上基于人伦价值、职务上的守秘义务、技术或职业上的秘密等利益保护的必要性，各国证据立法均规定，证人若为证言将可能使证人及其一定范围内亲属遭受刑事追究或蒙受耻辱，或将违反守秘义务，或将泄露职业及技术秘密时，证人享有证言特免权或证言拒绝权。证言拒绝权乃证人以证人义务的存在为前提所享有的公法上的抗辩权。

1. 证言特免权存在的理论基础

证言拒绝权的源头可以追溯到古代历史上亲属相“容隐”的传统。在西方，古希腊的宗教和伦理就反对子告父罪，而古罗马法中关于亲属相容隐的规定则更多，甚至亲属之间相互告发都要丧失继承权。但严格来说，这种规定还不能认为是确立了证言拒绝权，因为法律并非赋予了特定人拒绝作证的特权，而是设定了其不能作证或告发的义务。直至近代，西方证据法上始确立了亲属或同居人之间享有拒绝作证的特权，并且随着司法实践的发展逐渐扩大其适用范围，从而与证人的作证义务相携而行。① 在儒家思想的影响下，我国古代法上同样有“亲亲相容隐”的规定，禁止亲属之间互相告诉或者作证，以保护传统的伦理秩序，而且从汉朝到清朝，容隐制的范围呈不断扩大的趋势，乃至民国时期的法律中仍有这种规定。这种制度在一定程度上被认为是封建宗法制度的产物，所以在1949年以后即被废除。

然而，人为地抛弃一项制度并不等于切断了该制度长期存在的社会基础。从人的生存发展角度出发，任何人都不能公然挑战其赖以生存的人情环境和基本社会关系；从伦理道德角度出发，任何人也不可能义无反顾地抛弃包括亲情在内的一切关系，否则可能会付出惨重的名誉代价。这种冲突构成了社会基础关系的矛盾状态，以家庭为核心的社会正是在这种张力中得以维持其总体的稳定。法律虽然可以介入这种关系，但不能无限地扩展其界域，一旦其违背了人类最基本的感情利益或社区价值观念，则必会受到抵制和规避，从而导致所作之规定徒有具文。因此，法律不能忽视社会的人情基础，不能苛求任一有情感的人均有高尚的觉悟。

证人证言拒绝权的设置正是表明了法律在必要的时候应该向社会基本人情作出让步这一意旨。其只是法律对情理的有限妥协，并不能武断地认为与诉讼公平、正义等基本精神不符。所以，证言拒绝权不应为我国证据法所排斥。

2. 证言特免权的适用范围

从域外各国和地区的立法例来看，证言特免权主要适用于以下几种场合：

（1）维护特定的亲属关系。

特定亲属之间免于相互作证，这是证言特免权最基本的作用领域。所谓“爱亲之谓仁”，亲属之爱乃一切爱的起点，是人类感情联系的基础，在亲属之爱与其他利益相冲突时，法律决不能苛求有情感的人为求裁判之真实置亲情

① 参见［日］松冈义正：《民事证据论》，张知本译，中国政法大学出版社2004年版，第181页。

于不顾。其具体包括：

A. 基于婚姻关系而确立的证言特免权。

婚姻关系的任何一方均享有拒绝作证权，而另一方也有权要求对方拒绝作证。《德国民事诉讼法》第 383 条第 1 款第 2 项还规定离婚的双方之间也享有拒绝作证权，我国台湾地区“民事诉讼法”第 307 条第 1 项甚至规定存在婚约关系的双方也享有该项权利。基于婚姻关系确立的证言拒绝权设置的出发点是保护作为婚姻家庭正常维系基础的配偶之间的信任与和谐以及夫妻隐私权。

B. 基于其他亲属关系而确立的证言特免权。

在夫妻关系之外的其他亲属关系范围的界定上，英美法系证据法上的规定较为狭窄，多将其限于仅为父母子女之间；大陆法系证据法上所规定的能享有证言拒绝权的亲属范围则较广，其不限于父母子女之间。如《德国民事诉讼法》第 383 条第 1 款第 3 项所规定的能享有证言拒绝权的亲属包括现在是或者过去是当事人一方的直系血亲或直系姻亲，或三亲等以内的旁系血亲，或二亲等以内的旁系姻亲。《日本民事诉讼法》第 196 条所规定的能享有证言拒绝权的亲属包括现在是或者过去是当事人一方的四亲等以内的血亲或三亲等以内的姻亲，或彼此之间存在监护人与被监护人的关系。我国台湾地区“民事诉讼法”第 307 条第 1 项所规定的能享有证言拒绝权的亲属包括现在是或者过去是当事人一方的四亲等以内的血亲或三亲等以内的姻亲。

同时，《德国民事诉讼法》第 384 条和我国台湾地区“民事诉讼法”第 307 条第 2 款还规定，对于某些问题的回答，如果将会对证人或对证人有一定亲属关系的人，直接发生财产权上的损害，该证人也享有证言特免权。

（2）为巩固特定的职业身份而享有证言特免权。

此类证言特免权是指为了保护特定职业群体的共同体利益和有关的个人利益及社会公共利益，从事特定职业的人对在从事该职业活动中得知的情况可以依法拒绝作证。

如《德国民事诉讼法》第 383 条规定，符合下列情形的，有权拒绝作证：其一是教会的人员关于在教会工作中受人信赖而被告知的事项；其二是由于职业上的原因，现在从事于或过去曾经从事过定期刊物的编辑、出版和发行工作，或广播工作的人，关于文稿和资料的著作人、投稿人或提供材料的人的个人情况，以及关于这些人的活动的内情，但以这些都是涉及编辑工作中的文稿、资料和报道的为限；其三是由于职务、身份或职业上的关系，而知悉一定事项的人，关于从事情的性质上或依法律规定应保守秘密的事项。此三种情形下，即使证人不拒绝作证，对于非违反其保密义务就不能明了的事项，也不应讯问。第384条规定，对于某些问题，证人非将其技术上或职业上的秘密公开于众则不能回答的，证人可以拒绝作证。《日本民事诉讼法》第197条规定，下列两种情形下，证人可以拒绝作证：其一，医师、牙科医师、药剂师、医药品商人，助产士，律师（包括外国律师事务所的律师）、代办人、辩护人、公证人、有职于宗教、祈祷或祭祀的人，或者曾任此等职务的人在职务上所获知的应当保密的事实受到询问的；其二，关于技术或职业上的秘密事项受到询问的。我国台湾地区“民事诉讼法”第307条第4款和第5款规定，证人就其职务上或业务上有秘密义务之事项而接受讯问的，或非泄露其技术上或者职业上之秘密不能为证言的，可以拒绝证言。

（3）为保护特定的国家利益而享有证言特免权。

为了协调发现案件真相与维护安全和秩序等不同国家利益之间的冲突，对经依法确认为属于国家秘密的事项，知晓人有权拒绝作证。当然，与前两种证言特免权不同的是，此类证言特免权从某种意义讲并非证人所特有的一项权利，其仅是强调证人于作证前应得到主管机关或部门的许可，不过，除非证人作证有损于公共利益或者明显地有碍于公务之履行，否则主管机关或部门不得拒绝许可证人作证。

如《德国民事诉讼法》第376条第1款、第2款和第5款规定，以法官、公务员或其他从事公务的人为证人时，询问关于职务上应守秘密的事项，以及许可其作证的问题，适用公务员法中的特别规定。对于联邦政府和州政府的成员，适用有关他们的特别规定。这些人员即使不再从事公务，但如证言涉及他在从事公务时发生的事情或者这些事是他在从事公务期间知悉的，也适用这些规定。而根据德国相关法律规定，现任公务员或者曾任公务员（包括总统、总理，部长）的人，对其职务上的秘密，有保密的义务。如果法院要求其作为证人而陈述这些事项时，应经所属官厅或其最后所属官厅的许可。第376条第4款还明确规定，联邦总统，如果因他作证对联邦或某一州有所不利时，可以拒绝作证。《日本民事诉讼法》第191条第1款规定：“把公务员或曾任公务员的人作为证人询问其职务上的秘密时，法院应得到有关监督官厅（对于众议院或参议院的议员或者曾经任该职的人，是其所属的议院；对内阁总理大臣或其他国务大臣或者曾任该职的人，是内阁）的许可。”我国台湾地区“民事诉讼法”第306条第1款规定：“以公务员或曾为公务员之人为证人，而就其职务上应守秘密之事项讯问者，应得该监督长官之同意。”

四、证人询问

通过证人的供述来进行事实认定的证据调查方法为证人询问。① 从询问的方式来看，域外民事诉讼中的证人询问可分为三种模式，即以德国为代表的法官询问、以日本为代表的交叉询问和以我国台湾地区为代表的法院询问兼交叉询问。

（一）法官询问

法官询问，亦称审判官询问，是指在证据调查中，对证人的询问原则上由审判长进行，当事人不得直接对证人进行发问，仅能向审判长提出要求，由审判长转问证人，只有在审判长认为必要时，当事人方可自行询问证人。② 在此种询问模式下，证人的询问完全由法官（准确地说是审判长）主导，怎样问、问什么和以什么为顺序全由法官安排。而且，“在证人不灵活的情况下，法官必须经常自由发问”。③ 此外，法官询问证人时一般要求证人作连续陈述，不采取一问一答的方式，更不得进行启发式或诱导式的发问。如《德国民事诉讼法》第 396 条规定：“（第 1 款）应该让证人就他对讯问事项所知道的全部陈述之。（第 2 款）为使证人的证言明白而且完全，并且为了查考证人知识的来源，必要时应再发问。（第 3 款）法院的成员提出要求时，审判长应许其发问。”同法第 397 条对当事人的发问权提出了要求，其内容是：“（第 1 款）为了阐明案件或证人的各种关系，当事人在认为适当时，有权向证人发问。（第 2 款）审判长可以准许双方当事人直接向证人发问，在当事人的律师要求时，应准律师直接向证人发问。（第 3 款）关于发问的合法与否有异议时，由法院裁判之。”

（二）交叉询问

交叉询问，亦称交互诘问，是指对证人的询问主要由当事人双方发起并推动，按照提出证人的一方当事人先询问再由对方当事人询问的顺序交替进

---

① 参见［日］高桥宏志：《重点讲义民事诉讼法》，张卫平、许可译，法律出版社 2007 年版，第 80 页。

② 参见陈计男：《民事诉讼法论》（上），台湾三民书局股份有限公司 2002 年版，第 476 页。

③ ［德］奥特马·尧厄尼希：《民事诉讼法》（第 27 版），周翠译，法律出版社 2003 年版，第 287 页。

行。[①] 交叉询问有两种含义，其一是指特定类型的证据调查制度；其二是指一种特定的诉讼行为，具体是指当事人，尤其是提出证人的一方当事人之对方当事人对证人进行的盘诘活动。

交叉询问是英美法系诉讼制度的核心部分，是当事人主义对抗制诉讼模式中最具特色的制度之一。“二战”后，该制度被引入日本的诉讼程序。在日本法上，交叉询问首先由申请提出该证人的当事人（通常是该当事人的律师）对该证人进行询问，称之为“主询问”，然后由对方当事人（通常也是该当事人的律师）对该证人进行询问，称为“反对询问”，最初询问证人的当事人或律师还可以对证人进行再询问，称为“再主询问”。[②] 当然，日本民诉法对英美法系完全由当事人主导的交叉询问进行了一定改造，融入了大陆法系法官控制诉讼的因素，表现在两个方面，其一，审判长在双方当事人进行询问后可以对证人进行询问；[③] 其二，审判长认为必要时可以改变询问的顺序。[④] 此外，证人除了“原告的证人”和“被告的证人”外，还有一些证人属于中立的证人，即不能与原告和被告任何一方沟通，不为原告和被告任何一方利用的证人。[⑤]

主询问应当针对有待证明的事项及与之相关联的事项进行，反对询问应当针对主询问中出现的事项及与之相关联的事项、有关证人证言之可信度等事项来进行，再主询问则应当针对反对询问中出现的事项及与之相关联的事项来进行。《日本民事诉讼规则》第115条对于询问证人作了进一步要求：（第1款）对于证人的询问应当尽可能以个别化且具体化的方式来进行。（第2款）当事

① 参见［美］Edmund M. Morgan：《证据法之基本问题》，李学灯译，台湾世界书局1982年版，第87页。

② 参见［日］新堂幸司：《新民事诉讼法》，林剑锋译，法律出版社2008年版，第438页。

③《日本民事诉讼法》第202条第1款规定：“询问证人，按申请询问该证人的当事人、其他当事人、审判长的顺序进行。”而在英美法系诉讼程式中，证人是“当事人的证人”，只有当事人或当事人的律师才能询问证人，法官不得询问证人。

④《日本民事诉讼法》第202条第2款规定：“审判长认为必要时，听取当事人的意见后，可以变更本条前款所规定的顺序。”《日本民事诉讼规则》第113条第3款更进一步规定，审判长可以不拘泥于民事诉讼法上关于询问顺序的规定，在其认为必要时，随时对证人进行询问。

⑤ 参见张卫平：《交叉询问制：魅力与异境的尴尬》，载《中外法学》2001年第2期。

人不能进行以下询问，但以下（2）至（6）项询问，若存在正当理由则不在此限：（1）侮辱证人，或使证人感到困惑的询问；（2）诱导性询问；①（3）与先前询问相重复的询问；（4）与争点无关的询问；（5）要求陈述意见的询问；（6）要求证人陈述其未直接经历的事实的询问。

当然，由于两大法系在诉讼传统、法律文化、法律理念以及具体制度上存在着显著的区别，故从实践中来看，交叉询问在日本民事审判中似乎并未达到预期的效果，且从该制度导入日本法开始，学界对其存否的争论就一直没有停止过。②

（三）法院询问兼交叉询问

我国台湾地区采取的则是德国法官询问和日本交叉询问兼而用之的做法，此即法院询问兼交叉询问，其有两个方面的特点：③

第一，强调法官对证人询问的主导地位，并严格要求证人进行连续陈述。我国台湾地区“民事诉讼法”第318条第1款规定：“审判长应命证人就讯问事项之始末，连续陈述。”第319条规定：“（第1款）审判长因使证人之陈述明了完足，或推究证人得知事实之原因，得为必要之发问。（第2款）陪席法官告明审判长后，得对于证人发问。”

第二，允许当事人在经审判长允许或知晓后对证人进行询问。我国台湾地区“民事诉讼法”第320条第1、3款分别规定，当事人得声请审判长对于证人为必要之发问，或向审判长陈明后自行发问；当事人发问与应证事实无关、重复发问、诱导发问、侮辱证人或有其他不当情形，审判长得依声请或依职权限制或禁止之。由此可知，与日本的交叉询问相比，我国台湾地区民事诉讼在当事人对证人的询问中融入了更多审判长诉讼指挥权行使的因素，甚至可以说审判长在一定程度上影响着对证人询问的进程和效果。

---

① 所谓诱导性询问，是指询问者指示证人如何回答或将回答的文句嵌入问话中，强烈地暗示证人按提问者的答案作出回答的询问方式（参见张丽卿：《刑事诉讼法理论与运用》，台湾五南图书出版股份有限公司2004年版，第380页）。凡足以使证人遵循询问者的建议而作答的问话均属于诱导性询问。该种发问方式主要运用在反对询问中，目的是通过该种技巧发现证人证言中的破绽。

② 参见［日］高桥宏志：《重点讲义民事诉讼法》，张卫平、许可译，法律出版社2007年版，第84～85页。

③ 参见陈计男：《民事诉讼法论》（上），台湾三民书局股份有限公司2002年版，第477页。

（四）我国民诉法及司法解释关于证人询问的规定及评析

现行民事诉讼法第125条第2款规定："当事人经法庭许可，可以向证人、鉴定人、勘验人发问。"《民事证据规定》第55条第1款规定："证人应当出庭作证，接受当事人的质询。"第58条规定："审判人员和当事人可以对证人进行询问。证人不得旁听法庭审理；询问证人时，其他证人不得在场。人民法院认为有必要的，可以让证人进行对质。"第60条规定："（第1款）经法庭许可，当事人可以向证人、鉴定人、勘验人发问。（第2款）询问证人、鉴定人、勘验人不得使用威胁、侮辱及不适当引导证人的言语和方式。"从上述立法及司法解释关于证人询问规定中可以看出，我国民事诉讼中的证人询问更接近我国台湾地区"立法例"，即兼采法院询问和交叉询问，较偏重于法官对询问的主导，此种证人询问方式体现我国民诉立法素承大陆法系立法体例的传统。

第五节　当事人陈述

一、当事人陈述概述

（一）当事人陈述的概念

在现代法治国家的民事诉讼，基于言词原则的规制，事实主张的提出，一般只能以当事人陈述的形式展示于法官面前。同时，各国民诉立法还将当事人陈述作为支持当事人事实主张的重要凭证，即将其作为民事诉讼的法定证据种类之一。由此可知，当事人在诉讼中具有双重地位：一是作为诉讼主体；二是作为证据方法。当事人基于诉讼主体地位所为的陈述是对事实的主张；而其基于证据方法地位所为的陈述则是对事实主张加以证明的证据资料。

（二）两种当事人陈述的关系

两类当事人陈述之间存在一定的联系。作为主张的当事人陈述是作为证据资料的当事人陈述提出的前提。在当今对抗制诉讼模式下，当事人必须提供支持自己诉讼请求的事实主张，在此基础上才需作证据资料层面上的陈述。若无事实主张的提出，作为证据资料的当事人陈述即无提供的必要。而作为证据资料的当事人陈述则为作为主张的当事人陈述成立的手段。当事人必须对自己的事实主张提供相应证据予以证明，当事人陈述作为重要的证据资料之一，其提供与否直接影响着法官对当事人事实主张的心证程度，成为其能否被确信之有力保障。

当然，因各自所处的语境之不同，两种当事人陈述之间存在的差异也十分明显，主要有如下两方面：

1. 性质不同

作为主张的当事人陈述应被理解为乃产生一定的法律效果的意思表示。究其实质，应属准法律行为的范畴①，具体来讲为一项观念通知。

作为证据资料的当事人陈述从本质上讲，乃为一种事实行为。此种形态的陈述非以当事人的意思表示为要素，而是依法律规定直接发生一定的法律效果，当然，这并非意味着当事人在陈述时无任何内心意思，只是其意思与法律效果发生之间不存在直接的联系，仅会对法官的心证产生一定影响。

2. 诉讼能力不同

作为诉讼主体参与诉讼，必须要求当事人具备诉讼能力，即达到法定年龄或精神状态，否则即不能亲自为事实主张或陈述，而应由其法定代理人代为之。而对于作为证据资料的当事人陈述，因其是一种事实行为，故于当事人为陈述时的诉讼能力不做要求。

而大陆法系主要国家和地区民诉法均规定法院可通过询问当事人获得相应陈述，如当事人无诉讼能力，则可由法定代理人代为陈述。如《德国民事诉讼法》第455条规定，当事人一方无诉讼能力，除已满16岁的未成年人外，询问其法定代理人。《日本民事诉讼法》第211条规定，本法中关于询问当事人本人的规定，准用于在诉讼上代表当事人的法定代理人。我国台湾地区“民事诉讼法”第367-1条第6款规定，关于询问当事人之规定，于当事人之法定代理人准用之。不过，笔者认为，这种规定令人难以理解。人所共知，对作为证据资料的当事人陈述的获取强调的是当事人对事实真相的亲历性，而无诉讼能力的当事人的法定代理人并未亲自参与纠纷，其自然不了解事实的真相，故其陈述难以具备促成法官形成心证的证据力。同时，如前所述，大陆法系主要国家和地区证据法上均规定在证人证言的获取上只要求证言与证人年龄和精神状态相适应，即将证人的诉讼能力仅作为法官判断证言证据力时考虑的因素之一。而当事人与证人同属人证之列，其自然与证人处于相同的言词提供

---

① 在大陆法系国家和地区的法学理论中，准法律行为乃指表意行为中除法律行为以外的其他行为，其法律效果之产生乃依法律之直接规定而非行为人之意思表示。一般将准法律行为分为意思通知（意思之表现）、观念通知（事实之通知）和感情通知（情感之表露）三类。参见王泽鉴：《民法总则》（增订版），中国政法大学出版社2001年版，第257页。

地位，故在诉讼能力上亦应作与证人同一要求。

二、当事人陈述的性质

在民事诉讼中，作为证据资料的当事人陈述，在大陆法系国家和地区亦被称为当事人询问，属于对人证获取的范畴，为一种当事人知的表示，即当事人将自己所知晓和了解的情况陈述出来，作为支持自己事实主张的依据和武器。当事人作为与案件处理结果有直接利害关系的诉讼主体，其在诉讼中陈述案情的动因乃源于对自身实体和诉讼权利的维护，且作为纠纷的直接参与者，其必然最为知悉事实真相，故承认作为证据方法的当事人陈述存在的必要性有助推动诉讼的顺利进行，保证审理的集中开展，促使纠纷的快速解决。

考察大陆法系主要国家和地区相关立法可以看出，在对待作为证据方法的当事人陈述的态度上，主要有两种做法：

其一，以德国为代表，将当事人陈述仅作为补充性证据来对待，法官只有在依其他证据无法就案件事实真伪形成内心确信时，始可就待证事实询问当事人。其《民事诉讼法》第 445 条第 1 款明定："一方当事人，对于应该由他证明的事项，不能通过其他的证据方法得到完全的证明，或者未提出其他证据方法时，可以申请就应证明的事实询问对方当事人。"同法第 448 条也规定："如果言词辩论的结果和已经进行的调查证据的结果，对于应证事实的真实与否不能提供足够的心证时，法院也可以在当事人一方并未提出申请时，不问举证责任的归属，而命令就该事实询问当事人一方或双方。"

其二，以日本和我国台湾地区为代表，对当事人陈述的适用不作限制，法官在证据调查的任何时刻均可自由决定是否对当事人进行讯问。如《日本民事诉讼法》第 207 条第 1 款规定，法院根据申请或依职权，可以询问当事人本人。我国台湾地区"民事诉讼法"第 367-1 条第 1 款规定："法院认为必要时，得依职权询问当事人。"

之所以存这样两种不同的处理方式，是因为各国对当事人陈述证据力的看法不同。德国法将当事人陈述定位为补充适用，是认为不应期待与案件事实有直接利害关系的当事人能作客观的陈述，故不应赋予其与其他证据资料相同的证据力，仅应作为弥补他种证据资料证据力不足的辅助性手段。本书认为，此种观点虽有其合理性，但难免有失偏颇。当事人是纠纷的直接参与者，故其供述事实真相的可能性应远比其他人高，若仅将其陈述作为补充性证据，则有违发现真相、促进诉讼的诉讼本旨；同时，对当事人陈述的补充性适用还对法官的自由心证范围和方式构成了羁束，有悖自由心证主义的应然要求。

同时，从大陆法系主要国家和地区的立法及实践的发展状况来看，也呈现出抛弃补充性适用的趋势。譬如日本，其旧《民事诉讼法》第336条“法院经过调查证据而不能得到心证时，可以依据申请或依职权询问当事人本人”之规定显然是将当事人陈述置于补充性适用的地位。而经过1996年修订后，前述日本现行法第207条第1款则确立了当事人陈述的独立价值。同时，从法条编排的顺序来看，当事人询问在旧法中被排在证据调查部分的最后一节，而现行法则将其与询问证人一起列于证据调查部分的头两节，此既显示出当事人询问地位的提升，亦是其独立价值的凸显。《德国民事诉讼法》虽仍严格贯彻当事人讯问的补充性原则，但在德国的审判实务上，其独有的当事人听取制度（《德国民事诉讼法》第141条和第173条）在适用上已实际包含有事实证明的功能，从而消减了当事人讯问的补充性所可能产生的负面效应。尽管当事人听取制度在其设计之时并不是作为证明事实的手段，但是，要注意的是，德国是直到1933年才引进当事人讯问制度的，在此之前，当事人听取制度即已被当做证明事实的手段来运用。从当事人本人听取所得到的资料往往涉及相关间接事实，而成为全辩论意旨的一部分，与证据调查所得资料一同影响法官心证的形成。因此，言词辩论期日前阶段本人听取有取代或者弥补当事人本人讯问的证明功能。当事人讯问制度的补充性也因此被大大缓和。①

三、当事人陈述的义务

大陆法系国家和地区的诉讼理论和实践中，为发挥当事人陈述作为证据资料的应有价值往往课以当事人到场、宣誓或具结以及陈述义务②，即当事人在回复法官询问时必须亲自到法官面前进行口头陈述。若当事人违背该三项义务，则应受到一定惩罚。应明确指出的是，虽当事人和证人皆属人证，但因证人与本案的处理结果并无直接利害关系，故立法上均对证人不到场或不陈述的行为施以诸如罚款或拘留等公法上的制裁措施；而于当事人，则由法院斟酌案件具体情况，特别考虑拒绝的理由，认定对方当事人所主张的关于讯问事项的事实为真实。如《德国民事诉讼法》第446条规定：“对方当事人拒绝对他进

① 参见邱联恭：《当事人本人供述之功能——着重于阐论其思想背景之变迁》，载民事诉讼法研究基金会：《民事诉讼法之研讨》（三），台湾三民书局有限公司1990年版，第650页。

② 参见吕太郎：《民事诉讼之基本理论》（一），中国政法大学出版社2003年版，第322页。

行讯问，或者对于法院的要求不作表示，法院应考虑全部案情，特别考虑拒绝的理由，依自由心证，判断当事人所主张的事实可否视为已得到证明。”《日本民事诉讼法》第208条规定：“在询问当事人本人的情况下，该当事人无正当的理由不出庭，或者拒绝宣誓或陈述时，法院可以认定对方当事人所主张的有关询问事项为真实。”我国台湾地区“民事诉讼法”第367-1条第3款规定：“当事人无正当理由拒绝陈述或具结者，法院得审酌情形，判断应证事实之真伪。”

之所以课以当事人这一不利后果，是因为此种不利后果的存在将使当事人面临由此而带来败诉结果的风险，对当事人而言，无疑是最直接、最有效的制裁方式。并且，对当事人课以该种不利益也符合“当事人若能为自己有利的陈述，必将出庭陈述证言”这一经验法则。当然，当事人违背受讯问义务时，关于讯问事项是否拟制为真实乃法官自由裁量的事项。即法院基于其他证据调查的结果及言词辩论的全部趣旨，依自由心证，反而认定该违背受讯问义务的当事人所主张的事实为真实也并非毫无可能。

当事人虽负有宣誓义务，但是当事人是否宣誓取决于法官自由裁量(《德国民事诉讼法》第452条，《日本民事诉讼法》第207条第1款后段)。一般情况下，当事人可以不经宣誓而被讯问，但当事人未经宣誓的证言不能让法官就应证事实的存在或不存在达到确信的心证时，法院可以命令当事人宣誓。在讯问双方当事人时，可以仅命令一方当事人进行宣誓。不仅如此，与证人虚伪陈述可成立伪罪证不同，在德国，当事人即便作虚伪陈述，也不构成刑法上的伪罪证。这是因为，与证人陈述的乃他人事实不同，当事人乃被强制陈述与自己利害相关的事实，作虚伪陈述自然是不得已之举，若由此而成立伪证罪则太过于苛刻。但当事人为虚伪陈述可以被法院处以罚款(《日本民事诉讼法》第209条第1款，我国台湾地区“民事诉讼法”第367条之二)，当事人若于诉讼系属中承认自己做了虚伪陈述，因当事人为真实陈述目的已达到，法院可以撤销对当事人罚款的处分(《日本民事诉讼法》第209条第3款，我国台湾地区“民事诉讼法”第367条之二)。

四、我国现行民诉法关于当事人陈述的规定及评析

我国现行《民事诉讼法》第63条第5项明确规定了当事人陈述的证据法地位，第71条对当事人陈述的适用方式作了规定，即：“（第1款）人民法院对当事人的陈述，应当结合本案的其他证据，审查确定能否作为认定事实的根据。(第2款）当事人拒绝陈述的，不影响人民法院根据证据认定案件事实。”而从第124条将当事人陈述作为法庭调查证据首要环节的规定更可得知，现行法一如域外先进立法例，并不将当事人陈述作为补充的证据调查手段。但现行法关于当事人陈述的规范仍存在四个方面的不足之处。

（一）当事人出庭义务的缺失

《民事诉讼法》第 62 条规定，离婚案件有诉讼代理人的，本人除不能表达意志的以外，仍应出庭。此自反面可推知，在现行法，离婚案件以外的其他所有民事案件，若当事人为无诉讼行为能力人或虽非无诉讼行为能力人而委托了诉讼代理人的，该当事人无论其为原告或被告便不负出庭义务。同法第 129 条“原告经传票传唤，无正当理由拒不到庭的，或者未经法庭许可中途退庭的，可以按撤诉处理”及第 130 条“被告经传票传唤，无正当理由拒不到庭的，或者未经法庭许可中途退庭的，可以缺席判决”之规定虽明确了当事人不出庭的不利后果，然而无论是撤诉处理还是缺席判决，法院所作的处理均不是针对作为证据方法的当事人不出庭，而是针对作为诉讼主体的当事人不出庭而为。道理很简单，作为证据方法的当事人出庭的目的在于接受法官的讯问，由法官获取证据资料，而按撤诉处理与缺席判决显然均难以达到这一效果。虽然《民事诉讼法》第 100 条明定人民法院对必须到庭的被告，经两次传票传唤，无正当理由拒不到庭的，可以拘传方式强制其到庭，但显而易见的是，何谓“必须到庭的被告”不仅在解释上存在困难而使得拘传的适用缺乏可操作性，且拘传仅适用于特定的被告在适用范围上亦过于狭窄。可见，现行法上对作为证据方法的当事人的出庭义务的软化客观上使得作为证据资料的当事人陈述被法官采纳作为认定案件事实基础的可能性大大降低。

（二）当事人陈述义务的缺失

从《民事诉讼法》第 71 条第 2 款“当事人拒绝陈述的，不影响人民法院根据证据认定案件事实”之规定可推断，在现行法上，当事人陈述似被定位为当事人的一项权利而非义务。毋庸讳言，立法作此安排不仅与第 63 条将当事人陈述作为独立证据的一种相抵触，客观上也极大地限制了法官利用当事人陈述进行裁判的机会。

（三）当事人陈述无独立的证据价值

作为证据资料的一种，当事人陈述是否可采、具有多大证据价值，应由法官自由判断。而依《民事诉讼法》第 71 条第 1 款“人民法院对当事人的陈述，应当结合本案的其他证据，审查确定能否作为认定事实的根据”之规定，在现行法上，当事人陈述似乎并无独立的证据价值，仅有当事人陈述尚不足以认定案件事实。《民事证据规定》第 76 条“当事人对自己的主张，只有本人陈述而不能提出其他相关证据的，其主张不予支持。但对方认可的除外”的规定更是进一步从正面明定了这一规则。① 显而易见，立法（司法解释）否认当事人陈述具有独立证据价值，将当事人陈述作类似于刑事诉讼中被告人自白的处理（即确立补强规则，否认被告人自白具有独立证据力），这不仅有违自由心证的本旨，且有将当事人陈述作刑事化处理的倾向，客观上亦使得当事人陈述的价值大打折扣。

（四）当事人陈述与主张的界限不明

如前所述，作为证据方法，当事人向法院陈述案情乃法官证据调查的一个环节，法官讯问当事人不仅成为获取当事人陈述的方法，同时也是检验当事人陈述真伪的不二法门。因此，作为证据资料本身的当事人陈述绝非作为主张的当事人陈述的简单重复。故大陆法系立法例将当事人陈述冠以讯问当事人之名，以示其与主张的区别。对当事人的讯问适用证据调查程序，当事人是作为证据方法；当事人的主张则适用言词辩论程序，当事人是作为诉讼主体。现行《民事诉讼法》虽然将开庭审理区分为法庭调查与法庭辩论两大环节，但由于缺乏法官讯问当事人的制度，使得作为证据资料的当事人陈述与作为主张的当事人陈述界限不甚清晰。此从第 127 条“法庭辩论按照下列顺序进行：（1）原告及其诉讼代理人发言；（2）被告及其诉讼代理人答辩；……”的规定及第 124 条“法庭调查按照下列顺序进行：（1）当事人陈述；……”的规定中可见一斑。其结果必然导致“在司法实务中，当事人的陈述往往不能直接作为一种证据材料来运用，甚至也不作为一种辅助性的证据方式来看待，而往往把当事人的陈述与当事人的事实主张一并作为证明的对象。”②

第六节　鉴　定　人

一、鉴定人概述

（一）鉴定人的概念

鉴定人，是指受法院指派、运用专门知识，对案件中的专门性问题进行鉴

① 从该项司法解释的规定可以看出，当事人一方若承认对方当事人陈述的事实为真实，法官即可直接采纳该当事人的陈述。如此规范，显见失当。这是因为当事人作为证据方法，其向法院所作的陈述仅为法官可得判断之证据资料一种，同其他人证如证人证言之判断并无二致，即皆须由法官依案情自由斟酌是否真伪，于对造当事人对其之态度无涉。当事人之陈述为对造认可即可被法官采纳乃作为主张的当事人陈述中自认之适用范围，于作为证据资料的当事人陈述并无适用之余地。

② 毕玉谦：《民事证据法及其程序功能》，法律出版社 1997 年版，第 63 页。

别和判断的人。鉴定人必须具有某方面的专门知识，且其知识水平足以达到能够对某一特定事物作出科学鉴定的程度。在大陆法系证据法上，鉴定人具有双重地位：第一，鉴定人乃以其陈述的鉴定意见为内容，向法院提供可资为实事判断之证据资料，就此而言，鉴定人属于证据方法；第二，鉴定人利用专业知识向法院提供鉴定意见之领域恰属于法官认知能力不足之领域，就此而言，鉴定人乃是辅助法官进行实事判断，属于法官的辅助人。①

鉴定是诉讼中较为特殊的证据调查形式，乃指拥有专业知识的人也即鉴定人，运用自己的专门知识，对诉讼中某些专门性问题进行分析并向法官陈述所得结论性意见的活动。鉴定人所作关于专门性事项判断意见的陈述即为鉴定意见，在我国民诉法，称之为鉴定结论。从历史沿革上看，鉴定制度在罗马法中已见端倪，在德国普通法时期得到发展②，进而延续至今。

（二）鉴定的特点

鉴定的主要有以下几方面特点：（1）鉴定的主体是掌握专门知识的人。鉴定是具有专业知识的人员运用自己的专门知识，借助于必要的仪器设备，对涉及案件中的专门性问题，进行检验测定的活动，故鉴定只能由掌握专门知识的人担纲。（2）鉴定的对象乃是特殊领域中的专门性事项之判断。受法院指定进行鉴定的人只能就鉴定对象陈述检测与判断意见，而不能就案件中的法律问题向法院提供意见。解决案件中的法律问题乃是司法机关固有的职责，其不得以任何理由要求鉴定人回答案件中涉及的法律问题；鉴定人也不得超越鉴定权限，对本案中的法律问题发表意见。（3）鉴定的内容是提供结论性意见。鉴定是由鉴定人对于案件中的专门性问题进行分析，并给出其个人判断性的、结论性的意见。鉴定对解决案件中的专门性问题发挥着关键的作用，对于正确认定案件事实具有重要的意义，随着现代科学技术的发展和广泛应用，其重要性将越来越显著。但须明确的是，鉴定的作用和意义虽应被充分肯定，但不应被无限夸大，由于种种原因，鉴定结论也有不准确、不可靠的时候，因此，法官认定案件事实不能惟鉴定结论是从，某一鉴定结论能否成为定案的依据仍须由法官审酌判断。

---

① 因为法官对于非有特别知识不能得知之事项，须由专家补其不足，以期裁判正确，故鉴定人同时为法院之为辅助机关。参见王甲乙、杨建华、郑健才：《民事诉讼法新论》，台湾三民书局2002年版，第389页。

② 参见［日］松冈义正：《民事证据论》，张知本译，中国政法大学出版社2004年版，第206页。

（三）鉴定的分类

依提起鉴定的主体不同，可将鉴定分为指定鉴定和自行鉴定。指定鉴定，是指司法机关依据法律规定，指派、聘请或委托专家对专门性问题进行判断并提供结论性意见的鉴定。自行鉴定，是指当事人对案件的专门性问题私下委托鉴定人进行鉴别、判断、并提供结论性意见鉴定。现行《民事诉讼法》第72条规定，人民法院对专门性问题认为需要鉴定的，应当交由法定鉴定部门鉴定；没有法定鉴定部门的，由人民法院指定鉴定部门鉴定。可见，在我国现行《民事诉讼法》框架下，当事人自行委托鉴定人出具的鉴定结论不属于法定的证据种类，不具备法律意义上鉴定的性质，因此，将接受当事人委托的专家所提供的智力服务称为咨询更为适当。《民事证据规定》第28条规定："一方当事人自行委托有关部门作出的鉴定结论，另一方当事人有证据足以反驳并申请重新鉴定的，人民法院应予准许。"从其内容看，该条规定实际上承认了自行鉴定作为鉴定之法律地位，弥补了现行《民事诉讼法》的不足。当然，自行鉴定会受到来自委托当事人的极大影响，鉴定机构往往只对当事人提供的材料进行检验、分析和判断，并不审查送检材料的来源、真实性和合法性。① 因此，与司法机关指定鉴定相比，法官对自行鉴定下，鉴定人所提供的鉴定结论之审查更为必要，须更加严格。

依鉴定的目的不同，可将鉴定分为初始鉴定、补充鉴定和重新鉴定。初始鉴定是指由鉴定人进行的第一次或首次鉴定，是鉴定的常态类型。补充鉴定，是指鉴定人在初始鉴定基础上，为了完备初始鉴定结论而对其中的个别问题进行复查、修改、补充，以使初始鉴定结论更加完备的鉴定。补充鉴定可由原鉴定人进行，也可以由其他鉴定人进行。补充鉴定不具备独立的鉴定之性质，其与初始鉴定一道，共同构成一个完整的鉴定。《民事证据规定》第27条第2款对补充鉴定作了规范，其内容是："对有缺陷的鉴定结论，可以通过补充鉴定、重新质证或者补充质证等方法解决的，不予重新鉴定。"重新鉴定，是指法院根据当事人的申请或依职权要求鉴定人对同一鉴定事项再次进行鉴定并提

① 严格地说，当事人自行委托所获取的鉴定意见并非真正意义上的鉴定结论，而是属于当事人陈述的文书式的证明部分（参见［德］奥特马·尧厄尼希：《民事诉讼法》（第27版），周翠译，法律出版社2003年版，第288页）。当事人申请特定的鉴定人属于推荐的性质，而在对抗激烈的案件中，一方当事人推荐的鉴定人要想得到对方当事人的同意是非常困难的。即使双方当事人可以推荐鉴定人，在理论上也不会对法院产生约束力（参见［日］高桥宏志：《重点讲义民事诉讼法》，张卫平、许可译，法律出版社2007年版，第98页）。

供鉴定意见的制度。由于原鉴定可能在鉴定程序、方法等方面存在严重瑕疵，法院根据当事人的申请或依职权对同一鉴定事项重新进行鉴定显得很有必要。重新鉴定与补充鉴定不同，其本身属于独立之鉴定，《民事证据规定》第27条第1款对重新鉴定作了规范，其内容是“当事人对人民法院委托的鉴定部门作出的鉴定结论有异议申请重新鉴定，提出证据证明存在下列情形之一的，人民法院应予准许：（1）鉴定机构或者鉴定人员不具备相关的鉴定资格的；（2）鉴定程序严重违法的；（3）鉴定结论明显依据不足的；（4）经过质证认定不能作为证据使用的其他情形。”

二、鉴定人与相关概念之区别

（一）鉴定人与证人

鉴定人和证人均乃当事人之外的第三人在法庭上就特定案件事实进行陈述的人，但鉴定人和证人毕竟是两类性质不同的证据方法①，存在诸多不同之处：

1. 陈述的内容不同。证人提供证言乃是证人对其所感知的案件事实进行陈述，故只需要了解案件的事实情况，能够辨别是非、正确表达即可作为证人。鉴定人乃补充法官认知能力不足，辅助法官认定事实的人，其陈述鉴定意见则并非如证人般乃单纯对案件事实的陈述，而是对案件中的专门性事项提供判断意见；故鉴定意见在内容上关涉对案件事实的分析、判断。

2. 感知案件事实的阶段不同。证人在案件发生时就对案件事实有所了解。鉴定人在案件发生时通常并不了解案件事实，其仅于受法院指定作为鉴定人时，才了解案件事实。如果鉴定人在案件发生时就对案件事实有所了解，其就应当作为证人，而不能作鉴定人。

3. 是否适用回避不同。证人必须是感知案件事实的人，且只要知晓案件的事实情况就负有作证义务，故证人是不可选择和不可替代的，因之，证人不适用回避制度。而鉴定人与具体诉讼的联系仅乃基于法院的选择。② 如果鉴定

---

① 德国普通法初期将鉴定人等同于证人，鉴定人为理论方面的证人，证人为事实方面的证人，尔后才将鉴定人从证人中分出，并将其分为实验的鉴定人（供述前须为实验）和判断的鉴定人（对争议事项直接进行判断）。参见［日］松冈义正：《民事证据论》，张知本译，中国政法大学出版社2004年版，第206页。

② 参见［德］奥特马·尧厄尼希：《民事诉讼法》（第27版），周翠译，法律出版社2003年版，第288页。

人与案件本身或案件当事人有利害关系或存在其他法定有碍公正鉴定的情形，其就不能作为法院指定的鉴定人，鉴定人适用回避的根本原因在于鉴定人是可更换和替代的。

4. 陈述的规制不同。为了保证证人证言的客观性及真实性，法官询问证人应当个别进行，仅在必要情形下才能让几个证人同时出庭互相对质。鉴定人陈述鉴定意见则可以共同进行。

5. 主体范围不同。证人只能是亲身感知案件事实的自然人。法人或其他组织不具备感知案件事实的能力，故不能作为证人。鉴定人原则上也应为具备专业知识的自然人，但在特殊情形下，可以是符合法定条件的机构。① 如日本和我国台湾地区民诉规则所确定的委托鉴定或嘱托鉴定即以机构为鉴定人。《日本民事诉讼法》第218条第1款和我国台湾地区“民事诉讼法”第340条第1款前半段均规定，法院认为必要时，除可以以自然人为鉴定人外，还可以委托或嘱托国内外的相关机构或团体陈述鉴定意见或审查自然人鉴定人出具的鉴定意见。委托鉴定或嘱托鉴定一般准用于关于鉴定（自然人为鉴定人）之规范，但关于鉴定人的宣誓或具结及处罚等规定均不适用于机构鉴定人。② 依《日本民事诉讼法》第218条第2款和我国台湾地区“民事诉讼法”第340条第1款后半段的规定，在嘱托鉴定或委托鉴定之场合，于必要时，接受委托的机构或团体可以指派人员向法庭说明鉴定意见的内容。不过，从性质上讲，该被指定人仅乃受托机构或团体的代表，并非鉴定人。

（二）鉴定人与专家证人

专家证人是英美法系证据法上的概念，是指具有相应专业知识和实践经验、接受一方当事人委托就某些专门性问题在法庭上运用专业知识发表意见作出推论或结论的证人。③ 专家证人虽与鉴定人一样也乃是运用专业知识帮助法官形成关于专门事项的判断，但专家证人与鉴定人比，存在明显的不同。

1. 性质不同。大陆法系国家和地区证据法上的鉴定人是独立于证人的证据方法。在鉴定人的资格上采用固定资格原则，明确规定哪些人或哪些机构具

① 参见［日］新堂幸司：《新民事诉讼法》，林剑锋译，法律出版社2008年版，第444页。

② 曾有观点认为鉴定人只能是自然人，法人或替他团体不能作为鉴定人。参见［日］松冈义正：《民事证据论》，张知本译，中国政法大学出版社2004年版，第212页。

③ 参见［美］乔恩·R. 华尔兹：《刑事证据大全》，何家弘等译，中国人民公安大学出版社1993年版，第344页。

有鉴定人的资格，或将鉴定权固定地授予特定的人或机构。一般来说，只有具备鉴定资格的人或机构才能向司法机关提供鉴定结论。英美法系国家和地区的鉴定人与证人没有区分，法律把鉴定人定位为一种特殊的证人，此即专家证人。在专家证人的资格上采用无固定资格的原则，法律并不明确规定哪些人或哪些机构具有鉴定人的资格，也并不将鉴定权固定地授予特定的人或机构。① 只要是凭借实际经验或是通过认真学习能够就某一领域的某一具体事项有资格提出明确意见的人，无论资历深浅，无论是否出名，都可以作专家证人，专家证人甚至可以是汽车修理工、电器修理工、砖瓦工、木工和电工等。

2. 产生方式不同。大陆法系国家和地区，通常由法院决定是否实施鉴定，并指定鉴定人，在特定情形下法官还可以指挥鉴定。而在英美法系国家和地区，是否聘请专家证人，以及聘请哪位专家证人均乃由各方当事人自行决定，受聘专家作为聘任方当事人的证人出庭作证，法院对专家证人的影响被降到最低限度。

3. 证据力之判断不同。尽管鉴定在大陆法系国家和地区被视为一种独立的证据且鉴定人负有到庭陈述鉴定意见的义务，但由于法官在鉴定中的参与程度相当高，并且由于需要鉴定之事项往往是法官判断能力不足之事项，凡此种种，皆不免使得法官在认定事实时对鉴定人所出具的鉴定意见具有相当大的依赖性。而英美法系国家的专家证人则带有对抗制的鲜明特点。专家证人一开始即与律师一样，乃受当事人聘请或委托而向法院提供证言。尽管不能断言专家证人所提供的证言一定就是直接来自当事人的授意，但由于专家证人乃受当事人委托，并接受其给付之报酬，显然不如无意识、甚至有意识地提供倾向于委托当事人的证言并非没有可能。就此而言，专家证人所陈述的证言在客观性上不及大陆法系中鉴定人所提供的鉴定结论；此外，当事人双方就同一问题所提供的专家证言可能相互冲突，这时就需要双方当事人对专家证人进行诘问，故英美法系法官关于专家证人证言的采纳较大陆法系国家和地区慎重。

（三）鉴定人和鉴定证人

所谓鉴定证人是指就其对案件发生当时的感知结果，结合自己具备的专业知识和经验予以陈述的人。② 与证人相同的是，鉴定证人也是依自己之五官感知案件事实；与鉴定人类似的是，鉴定证人在陈述时会杂糅基于专业知识对案

---

① 参见薛波主编：《元照英美法词典》，法律出版社 2003 年版，第 515 页。

② 参见陈计男：《民事诉讼法论》（上），台湾三民书局股份有限公司 2002 年版，第 484 页。

情所作之判断。但从本质上讲，鉴定证人仍属于证人范畴，而非鉴定人。如目睹一起交通事故的其他车辆的司机对交通事故发生时肇事车的情况的描述、治疗原告的医生对其就医时状况以及治疗经过的陈述等均属于鉴定证人的证言，而非鉴定人的鉴定意见。①

由于鉴定证人仍属证人之一种②，故法官对鉴定证人进行询问时，应依证人询问之方式进行。如《德国民事诉讼法》第414条规定："如果要证明过去的事实或情况，而对这种事实和情况的认识需要特殊的专门知识时，讯问具有这种专门知识的人，适用关于人证的规定。"《日本民事诉讼法》第217条规定："对于具有专门学识和经验者就其得知的有关事实的询问，应当根据有关询问证人的规定进行。"我国台湾地区"民事诉讼法"第339条规定："讯问依特别知识得知已往事实之人者，适用关于人证之规定。"

(四) 鉴定人和鉴定人兼证人

所谓鉴定人兼证人乃是关于某一事项作为证人而询问的人同时就另一事项作为鉴定人向法院陈述鉴定意见。③ 对于鉴定人兼证人，既适用关于证人的规定，也适用关于鉴定人的规定。如在侵权损害赔偿案件中，对受害人即原告进行治疗的医生作为证人，乃对于原告就医时的状况以及治疗经过进行陈述；其作为鉴定人，则可以就受害人伤残程度及劳动能力之丧失程度向法院提出鉴定意见。

(五) 鉴定人和专家辅助人

专家辅助人，是指在某些领域具有特殊的专门知识或经验、根据当事人的委托并经法院准许，出庭辅助当事人对讼争的案件事实所涉及的专门性问题进行说明或发表专业意见和评论的人。④ 专家辅助人制度乃我国民事诉讼中独有的制度，《民事证据规定》第61条对专家辅助人作了规定，其内容是："(第1款) 当事人可以向人民法院申请由一至二名具有专门知识的人员出庭就案件

---

① 也有学者不赞同鉴定证人这一提法，认为鉴定人和证人是截然分开的，如对于马的死亡，兽医在陈述其在死亡前曾去诊断并发现患致命的疾病的时，是证人；而其陈述马将于十日内死亡的意见时，则为鉴定人。参见［日］松冈义正：《民事证据论》，张知本译，中国政法大学出版社2004年版，第139页。

② 实务中，鉴定证人和鉴定人之间的差别是很微妙的。参见［日］高桥宏志：《重点讲义民事诉讼法》，张卫平、许可译，法律出版社2007年版，第102页。

③ 参见陈计男：《民事诉讼法论》(上)，台湾三民书局股份有限公司2002年版，第485页。

④ 参见江伟主编：《民事诉讼法》(第三版)，高等教育出版社2007年版，第161页。

的专门性问题进行说明。人民法院准许其申请的，有关费用由提出申请的当事人负担。（第2款）审判人员和当事人可以对出庭的具有专门知识的人员进行询问。（第3款）经人民法院准许，可以由当事人各自申请的具有专门知识的人员就有案件中的问题进行对质。（第4款）具有专门知识的人员可以对鉴定人进行询问。”从该项司法解释的规定中可以看出，专家辅助人存在以下几个方面特征：首先，专家辅助人是在某些专业领域（除法律外）具有专门知识或经验的人；其次，专家辅助人乃以其对专门性问题的判断辅助当事人进行陈述的人，其陈述意见仅是协助委托人对案件涉及的专业问题进行说明；最后，专家辅助人陈述的意见具有专业性和独立性。

专家辅助人与鉴定人是不同的。其一，专家辅助人并非一定是具备法定鉴定资格的鉴定主体，其可以是法定鉴定主体以外的人；其二，专家辅助人均乃是基于当事人之委托而参与诉讼，并非由法院指派或聘请。

由此观之，从某种意义上讲，我国的专家辅助人有点类似于英美法系证据法上的专家证人，但范围要比专家证人小得多。

三、鉴定人的义务和权利

（一）鉴定人的义务

同证人一样，鉴定人也属于人的证据方法，所以在大陆法系国家或地区，其民诉立法上关于证人的规范也多适用于鉴定人(《德国民事诉讼法》第402条、《日本民事诉讼法》第216条和我国台湾地区“民事诉讼法”第324条)。①

凡具有鉴定所需特别学识经验的人即负有鉴定义务。如证人义务一样，鉴定义务也属于第三人为协助法院进行证据调查所尽的公法上的义务，具体包括到场义务、宣誓或具结义务和鉴定意见报告义务(《德国民事诉讼法》第407条、《日本民事诉讼法》第212条和我国台湾地区“民事诉讼法”第328条)。由于鉴定意见通常涉及专门领域知识，为确保其之准确客观，鉴定人陈述鉴定意见时不限口头方式，书面方式亦可(《德国民事诉讼法》第411

---

① 当然，鉴定人宣誓或具结的内容与证人不同。例如，在日本的审判实践中，鉴定人的宣誓可以通过鉴定人向法院提交宣誓书，并由审判长将记载有宣誓趣旨、弄虚作假作鉴定时要承担的法律后果等内容的书面送达给鉴定人这种方式进行(《日本民事诉讼规则》第131条第2款)。

条)。①但鉴定人所出具的书面意见不得作为书证对待。②

鉴定人违反鉴定义务所受的处罚基本上与证人违背证人义务所受的处罚相同。但与证人乃基于其对过去所经历的事实的记忆向法官陈述因而具有不可替代性不同的是，鉴定人仅乃就鉴定事项向法官报告其事实判断结果，只要具备与鉴定事项有关的必要的学识经验的人无论为谁均能被法院指定为鉴定人而达鉴定目的，故鉴定人具有可替代性。正因如此，鉴定人拒绝到庭时，法院并无强制传唤其到庭的必要(《日本民事诉讼法》第 216 条和我国台湾地区“民事诉讼法”第 329 条)。此外，依《德国民事诉讼法》第 409 条的规定，鉴定人违反鉴定义务时，法院不能对其处以拘留，这也是基于鉴定人具有可替代性这一特质所作的规范。

(二) 鉴定人的权利

与证人不同的是，鉴定人除合理费用请求权外，还享有报酬请求权，因为鉴定行为乃劳动或服务的提供，并非一种单纯的义务之履行，这也是鉴定制度得以存在和延续的物质基础。故大陆法系国家或地区民诉立法殆皆规定了鉴定人有权请求支付报酬。如《德国民事诉讼法》第 413 条规定，对鉴定人应予以费用补偿。我国台湾地区“民事诉讼法”第 338 条第 1 款规定：“鉴定人于法定之日费、旅费外，得请求相当之报酬。”此皆为适例。

① 出具书面鉴定意见在各国民事诉讼实践中乃为惯例，但遇疑难案件，鉴定人则必须出庭予以口头陈述。参见［德］奥特马·尧厄尼希：《民事诉讼法》(第 27 版)，周翠译，法律出版社 2003 年版，第 290 页。

② 参见［日］新堂幸司：《新民事诉讼法》，林剑锋译，法律出版社 2008 年版，第 445 页。

第八章 证据保全

基于民事审判中的直接、言词原则的规制，法官进行证据调查一般应该在诉讼系属后且有调查之必要时方可进行。但若固守此项原则，俟证据调查时若发生证据灭失、不能使用或因情事变更难以取得等情况，则显然不利于法院作出客观的事实认定和公正的裁判①，为此各国和地区民事诉讼法上殆皆规定法官在必要之情形下可于诉讼尚未系属或诉讼虽已系属而未达到应该开启证据调查程序之程度以前，预行进行证据调查以资救济，此即证据保全制度所由设。

第一节 域外民事诉讼中之证据保全

一、证据保全概述

（一）证据保全的概念

所谓证据保全，是指在诉讼系属前或诉讼进行中，在法定的情形下，法院根据当事人的请求或依职权采取措施对特定证据方法加以固定和保全并进行调查的程序。

证据保全是大陆法系的传统做法，其作为一种制度始创于寺院法，后继受德国普通法并沿传至今，②为许多大陆法系国家和地区的立法所采用。在英美法系证据法上，因有证据开示③制度保障证据的提出与展示，其功能和作用与大

① 参见王甲乙、杨建华、郑健才：《民事诉讼法新论》，台湾三民书局2002年版，第420页。

② 也有学者认为证据保全制度肇始于罗马法。参见［日］松冈义正：《民事证据论》，张知本译，中国政法大学出版社2004年版，第330页。

③ 作为英美法系审前准备程序的重要组成部分之一，证据开示具体由两类程序构成：其一，当事人可以利用法律规定的程序性权利积极主动地去收集证据，此即所谓“discovery”程序；其二，当事人在诉答程序后开庭审理前，可以要求对方当事人分阶段地向自己展示其将要在庭上使用的证据，此即所谓“disclosure”程序。利用该制度可以使当事人预先获取一些庭审中可能难以取得的证据，确立诉讼双方争议的事实，找出争议的焦点，为庭审作必要的准备。

陆法系证据法上的证据保全制度基本相当，故未在证据开示制度之外另行设立证据保全制度。

（二）证据保全的功能

一般来讲，证据保全主要有以下三方面的功能：

1. 保存证据

证据调查通常是在诉讼系属以后，诉讼程序进行到一定程度，法院认为有必要时方予进行，此时难免因情势变迁、物理上的变化或者其他意外原因而发生证据有碍使用的隐患。借助于证据保全即使将来难以取得或有碍难使用的特定证据提前作为法院进行证据调查之对象，从而保存了证据方法。

2. 调查证据

传统意义上，证据保全的功能即在于保存证据，以为将来的正式证据调查奠定基础。其确立的基点在于证据保全和证据调查乃两项具有完全不同机能的制度。一般认为，“诉讼中，法院依职权调查或就当事人所提出之证据调查，在与应证事项有关之条件下而经由辩论者，即可资为裁判之基础。但依证据保全程序所保全之证据，法院径就其证据之存否予以调查，既不问其与应证事实确否有关，尤不得直接资为裁判之基础；必待举证后并经辩论程序者始可采用”。① 随着民事证据法理论及实践的不断发展，对证据保全的认识亦日益深入，人们逐渐意识到，证据保全除可以消极地固定证据外，法院在实施保全行为过程中实质上即可同时对被保全的证据进行调查，从而“有助于法院于审理本案诉讼时发现真实及妥适进行诉讼，以达到审理集中之目的”。② 易言之，证据保全程序可以而且应该从一种仅消极的保存证据程序演进为一种积极的先期证据调查程序，使法官预先确定一些案件事实。在此场合，证据保全的结果与本案诉讼法院所进行的证据调查具有相同的效力，即在其后进行的诉讼中，“即便被保全之证据能够付诸于正规的证据调查，证据保全也不丧失其效力”③，例如，在证据保全过程中若法院已对证人进行了讯问，则将其视为已经在本案诉讼中进行了证人讯问程序。证据保全之证据调查机能之发挥已成为大陆法系国家和地区证据保全制度的发展趋向，与此相应，证据保全之阶段也已从诉讼系属阶段拓展至诉讼尚未系属阶段。《德国民事诉讼法》1990 年修改

① 陈玮直：《民事证据法研究》，台湾新生印刷厂 1970 年版，第 88 页。

② 许士宦：《起诉前之证据保全》，载《台大法学论丛》第 32 卷第 6 期。

③ ［日］新堂幸司：《新民事诉讼法》，林剑锋译，法律出版社 2008 年版，第 426 页。

后，不仅将证据保全的适用期间从诉讼系属中扩展至诉讼系属之前，甚至将“证据保全”更名为“独立证据程序”①，其第 493 条第 1 款“一方当事人在诉讼中援引作为独立证据的事实时，该独立的调查证据与受诉法院所为的证据调查有同等效力”之规定则更是明确宣示了证据保全所具有的证据调查之机能。

3. 疏减讼源

诉讼的发生并非完全是双方当事人各持己见的结果，而是常常因为一方当事人未能保全其证据，他方趁机否认其权利所致。如果证据能够保全完整无缺，在相当程度上便可减少民事诉讼发生的几率。同时，当事人如果能申请证据保全，还可以利用法院所保全的证据了解案件的实际状况，并有可能就某些事项达成一致，从而促成争议的解决，避免纠纷的扩大。而且，当事人即使在证据保全程序中未能就某些事项达成一致，其事后仍然可通过和解、调解或仲裁等多种方式促成纠纷的解决。可见，证据保全除具有预先为证据调查的功能外，还有更深层次的功能即疏减讼源，化解纠纷。如《德国民事诉讼法》第 492 条第 3 款规定：“在预期可以达成一致时，法院可传唤双方当事人进行口头讨论；和解应记入法庭记录。”我国台湾地区“民事诉讼法”在 2000 年修改之后，增加了第 376 条之一“保全证据程序中之协议及其笔录”的内容，即“（第 1 款）本案尚未系属者，于保全证据程序期日到场之两造，就诉讼标的、事实、证据或其他事项成立协议时，法院应将其协议记明笔录。（第 2 款）前项协议系就诉讼标的成立者，法院并应将协议之法律关系及争议情形记明笔录。依其协议之内容，当事人应为一定之给付者，得为执行名义。（第 3 款）协议成立者，应于十日内以笔录正本送达于当事人。（第 4 款）第 212 条至第 219 条之规定（言词辩论笔录相关规则），于前项笔录准用之”。此皆明定证据保全具有疏减讼源，化解纠纷之适例。

（三）证据保全的性质

关于证据保全的性质，即针对其是否具有诉讼的属性，历来存在诉讼事件与非讼事件之争。② 诉讼事件是指就已存在之私权争执，由国家机关以公权力

① 参见谢怀栻译：《德意志联邦共和国民事诉讼法》，中国法制出版社 2002 年版，第 111 页“译者注”。

② 参见［日］松冈义正：《民事证据论》，张知本译，中国政法大学出版社 2004 年版，第 331 页；沈冠伶：《证据保全制度——从扩大制度机能之观点谈起》，载《月旦法学杂志》第 76 期；刘玉中：《证据保全之认知与运用》，载《玄奘法律学报》第 2 期。

加以确定；而非讼事件则是指就确定私权以外而与私权有关的事项由国家机关以公权力加以干涉。① 两者最显著的区别在于，诉讼事件因以解决已产生争执的私权为目的，故必然有对立的双方当事人的存在；而后者因以预防私权产生争执为目的，故原则上无争议性，不一定存在对立的双方当事人。②

在传统的证据保全程序中，证据保全之实施主要是为了保存与固定证据，故其不须具备当事人两造对立的讼争结构，只要申请人提起证据保全的申请符合法定条件，即便无相对人，法院亦可进行证据保全。但如上所述，随着证据保全程序在机能发挥上由传统的保存、固定证据向调查证据与认定事实，其逐渐发展为诉讼中证据调查程序之一部分，即所谓“预告的证据调查”③ 或“本诉讼程序的附随程序”。④ 这就要求，在通常情形下，证据保全需要申请人与对方当事人皆参与其中，法官通过证据的保存来确定案件的相关事实，以为后续的本案诉讼程序奠定基础，并且为如此处理不仅促进案件真实的发现，而且亦可以增加当事人进行和解的可能，就此而言，证据保全程序具有明显的诉讼程序特质。《德国民事诉讼法》第 491 条第 1 款、《日本民事诉讼法》第 240 条前半段以及我国台湾地区“民事诉讼法”第 373 条⑤均强调证据保全中应保证双方当事人在一般情况下皆能参与；同时，《德国民事诉讼法》第 492 条第 1 款、《日本民事诉讼法》第 234 条以及我国台湾地区“民事诉讼法”第

① 参见王甲乙、杨建华、郑健才：《民事诉讼法新论》，台湾三民书局 2002 年版，第 3 页。

② 关于诉讼事件和非讼事件区别的详细论述，参见陈计男：《民事诉讼法论》(上)，台湾三民书局股份有限公司 2002 年版，第 11 页。

③ [日] 松冈义正：《民事证据论》，张知本译，中国政法大学出版社 2004 年版，第 331 页。

④ [日] 新堂幸司：《新民事诉讼法》，林剑锋译，法律出版社 2008 年版，第 424 页。

⑤ 《德国民事诉讼法》第 491 条第 1 款规定：“在具体情况许可时，应将裁定与申请的缮本送达于对方当事人，并且传唤对方当事人于规定的调查期日到场，以便对方当事人于期日保护其权利。”《日本民事诉讼法》第 240 条前半段规定，调查证据的期日，应当传唤申请人和对方当事人。我国台湾地区“民事诉讼法”第 373 条规定，（第 1 款）调查证据期日，应通知声请人，并应于期日前送达声请书状或笔录及裁定于他造当事人而通知之。（第 2 款）当事人于前项期日在场者，得命其陈述意见。

368 条第 2 款①还明确了诉讼中的证据调查之方式可直接适用于证据保全程序，此皆证据保全程序具有诉讼程序属性之绝佳例证。

当然，证据保全和严格意义上的证据调查还是存在一定的差异。从启动之条件来看，证据保全由于一般是在情况较为紧急的情况之下开启的，故不可能像严格意义上的证据调查一样要求申请人就待证事实作出具体详细的说明。并且在证据保全中，“证据调查的必要性也不会得到事先审理”。② 从程序要求尤其对当事人双方的参与权之保障来看，证据保全显然要较严格意义上证据调查宽松。如《德国民事诉讼法》第 491 条第 1 款、《日本民事诉讼法》第 240 条以及我国台湾地区“民事诉讼法”第 373 条尽管强调证据保全时一般应保证申请人之对方当事人的参与权，但同时规定在特殊情形下即便对方当事人未参与亦可进行证据保全。③ 而且，《德国民事诉讼法》第 494 条第 1 款、《日本民事诉讼法》第 236 条前半段和我国台湾地区“民事诉讼法”第 370 条第 1 项④还规定在对方当事人不明时亦可在法定情形下进行证据保全。当然，为保护对方当事人的权益，在此种情形下，上述域外立法均要求法院应为对方当事人选定特别代理人（参见《德国民事诉讼法》第 494 条第 2 款、《日本民事诉讼法》第 236 条后半段、我国台湾地区“民事诉讼法”第 374 条）。⑤

① 《德国民事诉讼法》第 492 条第 1 款规定：“调查证据，依适用于有关的证据方法的规定进行。”《日本民事诉讼法》第 234 条规定：“法院认为，如不预先进行调查证据则产生难以使用该证据的情形时，根据申请，依照本章的规定，可以进行调查证据。”我国台湾地区“民事诉讼法”第 368 条第 2 款规定：“前项证据保全，应适用本节有关调查证据方法之规定。”

② ［日］高桥宏志：《重点讲义民事诉讼法》，张卫平、许可译，法律出版社 2007 年版，第 174 页。

③ 《德国民事诉讼法》第 491 条第 2 款规定，即使不遵守本条第 1 款关于传唤对方当事人的规定，也不妨碍调查证据。《日本民事诉讼法》第 240 条后半段规定，在紧急情况下，可以不传唤对方当事人。我国台湾地区“民事诉讼法”第 373 条也规定，有急迫或有碍证据保全情形的，可以不向他造当事人送达声请书状或笔录。

④ 《德国民事诉讼法》第 494 条第 1 款规定：“举证人未指明对方当事人时，如举证人释明，未能指明对方当事人并非由于自己的过失，应准许其申请。”《日本民事诉讼法》第 236 条规定，保全证据的申请，即使在不能指定对方当事人的情况下，也可以提出。我国台湾地区“民事诉讼法”第 370 条第 1 项规定，保全证据之声请，应表明他造当事人，如不能指定他造当事人者，则应表明不能指定之理由。

⑤ 这里的特别代理人从性质上讲属于法定代理人的一种。参见［日］高桥宏志：《重点讲义民事诉讼法》，张卫平、许可译，法律出版社 2007 年版，第 174 页。

（四）证据保全的分类

依证据保全适用的阶段不同，可以将证据保全分为诉讼系属前的证据保全和诉讼系属后的证据保全。

诉讼系属前的证据保全，又称诉前证据保全，是指在当事人起诉之前，案件尚未诉讼系属于法院之时，法院在法定情形下依当事人的申请对特定证据方法予以保存和固定并进行调查的程序。诉讼系属前的证据保全除可以防止证据的灭失或难以使用，从而避免当事人后续举证的困难外，也可以使欲主张权利之人在起诉前即能收集到相关证据，从而“有助于当事人研判纷争之实际状况，进而成立调解或和解，以消弭诉讼，达到预防诉讼之目的”。① 同时，当事人即使在将来提起诉讼，因当事人在诉前证据保全程序中已经就某些争议事项达成一致，故在法官审理时，可以减少争点，节省法院的司法资源和当事人的诉讼成本，达到促进诉讼经济的目的。

诉讼系属后的证据保全，又称诉中证据保全，是指在诉讼系属中，法院在法定情形下依当事人的申请或依职权对特定证据方法予以保存和固定并进行调查的程序。与诉讼系属前的证据保全可能存在后继诉讼程序开启与否的不确定相比，作为诉讼程序的一部分，诉讼系属后的证据保全基本上是法院所为的预先本案证据调查，故其除可依当事人申请发动外，法院认为有必要时可也依职权发动(《日本民事诉讼法》第237条、我国台湾地区“民事诉讼法”第372条)，藉以避免因当事人对证据保全的必要性认知不足或迟误证据保全时机而损及证据保全的效果，进而影响法院对事实真相的发现。

二、证据保全的适用条件

征诸大陆法系国家和地区关于证据保全制度的立法例，证据保全主要适用于以下三种情形，此也为证据保全之适用条件：

（一）证据可能灭失或以后难以取得

为避免证据灭失或使用上的困难而采取一定的固定或保护措施，以期将来证据可以作为法院证据调查之对象，这是最传统、最广泛的证据保全适用的情形。证据可能灭失，如证人身患疾病有死亡的可能、鉴定或勘验之标的物将因自身之物理状态或因对方当事人的行为有消灭、变更的隐患、有关机关保管的文卷已将逾越保存期限有焚毁的可能的情形等；证据以后难以取得，如证人即将远行、证物即将为对方当事人和第三人携带出国等。有无证据可能灭失或以

① 许士宦：《起诉前证据保全之机能》，载《月旦法学教室》第1期。

后难以取得的危险，应由法官依据案件的具体情况加以认定，尤其应对申请方的证据保全利益和对方当事人的证据保全负担之间进行利害衡量，在此基础上决定是否进行证据保全。如对于申请人而言，在其以通常程序取得证据并无困难时，即可认为尚未达到证据保全的条件。大陆法系民诉立法通常将证据可能灭失或以后难以取得作为证据保全程序启动之首要条件，如《德国民事诉讼法》第485条第1款规定，在证据方法有灭失或难于使用之虞时，在诉讼程序进行中或开始前，依一方当事人的申请，可以命令进行勘验、讯问证人或由鉴定人为鉴定。《日本民事诉讼法》第234条规定："法院认为，如不预先进行调查证据则产生难以使用该证据的情形时，根据申请，依照本章的规定，可以进行调查证据。"我国台湾地区"民事诉讼法"第368条第1款规定，证据有灭失或碍难使用之虞，得向法院声请保全。

（二）对方当事人同意

在大陆法系部分国家或地区，证据虽无灭失或以后难以取得的危险，如果经过对方当事人同意，当事人也可以向法院申请证据保全。依此种情形进行证据保全，其主要目的不在于保存证据之现状或维持其效用，而在于事前确定特定事实关系，从而有助于贯彻诉讼经济原则。《德国民事诉讼法》在1990年实行独立证据程序后，其第485条第1项①仍然保留了证据保全此一适用情形，我国台湾地区"民事诉讼法"第368条第1款也规定，经他造同意者，得向法院声请保全。但实践中，除准备合意解决纠纷的当事人会合意启动证据保全程序外，在其他情形下甚少使用，使得该项规范并无太多的实际意义。因为在诉讼实务中，由于当事人之间存在相互冲突的利害关系，在通常情况下，一方当事人向法院申请保全证据，很难取得对方当事人的同意。在日本，一方面因其使用机会较少，另一方面也为防止频繁引发将来的诉讼，于1926年修正民诉法时将这项证据保全适用条件删除。②

（三）确定事、物的现状

如前所述，证据保全的机能除了消极地保存证据而使之不致灭失外，更重要的在于经由先行的证据调查以确定案件事实，从而不仅有助于法官在本案诉讼系属中集中力量就法律问题或其他较复杂的事实问题进行审理，而且有助于

① 《德国民事诉讼法》第485条第1款规定，除在证据方法有灭失或难于使用之虞外，当事人同意时，在诉讼程序进行中或开始前，依一方当事人的申请，可以命令进行勘验、讯问证人或由鉴定人鉴定。

② 参见许士宦：《起诉前之证据保全》，载《台大法学论丛》第32卷第6期。

促成当事人以裁判外的方式解决纠纷。而确定事、物的现状这一证据保全情形之适用即很好地体现了这一目的。如在医疗纠纷中，医院的病历通常并无灭失或以后难以取得的危险，但为确定案件事实，避免病历遭到篡改，即有申请保全该书证的必要。又如，对于遭受人身伤害的当事人的人身伤害程度及原因申请鉴定可以及早确立损害发生之原因与损害结果，从而使当事人早日明白事案之真相。《德国民事诉讼法》第485条第2款规定："诉讼尚未系属于法院时，一方当事人可以申请由鉴定人进行书面鉴定，但以申请人就鉴定事项有法律上的利害关系并须确定下列事项之一时为限：（1）确定人身状态或物的价值的状况；（2）确定人身伤害、物的损害或物的确实是否发生；（3）确定为排除人身伤害、物的损害或物的损失所支出的费用。此种确定有助于避免诉讼的进行时即为有法律上的利害关系。"我国台湾地区2000年修订其"民事诉讼法"时也增加了该证据保全适用情形，其"民事诉讼法"第368条规定，就确定事、物之现状有法律上利益并有必要时，亦得声请为鉴定、勘验或保全书证。通常认为，我国台湾地区"民事诉讼法"关于"事、物之现状"范围的界定在理解上应持宽松解释之立场，即其除《德国民事诉讼法》第485条第2款的规定事项外，还应包括"发生损害或瑕疵之发生原因、责任归属、排除瑕疵之必要方法或所需费用等事实"。① 学者对于"法律上的利害关系"或"法律上利益并有必要"的理解也是如此，认为原则上其并不须以本案诉讼的进行是否有胜诉的可能性为判断基准，只要证据保全所确定的事实有助于纠纷的解决从而避免诉讼即可，从而"使当事人在了解、掌握事实之全貌后，得以判断是否有起诉之必要，或循调解、和解等其他裁判外纷争解决途径予以处理，以免提起不必要之诉讼，徒增当事人及法院之负担"；② 此外，学者认为，即便进入诉讼，如果可以推进程序的迅速进行也属于该情形，即"不仅在于得以避免发生诉讼（有和解之可能），并应扩及于得为诉讼资料之准备（构成诉讼上请求权之基础）之情形"。③ 另有学者则认为，对于"法律上的利害关系"或"法律上利益并有必要"的判断应谨慎为之，避免当事人动辄引用该

① 沈冠伶：《证据保全制度——从扩大制度机能之观点谈起》，载《月旦法学杂志》第76期。

② 沈冠伶：《证据保全制度——从扩大制度机能之观点谈起》，载《月旦法学杂志》第76期。

③ 刘玉中：《证据保全之认知与运用》，载《玄奘法律学报》第2期。

规定，对程序的安定性产生纷扰。①

值得注意的是，就某一特定民事纠纷而言，即便证据保全条件同时符合上述三种情形中的两种或三种，当事人亦无须同时提起两种或三种证据保全申请，而只须提出一种证据保全申请，因为只要其中的一个证据保全申请获得了法院的支持，即可达到证据保全的目的。当然，若当事人据以提起申请的某一情形未能得到法院支持，则其可以再依另一种情形提出证据保全申请。另外，在不同的证据方法之证据保全分别符合上述不同之情形时，当事人应分别提出证据保全申请，法院也应分别对当事人之证据保全申请进行审查和判断，并分别采取证据保全措施。

三、证据保全的适用范围

证据保全的范围，是指在立法上或审判实务上对何种证据方法可以采取保全措施。大陆法系主要国家和地区民诉立法关于证据保全范围的规定并不完全相同。

从《德国民事诉讼法》第485条第1款和第2款的规定来看，在证据可能灭失或以后难以取得和对方当事人同意两种情形下，其证据保全适用于勘验、证人讯问和鉴定人的鉴定三种证据方法；在确定事、物的现状情形下，证据保全仅适用于鉴定。但在德国的民事审判实务中，此种证据保全并未完全排除对书证的适用，当事人可以通过法院之勘验或提起确认证书真伪之诉以排除文书的伪造或变造，或经由讯问证人、鉴定人的方式间接认识到书证的内容。② 由于《德国民事诉讼法》第485条在制定之初，并未将当事人讯问认定为一种独立的证据方法，故当事人讯问不属于证据保全的范围。易言之，“讯问当事人本人者，乃法院调查当事人所提出证据之结果，对于应证事实之真否，不足得心证时而之证据调查也”。③ 但在现今已将当事人讯问界定为一种独立的证

---

① 我国台湾地区有学者认为，在判断有无“法律上利益并有必要”时，应考量的主要因素包括：（1）当事人事证收集权保障之必要；（2）他造当事人参与程序之负担；（3）司法资源之合理分配。参见许士宦：《起诉前之证据保全》，载《台大法学论丛》第32卷第6期。

② 参见 Baumbach/Lauterbach/Albers/Hartmann，ZPO，485 Rdnr. 2。转引自沈冠伶：《证据保全制度——从扩大制度机能之观点谈起》，载《月旦法学杂志》第76期。

③ ［日］松冈义正：《民事证据论》，张知本译，中国政法大学出版社2004年版，第333页。

据方法的背景下，德国学界普遍认为其也可以适用证据保全。①

日本民事诉讼立法对证据保全的范围并未作出明确的规定，理论上和实践中一般均认为人证、书证、勘验、鉴定及当事人讯问等五种证据方法都可予以适用于证据保全。②

我国台湾地区“民事诉讼法”对证据有灭失或碍难使用之虞和经他造同意两种情形下的适用范围未作明确规定，理论上和实务中采取跟日本一样的解释和做法，认为证据保全适用于所有种类的证据方法。③ 而确定事、物现状的情形下之证据保全仅则适用于鉴定、勘验或书证。

四、证据保全的申请

（一）申请主体

证据保全程序原则上是根据当事人的申请而开始的(《德国民事诉讼法》第485条；《日本民事诉讼法》第234条；我国台湾地区“民事诉讼法”第368条第1款)。证据保全申请通常是由认为所欲保全的证据能够在将来的或业已进行的本案诉讼中用来支持其主张的一方当事人提出，但是倘若双方当事人皆认为所欲保全的证据有利于其所提事实之主张的证明，自可分别向法院提出证据保全申请。

当然，在诉讼开始之后，法院如果认为有必要也可以依职权主动进行，以免当事人因申请迟延或不知道可为此项申请导致证据灭失或难以使用。如《日本民事诉讼法》第237条规定：“法院认为必要时，在诉讼系属中，可以依职权作出保全证据的裁定。”我国台湾地区“民事诉讼法”第372条也规定：“法院认为必要时，得于诉讼系属中，依职权为保全证据之裁定。”

（二）申请方式

在大陆法系民事诉讼中，一般来说，当事人所提之证据保全的申请应采书面方式，但并不以书面申请为必要，申请人也可以向法院口头申请证据保全并由书记员制成笔录(《德国民事诉讼法》第486条第3款)。

---

① 参见Stein/Jonas/Leipold，ZPO，21，Aufl. 1999，485 Rdnr. 5。转引自沈冠伶：《证据保全制度——从扩大制度机能之观点谈起》，载《月旦法学杂志》第76期。

② 1890年《日本民事诉讼法》第365条借鉴1877年的《德国民事诉讼法》，将证据保全的范围限于证人讯问、鉴定和勘验，但于大正年间修法时将这一限制取消。参见［日］高桥宏志：《重点讲义民事诉讼法》，张卫平、许可译，法律出版社2007年版，第173页。

③ 参见许士宦：《起诉前之证据保全》，载《台大法学论丛》第32卷第6期。

（三）申请书应记载之事项

当事人申请证据保全时应具体表明对方当事人、应保全的证据、保全的证据所应证明的事实等事项以方便法院审查判断是否有必要进行证据保全，并在采取证据保全时能做到及时通知对方当事人、保证其之参与权之行使。如《德国民事诉讼法》第487条规定："申请应表明下列各点：1. 对方当事人；2. 应该证明的事项；3. 证人的姓名、或者第485条所许可的其他证据方法；4. 对于符合于独立的证据程序以及法院有管辖权的事项的释明。"我国台湾地区"民事诉讼法"第370条规定："（第1项）保全证据之声请，应表明下列各款事项：一、他造当事人，如不能指定他造当事人者，其不能指定之理由。二、应保全之证据。三、依该证据应证之事实。四、应保全证据之理由。（第2项）前项第1款及第4款之理由，应释明之。"

申请人于诉讼系属前申请证据保全，有时可能出现对方当事人不明确的情形，这种场合，申请人即无法具体向法院表明对方当事人的基本情况。此际，申请人只须表明其不能特定对方当事人的理由并提供证据予以释明。

此外，应注意的是，与严格意义上的证据调查相比，为达到迅速判断是否有必要采取保全措施之目的，法院对证据保全事实和理由的认定无须达到证明的程度，达到释明的程度即为已足。①

（四）法院对证据保全申请的处理

证据保全的申请是否合法由受理申请的法院以裁定之方式作出判断(《德国民事诉讼法》第490条第2款、《日本民事诉讼法》第238条及我国台湾地区"民事诉讼法"第371条第1款)。

法院在作出裁定前，应就证据保全的条件、管辖权的有无、申请是否符合程式等事项加以调查，至于待证事实是否重要则无须详加审查。作出裁定前法院认为有必要时，也可组织当事人进行任意性言词辩论(《德国民事诉讼法》第490条第1款)。

经审查，法院认为证据保全的申请为正当的，应作出准予保全证据的裁定，裁定书应表明欲保全的证据及待证事实，以使双方当事人获悉证据保全的

---

① 关于释明的具体程度，又存在具体释明和一般（抽象）释明两种不同的观点，前者认为应具体释明应保全的事由；后者则主张不须具体释明应保全的事由，仅须为一般的、抽象的释明即可。参见小林昭彦：《证据保全》，载竹下守夫编辑代表：《讲座新民事诉讼法》(2)，弘文堂平成十一年版，第326、330页。转引自刘玉中：《证据保全之认知与运用》，载《玄奘法律学报》第2期。

范围(《德国民事诉讼法》第 490 条第 2 款、我国台湾地区“民事诉讼法”第 371 条第 2 款)。

《德国民事诉讼法》第 490 条第 2 款和《日本民事诉讼法》第 238 条皆规定，对于法院所作的证据保全的裁定，不管是支持当事人所提之证据保全申请，还是驳回当事人所提之证据保全申请，当事人均不得声明不服。而我国台湾地区“民事诉讼法”第 371 条第 3 款则规定：“驳回保全证据声请之裁定，得为抗告，准许保全证据之裁定，不得声明不服。”

五、证据保全的管辖法院

(一) 诉前证据保全的管辖法院

在大陆法系民事诉讼中，本案系属于法院之前，当事人关于证据保全的申请，并非必须向本案管辖法院提出，为求法院进行调查证据的便利，受讯问人居住地或者证物所在地法院对证据保全亦有管辖权。如《德国民事诉讼法》第 486 条第 2 款规定：“诉讼尚未系属时，申请向应在申请人起诉后就本案为裁定的法院提出。在以后的诉讼程序中，申请人不得主张该法院无管辖权。”《日本民事诉讼法》第 235 条第 2 款规定：“提起诉讼前的保全证据的申请，应当向管辖应受询问的人或持有文书的人居所或者勘验物所在地的地方法院或简易法院提出。”我国台湾地区“民事诉讼法”第 369 条第 1 款规定，保全证据之申请，在起诉前，向受讯问人住居地或证物所在地之地方法院为之。

(二) 起诉后证据保全的管辖法院

在大陆法系民事诉讼中，当事人于诉讼系属后始申请证据保全的，通常应向受诉法院提出申请。当诉讼系属于第一审法院时，当事人应向第一审法院申请证据保全；当诉讼系属于第二审法院时，则应向第二审法院提出证据保全申请。若诉讼处于第一审言词辩论已终结但尚未上诉于第二审法院之状态时，当事人仍应向第一审法院提出证据保全申请，这是因为此时案件仍系属于第一审法院的缘故。但遇有紧急情形，证据保全的申请也可向受询问人或者应调查证物所在地的法院提出，这属于起诉后证据保全管辖法院确定原则之例外。如《德国民事诉讼法》第 468 条第 1 款规定：“已发生诉讼系属时，申请向受诉法院提出。”《日本民事诉讼法》第 235 条第 1 款规定：“提起诉讼后的证据保全的申请，应当向使用该证据的审级法院提出。但是，最初的口头辩论的期日被指定或者把案件交付辩论程序或书面准备程序之后至口头辩论终结前的期间，应当向受诉法院提出。”第 239 条规定：“在本法第 235 条第 1 款但书所规定的情况下，法院可以使受命法官调查证据。”我国台湾地区“民事诉讼法”

第369条第1款规定，保全证据之声请，在起诉后，向受诉法院为之。

前面已提及，在大陆法系民事诉讼中，当事人在起诉后向法院申请证据保全，通常应向受诉法院提出，不过，若恪守此一原则，有时难以达到证据保全之目的，如应保全的证据不在受诉法院所在地，且有行将灭失或碍难使用的危险，若仍由受诉法院进行证据保全，则难以达到证据保全的目的。因此，大陆法系民诉法例皆规定急迫情形下，当事人也可向证人或鉴定人居住地或者应调查的证物所在地的法院提出证据保全的申请。有无急迫情形，由受理申请的法院斟酌案件具体情况定之。如《德国民事诉讼法》第486条第3款规定："在有急迫的危险时，声请也可向应讯问或应鉴定的人所在的、或应勘验或应鉴定的物所在的初级法院提出。"《日本民事诉讼法》第235条第3款规定："在紧急情况下，即使在提起诉讼之后，也可以向本条前款的地方法院或简易法院提出保全证据的申请。"我国台湾地区"民事诉讼法"第369条第2款规定："遇有急迫情形时，于起诉后，亦得向前项地方法院声请保全证据。"

六、证据保全之效果

证据保全之效果主要表现在以下两个方面：

（一）具有证据调查的效力

通说认为，证据保全程序中法院所为之证据调查结果，经当事人一方在后继的诉讼中提出时，原则上与在诉讼中进行证据调查具有一样的效果。① 易言之，"在保全程序调查之证据，经当事人加以陈述或经朗读笔录以代陈述后，即与在诉讼程序所调查者完全相同；而非以其调查证据笔录作为书证而利用之"，② 即当事人无须将证据保全的调查笔录作为书证向法院申请证据调查，只须在诉讼中向法院提供该证据调查笔录就可以了。

不过，前面已提到，诉讼系属前进行保全证据的法院不一定就是诉讼系属后的本案法院，故为贯彻直接言词原则，大陆法系民诉立法往往规定法院对已保全之证据在诉讼系属中仍可进行证据调查。如《日本民事诉讼法》第242条规定："在保全证据的程序中已经询问的证人，当事人在口头辩论中申请询问时，法院应当对该证人进行再次询问。"我国台湾地区"民事诉讼法"第375条之一也规定："当事人就已于保全证据程序讯问之证人，于言词辩论程

① 参见许士宦：《起诉前之证据保全》，载《台大法学论丛》第32卷第6期。

② 王甲乙、杨建华、郑健才：《民事诉讼法新论》，台湾三民书局2002年版，第425页。

序中声请再为讯问时，法院应为讯问。但法院认为不必要者，不在此限。”①

（二）证据保全的费用乃为诉讼费用的一部分

《日本民事诉讼法》第241条和我国台湾地区“民事诉讼法”第376条均规定，保全证据程序之费用，除别有规定外，应作为诉讼费用之一部定其负担。证据保全程序是证据调查程序的一部分，因此而产生的费用应属于证据调查费用之列，故自然属于诉讼费用。② 若诉前证据保全终结后，当事人于一定期限内仍未提起诉讼的，此时证据保全程序费用应由申请人承担。如我国台湾地区“民事诉讼法”第376条之二第2款即规定，诉前证据保全终结后逾30日，本案尚未系属者，法院得依利害关系人之声请，命保全证据之声请人负担程序费用。

第二节　我国民事诉讼中的证据保全

一、关于证据保全的现行规范

（一）普通民事诉讼程序中关于证据保全的规范

现行民事诉讼法仅在第74条对证据保全制度作了极为原则之规定，其内容是：“在证据可能灭失或者以后难以取得的情况下，诉讼参加人可以向人民法院申请保全证据，人民法院也可以主动采取保全措施”。《民事证据规定》第23、24条在民事法第74条的基础上对证据保全申请的时间，担保及保全措施作了进一步的规定，不过在内容上仍较粗略，其中第23条规定：“（第1款）当事人依据《民事诉讼法》第74条的规定向人民法院申请保全证据，不得迟于举证期限届满前7日。（第2款）当事人申请保全证据的，人民法院可以要求其提供相应的担保。（第3款）法律、司法解释规定诉前保全证据的，依照其规定办理。”第24条规定：“（第1款）人民法院进行证据保全，可以根据具体情况，采取查封、扣押、拍照、录音、录像、复制、鉴定、勘验、制

① 此条乃2000年我国台湾地区修改“民事诉讼法”时所新增，其增订理由为：“法院依保全证据程序调查证据之结果，原则上固与诉讼上调查证据之结果有同一之效力。惟保全证据程序未必均由本案受诉法院行之，又如于保全证据调查程序中，他造当事人不明或未于保全证据程序到场者，即无从对法院调查证据表示意见，故为贯彻直接审理主义，并保障当事人对证人之发问权，爰明定之。”

② 参见陈计男：《民事诉讼法论》（上），台湾三民书局股份有限公司2002年版，第511页。

作笔录等方法。（第2款）人民法院进行证据保全，可以要求当事人或者诉讼代理人到场。”

（二）知识产权诉讼程序中关于证据保全的规范

1. 专利权诉讼程序中的规定

2001年6月7日最高人民法院颁布的《专利诉前禁令》第16条第1款规定：“人民法院执行诉前停止侵犯专利权行为的措施时，可以根据当事人的申请，参照民事诉讼法第74条的规定，同时进行证据保全。”从而以司法解释的形式首次在专利权诉讼程序中确立了诉前证据保全制度。

2. 商标专用权诉讼程序中的规定

2001年10月27日修改后的《商标法》第58条规定：“（第1款）为制止侵权行为，在证据可能灭失或者以后难以取得的情况下，商标注册人或者利害关系人可以在起诉前向人民法院申请保全证据。（第2款）人民法院接受申请后，必须在48小时内做出裁定；裁定采取保全措施的，应当立即开始执行。（第3款）人民法院可以责令申请人提供担保，申请人不提供担保的，驳回申请。（第4款）申请人在人民法院采取保全措施后15日内不起诉的，人民法院应当解除保全措施。”据此，商标专用权诉讼领域也确立了诉前证据保全制度。

2001年12月25日，最高人民法院颁布的《商标诉前禁令》则进一步明确了《商标法》第58条所定之诉前证据保全的操作细则。其第2条确立了诉前证据保全的法院，即被申请人住所地法院乃对商标案件的证据保全具有管辖权的人民法院。第3条第2款明确了当事人申请证据保全的条件，强调当事人申请证据保全时应当递交记载有当事人的基本情况、申请保全证据的具体内容、范围、所在地点、请求保全的证据能够证明的对象及申请理由（包括证据可能灭失或者以后难以取得，且当事人及其诉讼代理人因客观原因不能自行收集的具体说明）的书面申请状。第5、6条对法院关于证据保全之申请所作之裁判作了规范：其一，法院作出保全证据的裁定事项应限于商标注册人或者利害关系人申请的范围；其二，申请人申请诉前保全证据可能涉及被申请人财产损失的，法院可以责令其提供相应的担保。第12条重申了《商标法》第58条第4款设置的对证据保全的解除条件。第15条则规定了对被申请人不遵从证据保全命令的制裁，强调对于被申请人可以采取民事诉讼法第102条所规定的关于妨害民事诉讼的强制措施进行制裁。

3. 著作权诉讼程序中的规定

2001年10月27日修改后的《著作权法》第50条对著作权诉讼中的诉前

证据保全作了规定："（第1款）为制止侵权行为，在证据可能灭失或者以后难以取得的情况下，著作权人或者与著作权有关的权利人可以在起诉前向人民法院申请保全证据。（第2款）人民法院接受申请后，必须在48小时内作出裁定；裁定采取保全措施的，应当立即开始执行。（第3款）人民法院可以责令申请人提供担保，申请人不提供担保的，驳回申请。（第4款）申请人在人民法院采取保全措施后15日内不起诉的，人民法院应当解除保全措施。"最高人民法院在2002年10月12日颁布的《著作权解释》第30条第2款规定："人民法院采取诉前措施，参照《最高人民法院关于诉前停止侵犯注册商标专用权行为和保全证据适用法律问题的解释》的规定办理。"从而确立了商标专用权领域诉前证据保全的具体适用规则。2006年12月20日最高人民法院颁布的《计算机网络著作权解释》第7条第2款对计算机网络著作权诉讼程序中的诉前证据保全作了明确的规范："著作权人出示上述证明后网络服务提供者仍不采取措施的，著作权人可以依照著作权法第49条、第50条的规定在诉前申请人民法院作出停止有关行为和财产保全、证据保全的裁定，也可以在提起诉讼时申请人民法院先行裁定停止侵害、排除妨碍、消除影响，人民法院应予准许。"

（三）海事诉讼特别程序中的规定

1999年颁布的《海事诉讼特别程序法》第五章"海事证据保全"部分从第62条至第72条共11个条文对海事诉讼中的证据保全作了详细规范。

1. 海事证据保全的概念（第62条）

海事证据保全，是指海事法院根据海事请求人的申请，对有关海事请求的证据予以提取、保存或者封存的强制措施。由此观之，海事证据保全程序仅能依当事人的申请而开启，法院不得依职权主动进行。

2. 海事证据保全的管辖（第63条、第64条）

海事诉讼中，当事人申请证据保全应向受诉法院为之，当事人在起诉前申请海事证据保全应向被保全的证据所在地海事法院提出，且不受当事人之间关于该海事请求的诉讼管辖协议或者仲裁协议的约束。

3. 海事证据保全的申请要件（第65条至第67条）

请求人申请海事证据保全应向海事法院提交书面申请。申请书应当载明请求保全的证据、该证据与海事请求的联系、申请理由。

海事法院受理海事证据保全申请，可以责令海事请求人提供担保。海事请求人不提供的，驳回其申请。

采取海事证据保全，应当具备下列条件：（1）请求人是海事请求的当事人；(2) 请求保全的证据对该海事请求具有证明作用；(3) 被请求人是与请求保全的证据有关的人；(4) 情况紧急，不立即采取证据保全就会使该海事请求的证据灭失或者难以取得。

4. 海事证据保全的程序（第 68 条至第 72 条）

海事法院接受申请后，应当在 48 小时内作出裁定。裁定采取海事证据保全措施的，应当立即执行；对不符合海事证据保全条件的，裁定驳回其申请。当事人对裁定不服的，可以在收到裁定书之日起 5 日内申请复议一次。海事法院应当在收到复议申请之日起 5 日内作出复议决定。复议期间不停止裁定的执行。被请求人申请复议的理由成立的，应当将保全的证据返还被请求人。利害关系人对海事证据保全提出异议，海事法院经审查，认为理由成立的，应当裁定撤销海事证据保全；已经执行的，应当将与利害关系人有关的证据返还利害关系人。海事请求人申请海事证据保全错误的，应当赔偿被请求人或者利害关系人因此所遭受的损失。

海事法院进行海事证据保全，根据具体情况，可以对证据予以封存，也可以提取复制件、副本，或者进行拍照、录像，制作节录本、调查笔录等。确有必要的，也可以提取证据原件。

海事证据保全后，有关海事纠纷未进入诉讼或者仲裁程序的，当事人就该海事请求，可以向采取证据保全的海事法院或者其他有管辖权的海事法院提起诉讼，但当事人之间订有诉讼管辖协议或者仲裁协议的除外。

二、我国民事证据保全的性质

在历史上，曾经存在两类性质的证据保全，一是非讼性质的证据保全，此类性质的保全源于古典时代之罗马法，保全的目的在于“记忆、保存证据”，且法院（包括官署）的任务限于在未传唤他造下，为一方当事人将证人之陈述作成书面记录；二是诉讼性质的证据保全，这类证据保全最早可见于中世纪寺院法，必须他造在场方能实施，其目的不仅在于“固定、保存证据”还在于为将来进行本案诉讼而预先进行证据调查及事实认定。①

纵观当今大陆法系主要国家和地区的立法例，完全意义上的非讼性质的证据保全已经不复存在。《德国民事诉讼法》、《日本民事诉讼法》以及我国台湾地区“民事诉讼法”，无一例外地赋予了他造当事人进行证据保全（含诉前证

① 沈冠伶：《证据保全制度——从扩大制度机能之观点谈起》，载《月旦法学杂志》第 76 期。

据保全）时的在场见证权以及听审权即为明证。前揭立法分别从不同的角度对相对人的在场见证权以及听审权给予了保障，（1）从申请保全的程序要件看，当事人申请证据保全必须特定相对人，否则，只有当事人能释明因不可归责于自己的原因而不能特定相对人时，方可准许为保全申请；①（2）准许保全申请后，如果对方当事人仍不明确，法院可以为应成为对方当事人的人选任特别代理人；②（3）从保全证据的效力来看，对方当事人如果未在独立的证据调查期日到场，只在对方当事人受到及时传唤时，才能使用其结果。③ 立法之所以强调证据保全时他造当事人必须在场，主要是为了保障该方当事人陈述意见及提出异议的权利，同时对方当事人在场亦有利于保障证据保全行为的客观公证。由此可见，证据保全的意义已不仅仅限于最初的“记忆、保存”证据，在更深层的意义上它是法官对证据所作的预先调查，在这一过程中，一如民事诉讼其他程序也强调两造当事人对立之格局与当事人的在场权。因而，证据保全从表象上看，乃证据的固定和保存之过程，从本质上讲其乃法官预先通过证据调查以期获得待证事实之心证的过程。

诚如日本学者松冈义正所言：“证据保全者，即诉讼尚未系属于法院以前，或诉讼已系属于法院而未达到证据调查之程度以前，暂不调查应证事实之重要与否，而为将来系属之诉讼或已系属之诉讼上所行之证据调查也。”④ 无论是诉前证据保全还是诉讼中的证据保全均属于诉讼行为，“某种手续之属于诉讼手续与否，须视其手续之内容而定，故不能谓证据调查在诉讼尚未系属以前，为属于非讼事件之手续。须知证据调查虽在诉讼尚未系属以前，其内容固无不同也。”⑤

令人遗憾的是，在我国学界目前很少有人真正认识到证据保全行为乃法院所为证据调查行为这一实质内涵，对保全证据的认识亦仅止于“固定、保存证据”层面。现行法将证据保全简单地定位为法院所采取的一种强制措施，

---

① 参见《德意志联邦共和国民事诉讼法》第 494 条，我国台湾地区“民诉法”第 370 条。

② 参见《德意志联邦共和国民事诉讼法》第 494 条，我国台湾地区“民诉法”第 374 条，新《日本民事诉讼法》第 236 条。

③ 参见《德意志联邦共和国民事诉讼法》第 493 条。

④ ［日］松冈义正：《民事证据论》，张知本译，中国政法大学出版社 2004 年版，第 330 页。

⑤ ［日］松冈义正：《民事证据论》，张知本译，中国政法大学出版社 2004 年版，第 332 页。

更是对有关证据保全的片面且错误的认识起着“推波助澜”之作用。① 而关于证据保全的认识上的局限则直接导致了审判实践中证据保全操作的异化与错位，具体表现为两个方面：（1）一般民事案件中，公证机关担当诉前证据保全之职，其不合理性下面专门探讨，此处不赘。（2）审判实践中，人民法院进行证据保全往往由法官单方面采取措施而不要求双方当事人参加。② 正是由于证据保全在性质上仅被当作法院所为固定、保存证据之一种强制措施，未能上升到法官借助于保全预先为证据调查形成心证这一高度，不仅于当事人之诉讼权利保障不周，客观上亦使得证据保全之应有效果大打折扣。因为，显而易见的是，保存下来的证据在开庭时可能因证人死亡、物证丧失应有之属性等原因已无法使其像一般证据材料那样可以由法官在当事人质证之基础上进行调查。因此，在修订民诉法时，对证据保全之性质重新定位并在此基础上进行全方位的规范确属必要。

三、我国民事证据保全若干问题分析

（一）公证机构能否实施证据保全

根据国务院1982年发布的《中华人民共和国公证暂行条例》(以下简称《暂行条例》) 第4条的规定，证据保全乃公证的业务内容之一。2005年颁布的《公证法》因袭了这一作法，明确将“保全证据”列为公证事项的第9项。从理论上看，学者们对此一规定似乎都习以为常甚至解为当然，若干年来甚少有人对其合理性提出质疑。并且根据通说的观点，我国公证机构所实施的证据保全限于诉前证据保全，诉讼中的证据保全则由法院实施。③ 保全证据是否即为公证业务的当然内容之一呢？对此，笔者持否定意见。理由在于，证据保全与公证在本质上是截然不同的两种行为，公证机构、公证行为的性质决定了证据保全不能经由公证机构以公证的方式来进行。

关于公证机构、公证行为的性质定位长期以来在认识上一直比较模糊，

① 《民事诉讼法》第74条“人民法院也可以主动采取保全措施”、《著作权法》第50条以及《商标法》第58条“裁定采取证据保全措施的，应当立即开始执行”之规定均为适例；《海事诉讼特别程序法》第62条更是直将海事证据保全定义为“海事法院根据海事请求人的申请，对有关海事请求的证据予以提取、保存或者封存的强制措施”。

② 江伟主编：《民事诉讼法》，高等教育出版社、北京大学出版社2000年版，第148页。

③ 江伟主编：《民事诉讼法》，高等教育出版社、北京大学出版社2000年版，第148页。

2005 年颁行的《公证法》亦回避了这一问题。① 原司法部部长张福森在《关于〈中华人民共和国公证法（草案)〉的说明》中曾指出，“我们考虑，公证是否属于国家职能，公证处是否为国家机关，今后仍可以进一步研究，法律中对此可不作规定，法律只要确定公证机构独立行使公证职能，独立承担民事责任，就能够满足公证机构开展公证工作的需要。”但《公证法》规避对公证机构的定位显非长久之计，早在公证法草案第一次审议的过程中，就有委员提出，“公证机构的性质和公证员的要求是公证法的核心和要害，公证机构的性质不明确，这个法律就没有基础”。②

事实上《公证法》颁布之前，行政法规及党中央、国务院的相关政策文件便已经对公证机构之性质作过不同的定位。《暂行条例》第 3 条规定，公证处是国家公证机关，一切公证活动都由公证处来进行。《暂行条例》将公证机构定位为“语义极为含糊的国家公证机关”致使公证机构自身都难以弄清其究竟为行政机关还是司法机关，公证机构或以行政机关自居或以司法机关自居，其人事、财政以及业务上都相当混乱并缺乏独立性③，从而导致了近年来公证业务的公信力急剧下降。中共十四届三中全会通过了《中共中央关于建立社会主义市场经济体制若干问题的决定》(以下简称《决定》)，《决定》中指出：“发展市场中介组织，发挥其服务、沟通、公证监督作用，当前要重点发展会计师、审计师和律师事务所，公证和仲裁机构，计量和质量检验认证机构，信息咨询机构，资产和资信评估机构等。”《决定》为公证体制改革指明了方向，第一次明确地把公证机构定位于“市场中介组织”。2000 年 7 月经国务院批准的《关于深化公证工作改革的方案》提出：“要加快公证工作改革和发展的步伐……现有行政体制的公证处要尽快改为事业体制。改制的公证处应成为……公益性、非营利的事业法人。”客观而论，站在公证业发展趋向的角度，这一提法相对于《决定》不进反退。因为事业单位乃我国社会生活中独有之事物，其性质如何，在我国宪法和法律上均无依据，从现实情况看事业单

---

① 《公证法》第 6 条规定：公证机构是依法设立，不以营利为目的，依法独立行使公证职能、承担民事责任的证明机构。否定了其作为国家机关的定位，但亦未明确将其定位为事业单位法人。

② 柳晓森：《人大审议公证法草案，建议明确公证机构性质》，载《人民日报》2005 年 1 月 5 日。

③ 张文章主编：《公证制度新论》，厦门大学出版社 2005 年版，第 379 页。

位很多方面与行政机关差异不大，从长远发展来看其显然属于改制的对象。① 因此，新出台的《公证法》没有采纳国务院所提方案，差可认同。

纵观现今两大法系主要国家的公证制度，不管其组织形式如何，在本质上公证机构都非纯官方性的社会组织，并且在官方性与民间性之间，它更多体现的是民间性。② 公证机构性质上的民间化与社会化趋势完全契合现代国家管理理论，即国家的公共管理已经不再是由政府一家来承担。中介组织承担着政府分流出来的一部分公共管理职能，提高了社会管理的效率，降低了社会管理的成本。③ 就此而言，《决定》将公证机构定位于“中介组织”是准确的、有预见性的。

公证机构的非官方性决定了公证为非国家公务行为，亦非司法行为，这进一步决定了公证机构无权进行证据保全公证。如上所言，证据保全行为究其实质乃法官预先所为之证据调查，属于法院诉讼行为之一种。由于证据保全牵涉到对物之勘验，对人之询问以及文书之保全，需要通知被申请人到场、需要被申请人配合等，因此证据保全之过程从某种程度上讲即为当事人的财产权甚至人身权被限制之过程。无论是财产权还是人身权均为宪法所赋予公民的基本权利，非经司法机关依法定程序不得被无理“侵犯”。④ 因而，证据保全只能由法院实施，公证机构作为非官方性的机构根本无权进行。⑤ 退一步讲，即便《公证法》赋予了公证机构保全证据的权力，实际上也很可能因为相对人不予配合、公正机构采取强制措施的资格缺失，而导致该项权力之行使仅止于保存、固定证据这一表象层面，断难达到借助证据保全预先获得心证这一效果。《公证法》将证据保全列为公证的业务事项之一究其根底，缘于两点认识上的错误：（1）对证据保全的认识过于简单，这一点前面已有交待；（2）对公证的认识过于陈旧，具体而言，虽然在规则层面我们否定了其作为国家公权行为

① 关于这种定位存在的问题，详见张文章主编：《公证制度新论》，厦门大学出版社2005年版，第379页。

② 叶青、黄群主编：《中国公证制度研究》，上海社会科学院出版社2004年版，第19~23页。

③ 裴晓光：《西方国家公证制度及其启示》，载《西南交通大学学报（社会科学版）》2003年第4期。

④ 罗玉珍主编：《民事证明制度与理论》，法律出版社2003年版，第413页。

⑤ 这一点与仲裁颇为相似。虽然有不少学者鼓吹应该赋予仲裁庭实施证据保全和财产保全的权力，但事实上仲裁机构的民间性从根本上决定了其不能享有这些权力。逐步赋予仲裁庭类似权力的最终结果将是：仲裁彻底的诉讼化，从而丧失其独立存在的价值。

的性质，但在观念层面我们并没有放弃将其作为“非讼司法活动”的想法。

（二）诉前证据保全的必要性

《民事诉讼法》第74条规定，在证据可能灭失或者今后难以取得的情况下，诉讼参加人可以向人民法院申请证据保全，人民法院也可以主动采取保全措施。很显然，该规定并没有明确法院于当事人起诉之前能否进行证据保全。《民诉适用意见》也没有就该问题作出进一步的解释。理论上一般认为，比照财产保全的有关规定、依据体系解释的方法可以断定，《民事诉讼法》第74条规定的证据保全仅指诉讼中的证据保全，不包括诉前证据保全。征之法条所用“诉讼参加人”这一仅于诉讼系属中才可能存在的提法，这一论断庶可成立。

就司法实践来看，我国诉前证据保全目前也主要适用于海事诉讼和知识产权诉讼领域，而不及于一般民事案件。由于海事诉讼、知识产权诉讼的特殊性，因此立法和司法解释明定这类案件中由法院实施诉前证据保全固无疑义。但笔者认为，由法院而非公证机构进行诉前证据保全应扩大适用至海事、知识产权案件以外的其他一般民事案件之中，这是因为：

从理论上讲，证据保全包括诉前证据保全实质上乃证据调查行为，属于诉讼行为之一种。证据保全的性质决定了诉前证据保全的适用应当具有普遍性，而不仅仅囿于海事诉讼和知识产权诉讼案件，在普通的民事案件中同样存在于诉前进行证据保全的必要。从实践来看，一些地方法院基于案件审理之需要，纷纷出台一些规则，允许法院于诉前对证据进行保全。譬如，1997年上海市高院发布的《经济纠纷诉讼证据规则（试行）》第7条，1998年湖南省高院发布的《经济纠纷诉讼证据规则（试行）》第7条都规定了法院可于诉前进行证据保全。尽管这些规定于法无据，但就个案裁判而言却又极为“管用”，这适足表征以立法规定诉前证据保全的实践价值。仅举一例为证，新的《医疗事故处理条例》规定了医方在审理医疗事故案件中的举证责任，但实践中医院将举证的病历进行涂改、伪造、添加的情况屡见不鲜。为了解决这一新的矛盾，武汉市武昌区法院对涉及医疗纠纷的案件采取了“诉前证据保全”。该院根据患者家属的申请，官司尚未受理，先行派员到医院复印并封存了患者住院病历资料。① 并且由于及时采取了保全措施，阻止了不测事件的发生，该案最

① 梅社成：《武汉执行首例“诉前证据保全”》，载《市场信息报》2004年6月20日。

终取得了较好的裁判结果。①

概言之，无论论及理论上的可行性还是考虑到现实的需要，修订后的《民事诉讼法》都应该增加规定有关诉前证据保全的内容。但在我国有观点却认为，在诉讼系属于法院之前，法院和当事人之间并没有形成诉讼法律关系，由人民法院进行诉前证据保全实质上是用审判权干涉当事人的诉权，属于审判权滥用。② 笔者以为，这种观点未免失之偏颇，这是因为，当事人的诉讼权利虽只能产生于诉讼系属之后，但是其需要保护的诉讼上的利益却可能产生于诉讼系属之前；同理，另一方当事人的诉讼义务虽说也只能在诉讼系属之后才发生，但其需要承担的与诉讼有关的义务却未必一定发生于诉讼系属之后。这种与诉讼有关的义务，即为学者所称的“先程序义务”，之所以于一定情形下课以当事人“先程序义务”，乃是因为，民事纠纷形成以后当事人之间的关系已与民事纠纷外的第三人迥不相同，基于诚实信用原则之考量，彼此之间应该负有一定的行为责任。而配合法院进行诉前证据保全即为“先程序义务”具体体现之一。③ 据此，法院所进行诉前证据保全只要是依法定的程序而为，便非属于审判权之滥用，遑论“以审判权干涉当事人诉权”。

（三）证据保全的适用条件

根据现行《民事诉讼法》第 74 条的规定，我国证据保全适用的条件是“证据可能灭失或者今后难以取得”。由于民诉法关于证据保全仅有此一条规定，因此证据保全的适用在实践中并没有具体的规则可资遵循，这显然不利于保全行为规范、统一的实施。其实，关于证据保全之适用条件，大陆法系国家之立法基本上已经形成了一套成熟的规定，修订民诉法时自可加以借鉴。这些条件大致而言可分为两类，一是形式要件，二是实体要件。其中形式要件具体而言乃当事人申请证据保全应向法院表明的事项，包括（1）他造当事人，如不能指定他造当事人者，其不能指定之理由；（2）应保全之证据；（3）依该证据应证之事实；（4）应保全证据之理由。形式要件中的第四点实际上即为证据保全的实质要件，具体又有三种：（1）证据可能灭失或以后难以取得；（2）经他造同意；（3）就确定事、物之现状有法律上利益并有必要。当事人

① 李忠峰：《一名患者的死亡与湖北省人民医院的失范》，载《市场信息报》2005 年 2 月 1 日。

② 张金兰、许继学：《论诉前证据保全的违法性》，载《法学评论》2000 年第 3 期。

③ 这种“先程序义务”类似于实体法领域的“先契约义务”，具体阐述参见沈冠伶：《证据保全制度——从扩大制度机能之观点谈起》，载《月旦法学杂志》第 76 期。

申请证据保全向法院释明其一存在即可。关于上述条件的一般阐释，我国台湾地区学者已多有论述，此处不赘。① 观诸大陆法系国家立法在实践中的适用情况结合我国有关法律、司法解释的规定，我们重点讨论两个方面的问题。

1. “经他造同意”可否作为证据保全的理由

“经他造同意”可否作为证据保全的理由是一个备受争议的问题。我国台湾地区“民事诉讼法”第 368 条规定，经他造同意者，得向法院申请保全。但无论是在新法修正前或后，均有论者认为此类型之证据保全，在实际上并无必要性或实益可能不大。② 前已提及在日本民事诉讼中，为了避免引发将来诉讼以至于“经他造同意之证据保全”遭频繁使用，故立法于 1926 年以其有被滥用之虞为由予以删除。在德国民事诉讼法上，虽在 1990 年采行独立证据程序后仍保留了“经他造同意之证据保全”，但学界一般认为，基本上准备合意解决纠纷的当事人才使用此类型的证据调查，但大部分情形，因有其他途经可供利用，例如裁判外专家鉴定，仲裁鉴定人之选任或仲裁等，故于实务上，此种证据调查并无特别大之意义。③

就我国而言，将来修订民诉法到底是否有必要将“经他造同意”列为证据保全的理由之一呢？对此，笔者认为，立法上作出这一规定在理论上固无甚障碍，因为双方同意情形下的证据保全体现了私权自治的精神，体现了当事人在程序上的自主性，于诉讼理论若合符契。但其在审判实践中到底能发挥多大作用委实值得怀疑，理由很简单，揆诸人之常情，如果他造当事人明确知晓待保全之证据于己不利，其显然不会同意证据保全；而如果双方当事人均同意证据保全，往往又会涉及一些专业性很强的问题，心里都没底欲借保全确定具体情况，例如，车船相撞，双方均欲借证据保全程序确定其相撞之程度。④ 此时的证据保全主要目的在于于事前弄清事实关系。⑤ 诚如德国学者所言，这种情况下完全可以通过其他方式来实现，无须经由证据保全徒增法院负担。

2. 担保应否作为适用证据保全的条件

征诸大陆法系主要国家立法例，鲜有要求当事人在申请证据保全时提供担

---

① 参见沈冠伶：《证据保全制度——从扩大制度机能之观点谈起》，载《月旦法学杂志》第 76 期；曹伟修：《最新民事诉讼法释义》，金山图书文具公司 1978 年版，第 1127 ~ 1129 页，等等。

② 李木贵：《证据保全实务疑义要论》，载《全国律师》1998 年第 8 期。

③ 许士宦：《起诉前之证据保全》，载《台湾大学法学论丛》第 32 卷第 6 期。

④ 曹伟修：《最新民事诉讼法释义》，金山图书文具公司 1978 年版，第 1127 页。

⑤ 许士宦：《起诉前之证据保全》，载《台湾大学法学论丛》第 32 卷第 6 期。

保之规定。但我国的《海事诉讼特别程序法》、《著作权法》、《商标法》以及《民事证据规定》均规定，当事人在申请证据保全时，法院可以斟酌决定是否要求当事人提供相应的担保。① 现行有关的法律及司法解释之所以将担保作为证据保全的适用条件之一，主要是担心保全行为在某些情况下可能给被保全人带来一些不利益。这种不利益既可能表现为直接的经济利益的减少，也可能表现为权利行使受到限制，如时间的额外付出，精力、心神的额外耗费等。当申请人不是权利人，对对方不享有权利时，申请证据保全给他人所造成的不利益就是非正当的，申请人应当赔偿被申请人由此所受到的损失。②

笔者认为，在证据保全中要求当事人提供担保不甚合理，理由如下：（1）如前所述，证据保全究其本质乃法官预先为证据调查，在方式及功能上与法庭上之证据调查并无二致。虽然有时其可能会给被保全人带来一些不利益，但是证据保全之适用概括起来无非为对人之询问、对物之勘验以及文书证据的保全，与财产保全需要法院采查封、扣押等强制措施不同，证据保全行为真正给被申请人造成直接损失的可能性极小。（2）诉前证据保全具有急迫性，但如果适用不当也可能造成滥用。要求申请者提供担保可能会导致保全行为难以及时进行，如果不进行一些限定又可能导致适用不当。在这两点之间究竟应该如何平衡呢？笔者以为要求申请者提供担保过于苛刻，很多情况下可能会延误证据保全的最佳时机。为防止诉前证据保全适用的随意性，关键的问题应该是从立法上明确保全行为的形式、实质要件，申请者申请保全时满足这些要件既可。（3）以“申请人最终是否为真正的权利人”为标准来衡量证据保全适用正当与否是一种常见却又易犯的错误。在证据保全时诉讼尚未终结，不仅仅是当事人即便法院也不可能确定哪一方是最终的权利人或说胜诉方。如果非要申请者提供担保作为“对价”来保证其是真正的权利人，然后才进行证据保全，不仅在逻辑上非常荒谬难以立足，在实践中亦将导致申请人视维权之路为畏途，不利于其权益的及时保护。实际上，只要申请者的申请符合了证据保全的要件，即便后来其放弃诉讼③甚至在诉讼中败诉，根本不应该存在向被申请者

① 详见《海事诉讼特别程序法》第66条、《著作权法》第50条、《商标法》第58条以及《民事证据规则》第23条之规定。

② 李国光主编：《最高人民法院〈关于民事诉讼证据的若干规定〉的理解与适用》，中国法制出版社2002年版，第215页。

③ 例如，同意和解、调解，或者诉前证据保全以后发觉胜诉无望放弃起诉。

赔偿的问题。①

（四）证据保全的效力

通常认为法院采取证据保全后将产生以下几方面的效力：（1）双方当事人对保全的证据都可以利用。（2）保全证据的效力仅及于本身，与待证事实并无必然的关系。比如保全的事实为车辆被损的鉴定报告，这并不足以证明对方当事人应承担过失责任。（3）以保全的证据证明讼争事实的，仍应在辩论中予以陈述。证据保全后，应当由当事人在诉讼中有所引据陈述，法院才可以将其采纳为裁判的基础。②

应该说，以上论述已经谈及了证据保全效力的主要方面，基本可资赞同。但笔者以为，关于证据保全的效力有以下两个问题仍值得作进一步探讨：（1）当事人是否可以申请重新调查经保全的证据；（2）经保全的证据是否必须要经过当事人援引才能作为裁判的依据。

对于第一个问题，从域外立法上看目前有三种做法：（1）不得申请重新调查，如德国民诉法第493条第1款规定，一方当事人在诉讼中援引作为独立证据的事实时，该独立的调查证据与受诉法院所为的证据调查有同等效力。该规定实质上要求当事人不得再申请重新调查。立法如此规定主要是基于这样一种认识：保全程序中对当事人的听审权、在场见证权已有充分的保障，经过保全后再申请调查有违程序安定、诉讼经济等原则。（2）可以申请重新调查，如日本现行《民事诉讼法》第242条规定，在保全证据的程序中已经询问的证人，当事人在口头辩论中申请询问时，法院应当对该证人进行询问。立法如此规定主要是为了贯彻直接审理原则的要求。（3）折中的规定，如我国台湾地区“民事诉讼法”第375条之一规定，当事人就已于保全证据程序讯问之证人，于言辞辩论程序中申请再为讯问时，法院应为讯问。但法院认为不必要者，不在此限。

理论上有学者认为，“证据保全系预行调查证据而保全其调查结果备用，当然无于言辞辩论期日调查之效力，故于证据保全程序讯问证人后之言辞辩论期日（如果当事人援引保全证据），法院应先命令陈述于证据保全程序讯问证人之结果或朗读讯问证人笔录代之，行此陈述或朗读笔录后，再晓谕当事人就

① 这一点与财产保全不同，财产保全的出发点是维护申请者的单方利益，但证据保全所保全的证据资料却是供双方使用。

② 李国光主编：《最高人民法院〈关于民事诉讼证据的若干规定〉的理解与适用》，中国法制出版社2002年版，第221～222页。

证据保全程序调查证人之结果为辩论。就此为辩论时，当事人若认证人之陈述有不明了者，当然得申请证人到场证述明确；有不完足者，当然得申请证人到场证述完足。当事人之申请讯问，如无必要，当然不得调查讯问。”① 显然，这实际上亦是一种折中的主张，一方面允许当事人申请重新进行证据调查，另一方面又赋予法官一定的裁量权以避免不必要的再次讯问。笔者认为，为了保障当事人的证明权、贯彻直接审理原则，同时又兼顾程序安定、诉讼经济原则，在经保全的证据是否可以申请重新调查的问题上，应当借鉴我国台湾地区“民事诉讼法”的做法。

至于第二个问题，笔者以为，为避免预断，原则上实施证据保全之法官与本案审理法官应该分离。在这种情况下，由于审理案件的法官与实施证据保全的法官并非同一人，因此经保全的证据不属于审判法官职务上应当知晓的事实，在本案诉讼中不具有免证事实之固有效力，基于主张责任之规制，法院自然不应自行予以斟酌而为判决。只有在当事人主动向法院为陈述的情形下，法院方可加以援引以为裁判之依据。

① 姚瑞光：《民事诉讼法论》，台湾大中国图书公司 1990 年版，第 455～456 页。

参考文献

一、著作类

1. 陈玮直：《民事证据法研究》，台湾新生印刷厂 1970 年版。
2. 曹伟修：《民事诉讼法释论》，台湾金山图书公司 1978 年版。
3. 李浩培、吴传颐、孙鸣岗译：《拿破仑法典（法国民法典）》，商务印书馆 1979 年版。
4. 陈朴生：《刑事证据法》，台湾三民书局 1979 年版。
5. 史尚宽：《民法总论》，台湾正大印书馆 1980 年版。
6. 姚瑞光：《民事诉讼法论》，台湾大中国图书出版公司 1981 年版。
7. 黄培栋：《民事诉讼法释论》，台湾五南图书出版公司 1982 年版。
8. ［美］Edmund M. Morgan：《证据法之基本问题》，李学灯译，台湾世界书局 1982 年版。
9. 柴发邦主编：《民事诉讼法教程》，法律出版社 1983 年版。
10. 刁荣华主编：《比较刑事证据法各论》，台湾汉林出版社 1984 年版。
11. 陈荣宗：《举证责任分配与民事程序法》（第二册），台湾三民书局 1984 年版。
12. 陈世雄等：《民刑事诉讼法大意》，五南图书出版公司 1986 年版。
13. 骆永家：《民事举证责任论》，台湾"商务印书馆"1987 年版。
14. 骆永家：《民事法研究》（二），台湾三民书局 1988 年版。
15. 王甲乙、杨建华、郑健才：《民事诉讼法新论》，台湾三民书局 1989 年版。
16. 杨荣新主编：《民事诉讼法教程》，中国政法大学出版社 1991 年版。
17. 李学灯：《证据法比较研究》，台湾五南图书出版公司 1992 年版。
18. 柴发邦主编：《民事诉讼法新编》，法律出版社 1992 年版。
19. 李浩：《民事举证责任研究》，中国政法大学出版社 1993 年版。
20. 王以真主编：《外国刑事诉讼法学》，北京大学出版社 1994 年版。
21. 应松年主编：《中国行政诉讼法讲义》，中国政法大学出版社 1994 年版。

22. 周叔厚:《证据法论》，台湾三民书局1995年版。
23. 陈荣宗、林庆苗:《民事诉讼法》，台湾三民书局1996年版。
24. 常怡主编:《民事诉讼法学》，中国政法大学出版社1996年版。
25. 宋世杰:《举证责任论》，中南工业大学出版社1996年版。
26. 杨建华主编:《海峡两岸民事程序法论》，台湾月旦出版社股份有限公司1997年版。
27. 雷万来:《民事证据法论》，台湾瑞兴图书股份有限公司1997年版。
28. 毕玉谦:《民事证据法及其程序功能》，法律出版社1997年版。
29. 卞建林译:《美国联邦刑事诉讼规则和证据规则》，中国政法大学出版社1998年版。
30. 江伟主编:《证据法学》，法律出版社1999年版。
31. 骆永家:《既判力之研究》，台湾三民书局1999年版。
32. 邱联恭、许士宦:《口述民事诉讼法讲义》，1999年笔记版。
33. 田平安主编:《民事诉讼法学》，中国政法大学出版社1999年版。
34. 王书江译:《日本民法典》，中国人民公安大学出版社1999年版。
35. 罗结珍译:《法国新民事诉讼法》，中国法制出版社1999年版。
36. 魏振瀛主编:《民法》，北京大学出版社、高等教育出版社2000年版。
37. 江伟主编:《民事诉讼法》，高等教育出版社、北京大学出版社2000年版。
38. 陈桂明主编:《民事诉讼法》，中国人民大学出版社2000年版。
39. 卞建林主编:《证据法学》，中国政法大学出版社2000年版。
40. 白绿铉编译:《日本新民事诉讼法》，中国法制出版社2000年版。
41. 陈刚:《证明责任法研究》，中国人民大学出版社2000年版。
42. 樊崇义主编:《证据法学》，法律出版社2001年版。
43. 何勤华:《法国法律发达史》，法律出版社2001年版。
44. 王甲乙、杨建华、郑健才:《民事诉讼法新论》，台湾三民书局2002年版。
45. 陈计男:《民事诉讼法论》(上)，台湾三民书局股份有限公司2002年版。
46. 谢怀栻译:《德意志联邦共和国民事诉讼法》，中国法制出版社2002年版。
47. 沈达明编著:《比较民事诉讼法初论》，中国法制出版社2002年版。
48. 李国光主编:《最高人民法院〈关于民事诉讼证据的若干规定〉的理解与适用》，中国法制出版社2002年版。
49. 黄立:《民法总则》，中国政法大学出版社2002年版。
50. 王亚新:《对抗与判定——日本民事诉讼的基本结构》，清华大学出版社2002年版。

51. 卞建林主编：《证据法学》，中国政法大学出版社 2002 年版。
52. 黄风：《罗马法词典》，法律出版社 2002 年版。
53. 薛波主编：《元照英美法词典》，法律出版社 2003 年版。
54. 罗玉珍主编：《民事证明制度与理论》，法律出版社 2003 年版。
55. 吕太郎：《民事诉讼法之基本理论》(一)，中国政法大学出版社 2003 年版。
56. 林城二：《民法债编总论——体系化解说》，中国人民大学出版社 2003 年版。
57. 陈一云主编：《证据法学》，法律出版社 2004 年版。
58. 张丽卿：《刑事诉讼法理论与运用》，台湾五南图书出版股份有限公司 2004 年版。
59. 樊崇义主编：《证据法学》(第三版)，法律出版社 2004 年版。
60. 何家弘、刘品新：《证据法学》，法律出版社 2004 年版。
61. 叶青、黄群主编：《中国公证制度研究》，上海社会科学院出版社 2004 年版。
62. 肖建华主编：《民事证据法理念与实践》，法律出版社 2005 年版。
63. 张文章主编：《公证制度新论》，厦门大学出版社 2005 年版。
64. 江伟主编：《民事诉讼法》(第三版)，高等教育出版社 2007 年版。
65. 毕玉谦：《民事证明责任研究》，法律出版社 2007 年版。
66. 吴杰：《民事诉讼证明标准理论研究》，法律出版社 2007 年版。
67. 常怡主编：《民事诉讼法学》，中国政法大学出版社 2008 年版。
68. ［英］P. H. Kollin 编著：《英汉双解法律词典》，陈庆柏、王景仙译，世界图书出版公司 1998 年版。
69. ［美］Edmund M. Morgan：《证据法之基本问题》，李学灯译，台湾世界书局 1982 年版。
70. ［美］乔恩·R. 华尔兹：《刑事证据大全》，何家弘等译，中国人民公安大学出版社 1993 年版。
71. ［美］迈克尔·D. 贝勒斯：《法律的原则——一个规范的分析》，张文显、宋金娜、朱卫国、黄文艺译，中国大百科全书出版社 1996 年版。
72. ［美］理查德·A. 波斯纳：《证据法的经济分析》，徐昕、徐昀译，中国法制出版社 2001 年版。
73. ［美］约翰·W. 斯特龙主编：《麦考密克论证据》，汤维建等译，中国政法大学出版社 2004 年版。
74. ［德］Musielak, GrundkursZPO, 5Aufl, Mohr, Tübingen, 1997.
75. ［德］Zeiss, Zivilp rozessrecht, 9Aufl, Mohr, Tübingen, 1997.

76. [德] Baur/Grunsky, Zivilp rozessrecht, 10Aufl, Luchterhand, 2000.
77. [德] Gehrlein, Zivilp rozessrecht Nach der ZPO-Reform 2002, Beck, München, 2001.
78. [德] 迪特尔·梅迪库斯:《德国民法总论》,邵建东译,法律出版社2001年版。
79. [德] 汉斯·普维庭:《现代证明责任问题》,吴越译,法律出版社2001年版。
80. [德] 罗森贝克:《证明责任论》,庄敬华译,中国法制出版社2002年版。
81. [德] 克劳思·罗科信:《刑事诉讼法学》(第24版),吴丽琪译,法律出版社2003年版。
82. [德] 奥特马·尧厄尼希:《民事诉讼法》(第27版),周翠译,法律出版社2003年版。
83. [德] 汉斯·约阿希姆·穆泽拉克:《德国民事诉讼法基础教程》,周翠译,中国政法大学出版社2005年版。
84. [意] 桑德罗·斯奇巴尼选编:《司法管辖权·审判·诉讼》,黄风译,中国政法大学出版社1992年版。
85. [日] 兼子一、竹下守夫:《民事诉讼法》,白绿铉译,法律出版社1995年版。
86. [日] 谷口安平:《程序的正义与诉讼》,王亚新、刘荣军译,中国政法大学出版社1996年版。
87. [日] 中村英郎:《新民事诉讼法讲义》,陈刚、林剑锋、郭美松译,法律出版社2001年版。
88. [日] 梅本吉彦:《民事诉讼法》(第1版),信山社2002年版。
89. [日] 高桥宏志:《民事诉讼法》,林剑锋译,法律出版社2003年版。
90. [日] 松冈义正:《民事证据论》,张知本译,中国政法大学出版社2004年版。
91. [日] 高桥宏志:《重点讲义民事诉讼法》(下),有斐阁2004年版。
92. [日] 伊藤真:《民事诉讼法》(第3版),有斐阁2004年版。
93. [日] 门口正人:《民事证据法大系》(第2卷),青林书院2004年版。
94. [日] 新堂幸司:《新民事诉讼法》(第3版补正版),弘文堂2005年版。
95. [日] 松本博之:《民事诉讼法》(第4版),弘文堂2005年版。
96. [日] 高桥宏志:《重点讲义民事诉讼法》,张卫平、许可译,法律出版社2007年版。

97. [日] 新堂幸司:《新民事诉讼法》,林剑锋译,法律出版社2008年版。

二、论文类

1. 石志泉:《诚实信用原则在诉讼法上之适用》,载杨建华主编:《民事诉讼法论文选辑》(上),台湾五南图书出版公司1984年版。
2. 蔡章麟:《民事诉讼法上的诚实信用原则》,载杨建华主编:《民事诉讼法论文选辑》(上),台湾五南图书出版公司1984年版。
3. 王甲乙:《阐明权》,载杨建华主编:《民事诉讼法论文选辑》(上),台湾五南图书出版公司1984年版。
4. 王甲乙:《辩论主义》,载杨建华主编:《民事诉讼法论文选辑》(上),台湾五南图书出版公司1984年版。
5. 连银山:《民事举证责任之研究》,载杨建华主编:《民事诉讼法论文选辑》(下),台湾五南图书出版公司1984年版。
6. 曹鸿兰等:《不必要证据之处理程序问题》,载民事诉讼法研究基金会:《民事诉讼法之研讨》(三),台湾三民书局有限公司1990年版。
7. 邱联恭:《当事人本人供述之功能——着重于阐论其思想背景之变迁》,载民事诉讼法研究基金会:《民事诉讼法之研讨》(三),台湾三民书局有限公司1990年版。
8. 曾华松等:《经验法则在经界诉讼上之运用》,载民事诉讼法研究基金会编:《民事诉讼法之研讨》(六),台湾三民书局有限公司1997年版。
9. 吕太郎等:《所谓权利自认》,载民事诉讼法研究基金会:《民事诉讼法之研讨》(六),台湾三民书局有限公司1997年版。
10. 雷万来等:《论票据诉讼之举证责任的分配》,载民事诉讼法研究基金会:《民事诉讼法之研讨》(六),台湾三民书局有限公司1997年版。
11. 梁慧星:《从现代民法到近代民法》,载梁慧星主编:《民商法论丛》(第7卷),法律出版社1997年版。
12. 李木贵:《证据保全实务疑义要论》,载《全国律师》1998年第8期。
13. 何家弘:《司法证明方式和证据规则的历史沿革——对西方证据法的再认识》,载《外国法译评》1999年第4期。
14. 张金兰、许继学:《论诉前诉讼证据保全的违法性》,载《法学评论》2000年第3期。
15. 毕玉谦:《证据保全程序研究》,载《北京科技大学学报(社会科学版)》2000年第3期。

16. 张卫平：《交叉询问制：魅力与异境的尴尬》，载《中外法学》2001年第2期。
17. 汪渊智：《抗辩权略论》，载《福建政法管理干部学院学报》2003年第3期。
18. 张力：《论我国民事诉讼证据保全制度及其完善》，载《山东科技大学学报(社会科学版)》2003年第4期。
19. 裴晓光：《西方国家公证制度及其启示》，载《西南交通大学学报（社会科学版)》2003年第4期。
20. 陈雪萍、饶彬：《论建立我国民事诉前证据保全制度》，载《当代法学》2003年第6期。
21. 王学棉：《论推定的逻辑学基础——兼论推定与拟制的关系》，载《政法论坛》2004年第1期。
22. 刘宗胜、曲峰：《抗辩权概念的历史发展》，载《云南大学学报（法学版)》2004年第4期。
23. 杨立新、刘宗胜：《论抗辩与抗辩权》，载《河北法学》2004年第10期。
24. 梅社成：《武汉执行首例"诉前证据保全"》，载《市场信息报》2004年6月20日。
25. 柳晓森：《人大审议公证法草案，建议明确公证机构性质》，载《人民日报》2005年1月5日。
26. 李忠峰：《一名患者的死亡与湖北省人民医院的失范》，载《市场信息报》2005年2月1日。
27. 吴杰：《德国的证明标准的减轻理论之研究——以表见证明为中心》，载田平安主编：《比较民事诉讼法论丛》(2005年第1卷)，法律出版社2005年版。
28. 李浩：《事实真伪不明处置办法之比较》，载《法商研究》2005年第3期。
29. 章恒筑、夏瑛：《日本要件事实论纲——一种民事诉讼思维的展开》，载《法学家》2005年第3期。
30. 段文波：《裁判逻辑与实定法秩序之维护——要件事实论纲》，载《西南政法大学学报》2005年第3期。
31. 任文松：《要件事实与主张责任》，载《学海》2006年第5期。
32. 罗筱琦、段文波：《要件事实理论视角下的民法》，载《学术论坛》2006年第6期。
33. 龙云辉：《日本民事要件事实及其机能》，载《学海》2007年第1期。

34. 柳经纬、尹腊梅:《民法上的抗辩与抗辩权》，载《厦门大学学报》(哲学社会科学版) 2007 年第 2 期。
35. 龙云辉、段文波:《略论证明责任与主张责任的相互关系》，载《法学评论》2008 年第 3 期。
36. 孙海龙、姚建军:《证据保全在知识产权审判中的适用》，载《人民法院报》2008 年 3 月 20 日第 6 版。
37. 吴光陆:《判决是否当然有证据力》，载《月旦法学杂志》第 32 期。
38. 骆永家:《证明妨碍》，载《月旦法学杂志》第 76 期。
39. 沈冠伶:《证据保全制度——从扩大制度机能之观点谈起》，载《月旦法学杂志》第 76 期。
40. 姜炳俊:《文书影本之证据力》，载《月旦法学杂志》第 145 期。
41. 许士宦:《起诉前证据保全之机能》，载《月旦法学教室》第 1 期。
42. 许士宦:《起诉前之证据保全》，载《台大法学论丛》第 32 卷第 6 期。
43. 沈冠伶:《论民事诉讼程序中当事人之不知陈述——兼评析民事诉讼法中当事人之陈述义务与诉讼促进义务》，载《政大法学评论》第 63 期。
44. 姜世明:《证明度之研究》，载《政大法学评论》第 98 期。
45. 姜世明:《释明之研究——以其证明度为中心》，载《东吴法律学报》第 20 卷第 1 期。
46. 姜世明:《论民事程序之武器平等原则》，载《辅仁法学》第 23 期。
47. 姜世明:《论拟制自认》，载《成大法学》第 9 期。
48. 姜世明:《消极事实之举证责任分配》，载《成大法学》第 10 期。
49. 姜世明:《当事人询问制度》(上)，载《万国法律》2002 年第 4 期。
50. 刘玉中:《证据保全之认知与运用》，载《玄奘法律学报》第 2 期。
51. [英] 乔纳森·科恩:《证明的自由》，何家弘译，载《外国法译评》1997 年第 3 期。
52. [韩] 李时润、金玄卿:《论民事诉讼中的举证妨害行为》，载何家弘主编:《证据学论坛》(第三卷)，中国检察出版社 2001 年版。
53. [日] 奥田隆艾:《司法研修所教育及对法学教育的期望》，丁相顺译，载《法律适用》2002 年第 6 期。
54. [德] 汉斯·约阿希姆·穆泽拉克、科隆:《危险领域分配证明责任——对联邦最高法院危险范围理论的批判考察》，载 [德] 米夏埃尔·施蒂尔纳编:《德国民事诉讼法学文萃》，赵秀举译，中国政法大学出版社 2005 年版。